Johann Braun

Rechtsphilosophie im 20. Jahrhundert

Rechtsphilosophie im 20. Jahrhundert

Die Rückkehr
der Gerechtigkeit

von

Dr. Johann Braun
o. Professor an der Universität Passau

Verlag C. H. Beck München 2001

Die Deutsche Bibliothek – CIP-Einheitsaufnahme

Braun, Johann:
Rechtsphilosophie im 20. Jahrhundert : die Rückkehr der Gerechtigkeit / von Johann Braun. – München : Beck, 2001
ISBN 3 406 48415 8

ISBN 3 406 48415 8

Wilhelmstraße 9, 80801 München
Druck: Nomos Verlagsgesellschaft
In den Lissen 12, 76547 Sinzheim

Satz: Druckerei C. H. Beck, Nördlingen
(Adresse wie Verlag)

Gedruckt auf säurefreiem, alterungsbeständigem Papier
(hergestellt aus chlorfrei gebleichtem Zellstoff)

Meinem Lehrer
Hans-Martin Pawlowski
zum 70. Geburtstag gewidmet.

Vorwort

Gesetze und Präjudizien, die gewöhnlichen Arbeitsmittel des Juristen, sind ihrer Funktion nach vor allem Argumentationsverbote, die aus der Fülle der an sich denkbaren rechtlichen Argumente einige wenige herausfiltern und mit besonderer Autorität ausstatten, alle anderen dagegen mit einem Unwerturteil versehen und ausscheiden. Die Verwissenschaftlichung der Rechtsanwendung besteht infolgedessen darin, die Wirkungsweise dieser sogenannten „Rechtsquellen", die sich bei näherer Betrachtung eher als Schleusen, wenn nicht gar als Scheuklappen erweisen, immer mehr zu perfektionieren und nicht nur den Blick des Rechtsanwenders auf einen schmalen Ausschnitt sozialer Realität zu beschränken, sondern auch sein Denken auf einige wenige, im Anwendungsbereich eines Gesetzes oder Präjudizes allein zulässige Funktionen zu reduzieren. Je enger der fachliche Horizont des Juristen dadurch gesteckt ist, desto dringlicher macht sich gelegentlich das Bedürfnis bemerkbar, auch einmal über diesen begrenzten Bereich hinauszublicken und nach Zusammenhängen Ausschau zu halten, die der handwerklichen Routine möglicherweise einen weitergehenden Sinn verleihen. Neben der Rechtsgeschichte und der Rechtsvergleichung richten sich die Erwartungen dabei immer wieder auf die *Rechtsphilosophie.* Von allen juristischen „Horizonterweiterungswissenschaften" steht diese am meisten im Ruf, Sinnbedürfnisse befriedigen und auf „letzte Fragen" eine Antwort geben zu können. Das Angebot an geeigneter Literatur, die diesem Zweck entgegenkommt, ist jedoch rar. Vieles ist für Juristen, die eine andere Kost gewohnt sind, gar zu abgehoben, um den Leser noch zu erreichen; anderes wiederum ist gar zu allgemein, um jemand, der sich nicht zum erstenmal mit dem Recht beschäftigt, noch viel bieten zu können. Hier versucht das vorliegende Buch Abhilfe zu schaffen. Es ist dazu bestimmt, interessierte Juristen, unter anderem also auch Studenten einer rechtsphilosophischen Wahlfachgruppe, an die neuere rechtsphilosophische Diskussion heranzuführen und dabei nicht zuletzt auf spezifisch juristische Fragen und Betrachtungsweisen Rücksicht zu nehmen.

Wie jeder Kundige weiß, ist ein solches Unternehmen mit Schwierigkeiten verbunden, für die es in anderen juristischen Disziplinen keine Parallele gibt. Im Falle der Rechtsphilosophie ist der Gegenstand nämlich so beschaffen, daß er sich der sonst üblichen Darstellungsweise entzieht. Eine Kanonisierung bestimmter Lehren oder Ergebnisse kommt hier schon deshalb kaum in Betracht, weil sich dies mit dem Anspruch, alle überkommenen Antworten kritisch zu hinterfragen, schwer vertragen würde. Mehr als andere Disziplinen verlangt die Philosophie vielmehr die Bereitschaft, sich auf eine ständige und daher prinzipiell ergebnisoffene Auseinandersetzung einzulassen und sich dabei selbst miteinzubringen. Angesichts der Bandbreite, welche die rechtsphilosophische Diskussion im Laufe der Zeit erlangt hat, ist ein Fachjurist dazu allenfalls partiell in der Lage: Niemand überblickt alles, und schon aus diesem Grund ist es wenig ratsam, auf allen Foren in Erscheinung treten zu wollen. Durch Sammelbände, in denen verschiedene Autoren jeweils aus dem Blickwinkel eines speziellen Interesses Beiträge leisten, läßt sich diesem Manko nur teilweise entgegenwirken. Was sich für den Autor als eine Erleichterung darstellt, erweist sich nämlich leicht als Erschwernis für den Leser. Wer zu einem rechtsphilosophischen Buch greift, tut das normalerweise nicht in der Erwartung, mit einem Kaleidoskop unterschiedlicher Standpunkte und Meinungen konfrontiert und allein gelassen zu werden. Was der Leser insgesamt fassen soll, muß vielmehr billigerweise zuvor durch den Kopf eines einzigen Autors hindurchgegangen sein.

Im folgenden wird versucht, aus dieser Not eine Tugend zu machen, indem aus wenigen zentralen Werken ein Gedankengang entwickelt wird, der zwar nur ein begrenztes Spektrum rechtsphilosophischer Fragen erfaßt, dafür jedoch, wie ich hoffe, vor allem solche, die für Juristen von besonderem Interesse sind. In Übereinstimmung mit diesem Konzept werden die für diesen Zweck ausgewählten Werke dem Leser nicht einfach der Reihe nach vorgestellt; vielmehr wird er in einen kritischen Dialog damit hineingezogen, dessen Leitfaden die Frage nach dem Kern des Rechts überhaupt ist: nämlich die Frage der Gerechtigkeit. Das eigentliche Thema des Buches ist der Prozeß der „Rückkehr der Gerechtigkeit", wie er im 20. Jahrhundert auf breiter Front zu beobachten war. Dem hier in erster Linie ins Auge gefaßten Leserkreis ist damit vermutlich am besten gedient. Denn ein Jurist befaßt sich nicht zu dem Zweck mit der Rechtsphilosophie, um etwas über diese, sondern um etwas über das *Recht* zu erfahren, mit dem er es täglich zu tun hat. Das wird in gelehrten Abhandlungen leicht übersehen. Ich habe versucht, die Akzente insoweit etwas anders zu setzen.

Auch wenn es in diesem Buch nur darum geht, wichtige Strömungen der neueren Rechtsphilosophie in Form einer „Gedankengeschichte" nachvollziehbar werden zu lassen, so war dieses Unternehmen doch nicht zu bewältigen, ohne gelegentlich über die behandelten Werke hinauszugreifen und Zusammenhänge herzustellen, die sich nur demjenigen ganz erschließen, der mit der rechtsphilosophischen Diskussion vertrauter ist. Im Interesse der Sache war dies nicht zu vermeiden. Ich hoffe, daß dies die Lesbarkeit nicht allzu sehr erschwert.

Ein letztes schließlich: der Nichtjurist, an den sich dieses Buch ebenfalls, wenn auch erst in zweiter Linie richtet, wird dadurch vielleicht weniger unmittelbar angesprochen werden. Die spezifisch juristischen Fragestellungen und Handlungsformen, die juristischen Interessen und Sprachregelungen, die Sensibilitäten und Standesideologien sind außerhalb juristischer Metiers weitgehend unbekannt. Aber vielleicht ist es doch auch hier nicht ohne Interesse, zu erfahren, wie rechtsphilosophische Fragen von Juristen wahrgenommen und behandelt werden. Wenn das Buch wenigstens unter diesem Gesichtspunkt als Beitrag zu einer allgemeinen und den Fachhorizont übergreifenden Diskussion rechtsphilosophischer Fragen nützlich wäre, wäre dies ein willkommener Nebeneffekt.

Für die sorgfältige Betreuung des Manuskripts danke ich meinen Sekretärinnen Monika Hilbert und Therese Saller, für die Anfertigung des Registers meinen wissenschaftlichen Mitarbeitern Martin Kolbinger und Björn Strobel.

Passau, den 6. Juni 2001 Johann Braun

Inhaltsübersicht

4. Abschnitt. Ronald Dworkin, Bürgerrechte ernstgenommen

5. Abschnitt. Jürgen Habermas, Faktizität und Geltung

6. Abschnitt. Hans Jonas, Das Prinzip Verantwortung

Inhaltsverzeichnis

2. Abschnitt. H. L. A. Hart, Der Begriff des Rechts

5. Abschnitt. Jürgen Habermas, Faktizität und Geltung

6. Abschnitt. Hans Jonas, Das Prinzip Verantwortung

Abkürzungsverzeichnis

Die folgenden Titel werden im Anmerkungsapparat des Buches nur abgekürzt zitiert.

AThdN .... Hans Kelsen, Allgemeine Theorie der Normen, Wien, 1979

BdR .... H. L. A. Hart, Der Begriff des Rechts, Frankfurt a. M. 1973 (Originalausgabe: The Concept of Law, Oxford 1961)

BürgR .... Ronald Dworkin, Bürgerrechte ernstgenommen, Frankfurt a. M. 1984 (Originalausgabe: Taking Rights Seriously, Harvard University Press 1978)

FuG .... Jürgen Habermas, Faktizität und Geltung. Beiträge zur Diskurstheorie des Rechts und des demokratischen Rechtsstaats 2. Aufl., Frankfurt a. M. 1992

LE .... Ronald Dworkin, Law's Empire Cambridge/Massachusetts 1986

PolLib .... John Rawls, Politischer Liberalismus, Frankfurt a. M. 1998 (Originalausgabe: Political Liberalism, New York 1993)

PV .... Hans Jonas, Das Prinzip Verantwortung 7. Aufl., Frankfurt a. M. 1987

RR I .... Hans Kelsen, Reine Rechtslehre. Einleitung in die rechtswissenschaftliche Problematik, Leipzig und Wien 1934

RR II .... Hans Kelsen, Reine Rechtslehre, 2. Aufl. Wien 1960

SdÖ .... Jürgen Habermas, Strukturwandel der Öffentlichkeit, 3. Aufl. Neuwied 1968

ThdG .... John Rawls, Eine Theorie der Gerechtigkeit, Frankfurt a. M. 1975 (Originalausgabe: A Theory of Justice, Cambridge/Mass. 1971; durchgesehene Ausgabe Oxford 1999)

TMuE .... Hans Jonas, Technik, Medizin und Ethik. Zur Praxis des Prinzips Verantwortung, Frankfurt a. M. 1985

§ 1. Einleitung

I. Idee und Wirklichkeit des Rechts

Auf die Frage nach dem Recht muß jede Zeit ihre eigene Antwort finden. Das gilt sowohl für die Gestaltung der Gesellschaft im großen und die vielen Details im kleinen als auch für die Frage, was das Recht seinem Wesen nach ist und was wir meinen, wenn wir von Recht sprechen. Denn auch diese Frage stellt sich für jede Zeit neu. Was macht die Regeln, an denen wir uns bei unserem Verhalten gegenüber anderen orientieren, zu Recht? Ist es der Umstand, daß wir dabei durch das Inaussichtstellen von Vor- oder Nachteilen gesteuert werden? Oder ist der Grund der, daß diese Regeln mit dem Anspruch verknüpft sind, gewissen Anforderungen zu genügen, an denen unser Verhalten Maß nehmen soll? Ist das Recht die Struktur der Gesellschaft oder ihr Leitbild? Ist es das Werkzeug, mit dem der jeweilige Machthaber seine Untertanen dirigiert, oder ein Signal, das den Sinn der Menschen auf ihr wahres und eigentliches Selbst zu lenken versucht? Ist es die ideologische Verbrämung der gegebenen Machtverhältnisse oder aber die Erscheinungsform des dominierenden Gerechtigkeitsideals? Ist es die Wirklichkeit der vorhandenen oder die Idee einer besseren Welt?

1. Mögliche Positionen

Die Antwort scheint zunächst dadurch bestimmt zu sein, aus welcher Perspektive man fragt. Ein unbeteiligter *Beobachter,* der sich dem Recht gleichsam von *außen* her nähert, wird vermutlich die reale Verhaltenssteuerung, die das Recht leistet, für wesentlich erklären. Ein *Teilnehmer* dagegen, der von dem untersuchten Gegenstand selbst betroffen ist, der sich dem Phänomen des Rechts also aus einer *Binnenperspektive* nähert, wird das Gewicht eher darauf legen, daß das Recht die divergierenden Ansprüche der Beteiligten angemessen austarieren und eine Ordnung herstellen soll, die sich als gerecht erweist.

Soweit Beobachter- und Teilnehmerperspektive jeweils mit einem Ausschließlichkeitsanspruch verbunden sind, läuft eine solche Gegenüberstellung freilich auf eine Vereinfachung hinaus. Denn tatsächlich sind immer beide Aspekte im Spiel. Je nachdem, wie die Akzente gesetzt werden, stellt sich das Recht als eine Wirklichkeit dar, die den Anspruch erhebt, der Gerechtigkeit zu dienen, oder aber als eine Leitidee, die sich mit der Wirklichkeit verbunden hat oder demnächst verbinden muß, um ihrem praktischen Anspruch Genüge zu tun. Das Recht ist nach aller Erfahrung so beschaffen, daß es sich ausschließlich von „außen“ oder von „innen“ gar nicht erfassen läßt.

Die gegenseitige Verschränkung von Idee und Wirklichkeit ist jedem Juristen vertraut. In spektakulären Beispielen wird sie darüber hinaus für jeden aufmerksamen Beobachter des öffentlichen Geschehens augenfällig. Das gilt zunächst für den rechtlichen Bezug der *Wirklichkeit.* Nehmen wir ein Beispiel: Als die russischen Trophäenkommissionen nach dem Ende des zweiten Weltkrieges Berge von Kunstschätzen in die Sowjetunion verschleppten, wurde dies allgemein als Raubzug verstanden, den man daher lange Zeit zu verheimlichen suchte. Im Jahr 1999 jedoch erklärte das russische Parlament dieselben Gegenstände zum Ausgleich für die von Deutschland der Sowjetunion zugefügten Kriegsschäden für russisches Staatseigentum. *Derselbe äußere Vorgang,* der zunächst als Raub verstanden worden war, wurde damit unter Zugrundelegung anderer Rechtsvorstellungen als Durchsetzung eines völkerrechtlichen Schadensersatzanspruchs interpretiert. Man mag darüber unterschiedlicher Auffassung sein. Aber unabhängig von der Frage, ob das russische Vorgehen ein Verstoß gegen die gute Ordnung oder aber deren Wiederherstellung war, läßt sich darüber sinnvoll nicht reden. Die *Wirklichkeit* ist in rechtlicher Hinsicht nur insoweit ein Thema, als sie unter dem Einfluß bestimmter Rechtsideen steht und im Lichte rechtlicher Vorstellungen gedeutet wird.

Umgekehrt läßt sich aber auch die *Rechtsidee* ohne Bezug zur Wirklichkeit nur schwer *als Recht* begreifen. Soll ein Rechtsgedanke Aussicht haben, als Recht akzeptiert zu werden, muß er im Leben und Denken einer Vielzahl von Menschen bereits Fuß gefaßt haben. So ist namentlich die Rechtsdogmatik, mit der die Rechtswissenschaft heute vorzugsweise befaßt ist, nichts anderes als der Versuch, rechtliche Ordnungsmuster zu finden, die sowohl von der Idee her überzeugen als auch mit dem vorhandenen rechtlichen Material harmonieren. Bleibt eine dogmatische Theorie allzu lange ohne Einfluß, verschwindet sie bereits aus diesem Grund ganz von selbst. Auch dazu ein markantes Beispiel aus der jüngeren Vergangenheit: Nach der lange Zeit vertretenen Theorie vom Fortbestand des Deutschen Reiches war das Deutsche Reich mit dem Ende des zweiten Weltkrieges nicht untergegangen, sondern lediglich handlungsunfähig geworden. Zweck dieser Konstruktion war es, an der Einheit Deutschlands festhalten zu können, obgleich auf dem Boden des früheren Deutschen Reiches zwei neue Staaten entstanden waren. Je mehr diese Staaten sich verselbständigten, desto mehr verlor freilich der Rechtsgedanke, wonach das Deutsche Reich fortexistierte, an Überzeugungskraft. Er wäre wohl bald allgemein aufgegeben worden, wenn er nicht vom Jahre 1989 an seine reale Basis zurückgewonnen hätte. Seit dem Beitritt der früheren Deutschen Demokratischen Republik zur Bundesrepublik Deutschland zweifelt indessen niemand mehr daran, daß das wiedervereinigte Deutschland mit dem Deutschen Reich identisch ist; denn dabei hätte er die neu entstandenen Fakten gegen sich, mit deren abermaliger Änderung so schnell nicht zu rechnen ist. Die von manchen bereits als „Lebenslüge“ bezeichnete Theorie ist daher durch eine Änderung der Wirklichkeit gleichsam über Nacht zu einer unangefochtenen Rechtswahrheit geworden. Die Akzeptationsfähigkeit von Rechtsideen hängt also offenbar auch von der Gestaltung der Wirklichkeit ab.

Daß der Gegensatz zwischen Idee und Wirklichkeit des Rechts nicht ganz so scharf ist, wie man bei einer abstrakten Betrachtung meinen könnte, heißt freilich nicht, daß diese Kategorien ohne Erkenntniswert wären. In jedem Fall nämlich handelt es sich um Orientierungsmuster, mit deren Hilfe wir das Recht in seinen verschiedenen Ausprägungen allein begreifen und beschreiben können. Wenn es zutrifft, daß das Recht mehr Dimensionen aufweist, als mit diesen Kategorien jeweils erfaßt werden kann, so kann die Rekonstruktion damit freilich nur unvollständig gelingen und ist abhängig davon, wie die Schwerpunkte gesetzt werden.

2. *Zeitlich bedingte Präferenzen*

Die hiernach möglichen Akzentuierungen des Rechtsbegriffs treten nicht in jeder Epoche in gleicher Weise in Erscheinung. Die Rechtsgeschichte kennt vielmehr Perioden, in denen das Recht mehr als Idee, und andere, in denen es mehr als ein Faktor der Wirklichkeit angesehen wird.

a) 17. und 18. Jahrhundert. Die Epoche des neuzeitlichen *Naturrechts,* also das 17. und 18. Jahrhundert, war eine Zeit, in der das Recht meist von seiner *ideellen* Seite her aufgefaßt wurde. Recht war danach die in der Vernunft fundierte Überzeugung, daß eine Verhaltensregel hinreichend begründet war, um auch zwangsweise durchgesetzt werden zu dürfen. Die Anforderungen an eine Verankerung in der Wirklichkeit waren dabei vergleichsweise gering; denn das Naturrecht war tendenziell darauf angelegt, erst noch verwirklicht zu werden und dabei die überkommene Ordnung zu ändern und umzugestalten. Es konnte daher nicht ohne weiteres mit dieser Ordnung identifiziert werden.

Im Rückblick betrachtet, läßt sich die Vorherrschaft naturrechtlichen Denkens leicht auf soziale und kulturgeschichtliche Ursachen zurückführen. Recht und Gesellschaft waren hinter den Anforderungen zurückgeblieben, wie sie damals zunehmend gestellt wurden. Das Recht – und das hieß vor allem: das rezipierte römische Recht – lag in einer für moderne Vorstellungen weitgehend überholten Form vor. Um handhabbar zu sein, mußte es in eine den veränderten Bedürfnissen entsprechende Ordnung gebracht werden. Dazu aber mußten die erforderlichen Begriffe und Kategorien erst einmal entwickelt werden. Auf den Staat konnte man dabei nur bedingt setzen, denn dieser war selbst in einem Umbruch begriffen. Der Wildwuchs der vergangenen Jahrhunderte hatte ein kaum durchschaubares Machtgefüge mit einer Vielzahl von Herrschaftsordnungen und Rechtskreisen, von Privilegien und Zuständigkeiten entstehen lassen. Aus all dem mußte der moderne Staat mit seinen zentralisierten Machtinstanzen in zähen Auseinandersetzungen erst geschaffen werden. In dieser Lage erwuchs dem Rechtsdenken die Aufgabe, der Wirklichkeit mit visionärer Kraft vorauseilen und ein Bild des Rechts entwerfen, das der realen Entwicklung als Richtschnur und Vorbild dienen konnte. In den großen Naturrechtssystemen dieser Zeit wurden solche Orientierungsmuster erstellt und als Recht deklariert. Man hat gelegentlich bemerkt, daß dabei unter der Hand in erheblichem Maße auch auf die tatsächlichen Rechtsverhältnisse Rücksicht genommen wurde. Nach dem oben Gesagten ist das nicht weiter überraschend: Um den Anspruch, Recht zu sein, mit Aussicht auf Erfolg erheben zu können, mußte das Naturrecht mit dem, was als Recht faktisch praktiziert wurde, eng in Fühlung bleiben. Charakteristisch für das Rechtsverständnis jedoch war, daß der Gedanke die Führung übernommen hatte.

b) 19. Jahrhundert. Im 19. Jahrhundert setzte sich demgegenüber ein *realistisches* Rechtsverständnis durch. Recht war danach die in Staat und Gesellschaft tatsächlich bestehende Ordnung, wie sie teils in den überkommenen Strukturen zum Ausdruck kam, teils aber, und zwar in zunehmendem Maße, durch die staatliche Gesetzgebung hervorgebracht wurde. Die Epigonen des Naturrechts führten daneben nurmehr eine Randexistenz. Das neue, „positivistische" Rechtsverständnis ging nicht mehr dahin, daß das Recht erst noch verwirklicht werden müsse, sondern daß es im wesentlichen bereits verwirklicht sei. Der Rechtswirklichkeit kam infolgedessen ein erhöhter Stellenwert zu.

Auch hier lassen sich unschwer einige Ursachen ausmachen, die diesen Einstellungswandel begünstigt haben. Das römische Recht war mittlerweile aus der überkommenen Legalordnung in ein zeitgemäßes System gebracht worden. In den Institutionen- und Pandektenlehrbüchern, wie sie damals entstanden, hatte sich die Detailfülle des römischen Rechts mit der aus dem Naturrecht entlehnten Begrifflichkeit zu einer Ordnung von einer bis dahin unbekannten Perfektion verbunden. Alles drängte daher auf deren gesetzliche Festschreibung. Angefangen von den Kodifikationen des späten Naturrechts und unterbrochen nur durch den Einschnitt der historischen Rechtsschule wurde das Recht Schritt für Schritt in staatlichen Gesetzen positiviert, in Deutschland zunächst in den Gesetzen der verschiedenen Bundesstaaten, seit der Reichsgründung im Jahr 1871 zunehmend auch in Reichsgesetzen. Dieser Prozeß wurde nicht zuletzt dadurch begünstigt, daß sich der Staat mittlerweile zur alles beherrschenden Macht entwickelt hatte, die nicht mehr als Hemmnis, sondern als Ausdruck des Fortschritts galt. Einer solchen Verkörperung von geistiger und physischer Kraft mit dem Anspruch entgegenzutreten, sie an anderen Maßstäben zu messen als denen, die sie selbst geschaffen hatte, mußte vor der Hand als absurd erscheinen. Die Belehrung, die von der Rechtsphilosophie zu erwarten war, konnte, wie Hegel einmal sarkastisch bemerkte, unter solchen Voraussetzungen nicht mehr „darauf gehen, den Staat zu belehren, wie er sein soll, sondern vielmehr, wie er, das sittliche Universum, erkannt werden soll"[1]. Lediglich die soziale Frage, die sich damals zunehmend bemerkbar machte, wäre geeignet gewesen, dieses Bild zu trüben und die Wirklichkeit unter das Leitbild einer neuen Rechtsidee zu stellen. Aber für die Lage der Arbeiterschaft hatten die Gebildeten meist keinen Blick. Für den Bürger war die Welt in Ordnung. An einer grundsätzlichen Veränderung der Verhältnisse war er nicht interessiert.

II. Verschwinden der Gerechtigkeit

1. Allgemeine Rechtslehre

Der Auffassung des Rechts als Wirklichkeitsphänomen entsprach die Auffassung der Rechtswissenschaft als einer Wirklichkeitswissenschaft. Die folgerichtige Konsequenz der Reduktion des Rechts auf einen positiv gegebenen Stoff unter gleichzeitiger Zurückweisung metaphysischer Bezüge war daher eine Wissenschaft, die sich auf die empirische Erforschung der Rechtsentstehung und die begriffliche Analyse des gegebenen Materials beschränkte. Eben dies war das Anliegen der *Allgemeinen Rechtslehre,* die im ausgehenden 19. Jahrhundert vielfach die Stelle der Rechtsphilosophie einnahm. Die Allgemeine Rechtslehre ist einerseits gekennzeichnet durch das Bemühen um eine soziologische und psychologische Erklärung des Rechts; ihr Hauptziel jedoch war die Gewinnung allgemeiner Lehren und Begriffe auf der Basis der überkommenen Rechtsdogmatik. Im Wege der Induktion sollte aus dem gegebenen Stoff ein Repertoire „empirischer" Grundlagenbegriffe erarbeitet werden, angefangen von rechtlichen Elementarbegriffen wie Rechtssubjekt und -objekt, subjektives Recht und Rechtspflicht bis hin zu dem übergeordneten Gattungsbegriff der Rechtsnorm überhaupt.

Für die Theoretiker der Allgemeinen Rechtslehre (u.a. Bergbohm, Bierling, Somló) war das Recht nicht Ausdruck einer sittlichen Idee, sondern ein vorgegebenes Material, das grundsätzlich mit denselben Methoden zu erforschen war, wie sie in empirisch vorgehenden Wissenschaften auch sonst Anwendung fanden. In Wahrheit jedoch war das po-

---

[1] *Hegel,* Grundlinien der Philosophie des Rechts, Vorrede.

sitive Recht, das die Allgemeine Rechtslehre vorfand, wesentlich mehr als ein beliebiger Stoff. Es entstammte einer nicht nur durch soziologische und psychologische, sondern vor allem durch geistige Zusammenhänge geprägten Welt. Unter der Oberfläche seiner Erscheinungsformen verfügte es nach wie vor über eine Tiefenstruktur, die bei einer formalbegrifflichen Analyse zwar nicht hervortrat, aber gleichwohl jedermann bewußt war. Indem die Allgemeine Rechtslehre ein von jahrhundertelangen Bemühungen um Gerechtigkeit geprägtes Recht als Ausgangsmaterial für ihre Untersuchungen übernahm, war in ihr mehr enthalten, als sie vorgab. Nur aus diesem Grund war ihre Einseitigkeit hinnehmbar. Sie konnte es sich erlauben, das Problem der Gerechtigkeit zu ignorieren, weil die sittliche Legitimierung des positiven Rechts für die meisten Positivisten insgeheim außer Frage stand.

2. *Neukantianismus*

Dominierend wurde jedoch nicht die Allgemeine Rechtslehre, sondern der Neukantianismus in seinen verschiedenen Spielarten. Im Rückblick betrachtet, war der Neukantianismus auf dem Gebiet der Rechtsphilosophie der gemeinsame Ausgangspunkt für sehr unterschiedliche Strömungen, einerseits des Neuhegelianismus, der dem Positivismus die Gefolgschaft aufkündigte, andererseits der Reinen Rechtslehre, welche die Theorie des Positivismus in bislang kaum dagewesener Weise radikalisierte. Dies deutet darauf hin, daß hier gegensätzliche Elemente miteinander vereinigt waren. Zunächst freilich kam dem Neukantianismus die Funktion zu, dem Positivismus in gemäßigter Form in der neueren Rechtsphilosophie eine Heimstatt zu verschaffen.

Charakteristisch für die neukantianische Richtung ist, daß sie die Rechtsphilosophie auf erkenntnistheoretischer Grundlage neu begründen wollte. Ihr Interesse galt also ebenfalls nicht einem ideal *auf*gegebenen, sondern dem positiv *vor*gegebenen Recht. Anders als die Allgemeine Rechtslehre bemühte sich der Neukantianismus jedoch nicht um die Erkenntnis der empirischen, sondern der *apriorischen Grundbegriffe* des Rechts, letztlich also der gedanklichen Voraussetzungen eines jeden Rechts überhaupt. Vor allem aber waren sich die Vertreter des Neukantianismus bewußt, daß sich rechtliche Regeln nur durch ihren spezifischen *Wertbezug* von anderen Regeln unterscheiden lassen: Recht ist nur deshalb als Recht identifizierbar, weil es mit dem Anspruch verbunden ist, in irgendeinem Sinn richtig zu sein bzw. der Gerechtigkeit zu dienen. Damit war nicht die Richtigkeit oder Gerechtigkeit zu einem konstitutiven Merkmal des Rechts erklärt – über die Richtigkeit oder Gerechtigkeit selbst mußte der Neukantianismus als Wissenschaftslehre die Antwort schuldig bleiben –, wohl aber war der *Sinnbezug* als für alles Recht konstitutiv erkannt. Recht erschöpfte sich für den Neukantianismus nicht in seiner äußeren Gegenständlichkeit; es wurde vielmehr zugleich als Kulturerscheinung verstanden und konnte daher nur als sinnhaft gedeutete Wirklichkeit erfaßt werden.

Zum eigentlichen Kern des Rechts vermochte der Neukantianismus aber gleichwohl nicht vorzudringen. Wenn das Recht nämlich durch seinen Wertbezug gekennzeichnet war, die maßgebenden Werte aber als nicht erkennbar angesehen wurden, war auch der Zugang zum Recht selbst verschlossen. Die folgerichtige Konsequenz war eine wertrelativistische Betrachtungsweise, bei der das Recht nicht im Hinblick auf bestimmte, für allein maßgeblich gehaltene, sondern nur auf *mögliche* Werte untersucht wurde. Bei Radbruch wurde daraus der Versuch, „ein System der Systeme zu entwickeln ohne eigene Stellungnahme zwischen ihnen“[2], gleichsam eine Übersicht über das, was als Recht *möglich* ist. Die Entscheidung zwischen diesen möglichen Systemen zu treffen, wurde ausschließlich dem positiven Gesetzgeber überantwortet. Daß die Rechtsphilosophie dabei widersprechen könnte, war nicht vorgesehen. Im Gegenteil: gerade Radbruch hat sich – jedenfalls nach dem Verständnis vieler seiner Interpreten – in geistreichen Formulierungen bemüht, jede mögliche gesetzgeberische Entscheidung als mit dem Gedanken des Rechts vereinbar erscheinen zu lassen. Die Gerechtigkeit war dadurch in Gefahr, zu einem Wort zu verblassen, das jeder Willkür dienlich war.

3. Radikalisierung des wissenschaftstheoretischen Ansatzes bei Kelsen

War die Rechtsphilosophie des Neukantianismus durch ihren Kompromißcharakter geprägt, war hier das Recht den Mächten der Wirklichkeit zwar real, aber nicht nominal ausgeliefert, so wurde bei Kelsen schließlich jede Verbindung des Rechts zu überpositiven Werten abgeschnitten. Merkmal des Rechts ist für Kelsen nur noch die Form des rechtlichen Sollens schlechthin, also die zwangsbewehrte Verhaltensnorm unabhängig von ihrem Inhalt. Im Ergebnis war das nichts Neues; bereits Bergbohm hatte jede Rechtswertbetrachtung mit leichter Hand für abgetan und erledigt erklärt: „Nur was als Recht funktioniert, das ist Recht, sonst nichts; und alles das ist Recht, ohne Ausnahme.“[3] Das Besondere bei Kelsen besteht jedoch darin, daß er den wissenschaftstheoretischen Ansatz und damit zugleich den Rechtspositivismus mit eiserner Konsequenz bis zu dem Punkt geführt hat, an dem die Unhaltbarkeit einer solchen Verabsolutierung selbst vielen seiner Anhänger offenbar geworden ist.

---

[2] *Gustav Radbruch*, Rechtsphilosophie, 3. Aufl. Leipzig 1932, § 3 Nr. 8.
[3] *Karl Bergbohm*, Jurisprudenz und Rechtsphilosophie, Leipzig 1892, S. 80.

Aber dies näher darzustellen, ist die Aufgabe des ersten Kapitels dieses Buches. Hier ging es nur darum, den Punkt zu bezeichnen, an dem die folgende Darstellung ansetzt.

III. Gegenströmungen

1. Wiederkehr des Naturrechts

Während die vornehmlich am staatlichen Gesetz und anderen positiven Rechtsnormen orientierte Betrachtung eine immer konsequentere Ausarbeitung erfuhr, machten sich schon bald Gegenbestrebungen bemerkbar, in denen eine andere Vorstellung vom Recht zum Ausdruck kam.

a) Voluntaristische Gegenströmungen. Der Formalismus und Logizismus der vorherrschenden Richtung rief kurz nach der Jahrhundertwende zunächst die Freirechtsschule auf den Plan, die für sich in Anspruch nahm, „eine Auferstehung des Naturrechts in veränderter Gestalt", ja ein „Naturrecht des 20. Jahrhunderts" zu sein[4]. Das war nicht als Anknüpfung an die Tradition des idealistischen Naturrechts gemeint, vielmehr war damit ein Bekenntnis zu einem neuen Voluntarismus und Antirationalismus verbunden. Im vorstehenden Zusammenhang ist vor allem von Interesse, daß dabei dem staatlich gesetzten Recht die Vorherrschaft streitig gemacht wurde. Die Basis jedes Rechts, auch des staatlich gesetzten, war für die Vertreter der Freirechtsschule die freie Rechtsschöpfung durch den Richter. Die damals gewonnene Erkenntnis, daß auch das Gesetz außerstande ist, die richterliche Rechtsschöpfung auszuschließen oder auch nur wesentlich einzuschränken, ist seitdem nie wieder ganz verloren gegangen.

Die Freirechtsschule als solche war nur eine vorübergehende Erscheinung, die sich bald in die Interessenjurisprudenz auflöste. Der voluntaristische und antirationalistische Impetus, von dem sie getragen war, erhielt unter nationalsozialistischen Vorzeichen indessen bald einen neuen Auftrieb. Es ist heute üblich, die nationalsozialistische Rechtsideologie ausschließlich als Kontinuitätsbruch zu behandeln. Dabei wird jedoch übersehen, wie sehr diese Ideologie sich in vorhandene Geistesströmungen einfügte und sich mit ihnen im Hinblick auf die Bekämpfung der herrschenden Ansicht ergänzte. Das gilt namentlich insofern, als das positive Recht seinen Rechtscharakter danach nicht aus seiner Positivität, sondern aus seiner vitalistischen und antirationalen Grundlage gewinnen sollte. Das Gesetz wurde dabei nicht als letzter Grund, sondern als bloße Erscheinungsform eines wesentlich tiefer verankerten Rechts

---

[4] *Gnaeus Flavius [= Hermann Kantorowicz],* Der Kampf um die Rechtswissenschaft, Heidelberg 1906, S. 10, 12.

verstanden. Daraus ergab sich eine doppelbödige Betrachtungsweise, wie sie für ein naturrechtliches Rechtsverständnis typisch ist.

b) Idealistische Gegenströmungen. Nach 1945 kam das Naturrecht unter veränderten Vorzeichen zu einem neuen Ansehensgewinn, dieses Mal freilich in seiner idealistischen Version. Entsetzt von dem, was wenige Jahre zuvor mit vereinten Kräften betrieben worden war, jetzt jedoch als Pervertierung des Rechts empfunden wurde, suchten viele das Recht in den „unverbrüchlichen Werten" des Abendlandes neu zu befestigen. Vorübergehend wurde „Naturrecht" fast zu einem Modewort.

Aber auch dieser Zustand war nur von kurzer Dauer. Die damals geschaffenen Verfassungen mit ihren Grundrechtskatalogen setzten bald abermals neue Akzente. Die verfassungsrechtlich verbrieften Menschen- und Bürgerrechte waren keine bloßen Programmsätze mehr; sie banden vielmehr auch die Gesetzgebung „als unmittelbar geltendes Recht" (Art. 1 III GG), waren also Leitlinie und Maßstab für den Gesetzgeber selbst. Oberhalb des „einfachen" positiven Gesetzes war damit gewissermaßen eine höherrangige „zweite Rechtsordnung" errichtet worden, deren Forderungen überall mitzubedenken waren. Der Form nach stellen die Grundrechte positives Recht dar; ihrem Gehalt nach jedoch sind sie in denkbar hohem Maße in den geistigen und politischen Bewegungen verankert, denen sie ihre Existenz und ständige Aktualisierung verdanken. Das führt zu dem eigenartigen Widerspruch, daß Überlegungen und Argumente, die man früher ohne zu zögern als „naturrechtlich" bezeichnet hätte, heute im Gewande des positiven Rechts daherkommen. Unter der Geltung der modernen Verfassungen kann man vorgeben, der positivistischen Ideologie zu huldigen, während man sie in Wahrheit in Frage stellt; man kann dem idealistischen Rekurs auf die „Gerechtigkeit" eine Absage erteilen, während man gleichzeitig unter Berufung auf die Grundrechte genau das Gegenteil praktiziert.

2. Verändertes geistiges und soziales Umfeld

Daß die wissenschaftstheoretisch begründete Verabschiedung eines gerechtigkeitsorientierten Rechtsdenkens nicht das letzte Wort sein würde, war daher abzusehen. Bereits in den sechziger Jahren des letzten Jahrhunderts kündigte sich eine Rehabilitierung der praktischen Philosophie an, wenn auch zunächst nur in Form einer Neuinterpretation von klassischen Autoren. Eine tiefer greifende Wende wurde im folgenden Jahrzehnt durch John Rawls eingeleitet. Die szientistische Rechtstheorie ohne Gerechtigkeitsbezug, wie sie bis dahin anstelle der früheren Rechtsphilosophie überwiegend betrieben worden war, hatte damit wieder einen Antipoden, der nicht nur symptomatisch war für den mittlerweile erfolgten Bewußtseinswandel, sondern diesem alsbald weiteren Auftrieb gab.

Aber wir wollen auch hier nicht vorgreifen, sondern statt dessen den Blick wiederum kurz über das geistige und soziale Umfeld schweifen lassen, in das dieser Prozeß des Umdenkens eingebettet ist.

a) Globalisierung der Gesellschaft. Die Zeit nach dem zweiten Weltkrieg ist vor allem dadurch gekennzeichnet, daß Europa aufgehört hat, das Zentrum der Welt zu sein. Damit geht nicht nur ein historischer, sondern auch ein struktureller Bruch von nicht zu übersehender Tragweite einher. Nur vorübergehend konnte der Eindruck entstehen, als ob andere Großmächte die frühere Rolle Europas übernehmen könnten. Tatsächlich jedoch hat die Welt ihr Zentrum verloren, ohne bisher ein neues zu gewinnen. Überkommene Werte verlieren ihre Leuchtkraft, ohne durch andere verdrängt zu werden; scheinbar Unvereinbares tritt nebeneinander, ohne daß der Widerspruch empfunden würde; der Wechsel der Themen, für die öffentliche Aufmerksamkeit eingefordert wird, erreicht ein nie dagewesenes Tempo und läßt jeden inneren Zusammenhang vermissen.

Man beschreibt diesen Prozeß heute unter dem Stichwort der „Globalisierung". In der öffentlichen Diskussion wird dabei meist nur der ökonomische Aspekt erfaßt, daß die bis dahin bestehenden Grenzen für den Austausch von Wirtschaftsgütern und Informationen zunehmend entfallen und die Welt tendenziell zu einem einheitlichen und offenen Markt mutiert. Wichtiger im vorstehenden Zusammenhang ist, daß parallel dazu ein neuer Bedarf an leitenden Ideen und Ordnungsmustern entstanden ist, der aus den überkommenen Beständen nur unvollkommen befriedigt werden kann.

b) Bedeutungsverlust des Staates. Der Nationalstaat, wie er zur Gestaltung sozialer Verhältnisse in der Vergangenheit berufen war, steht jedenfalls in Europa für solche Zwecke heute nur noch bedingt zur Verfügung, weil er hier selbst im Begriff ist, seine Konturen zu verlieren.

Das gilt zunächst für sein geistiges Profil. Der moderne Staat hat im Verlauf des 20. Jahrhunderts seine Hände zu sehr beschmutzt, als daß er noch als geistige Ordnungsmacht vorbehaltlos anerkannt werden könnte. Seine Akzeptanz beruht heute weniger auf seinen geistigen Potenzen als vielmehr darauf, daß er zur Schaltstelle für die Befriedigung materieller Bedürfnisse, zum Koordinator gesellschaftlicher Kräfte geworden ist.

Auf der anderen Seite ist die Wirtschaft über den Staat hinausgewachsen. Ist der Staat schon auf eigenem Terrain nurmehr zum Teil Herr des Geschehens, so hat ihn die internationale Wirtschaftsverflechtung vollends ins zweite Glied gerückt. Im allgemeinen Bewußtsein erscheint der Staat zunehmend als ein Relikt vergangener Zeiten, während sich die Wirtschaft als Schicksal erweist. Obgleich der Staat als Ordnungsfaktor nach wie vor nicht entbehrt werden kann, nimmt sein Einfluß doch ab.

Internationale Organisationen, die den Staat auf globaler Ebene ersetzen und seine Funktionen übernehmen könnten, existieren bisher nur in Ansätzen. Auf diese Weise wird da, wo man den Staat als reale und geistige Ordnungsmacht zu sehen gewohnt war, ein Vakuum sichtbar, das vorerst nur im Wege eines gedanklichen Vorlaufs mit Inhalt erfüllt werden kann. Eben dies aber ist zu allen Zeiten die Stunde, in der die Frage nach der Gerechtigkeit neu gestellt und beantwortet werden muß.

IV. Vorblick

Ziel der folgenden Darstellung ist es, die Rückkehr der Frage nach der Gerechtigkeit anhand einiger ausgewählten Werke nachzuvollziehen. Wer dabei ein Buch erwartet, in dem nach Gelehrtenmanier alles berücksichtigt oder wenigstens erwähnt worden ist, wird vielleicht nicht ganz auf seine Kosten kommen. Eher schon der, der an den Herausforderungen teilnehmen will, denen jeder ausgesetzt ist, der sich auf Werke einläßt, von denen jedes auf seine Weise aufs Ganze geht.

Die Darstellung beginnt mit der Reinen Rechtslehre Hans Kelsens, die den nicht mehr überbietbaren Höhepunkt des Positivismus und Szientizismus repräsentiert, und sie endet bei Werken und Autoren, die fast am entgegengesetzten Ende der Skala stehen. Wer die Präferenzen des Verfassers nicht teilt, wird die getroffene Auswahl vielleicht bemängeln und das eine oder andere vermissen. Es gibt jedoch eine Gemeinsamkeit, die sich wie ein roter Faden durch alle behandelten Werke hindurchzieht: nämlich ihre Beziehung zu dem Denken Kants. Nicht immer in derselben Weise zwar, zum Teil vielmehr anknüpfend an den Formalismus des Kantischen Rechtsbegriffs, zum Teil dagegen an die Kantische Vorstellung von der Autonomie des Subjekts, insgesamt aber doch Zeugnis ablegend von der Vielgestalt und Fruchtbarkeit dieses Denkens auch über den Wandel der Zeiten hinweg.

1. Abschnitt.
Hans Kelsen, Reine Rechtslehre

§ 2. Theorie des Positivismus

I. Bedeutung der Reinen Rechtslehre

1. Juristischer Nominalismus

Die Reine Rechtslehre Hans Kelsens (1881–1973), mit deren Betrachtung wir unsere Überlegungen beginnen wollen, ist eine durch ihre Klarheit und Folgerichtigkeit noch immer faszinierende Theorie des Rechts. Angefangen bereits bei Kelsens Frühwerk, in dem sich die ersten Ansätze dazu finden, bis zu der klassischen Darstellung in der ersten Auflage der „Reinen Rechtslehre" von 1934 und schließlich bis hin zu den ausufernden Erläuterungen, Ergänzungen und Korrekturen der letzten Lebensjahre hat sie wie keine andere die juristische Zunft bewegt und in unterschiedliche Lager gespalten. Fast scheint es, daß die Reine Rechtslehre die Wissenschaft vom Recht an einen Punkt getrieben hat, wo dieser nur die Wahl bleibt, sich auf einer Metaebene fernab der Lebenswelt zu etablieren oder aber unter Reduzierung ihrer wissenschaftstheoretischen Ansprüche zu den traditionellen Beständen zurückzukehren. Von seinen Anhängern ist Kelsen daher gelegentlich als „Jurist des Jahrhunderts" gefeiert, von seinen Gegnern indessen der „Rechtsleere", des substanzlosen Formengeklingels bezichtigt worden. Für jeden, der sich den Grundfragen des Rechts stellt, bildet sein Werk auch heute noch eine Herausforderung, und wie auch immer man im Ergebnis dazu stehen mag, so trägt die Auseinandersetzung damit vielleicht mehr als alles andere zur eigenen Standortbestimmung bei.

Freilich ist der Ruhm Kelsens über den Kreis der juristischen Fachwelt nur wenig hinausgedrungen. Denn Kelsen ist kein Rechtsphilosoph im hergebrachten Sinn des Wortes, kein Denker, der darauf aus wäre, Rechtsfragen zu beantworten, wie sie die Menschen zu allen Zeiten bewegt haben. Die Reine Rechtslehre ist deshalb ihrer Intention nach nichts weniger als eine Gerechtigkeitslehre; sie zielt allein auf eine *Neukonstituierung der Rechtswissenschaft* ab und trägt unübersehbar die Signatur fachjuristischen Spezialistentums. Kelsen will damit eine szientistische Theorie des Rechts begründen und die Rechtswissenschaft auf ein neues und, wie er meint, der Gegenwart allein angemessenes

Niveau heben. Für den Juristen ist das von höchstem Interesse, weil dadurch die Grundlagen seines Selbstverständnisses angesprochen werden. Außerhalb juristischer Diskussionszusammenhänge dagegen sind diese fachwissenschaftlichen Erörterungen scheinbar nur von geringer Bedeutung.

Sieht man von dem szientistischen Erscheinungsbild ab, so zeigt sich indessen, daß unterhalb der fachjuristischen Oberfläche sehr wohl auch Fragen von allgemeinem Interesse berührt werden. Der Reinen Rechtslehre geht es nämlich ungeachtet ihrer fachspezifischen Zielrichtung zugleich um die totale *Entzauberung des Rechts* überhaupt. Gemessen an einem traditionellen Verständnis, nach dem alles Recht auf Gerechtigkeit hin angelegt ist, will sie das Recht vom Jenseits ins Diesseits, vom Himmel auf die Erde, von der Idee zur Wirklichkeit holen. Sie will es reduzieren auf nichts sonst als auf eine *soziale Technik* zur Steuerung menschlichen Verhaltens. Nach einer Bemerkung von Karl Larenz ist die Reine Rechtslehre „ein auf die Spitze getriebener juristischer *Nominalismus,* der jede sittlich-geistige Substanz des Rechts und des Staates leugnet und mit seinem rücksichtslosen Formalismus alle tieferen Bindungen des Einzelnen an überpersönliche Werte zerstört“[1].

Ein ähnlich radikaler Nominalismus findet sich in der neuzeitlichen Philosophie sonst nur bei Thomas Hobbes, dem eigentlichen Ahnvater des modernen Rechtspositivismus. Verglichen mit Hobbes, handelt es sich bei Kelsen indessen um einen Denker von durchaus unterschiedlichem Temperament. Während Hobbes explizit den Grundkonflikt des Einzelnen mit der ihm übergeordneten Macht thematisiert und dabei in aller Offenheit die Allgewalt des staatlichen „Leviathan“ und die Ohnmacht des Bürgers begründet, spricht Kelsen allein von den rechtlichen *Mitteln,* in denen sich diese Unterwerfung äußert, und läßt den Grundkonflikt selbst scheinbar unberührt. Erst bei einer genaueren Analyse wird offenbar, daß es hier wie dort um genau dasselbe geht, nämlich darum, das seinem Anspruch nach autonome Subjekt unter die staatliche Macht zu subsumieren und seine ursprüngliche Rechtlosigkeit theoretisch zu begründen.

2. Szientistischer Positivismus

Aber noch ein anderer Unterschied wird bei einem solchen Vergleich deutlich. Anders als Hobbes, der vor dem Hintergrund der Erfahrungen eines realen Bürgerkrieges philosophiert und die Macht nur deshalb verabsolutiert, weil sie ihm allein Friede und Sicherheit zu bieten scheint, kommt Kelsen aus der Erfahrungswelt des bereits *etablierten* und ent-

---

[1] *Karl Larenz,* Rechts- und Staatsphilosophie der Gegenwart, 2. Aufl. Berlin 1935, S. 49f.

falteten *Rechtspositivismus.* Während der Positivismus für Hobbes noch eine Frage von existentiellem Rang war, ist diese Frage für Kelsen längst entschieden. Worum es Kelsen geht, ist nur noch, die Konsequenzen dieser Entscheidung im Detail zu entfalten. Kelsen hat seine Herkunft aus dem Positivismus nie geleugnet, sondern sich ganz bewußt in diesen wissenschaftstheoretischen Kontext gestellt. Schon der erste Satz der Reinen Rechtslehre enthält das programmatische Bekenntnis: „Die Reine Rechtslehre ist die erste Theorie des positiven Rechts". Und an späterer Stelle heißt es: „Die Reine Rechtslehre ist die Theorie des Rechtspositivismus"[2]. Näher besehen ist mit dieser Deklaration zweierlei gemeint.

a) Anknüpfung an die neuere Rechtsentwicklung. Einmal liegt darin das Programm einer Wissenschaft, die sich allein mit positivem Recht befaßt und jeder Rechtsphilosophie herkömmlicher Prägung eine Absage erteilt. Gegenstand der Reinen Rechtslehre ist nicht eine irgendwie beschaffene „Idee" des Rechts, sondern das tatsächlich geltende Recht und nichts sonst. Dabei gilt Kelsens Interesse freilich nicht einem konkret bestimmten Recht, also nicht deutschem, österreichischem oder französischem Recht – das liefe letztlich auf Rechtsdogmatik hinaus, zu der er, vorsichtig ausgedrückt, eher in einem distanzierten Verhältnis steht. Sein Thema ist vielmehr die Betrachtung von geltendem Recht in seiner Geltung schlechthin oder, wie er dies später einmal ausgedrückt hat, „das Wesen des Rechtes überhaupt, seine typische Struktur, und zwar unabhängig von dem wechselnden Inhalt ..., den das Recht zu verschiedenen Zeiten und an verschiedenen Orten angenommen hat"[3]. Wenn Kelsen von Recht spricht, so meint er damit das Recht als eine reale Erscheinung *jeder* Gesellschaft, nämlich als ein faktisch wirksames Regelsystem bzw. als sozialen Lenkungsmechanismus zur Erreichung bestimmter Zwecke. Auf diesem Abstraktionsniveau jedoch wird der Begriff des Rechts von ihm so sehr auf *positives* Recht verengt, daß alles, was nicht unter diesen spezifischen Begriff fällt, als Gegenstand rechtswissenschaftlicher Untersuchung nicht in Betracht kommt.

Rechtspositivismus hat es vermutlich schon immer gegeben; denn niemand kann sich auf Dauer darauf beschränken, das Recht bloß zu *suchen.* Soll die Suche nicht ihren Sinn verlieren, muß sie sich irgendwann auch einmal in *Ergebnissen* niederschlagen. Dabei entspricht es der Natur der Sache, daß diese in bestimmtem Umfang verselbständigt („positiviert") werden und dann eigenen Gesetzen folgen. In der einen oder anderen Form kann man diesen Prozeß in allen Rechtsordnungen beobachten. Der neuere Rechtspositivismus, an den Kelsen anknüpft, ist

---

[2] *Kelsen,* RR I, S. 38.

[3] *Kelsen* in: Festgabe für Zaccaria Giacometti, Zürich 1953, S. 143.

jedoch vor allem ein *Produkt des 19. Jahrhunderts* und trägt dabei nicht zuletzt auch das Gepräge seiner Entstehungszeit. Das aber heißt – jedenfalls im Rahmen der kontinentaleuropäischen Rechtsordnungen –: Abkehr von dem geistigen Anspruch des neuzeitlichen Naturrechts unter gleichzeitiger Übernahme seiner begrifflich-dogmatischen Vorleistungen auf der einen Seite, Glorifizierung des staatlichen Gesetzgebers als eigentlicher Urheber des geltenden Rechts auf der anderen. Der Verlauf dieser Entwicklung ist oft genug geschildert worden und soll hier nur in einigen Stichworten in Erinnerung gerufen werden.

Der Niedergang des neuzeitlichen Naturrechts, wie er sich mit der Wende vom 18. zum 19. Jahrhundert in rascher Folge vollzog, wurde eingeleitet durch eine Reihe von Ereignissen, die in ihrer Gesamtheit weitreichende Folgen zeigten: einmal durch die Positivierung der naturrechtlichen Systementwürfe in den Gesetzgebungswerken der Spätaufklärung, sodann durch die menschen- und bürgerrechtlich begründete Schreckensherrschaft zur Zeit der französischen Revolution, wodurch prompt eine Vielzahl von Gegenkräften mobilisiert wurde, nicht zuletzt aber auch durch die „Entdeckung" der Geschichte als einer eigenständigen und dem begrifflichen Denken entgegengesetzten Kategorie. In zwei deutlich voneinander abgesetzten Schritten trat statt dessen der Rechtspositivismus die Herrschaft an. Im ersten Schritt schärfte die *historische Rechtsschule* den Blick dafür, daß das geltende Recht seine Wirksamkeit unmittelbar allein dem Umstand verdankte, daß es im realen Leben der Menschen, in Institutionen, Gewohnheiten und Überzeugungen handlungsleitend verankert war. Als im weiteren Verlauf offenbar wurde, daß die staatliche Gesetzgebung aus dem modernen Recht nicht mehr wegzudenken war, wurde in einem zweiten Schritt die vor allem historisch begründete Theorie des Gewohnheitsrechts durch den *Gesetzespositivismus* abgelöst, der das staatliche Gesetz selbst zur maßgeblichen Rechtsquelle deklarierte. Diese Auffassung, die, konsequent durchgeführt, auf eine Gleichsetzung von Recht und Gesetz hinausläuft, wurde unter kontinentaleuropäischen Juristen zunehmend zu einer Art Standesideologie, neben der sich die Relikte älterer Auffassungen nur auf versteckte Weise behaupten konnten. Eben dies ist die Entwicklung, welche die Reine Rechtslehre voraussetzt und an die sie anknüpft.

b) Vollendung des positivistischen Programms. Die Reine Rechtslehre – und dies ist der andere Gesichtspunkt, von dem oben die Rede war – bildet den Rechtspositivismus jedoch keineswegs so ab, wie sie ihn *vorfindet,* sondern zeigt vielmehr, *was in ihm angelegt* ist, wenn man mit dem positivistischen Programm ernst macht. Wie Kelsen selbst einmal bemerkt hat, liegt die Eigentümlichkeit der Reinen Rechtslehre darin, daß sie „die letzten Konsequenzen aus der ursprünglich ideologiefeindlichen, positivistischen Philosophie und Rechtstheorie des 19. Jahrhunderts zieht"[4]. Sie legt also gleichsam den „harten Kern" des Rechtspositivismus frei und nimmt dadurch dem Rechtsanwender alle Illusionen, mit seiner Arbeit gleichzeitig einer höheren Gerechtigkeit dienen zu können.

Mit seinem Rigorismus hat Kelsen unterschiedliche Reaktionen hervorgerufen. Einerseits hat er damit für ein technizistisches Verständnis des Rechts und eine szientistische Ausrichtung der Rechtswissenschaft viele Anhänger gewonnen. Andererseits jedoch hat er gerade damit auch den Kritikern des Positivismus und nicht nur ihnen dessen Grenzen schlagend vor Augen geführt. So konnte er im Vorwort seines Hauptwerks selbst konstatieren, daß es „nicht so sehr die Neuheit als vielmehr die Konsequenz meiner Lehre ist ..., die den Aufruhr in der Literatur hervorruft"[5]. Infolge ihrer unnachsichtigen Konsequenz stößt die Reine Rechtslehre nicht nur bei den Gegnern, sondern auch bei den Vertretern des herkömmlichen Positivismus auf Widerstand. Denn diese wollen zwar durchaus dem Positivismus huldigen, aber nicht in einer solchen Ausschließlichkeit, wie Kelsen dies von einem „reinen" Positivisten verlangt.

II. Widerspruch im traditionellen Positivismus

Damit kommen wir zu einem Punkt, der bei Kelsen immer wieder anklingt und der ihn zu den Anhängern des in der Praxis wie in der Wissenschaft vorherrschenden „gemäßigten" Positivismus in einen nicht weniger scharfen Gegensatz bringt als zu den Epigonen des früheren Naturrechts. Wie Kelsen nämlich vermerkt, ist der herkömmliche Positivismus in einem eigenartigen *Widerspruch* befangen: Er enthält zugleich Elemente, die mit einem positivistischen Ansatz unvereinbar sind, und ist daher für Kelsen weder Fisch noch Fleisch.

1. Gerechtigkeit als Leitidee

Dieser scheinbare Eklektizismus kommt vor allem darin zum Ausdruck, daß die meisten Juristen ungeachtet ihres grundsätzlichen Bekenntnisses zum Positivismus an der Gerechtigkeit als maßgeblicher Leitidee unbeeindruckt festhalten: „Wenn auch die Unterscheidung zwischen Gerechtigkeit und Recht nachdrücklich betont wird, so bleiben doch beide durch mehr oder weniger sichtbare Fäden miteinander verbunden."[6] Das spiegelt sich vor allem in der verbreiteten Auffassung

---

[4] *Kelsen,* RR I, S. 25.
[5] *Kelsen,* RR I, S. X.
[6] *Kelsen,* RR I, S. 20.

wieder, daß das positive Recht, um sich vom Unrecht zu unterscheiden, in irgendeinem wenn auch noch so bescheidenen Sinn der Rechtsidee entsprechen müsse, sei es in der Weise, daß im positiven Recht ein „ethisches Minimum" realisiert ist, oder auch nur so, daß das positive Recht sich als „Versuch" begreifen läßt, Gerechtigkeit zu „realisieren". Normalerweise zeigen Juristen daher wenig Neigung, sich als bloße Ausführungsorgane für den Vollzug von Rechtsbefehlen zu verstehen, die ihrem Inhalt nach willkürlich und noch dazu jederzeit beliebigen Änderungen ausgesetzt sind. Wo, wie in der modernen Welt, letzte Rechtsgewißheit fehlt, ist es zwar hilfreich, sich bei Bedarf auf ein bloßes Vollzugsethos zurückziehen zu können. Aber ohne das Bewußtsein, daß man bei all dem doch der Gerechtigkeit dient, kann man auch in der modernen Welt offenbar schlecht schlafen.

Der Positivismus, wie er herkömmlich verstanden wird, ist daher Kelsen zufolge halbherzig: Er will zwei Herren gleichzeitig dienen, dem positiven Recht *und* der Gerechtigkeit. Dieses Nebeneinander gegensätzlicher Ansprüche hat sich praktisch dahin ausgewirkt, daß die letzten Konsequenzen, die in einem positivistischen Rechtsverständnis angelegt sind, bis hin zu Kelsen überhaupt nicht gezogen wurden.

2. Relikte naturrechtlicher Vorstellungen

Aber Kelsen hebt noch einen anderen, rein ideengeschichtlichen Aspekt hervor. Nach seiner Auffassung ist die in sich widersprüchliche Konzeption des überkommenen Positivismus ein Beweis dafür, daß die *Periode des Naturrechts bislang nur unzureichend überwunden* worden ist. Die Wandlung der Rechtswissenschaft von der Naturrechtstheorie zum Positivismus ist, wie er meint, bisher niemals vollständig gewesen. Der wissenschaftsgeschichtlich überholte Gedanke eines absoluten Rechtswertes lebe auch im Positivismus noch fort, weil die aus dem Naturrecht stammende Vorstellung, daß sich positives Recht vor der Gerechtigkeit verantworten müsse, nie gänzlich preisgegeben worden sei.

Mit den idealistisch konzipierten Naturrechtslehren war in der Tat ein dualistisches Rechtsverständnis verbunden, wonach „über der staatlichen Ordnung des positiven Rechts eine höhere, göttliche, vernünftige oder natürliche Rechtsordnung angenommen"[7], die *auctoritas* mithin der *veritas* untergeordnet wurde. So weit geht der gängige Positivismus, wie Kelsen einräumt, zwar nicht mehr. „Unter der Oberfläche seiner Begriffe" seien jedoch nach wie vor naturrechtliche Vorstellungen wirksam: so etwa im Begriff des subjektiven Rechts und des Rechtssubjekts, in der Unterscheidung von dinglichem und persönlichem Recht u. a. m.

---

[7] *Kelsen,* RR I, S. 39.

Bis in die letzten Verästelungen spürt Kelsen solchen Sedimenten naturrechtlicher Herkunft im positiven Recht nach und versucht damit den Beweis zu erbringen, daß der überkommene Positivismus inkonsequent ist, weil er davon lebt, daß er unter der Hand Zugeständnisse an ein ihm fremdes Prinzip macht.

Bei unvoreingenommener Betrachtung dieses häufig gar nicht bewußt registrierten Nebeneinanders hätte man vielleicht die Frage aufwerfen können, ob ein derart beschaffenes Recht nicht ebensogut auch als inkonsequentes, weil positivistisch überformtes „Naturrecht" begriffen werden könnte. Ein solches Unterfangen hätte für Kelsen freilich eindeutig im Widerspruch zu dem Geist der Zeit gestanden. Unter dem Einfluß etatistischen Denkens waren die Gewichte zu Beginn des 20. Jahrhunderts nämlich bereits sehr ungleich verteilt. Kelsen kann daher zutreffend darauf verweisen, daß die Rechtswissenschaft seiner Zeit „zwar nicht ganz, aber ... doch überwiegend positivistisch orientiert" sei[8]. Ungeachtet des Frontalangriffs von seiten der Freirechtsschule und der grundlegenden Erschütterungen im Gefolge des ersten Weltkriegs war der Positivismus theoretisch wie praktisch vorherrschend, so daß die Verabsolutierung des positivistischen Ansatzes bei Kelsen ohne weiteres in Hegelschem Sinn als Versuch verstanden werden kann, „das was ist zu begreifen" und die Tendenz der eigenen Zeit in Gedanken zu erfassen[9].

III. Reine Rechtslehre als gereinigte Rechtslehre

Aber was will die Reine Rechtslehre genau? Was ist das Ziel, das sie anstrebt? Wie Kelsen nicht müde wird zu betonen, ist die Reine Rechtslehre deshalb „rein", weil sie den überkommenen Positivismus von eben dem Widerspruch, mit dem wir uns gerade beschäftigt haben, *reinigen* will. Sie will die Rechtswissenschaft „von allen ihr fremden Elementen befreien"[10], sie will „das Recht darstellen, so wie es ist, ohne es als gerecht zu legitimieren oder als ungerecht zu disqualifizieren", sie will nach dem wirklichen und dem möglichen, nicht nach dem richtigen Recht fragen und versteht sich daher als „eine radikal realistische Rechtstheorie", mehr noch: sie allein ist, wie Kelsen aus all dem zusammen schließt, „wahre Rechtswissenschaft", im Vergleich zu der die traditionelle Rechtswissenschaft bloß „einen ideologischen Charakter hat"[11].

---

[8] *Kelsen,* RR I, S. 20.
[9] *Hegel,* Grundlinien der Philosophie des Rechts, Vorrede.
[10] *Kelsen,* RR I, S. 1.
[11] *Kelsen,* RR I, S. 17.

1. Veritas und auctoritas des Rechts

Aus einer mehr traditionellen Sicht könnte man vielleicht fragen, ob der von Kelsen zutreffend konstatierte Widerspruch nicht mit dem Wesen des Rechts überhaupt zusammenhängt. Ist das Recht nicht kraft seiner Natur so beschaffen, daß es notwendig zwischen *veritas* und *auctoritas* oszilliert und bald mehr der einen, bald der anderen Seite zuneigt? Eine solche Deutung würde freilich in eine Richtung weisen, die Kelsen durchaus fernliegt. Er will den Widerspruch nicht ausbalancieren oder im Hegelschen Sinn „aufheben", sondern beseitigen, und zwar zugunsten der *auctoritas,* nicht der *veritas* des Rechts. Daß eine widerspruchsfreie Theorie, die wissenschaftlichen Anforderungen gerecht wird, nur auf einer positivistischen Basis errichtet werden kann, steht für Kelsen von vornherein außer Frage.

Die Ausführung dieses Programms macht es erforderlich, daß die vermeintlichen Relikte naturrechtlichen Denkens als solche identifiziert und aus der Rechtswissenschaft eliminiert werden. Was dem Naturrecht entstammt oder anders ausgedrückt: was auf die *veritas* des Rechts verweist, gehört nach Kelsens Auffassung in die Moral und die Politik, hat jedoch in der Rechtswissenschaft keinen Platz zu beanspruchen. Ja, der ganze Streit, der um die Reine Rechtslehre entstanden ist, geht, wie er darlegt, in Wahrheit „um das Verhältnis der Rechtswissenschaft zur Politik, um die saubere Trennung der einen von der anderen, um den Verzicht auf die eingewurzelte Gewohnheit, im Namen der Wissenschaft vom Recht, unter Berufung also auf eine objektive Instanz, politische Forderungen zu vertreten, die nur einen höchst subjektiven Charakter haben können, auch wenn sie, im besten Glauben, als Ideal einer Religion, Nation oder Klasse auftreten"[12].

In einer autobiographischen Skizze[13] hat Kelsen einmal die Vermutung geäußert, daß seine positivistische Grundeinstellung durch seine Herkunft aus dem josephinischen Österreich geprägt worden sein könnte. Das Österreich des ausgehenden 19. Jahrhunderts, in dem Kelsen geboren wurde und dem er die entscheidenden Eindrücke seiner ersten Lebenshälfte verdankt, war ein pluralistischer Vielvölkerstaat, dessen Volksgruppen nur zum Teil durch gemeinsame Werte und Vorstellungen miteinander verbunden waren. Wer diesem Umstand Rechnung tragen wollte, hatte es naturgemäß nicht leicht, die Geltungsgrundlage des Rechts uneingeschränkt in „der Moral" zu finden. Denn welche Moral hätte dies sein sollen? Wie schon eine kurze Überlegung erkennen läßt, bedarf das Recht in um so höherem Maße einer Grundlage, die von der Moral unabhängig ist, je disparater die moralischen Vorstellungen in

---

[12] *Kelsen,* RR I, S. XI.

[13] *Rudolf Aladár Métall,* Hans Kelsen. Leben und Werk, Wien 1969, S. 42.

einer Gesellschaft sind. Es muß in einer solchen Lage möglichst bereits deshalb gelten, weil es *Recht,* nicht weil es moralisch ist; ja, es muß im Extremfall auch dann durchgesetzt werden können, wenn es für unmoralisch gehalten werden sollte. Denn nur dann kann es das Verhalten innerhalb einer Gesellschaft regulieren, in der es eine gemeinsame Moral nicht gibt. Kelsen hat aus dieser Einsicht die Konsequenz gezogen, den Begriff des Rechts in radikaler Weise auf positives Recht zu beschränken und jede Verbindung zur Moral zu lösen. Recht und Moral gehören für Kelsen gänzlich verschiedenen Welten an.

2. *Rechtsphilosophie minus Gerechtigkeit*

Die zwingende Folge dieses Trennungsdenkens ist die, daß dem traditionellen Anspruch, wonach das Recht im Prinzip *gerecht* sein soll, die Grundlage entzogen wird; dies zumindest in dem Sinn, als es sich dabei um keinen rechtlichen Anspruch handeln kann. Gerechtigkeit ist nach Kelsen ein Teilaspekt der Moral. Daß das Recht gerecht zu sein habe, kann daher nur eine Forderung der Moral sein, die noch dazu um so vager ausfallen muß, je pluralistischer die Gesellschaft verfaßt ist. Denn wo es an einer für alle verbindlichen Moral fehlt, läßt sich dieses Defizit nicht dadurch beseitigen, daß man sich statt dessen der Sprache der Gerechtigkeit bedient.

Im Anhang zur zweiten Auflage seiner Reinen Rechtslehre hat sich Kelsen, wie zuvor auch schon an anderer Stelle, ausführlich mit einer Vielzahl von Gerechtigkeitsmodellen auseinandergesetzt[14]. Sein Resumé ist, daß der Begriff der Gerechtigkeit „völlig leer“, daß die Gerechtigkeit nur ein „schöner Traum“, nur ein „irrationales Ideal“ sei. Dies einmal als richtig unterstellt, jagt, wer die Gerechtigkeit sucht, ebenso wie der, der eine für alle verbindliche Moral ausfindig machen möchte, einer Chimäre nach. Eine dem Maßstab der Rationalität verpflichtete Wissenschaft kann aus diesem Befund nur die Konsequenz ziehen, den Begriff der Gerechtigkeit aus ihrem Wortschatz zu streichen. Die Wissenschaft hat das Recht danach nicht auf seinen Gerechtigkeitsgehalt hin zu prüfen; sie hat es lediglich „gleichsam von außen her“, mithin aus der Beobachterperspektive, „zu erkennen und auf Grund ihrer Erkenntnis zu beschreiben“[15]. Die Reine Rechtslehre, die sich dieses Ziel gesetzt hat, bezeichnet Kelsen als „Rechtstheorie“ und hebt sie damit auch sprachlich von der Rechtsphilosophie ab. Rechtstheorie ist letztlich nichts anderes als *Rechtsphilosophie minus Gerechtigkeit.*

Die rigide Absage an jeden Gerechtigkeitskult konfrontiert die Reine Rechtslehre fast zwangsläufig mit der Augustinischen Frage, was eigent-

---

[14] *Kelsen,* RR II, S. 355ff.

[15] *Kelsen,* RR II, S. 74.

lich das Recht eines Staates, der nicht auf Gerechtigkeit hin angelegt ist, vom Regelsystem einer Räuberbande unterscheidet. Kelsen weicht dieser Frage nicht aus. Der Tragweite seiner Trennungsthese wohl bewußt, scheut er sich nicht, die Konsequenz auszusprechen: Qualitativ gibt es keinen Unterschied; sinnvoll kann allein danach gefragt werden, welches Regelsystem sich *auf Dauer* als *wirksam* erweist. Das aber bedeutet, daß die *nachhaltige Effizienz* zum alleinigen Kriterium für die Unterscheidung von Recht und Unrecht avanciert. Die Ordnung einer Räuberbande ist also dann und nur dann keine Rechtsordnung in dem von Kelsen allein akzeptierten Sinn dieses Wortes, wenn daneben eine effizientere staatliche Ordnung existiert oder anders ausgedrückt: „wenn die Sanktionen statuierenden Normen der Rechtsordnung, innerhalb deren territorialen Geltungsbereich die Tätigkeit der Bande fällt, tatsächlich auf diese Tätigkeit als auf rechtswidriges Verhalten angewendet werden, den Angehörigen der Bande die Freiheit, ja das Leben durch Akte zwangsweise entzogen wird, die als Freiheits- und Todesstrafe gedeutet werden, und der Tätigkeit der Bande so ein Ende gesetzt wird". Unter anderen Voraussetzungen dagegen könnte die von „Verbrechern" praktizierte Ordnung ohne weiteres selbst als Rechtsordnung qualifiziert werden. Erforderlich wäre dafür allein, daß sie sich gegenüber konkurrierenden Ordnungen faktisch behaupten kann. Die Verbrecherordnung unterscheidet sich von einer Rechtsordnung also nur dadurch, daß „die als Rechtsordnung angesehene Zwangsordnung wirksamer ist als die die Räuberbande konstituierende Zwangsordnung"[16].

Das Ergebnis ist frappierend, aber konsequent: Indem der Positivismus den Leitbegriff der Gerechtigkeit durch den der Wirksamkeit ersetzt, nimmt er nur noch die *Macht* wahr, ohne die sich der Gedanke des Rechts in der Realität nicht durchzusetzen vermag. Folgerichtig kehrt er das überkommene Verhältnis beider um, stellt also nicht die Macht in den Dienst des Rechts, sondern erhebt sie unter dem Namen der Effizienz zum entscheidenden Kriterium des Rechts. Wer die Macht hat, ist nach positivistischer Auffassung zugleich befugt, mit dem Recht zu schalten und zu walten, wie es ihm beliebt; denn das Recht folgt der Macht so dicht auf dem Fuß wie der Schatten dem Gegenstand. Diesen Zusammenhang näher zu untersuchen, ist die eigentliche Aufgabe der Reinen Rechtslehre, auch wenn dies in der akademischen Sprache ihrer Adepten nicht immer zum Ausdruck kommt.

Ohne dies nach seiner ursprünglichen Intention zu wollen, wird Kelsen damit zugleich zum juristischen Vollstrecker des modernen Nihilismus: Wo es nichts in der Welt gibt, das auf die Fragen des Menschen antwortet, niemand, der ihn sieht, niemand, der ihn zur Verantwortung zieht, keine existentielle Verpflichtung, kein Auftrag, keine Botschaft,

---

[16] *Kelsen,* RR II, S. 49.

kurz: wo sich der Mensch einer vollständig sinnentleerten Welt gegenübersieht, ist ihm als dem einzig denkenden Wesen schlechthin alles erlaubt. Ge- und verboten ist allein dies, was er selbst nach freiem Belieben ge- und verbietet, und zwar so weit und nicht weiter, als er faktisch in der Lage ist, seinen Direktiven Beachtung zu verschaffen.

§ 3. Gegenstand der Reinen Rechtslehre

Die Reine Rechtslehre will nach all dem eine konsequente Theorie des positiven Rechts sein. Was den Begriff des positiven Rechts angeht, kann sie jedoch nicht ohne weiteres das Alltagsverständnis dieses Begriffs zugrundelegen. Über Erfahrungen im Umgang mit positivem Recht verfügen zwar praktisch alle; bei einer wissenschaftlichen Analyse muß indessen genauer gefragt werden: Was heißt das überhaupt: *positives Recht*? Kelsen versucht dies in zwei Schritten zu klären. Im ersten Schritt legt er dar, was das positive Recht *nicht ist:* Es ist *nicht Natur,* sondern Norm, ihm kommt also keine materielle, sondern eine geistige Existenz zu. Es ist aber, wie wir gerade gesehen haben, auch *nicht Moral* und hat daher mit der Richtigkeit oder Gerechtigkeit der betreffenden Normen nichts zu tun. Im Unterschied zur Moral stellt es vielmehr eine rein formale Kategorie dar. In einem zweiten Schritt bringt Kelsen das, was nach dieser Vorauswahl übrig bleibt, auf den ihm angemessenen Begriff. Danach ist das positive Recht eine *Ordnung inhaltlich beliebiger Zwangsnormen.*

I. Recht und Natur

1. Wahrnehmung und Bedeutung

In der modernen Gesellschaft ist das positive Recht durchweg *geschriebenes Recht,* das seinen Niederschlag findet in einer Vielzahl von Gesetzen, Verordnungen, Urteilen und Kommentaren. Die Rechtswissenschaft, die sich damit beschäftigt, scheint daher eine typische Buchwissenschaft, mithin eine *Geistes*wissenschaft zu sein. Daß Kelsen glaubt, besondere Anstrengungen darauf verwenden zu müssen, das positive Recht von der *Natur* abzugrenzen, könnte daher überraschend erscheinen.

Seine Akribie wird jedoch verständlich, wenn man die als Recht oder Unrecht angesprochenen *Sachverhalte* ins Auge faßt. Diese zeichnen sich nämlich dadurch aus, daß sie aus zwei unterschiedlichen Elementen bestehen: sie haben einerseits eine äußere und damit *natürliche Existenz,* andererseits aber eine *Bedeutung*, die in eine geistige Dimension verweist. Wie man sich leicht überzeugen kann, geht es im Recht durchweg um sinnlich *wahrnehmbare Akte,* die sich in Raum und Zeit ereignen, denen jedoch gleichzeitig ein *Sinn* zukommt, der gerade nicht sinnlich wahrnehmbar ist. Kelsen erläutert dies durch folgende Beispiele: „In einem Saal kommen Menschen zusammen, halten Reden, die einen erheben sich von ihren Plätzen, die anderen bleiben sitzen; das ist der äußere Vorgang. Sein Sinn: daß ein Gesetz beschlossen wird. Ein Mann, mit einem Talar bekleidet, spricht von einem erhöhten Platz aus zu einem vor ihm stehenden Menschen bestimmte Worte. Dieser äußere Vorgang bedeutet ein richterliches Urteil. Ein Kaufmann schreibt einem anderen einen Brief bestimmten Inhalts, der andere antwortet mit einem Gegenbrief; das bedeutet: sie haben einen Vertrag geschlossen. Jemand bewirkt durch irgendeine Handlung den Tod eines anderen; das bedeutet rechtlich: Mord."[1]

Die sinnlich wahrnehmbaren Elemente rechtlich relevanter Akte sind ohne weiteres einer empirischen Untersuchung zugänglich, nicht anders als jeder andere Teil der Natur auch. Als Teil der Erscheinungswelt können sie Gegenstand der Psychologie, der Biologie oder der Soziologie werden. Die *Rechtssoziologie* etwa fragt nach den sozialen Ursachen und Wirkungen solcher Akte: Welchen gesellschaftlichen Einflüssen verdanken Gesetze, Urteile und Rechtsgeschäfte ihre Existenz? Und wie verändern sie selbst die gesellschaftliche Wirklichkeit? Wegen dieses realwissenschaftlichen Bezugs zu den Lebenssachverhalten des Rechts wird die Rechtssoziologie oft zu den Hilfswissenschaften der Rechtswissenschaft gerechnet.

2. *Norm als Deutungsschema*

Gegenstand der Rechtssoziologie ist aber „nicht eigentlich das Recht selbst"; es sind dies vielmehr, wie Kelsen formuliert, „gewisse Parallelphänomene in der Natur"[2]. Der Rechtssoziologie geht es um die kausalgesetzliche Erklärung sozialer Vorgänge. Das Recht kommt dabei nur als *Seinstatsache* in Betracht, sein spezifischer Sinngehalt jedoch bleibt außen vor. Im Unterschied dazu befaßt sich die Reine Rechtslehre nach ihrem Selbstverständnis allein mit der *normativen Seite* des Rechts, also mit dem, was den sozialen Lebenssachverhalten ihre rechtliche Bedeutung verleiht.

Als *Norm* hat das Recht eine eigene und, wie Kelsen meint, von den Rechtstatsachen durchaus verschiedene Existenz. Die Norm ist nach seiner Auffassung ein *Deutungsschema* und damit ein Element der Sinnstiftung. Sie bezieht sich auf Akte, die sich in Raum und Zeit ereignen, und verleiht ihnen allererst einen bestimmten *Sinn*, nämlich den, entweder normgemäß oder normwidrig zu sein. Sie ist aber selbst kein Teil der naturwissenschaftlich erfahr- und erforschbaren Wirklichkeit, sondern Teil einer geistigen Realität. Dementsprechend ist auch die Rechtswissenschaft, die sich damit befaßt, „Geistes-, nicht Naturwissenschaft".[3]

---

[1] *Kelsen,* RR I, S. 2 f.
[2] *Kelsen,* RR I, S. 10.
[3] *Kelsen,* RR I, S. 12.

II. Recht und Moral

Daß Verhaltensnormen bestimmte Akte für *gesollt* oder *nicht gesollt* erklären, gilt für moralische und rechtliche Normen gleichermaßen; denn auch die Moral besteht aus nichts anderem als aus Verhaltensge- und -verboten. Um den Gegenstand der positiven Rechtswissenschaft präzis zu bestimmen, muß daher das Recht auch von der Moral abgegrenzt werden. Bei dieser Gelegenheit muß Kelsen zugleich zur Rechtsdogmatik, das heißt zur Lehre vom richtigen Verständnis des geltenden Rechts Stellung beziehen, in der, wie er immer wieder kritisiert, Recht und Moral miteinander vermengt werden. Bei dem Versuch, beides strikt voneinander zu unterscheiden, gelangt Kelsen fast zwangsläufig zu der Position, von der aus er die herkömmliche Rechtswissenschaft zeitlebens bekämpft hat.

1. Gerechtigkeit als Leerformel mit rechtspolitischer Funktion

Auf den ersten Blick könnte man meinen, daß sich Recht und Moral vor allem durch ihren *Inhalt* unterscheiden bzw. dadurch, daß sie sich auf verschiedene *Gegenstände* beziehen. Typische Regelungsgegenstände des Rechts sind etwa die Formen des Waren- und Leistungsaustausches, der Schutz des Eigentums oder die Organisation des Gemeinwesens; typische Regelungsgegenstände der Moral dagegen das Intimleben, die Wahrhaftigkeit der Rede, die Freigiebigkeit gegenüber bedürftigen Mitmenschen u.ä.m. Eine solche gegenständliche Abgrenzung hätte zweifellos den Vorteil, daß Recht und Moral kollisionsfrei nebeneinander bestehen könnten: Wären beide Normenordnungen auf unterschiedliche Lebensbereiche bezogen, so wäre in keiner Ordnung etwas verboten, was in der anderen unmittelbar geboten wäre. Allerdings wäre die genaue Abgrenzung dann vielleicht von historischen Gegebenheiten abhängig; was heute dem einen Bereich zugeordnet wird, könnte sich morgen aus unvorhersehbaren Gründen in dem anderen wiederfinden.

Nach Kantischem Vorbild spitzt Kelsen das Problem jedoch zu. Zur Moral gehört für ihn alles, was in irgendeiner Weise auf *Gerechtigkeit* oder *soziale Richtigkeit* abzielt. Geht man einmal davon aus, daß nach verbreiteter Auffassung auch das Recht der Gerechtigkeit dienen soll, würden sich Recht und Moral weitgehend auf denselben Gegenstand beziehen und an den gleichen Maßstäben orientieren. Eine genaue Abgrenzung, wie Kelsen sie für geboten hält, wäre dann nicht möglich. Vor diesem Hintergrund läßt die Frage nach dem Verhältnis von Recht und Moral nur eine von zwei möglichen Antworten zu: Entweder man zieht den Schluß, daß Recht und Moral sich decken müssen, was praktisch auf die Forderung hinausläuft, daß das *Recht moralisch* zu sein habe; oder aber man erteilt umgekehrt der Auffassung, daß das Recht auf die Verwirklichung von Gerechtigkeit gerichtet sei, eine Absage und siedelt es kategorial auf einer Ebene an, die *mit Moral und Gerechtigkeit nichts zu tun* hat. Eben dies ist der Weg, den Kelsen beschreitet.

Es gibt, wie wir bereits erwähnt haben, wenige Rechtsdenker, die über das traditionelle Leitbild der Gerechtigkeit so schroff geurteilt haben wie Kelsen. Alle Versuche, zu sagen, worin die Gerechtigkeit bestehe, haben nach seiner Meinung „bisher immer nur zu völlig leeren Formeln geführt, wie: ‚Tue das Gute und meide das Böse‘, ‚Jedem das Seine‘, ‚Halte die richtige Mitte‘, und dgl.“[4]. Wenn sich die Gerechtigkeit als Argumentationstopos gleichwohl ganz außerordentlicher Beliebtheit erfreue, so sei der Grund dafür allein der, daß sie sich in hervorragender Weise zur Verkleidung *rechtspolitischer* Absichten eigne: Nur wer die Gerechtigkeit als anzustrebendes Ideal verkündet habe, könne das positive Recht für gerecht erklären und damit ideologisch überhöhen oder umgekehrt es als ungerecht kritisieren und ihm dadurch die Legitimation absprechen. Politik zu betreiben, das praktische Handeln zu beeinflussen, aber könne kein Ziel der Erkenntnis und damit auch kein Ziel der Wissenschaft sein.

Kelsen versteht es, alle Register der Überzeugungskunst zu ziehen: „Gäbe es eine Gerechtigkeit in dem Sinne, in dem man sich auf ihre Existenz zu berufen pflegt, wenn man gewisse Interessen gegen andere durchsetzen will, dann wäre das positive Recht völlig überflüssig und seine Existenz ganz unbegreiflich. Angesichts des Vorhandenseins einer absolut guten, sich schon aus der Natur, der Vernunft oder dem göttlichen Willen ergebenden gesellschaftlichen Ordnung wäre die Tätigkeit des staatlichen Gesetzgebers der törichte Versuch einer künstlichen Beleuchtung bei hellstem Sonnenlicht. Der übliche Einwand aber: es gäbe zwar eine Gerechtigkeit, sie lasse sich nur nicht – oder was dasselbe ist, nicht eindeutig – bestimmen, ist ein Widerspruch in sich selbst; und in diesem seinem Widerspruch die typisch ideologische Verhüllung des wahren, allzu schmerzlichen Sachverhaltes. Gerechtigkeit ist ein irrationales Ideal. So unentbehrlich es für das Wollen und Handeln des Menschen sein mag, dem Erkennen ist es nicht zugänglich.“[5]

Der Schluß, den Kelsen aus seiner Kritik der Gerechtigkeit und der damit im Zusammenhang stehenden Vorstellung eines Naturrechts zieht, ist der, daß die Gerechtigkeit als möglicher Gegenstand einer Wissenschaft nicht in Betracht kommt und daß demgemäß auch die Naturrechtslehre keine Wissenschaft darstellt. Dieses Verdikt betrifft nicht nur die Naturrechtslehre im eigentlichen Sinn, sondern auch „die heutige

---

[4] *Kelsen,* RR I, S. 14.

[5] *Kelsen,* RR I, S. 15f.

Rechtswissenschaft". Diese ist sogar vor allem betroffen. Denn während das Naturrecht alten Stiles offiziell keinen Kredit mehr genießt, lebt naturrechtliches Gedankengut, wie Kelsen nicht müde wird zu betonen, in den Nischen der traditionellen Rechtswissenschaft unvermerkt fort. Wie ein Blick auf den derzeitigen Betrieb in Wissenschaft und Praxis zeigt, ist das im Vergleich mit der vergangenen Epoche, in der Kelsen seine Reine Rechtslehre konzipierte, heute keineswegs weniger, sondern eher noch mehr der Fall. Der Glaube an dem Gesetzgeber vorgegebene Menschenrechte, die stillschweigende exegetische Rückbindung vieler Normen an Maßstäbe einer liberalen, sozialen oder ökologischen Gerechtigkeit, die Evozierung einer der Verfassung immanenten objektiven Wertordnung, die Heranziehung des Verhältnismäßigkeitsgrundsatzes, der geradezu routinemäßig mit positivrechtlich in dieser Weise nie einlösbaren materialen Gehalten befrachtet wird – all dies heute gehört zu den Grundbeständen, aus denen der moderne Jurist die Überzeugungskraft seiner Argumente schöpft. Denn noch immer wollen die meisten Positivisten nicht nur gesetzestreu, sondern außerdem auch „richtig", angemessen, billig, überzeugend, kurz: gerecht entscheiden. Das aber ist ein Anspruch, der nach Kelsen die Grenzen einer rationalen Argumentation eindeutig überschreitet, und damit ist zugleich, wie er meint, über die herkömmliche Rechtswissenschaft ein wissenschaftstheoretisches Todesurteil verhängt.

2. *Zwangsnormen und Überzeugungsnormen*

Das Ziel der Reinen Rechtslehre läßt sich daher nur gegenläufig zu dem traditionellen Selbstverständnis der Rechtswissenschaft beschreiben: Die Reine Rechtslehre will mit dem Streit um „richtig" oder „falsch", um „vertretbar" oder „unvertretbar" nichts zu tun haben: „Sie lehnt es ab, das positive Recht zu bewerten. Sie betrachtet sich als Wissenschaft zu nichts anderem verpflichtet, als das positive Recht seinem Wesen nach zu begreifen und durch eine Analyse seiner Struktur zu verstehen."[6] Während der überkommenen Rechtswissenschaft wegen ihres Gerechtigkeitsbezugs ein „ideologischer" Charakter zugeschrieben wird – womit gemeint ist, daß sie die Wirklichkeit verhüllt oder entstellt, verunglimpft oder verklärt –, soll die Reine Rechtslehre ausschließlich im Dienste der Erkenntnis stehen und damit allein „wahre Rechtswissenschaft" sein.

Das positive Recht, das ihr Erkenntnisobjekt bildet, unterscheidet sich von der auf Gerechtigkeit bezogenen Moral nicht durch seinen Inhalt. Rechtliche und moralische Normen können durchaus *denselben Inhalt* haben. Was beide unterscheidet, ist vielmehr die *Form,* in welcher

---

[6] *Kelsen,* RR I, S. 17.

der betreffende Inhalt realisiert wird: „Ein Unterschied zwischen Recht und Moral kann nicht darin erkannt werden, *was* die beiden sozialen Ordnungen gebieten oder verbieten, sondern nur darin, *wie* sie ein bestimmtes menschliches Verhalten gebieten oder verbieten. Das Recht kann von der Moral nur dann wesentlich unterschieden werden, wenn man … das Recht als Zwangsordnung, d.h. als eine normative Ordnung begreift, die ein bestimmtes menschliches Verhalten dadurch herbeizuführen sucht, daß sie an das gegenteilige Verhalten einen gesellschaftlich organisierten Zwangsakt knüpft, während die Moral eine gesellschaftliche Ordnung ist, die keine solchen Sanktionen statuiert; deren Sanktionen nur in der Billigung des normentsprechenden und der Mißbilligung des normwidersprechenden Verhaltens bestehen …“[7].

Kurz: das Recht hat es mit *Zwangsnormen,* die Moral dagegen mit *Überzeugungsnormen* zu tun; die Moral kann aus diesem Grund nur *mit* der Überzeugung, das Recht auch *gegen* die Überzeugung des Normadressaten durchgesetzt werden.

III. Recht als soziale Technik

1. Bloßes Mittel für beliebige Zwecke

Daß Kelsen das Recht mit Zwang in Verbindung bringt, ist an sich nichts Neues, ebensowenig daß ihm dabei entgeht, daß eine externe Verhaltenssteuerung außer durch Zwang auch durch das Inaussichtstellen von *Vergünstigungen* bewirkt werden kann[8]. Neu ist allein, daß Kelsen *auf jegliche Rechtfertigung des Zwangs verzichtet.* Kant hatte das Recht noch als die *Befugnis* zu zwingen aufgefaßt und damit auf die Notwendigkeit aufmerksam gemacht, den Zwang nicht einfach hinzunehmen, sondern zu legitimieren. Selbst für Hobbes, den Ahnvater des modernen Positivismus, stand der Rechtszwang im Dienste der Herstellung und Aufrechterhaltung einer Friedensordnung. Bei Kelsen ist von all dem nichts zu finden. Das positive Recht ist für ihn die Ordnung der *zwangsbewehrten Normen* schlechthin, also ohne Rücksicht auf das Vorhandensein oder auch nur die Möglichkeit einer Begründung oder eines legitimen Ziels; und *geltendes* Recht ist es für ihn dann, wenn der Zwang im großen und ganzen *wirksam* ist.

Auf diese Weise wird der Zwiespalt zwischen Recht und Moral vertieft und verfestigt. *Moralische* Normen schreiben ein bestimmtes Ver-

[7] *Kelsen,* RR II, S. 64f.

[8] In der RR II, S. 26 versucht Kelsen diesen Mangel nachträglich dadurch zu beheben, daß er *Lohn* und *Strafe* gleichermaßen im Begriff der „Sanktion“ zusammenfaßt. Das steht jedoch im Widerspruch dazu, daß er das Recht nach wie vor ausschließlich als *Zwangs*ordnung versteht, und paßt auch nicht zu der im Spätwerk ausdrücklich bejahten *Imperativen*theorie.

halten lediglich dadurch vor, daß sie es für gut, gerecht, geboten, kurz: für *moralisch gesollt* erklären. Zwar wird die Gemeinschaft auch auf einen Verstoß gegen moralische Normen häufig mit gewissen Sanktionen reagieren. Dies muß aber nicht sein; zum Begriff der moralischen Norm gehört dies nämlich nicht. Das *rechtliche Sollen,* wie es Kelsen versteht, ist anders beschaffen, und zwar in einem solchen Maße, daß es mit dem moralischen Sollen eigentlich nur den Namen gemein hat. Daß ein Verhalten rechtlich geboten ist, heißt für Kelsen buchstäblich nichts anderes, als daß das Unterlassen dieses Verhaltens rechtlich organisierte Zwangsmaßnahmen nach sich zieht. Die Zwangsbewehrtheit ist daher ein notwendiges Merkmal jeder Rechtsnorm. Rechtstechnisch gesehen geht es dabei immer wieder um das allgemein geläufige Zusammenspiel von Tatbestand und Rechtsfolgeanordnung: Im Tatbestand der Rechtsnorm wird das Verhalten beschrieben, das die in der Rechtsfolgeanordnung beschriebene Sanktion auslöst. Die Vornahme dieses Verhaltens ist die Bedingung für den Eintritt des vorgesehenen Zwangsakts. Wer den Zwangsakt vermeiden will, darf diese Bedingung nicht setzen, sondern muß sich irgendwie anders verhalten. Das den Zwangsakt vermeidende Verhalten ist bereits deshalb, weil es den Zwangsakt vermeidet, rechtlich geboten oder jedenfalls erlaubt, das den Zwangsakt auslösende Verhalten dagegen ist rechtlich verboten, gleichgültig welchen Inhalt die Rechtsnorm auch haben mag.

Die Zwangsnorm selbst ist nach all dem nichts anderes als ein *soziales Steuerungsinstrument* und das Recht, wie Kelsen formuliert, „eine spezifische soziale Technik“[9]: „Der erwünschte soziale Zustand wird dadurch herbeigeführt oder herbeizuführen gesucht, daß an das menschliche Verhalten, das das kontradiktorische Gegenteil dieses Zustandes bedeutet, ein Zwangsakt (das ist die zwangsweise Entziehung eines Gutes: Leben, Freiheit, wirtschaftlicher Wert) als Folge geknüpft wird.“[10] Weit davon entfernt, „Selbstzweck“ zu sein, ist das Recht danach ein *bloßes Mittel* zur Beförderung von Zwecken, die auf allen möglichen Gebieten liegen können, ein willfähriges Instrument also in der Hand dessen, der sich seiner zu bedienen versteht.

2. *Wirksamkeit und Geltung*

Die Verbindung von Recht und Zwang ist nach Kelsen so eng, daß man unwillkürlich die Frage stellt, ob das Recht sich etwa in der Tatsache erschöpft, daß unter bestimmten Voraussetzungen Zwangsmaßnahmen verhängt werden bzw. ob Rechtsnormen nichts anderes sind als eine „normativ überhöhte“ Abbildung eines faktisch geübten Zwangs. In

[9] *Kelsen,* RR I, S. 28.
[10] *Kelsen,* RR I, S. 29.

der Sache liefe eine solche Sicht darauf hinaus, daß das Sollen aus dem Sein, die Zwangsnorm aus dem Zwang abgeleitet würde – ein für einen Theoretiker in der Nachfolge Kants geradezu fataler Vorwurf. Kelsen betont daher eindringlich, daß er *nicht den Zwang selbst,* sondern die *Normen* beschreibt, nach denen dieser stattfindet. Ganz überzeugend fällt diese Verteidigung gegen den Verdacht eines „naturalistischen Fehlschlusses" freilich nicht aus. In Kelsens Ausführungen ist nämlich eine Zweideutigkeit enthalten. Auch wenn Kelsen die Normen, nach denen der Zwang stattfindet, vom Zwang selbst unterscheidet, so befaßt er sich keineswegs mit Normen, nach denen Zwang bloß stattfinden *soll:* Das könnten auch Normen sein, an die niemand sich hält, weil ihre Einhaltung im Falle eines Verstoßes nicht wirklich sanktioniert wird, im Grunde also auch moralische Normen, die gebieten, bestimmte Moralverstöße zwangsweise zu verhindern. Er meint vielmehr allein *tatsächlich wirksame,* also tatsächlich erzwungene Normen. Auf diese Weise wird das *rechtliche Sollen,* dem an sich nur ein normativer Sinn beigemessen wird, im Ergebnis eben doch *an das brutum factum des Zwangs angebunden.* Zwar nicht in dem Sinn, daß die Rechtsnormen Zusammenhänge zwischen Verhaltensweisen und Zwangsakten beschreiben, die immer und ausnahmslos gegeben sind, wohl aber so, daß als (geltende) Rechtsnormen, jedenfalls auf längere Sicht betrachtet (also nicht schon im Augenblick ihres Inkrafttretens), nur solche Normen angesehen werden, denen wenigstens ein *gewisses Maß an Wirksamkeit* zukommt: „Eine Rechtsnorm wird als objektiv gültig nur angesehen, wenn das menschliche Verhalten, das sie regelt, ihr tatsächlich, wenigstens bis zu einem gewissen Grade entspricht. Eine Norm, die ... nicht bis zu einem gewissen Grade wirksam ist, wird nicht als gültige Rechtsnorm angesehen. Ein Minimum an sog. Wirksamkeit ist eine Bedingung ihrer Geltung."[11]

Im Hinblick auf die Rechtsordnung als ganze ist die *Wirksamkeit* des Rechtszwangs sogar die *alleinige* Bedingung der Rechts*geltung.* Das zeigt sich in nichts besser als darin, daß sich – um noch einmal auf das bereits erwähnte Beispiel zurückzukommen – Staaten von großen Räuberbanden rechtlich gesehen nach Kelsen nur durch ihren höheren Wirkungsgrad unterscheiden: Wenn der Staat dem Treiben der Bande ein Ende bereiten kann, handelt es sich bei den staatlichen Normen um Recht, bei denen der Bande dagegen nicht; andernfalls ist auch die Räuberbande eine Art Staat und ihre Normen tragen Rechtscharakter[12]. Wer sich am Leitbild des westeuropäischen Verfassungsstaates orientiert, mag hier vielleicht zweifelnd innehalten. Zur Unterstützung seiner Behauptung verweist Kelsen jedoch auf die nordafrikanischen Barba-

---

[11] *Kelsen,* RR II, S. 10; vgl. auch S. 216ff.; anders noch RR I, S. 72f.

[12] *Kelsen,* RR II, S. 49.

reskenstaaten, die im 18. und 19. Jahrhundert ihr Unwesen trieben und allgemein als Staaten angesehen wurden, obwohl die Seeräuberei ein geschäftsmäßiger Erwerbszweig für sie war. Sie waren Staaten im Rechtssinn, *weil* sie sich faktisch behaupten konnten.

3. Neutrale Rechtsform für Kapitalismus, Sozialismus und Faschismus

Zeigt schon dieses historische Beispiel, daß Kelsen einen rigorosen Nominalismus vertritt, für den es keine *mala in se,* sondern nur *mala prohibita* gibt, also keine Verhaltensweisen, die an sich schlecht, sondern nur solche, die aus welchen Gründen auch immer verboten sind, die aber ebenso gut auch nicht verboten sein könnten, so hat er diese Auffassung noch durch zeitgenössische Anwendungsfälle erläutert, die jeden Zweifel verstummen lassen. Wenn Kelsen der Kategorie des Rechts „einen rein formalen Charakter" bescheinigt, so heißt dies für ihn: „Sie bleibt anwendbar, welchen Inhalt immer die so verknüpften Tatbestände haben, welcher Art immer die als Recht zu begreifenden Akte sein mögen. Keiner gesellschaftlichen Wirklichkeit kann wegen ihrer inhaltlichen Gestaltung die Vereinbarkeit mit dieser Rechtskategorie bestritten werden"[13].

Wohlgemerkt: „keiner gesellschaftlichen Wirklichkeit" – das ist wörtlich gemeint. Für Kelsen ist es also durchaus kein Einwand, daß danach „die Ordnung der Sowjetrepublik ganz ebenso als Rechtsordnung begriffen werden soll wie die des faschistischen Italien oder die des demokratisch-kapitalistischen Frankreich"[14]. Die Definitionsmacht des positiven Gesetzgebers reicht für ihn so weit, daß selbst das, was zunächst für Recht erklärt worden ist, rückwirkend für Unrecht und das für Unrecht Erklärte rückwirkend für Recht erklärt werden kann. Die Rechtsnorm kann „nicht nur bestimmen, daß unter gewissen, vor ihrer Setzung eingetretenen Bedingungen ein Zwangsakt – in Zukunft – gesetzt werden soll, sondern auch, daß ein Zwangsakt, der in der Vergangenheit tatsächlich vollstreckt wurde, ohne gesollt zu sein, d.h. ohne den Charakter einer Sanktion zu haben, in der Vergangenheit gesetzt werden sollte, so daß er nunmehr als gesollt, das heißt: als Sanktion, gilt." Ein berüchtigtes Beispiel einer solchen Umdefinition von Unrecht zu Recht findet sich bekanntlich im Zusammenhang mit der sog. Röhmaffaire: 1934 ließ Hitler in einer Nacht-und-Nebelaktion nicht nur führende Leute der SA, sondern auch eine Anzahl politischer Gegner brutal ermorden. Unmittelbar darauf wurden diese Morde durch ein formelles Reichsgesetz[15] „als Staatsnotwehr" für rechtens erklärt. Mit Bezug hier-

---

[13] *Kelsen,* RR I, S. 24.

[14] *Kelsen,* RR I, S. 24.

[15] RGBl 1934 I, S. 529.

auf schreibt Kelsen in der Tat: „Auf diese Weise wurden z.B. unter der national-sozialistischen Regierung in Deutschland gewisse Zwangsakte, die zur Zeit, da sie vollstreckt wurden, rechtlich Morde waren, nachträglich mit rückwirkender Kraft als Sanktionen legitimiert und das sie bedingende Verhalten nachträglich als Delikte qualifiziert."[16]

Obgleich er selbst jüdischer Abkunft war, geht Kelsen auf dem einmal eingeschlagenen Weg bis zur denkbar letzten Konsequenz weiter und stellt das nationalsozialistische Terrorregime in einer Weise dar, die bei jedem anderen die soziale Ächtung zur Folge gehabt hätte: „Nach dem Recht totalitärer Staaten ist die Regierung ermächtigt, Personen unerwünschter Gesinnung, Religion oder Rasse in Konzentrationslager zu sperren und zu beliebigen Arbeiten zu zwingen, ja zu töten. Solche Maßnahmen mag man moralisch auf das schärfste verurteilen; aber man kann sie nicht als außerhalb dieser Staaten stehend ansehen."[17]

Aber warum eigentlich nicht? Was zwingt den Betrachter dazu, inhaltliche Kriterien in rechtlichen Zusammenhängen außen vor zu lassen, wenn sich alle Machthaber zur Rechtfertigung ihrer Macht in uniformer Gleichheit immer wieder auf die Gerechtigkeit berufen? Warum gilt das Bewußtsein derer, die unter dem Mißbrauch der Macht leiden, so wenig, und warum die faktische Gewalt derer, die keine menschliche Regung kennen wollen, so viel?

---

[16] *Kelsen,* RR II, S. 13; ähnlich AThdN, S. 117.
[17] *Kelsen,* RR II, S. 42.

§ 4. Reinigung des überkommenen Rechts

I. Positivistisches Umdenken der Rechtsordnung

1. Erringung der staatlichen Definitionsmacht über Recht

Das radikal-positivistische Rechtsverständnis, wie es die Reine Rechtslehre auf den Begriff bringt, ist nach Kelsen das Resultat eines Prozesses, der vom Vorgegebenen zum Geschaffenen, vom Natürlichen zum Künstlichen, vom Unantastbaren zum Verfügbaren und Zufälligen, kurz: *vom Naturrecht zum Gesetzespositivismus* verläuft. Während ein Klassiker wie Savigny zu Beginn des 19. Jahrhunderts noch auf die in der Geschichte waltenden „stillwirkenden Kräfte" des Volksgeistes vertraut hatte, ist der moderne Jurist in der Regel davon überzeugt, daß das Recht nicht auf stille Weise von selbst *wird,* sondern von realen Kräften zielgerichtet *gemacht wird.* Sein Interesse gilt daher weniger dem „Geist", der in den historischen Veränderungsprozessen zum Ausdruck kommt, als vielmehr den Verfahren und Techniken dieser Veränderung, namentlich dem staatlichen Gesetz als rationalem Herrschaftsmittel.

In der Tat markiert der Siegeszug des positiven Gesetzes einen Paradigmenwechsel, wie er grundlegender nicht gedacht werden kann. Das positive Gesetz, dessen Geltung sich ausschließlich auf den Gestaltungswillen des realen Gesetzgebers gründet, stellt zwar nicht generell, wohl aber prinzipiell alle gewachsenen und tradierten Verhältnisse in Frage. Allerdings kam diese Entwicklung nicht von ungefähr. Das positive Gesetz als Massenprodukt des Gesetzgebers ist vielmehr der Ausdruck davon, daß die Macht des Staates im Verlauf der Neuzeit so sehr gewachsen ist, daß er die *Definitionsmacht über das Recht* für sich in Anspruch nehmen konnte. Der moderne Staat steht dem Ansatz nach nicht unter, sondern *über* dem Recht. Er ist nicht nur von seinen Machtmitteln her faktisch in der Lage, sich das Recht, das er benötigt, selbst zu schaffen und alles mißliebige Recht aufzuheben, sondern hält sich auch für legitimiert, dies zu tun. Der Rechtspositivismus in der Form des Gesetzespositivismus ist nichts anderes als die Theorie, die den Staat auf diesem Weg der Instrumentalisierung des Rechts wissenschaftlich begleitet. Die Reine Rechtslehre wiederum versteht sich als der seiner selbst bewußt gewordene Positivismus. Daß Kelsen Staat und Recht miteinander gleichsetzt, hebt dieses Verhältnis nicht auf, sondern ist gerade der rechtsimmanente Ausdruck davon.

2. Vollendung der Eigengesetzlichkeit des Rechts

Obgleich Kelsen als Rechtstheoretiker den Anspruch erhebt, das Recht nicht politisch beeinflussen, sondern lediglich erkennen zu wollen, begnügt er sich damit keineswegs. Wie sich bei genauerem Zusehen zeigt, will er es vielmehr zugleich *verändern,* weil er den in Gang befindlichen Positivierungsprozeß vollenden will. Ähnlich wie die Junghegelianer die geschichtsphilosophischen Erkenntnisse Hegels durch eine Philosophie der Tat „verwirklichen" wollten, zieht Kelsen aus dem vermeintlichen Einblick in den Verlauf der rechtspositivistischen Entwicklung den Schluß, daß es darauf ankomme, sie bis zur letzten Konsequenz zu vollziehen. Freilich äußert sich seine Radikalität nicht in Handlungs-, sondern in Denkanweisungen: die Rechtsordnung *soll* in rechtspositivistischem Sinn um- und zu Ende gedacht werden. Insoweit also soll gelten, was Kelsen bei jedem anderen aufs schärfste mißbilligt: die Rechtstheorie soll sich nicht nach dem vorhandenen Recht, sondern das Recht soll sich nach dem Leitbild der Theorie richten.

Ansatzpunkt für dieses Umdenken ist das überkommene Nebeneinander von positivistischer Grundtendenz einerseits und einer untergeschobenen naturrechtlichen oder moralischen Legitimierung andererseits. In diesem Dualismus erblickt Kelsen ein ideologisches Element in der gängigen Begriffsbestimmung des Rechts, das eine auf die Erkenntnis tatsächlicher Zusammenhänge ausgerichtete Wissenschaft keineswegs hinzunehmen habe: „Sie von ihm zu befreien, ist das Bemühen der Reinen Rechtslehre, die den Begriff der Rechtsnorm von dem der Moralnorm, aus dem er hervorgegangen, völlig loslöst und die Eigengesetzlichkeit des Rechts auch gegenüber dem Sittengesetz sicherstellt."[1] Alles, was auch nur im entferntesten an Begriffe wie Moral, Gerechtigkeit oder Naturrecht erinnert, trägt nach Kelsen das Signum des Ideologischen. Aus diesem Grund erscheint es ihm geboten, „die Darstellung des positiven Rechts von jeder Art naturrechtlicher Gerechtigkeitsideologie zu isolieren"[2], letztlich also, jeden Rest des verfemten Denkens auszutilgen, wo er sich auch zeigt.

Wie tief dabei in die Bestände überkommener Vorstellungen eingegriffen werden muß, wird insbesondere offenbar in Kelsens Ausführungen zum subjektiven Recht, zur Rechtsperson und zum Verhältnis von Staat und Recht.

II. Subjektives und objektives Recht

1. Sinn des subjektiven Rechts

Daß Kelsen den Dualismus von *subjektivem* und *objektivem Recht* als ein *Relikt naturrechtlichen Denkens* ansieht, mag überraschend erscheinen, zeugt aber von scharfer Beobachtung. Nimmt man das subjektive

---

[1] *Kelsen,* RR I, S. 21.
[2] *Kelsen,* RR I, S. 38.

Recht nämlich ernst und deutet es nicht bloß als Ausfluß objektiver Normen, die ebensogut auch keine subjektiven Rechte verleihen könnten, so handelt es sich um eine Befugnis, die dem Subjekt kraft seiner Subjektivität ursprünglich zukommt und daher dem objektiven Recht des Staates nicht nach-, sondern zumindest gleichrangig ist. Zwischen dem subjektiven Recht auf der einen Seite und der kontingent gesetzten staatlichen Regel auf der anderen tun sich bei einer solchen Betrachtung Welten auf. Während das objektive Recht eine *Zwangsordnung* zur Regulierung des Gemeinwesens darstellt, ist das subjektive Recht auf die Entfaltung individueller *Freiheit* gerichtet. Das objektive Recht erscheint als ein Machtinstrument im Dienste des sich selbst verwirklichenden *Staates;* das subjektive Recht dagegen soll gerade umgekehrt dem Subjekt die Möglichkeit zur Verwirklichung *privater* Zwecke verschaffen. Beides läßt sich nicht bruchlos miteinander vereinen. Indem die Reine Rechtslehre Partei ergreift für eine objektivrechtlich ausgerichtete Zwangsordnung, macht sie zugleich Front gegen das subjektive Recht und damit letztlich gegen das Rechtssubjekt selbst.

Die Freiheit des Subjekts, die dem subjektiven Recht erst seinen spezifischen Sinn verleiht, ist nach Kelsen kein Rechtsbegriff. Von Freiheit kann daher Kelsen zufolge nur da die Rede sein, wo das Recht noch nicht Fuß gefaßt hat. Wo sich das Recht entfaltet hat, herrscht nicht Freiheit, sondern Ordnung, und es ist keineswegs das Ziel der Reinen Rechtslehre, dieser Art von Ordnung irgendwelche Grenze zu setzen. Im Gegenteil: Kelsen bestätigt ausdrücklich, „daß die restlose Bindung des Menschen ohne Zurücklassung irgendeiner Freiheitssphäre der Idee nach durchaus im rechtlichen Machtbereich des Staates liegt“[3]. Es sind nicht rechtliche Gründe, die verhindern, daß es dahin kommt. Der Unterwerfung des Subjekts unter die beliebige Regel des objektiven Rechts ist nach Maßgabe der Reinen Rechtslehre lediglich faktisch eine Schranke gesetzt. Die letzte Grenze inhaltlicher Rechtsetzung liegt allein im Können, nicht im Dürfen.

2. Prinzipielle Entbehrlichkeit subjektiver Rechte

Kelsen setzt sich damit ganz bewußt in Widerspruch zu einer verbreiteten Vorstellung, wie sie ursprünglich vor allem im Privatrecht, aber nicht allein hier vorherrschend war. Nach dieser Auffassung ist das subjektive Recht in seinem „harten Kern“ kein Ausfluß des objektiven Rechts, sondern liegt diesem voraus. Grundlage dieses Ansatzes ist die Überzeugung, daß alles Recht sich der Freiheit des Subjekts verdankt und daher auch dieser zu dienen hat. Die konsequente Durchführung dieses Gedankens äußert sich nicht zuletzt in dem Versuch, das Recht

---

[3] *Kelsen,* Allgemeine Staatslehre, Berlin 1925, S. 108.

als Ganzes sowohl methodisch als auch systematisch *vom Subjekt her* zu denken. Aufgabe des subjektiven Rechts ist es danach, dem Rechtssubjekt ein Mittel zur Entfaltung seiner Freiheit zu verschaffen, und Aufgabe des objektiven Rechts, dieses subjektive Recht und damit die Freiheit des Subjekts zu schützen. Das objektive Recht stellt sich nach dieser Vorstellung nur als das widerspruchsfrei entfaltete System der vorgefundenen subjektiven Rechte dar; es findet dementsprechend im subjektiven Recht sowohl seinen wesentlichen Inhalt als auch seine *Schranke.*

Das bekannteste Beispiel dieses Denkmodells bildet das Konzept der *Menschenrechte.* Nach menschenrechtlicher Vorstellung ist der Staat nicht allmächtig, sondern hat einen Gegenspieler, der ihm mindestens gleichwertig ist, nämlich das Subjekt, das mit Rechten ausgestattet ist, die ihm von Rechts wegen keine Macht der Welt zu entziehen vermag. Diese grundsätzliche Unverfügbarkeit subjektiver Rechte, die in dem Gedanken der Menschenrechte am signifikantesten hervortritt, schwingt richtig verstanden in dem technischen Begriff des subjektiven Rechts überall dort mit, wo dieses dem objektiven Recht entgegengesetzt wird.

a) Freiheit und Eigentum als Verschleierung privater Herrschaft. Für Kelsen, der das positive Recht von naturrechtlichen Relikten reinigen will, sind solche Vorstellungen Ideologie im schlechtesten Sinn des Wortes. Wie er ironisch zu verstehen gibt, erfreut sich die Kategorie des subjektiven Rechts nicht deshalb so großer Beliebtheit, weil sie dazu dient, die Freiheit zu sichern, sondern weil sich damit unter der Hand das *Privateigentum* und damit eine Form der Herrschaft über andere legitimieren läßt. Er unterstellt den Verfechtern des subjektiven Rechts geradezu, daß sie diese Verschleierung bewußt oder jedenfalls in klassenbedingter Verblendung betreiben: „Es ist nicht schwer zu verstehen, weshalb die Ideologie des subjektiven Rechts an den ethischen Wert der individuellen Freiheit ... anknüpft, wenn in dieser Freiheit immer auch das Eigentum mit eingeschlossen ist.“[4] Nach der Mobilisierung des Rechts durch die Einführung demokratischer Rechtsetzungsverfahren, die dem Eigentum der besitzenden Klassen erstmals wirklich gefährlich werden könnten, habe diese Ideologie für die Verteidigung großbürgerlicher Besitzstandsinteressen eine gesteigerte Bedeutung erlangt: „Der Begriff eines vom objektiven Recht verschiedenen und ihm gegenüber unabhängigen subjektiven Rechts wird um so wichtiger, wenn jenes, d.h. die die Institution des Privateigentums noch gewährleistende Rechtsordnung, als eine wandelbare und sich stetig wandelnde, durch menschliche Willkür geschaffene ... erkannt wird; zumal dann, wenn die Erzeugung dieser Ordnung in einem demokratischen Verfahren vor sich geht.

[4] *Kelsen,* RR I, S. 44.

Der Gedanke eines vom objektiven Recht verschiedenen und in seiner Existenz von ihm unabhängigen Rechts, das aber nicht weniger, ja vielleicht sogar mehr ‚Recht' ist als jenes, soll die Institution des Privateigentums vor einer Aufhebung durch die Rechtsordnung schützen."[5]

b) Die Rechtspflicht als eigentliche Grundkategorie des Rechts. Wo die Freiheit des Subjekts für Ideologie erklärt wird, rückt automatisch das System der geltenden Zwangsnormen, d.h. das *objektive Recht* an die erste Stelle. Der Einzelne ist für Kelsen, bevor er Subjekt ist, zunächst einmal ein Glied der organisierten Rechtsgemeinschaft. In dieser Hinsicht unterscheidet sich der moderne Staat nicht von der primitiven Stammesgesellschaft: in beiden rangiert das Ganze vor seinen Teilen. Dieser Blick nicht von den Intentionen des Einzelnen, sondern von den Funktionsbedingungen des Ganzen her hat zur Folge, daß vielfach gewohnte Betrachtungsweisen völlig auf den Kopf gestellt werden. Daß jemand in Ausübung „eigener" Rechte tätig wird, ist bei objektivrechtlicher Betrachtungsweise nur scheinbar möglich; in Wirklichkeit stehen ihm alle Rechte nach dieser Auffassung nur als Sachwalter der Gemeinschaft zu. Selbst wenn jemand in einer vorstaatlichen Gesellschaft Blutrache übt oder sich im Wege der Pfandnahme wegen einer Forderung befriedigt – Beispiele, die Kelsen selbst anführt –, handelt er streng genommen nicht aus eigenem Recht, sondern „als Organ der Rechtsordnung und der durch sie konstituierten Gemeinschaft"[6]. Nur weil es die *Gemeinschaft* ist, die *durch ihn tätig* wird und gegen das Unrecht reagiert, sind seine Zwangsakte kein neues Unrecht, sondern *Recht.* Aus der Sicht des Rechtsganzen gesehen ist daher das objektive Recht dem subjektiven notwendig vorgegeben.

An dieses Rangverhältnis knüpft sich aber noch etwas anderes an. Wer das subjektive Recht aus dem objektiven ableitet, ordnet es zugleich der *Rechtspflicht* unter; denn diese, nicht das subjektive Recht ist der adäquate Ausdruck der von einer Zwangsnorm ausgehenden Bindungswirkung. Vom Sinn der Zwangsnorm her hat der Einzelne, um dessen Verhalten es geht, zunächst einmal zu gehorchen. Ob aus einer Zwangsnorm auch positive Befugnisse erwachsen, hängt allein von der Entscheidung des Gesetzgebers ab. Für die Reine Rechtslehre ist es daher nichts anderes als konsequent, daß sie „mit dem größten Nachdruck den Begriff der Rechtspflicht in den Vordergrund stellt"[7]. Wenn alles Recht darauf reduziert werden kann, daß wegen bestimmter Verhaltensweisen Zwangsakte verhängt werden, gewinnt notwendig die Frage an Bedeutung, durch welches Verhalten der Zwangsakt *vermieden* wer-

[5] *Kelsen,* RR I, S. 43f.
[6] *Kelsen,* RR I, S. 118.
[7] *Kelsen,* RR I, S. 47.

den kann. Belegt man dieses Verhalten mit dem Begriff Rechtspflicht, so ist, wie Kelsen formuliert, „die Rechtspflicht als die allein wesentliche Funktion des objektiven Rechts erkannt."[8] Die neuzeitliche Freiheitsphilosophie, die hinter dem Gedanken subjektiver Rechte steht und ihm in der Vergangenheit seine enorme Schlagkraft verliehen hat, wird mit diesem einen Satz fast beiläufig für obsolet erklärt.

Läßt man der Phantasie freien Lauf, wäre eine Rechtsordnung, in der es für den Bürger nur Pflichten, aber keine Rechte gibt, sicher nicht undenkbar. Etwaige Pflichtverstöße der Bürger würden dann ausschließlich durch öffentliche Behörden verfolgt werden, ähnlich wie es in einigen Teilbereichen, namentlich im Strafrecht, bereits jetzt der Fall ist. Normalerweise geht das geltende Recht jedoch einen anderen Weg und räumt dem unmittelbar Begünstigten die Möglichkeit ein, das zur Verhängung einer Sanktion führende Verfahren im Wege einer *Klage* selbst zu betreiben. Für Kelsen ist dies indessen kein Grund, seine Auffassung, wonach auch der private Berechtigte nur als Agent der Gesamtrechtsordnung tätig wird, zu ändern. Daß man das Bündel der dem Bürger eingeräumten Kompetenzen als subjektives *Recht* bezeichnet, erscheint ihm nur aus Gründen der Breviloquenz akzeptabel. Von der Gesamtordnung her gesehen ist dieses Recht Kelsen zufolge ein bloßer *Reflex der Rechtspflicht eines anderen,* ein Hilfsbegriff für die Darstellung, „aber vom Standpunkt einer wissenschaftlich exakten Beschreibung des rechtlichen Sachverhaltes überflüssig."[9]

Daß dem Bürger Klagerechte eingeräumt sind, hält Kelsen indessen nicht einmal aus praktischen Gründen für unabdingbar geboten. Vielmehr sieht er darin wiederum nur „die spezielle Technik der kapitalistischen Rechtsordnung, sofern diese auf der Institution des Privateigentums aufgebaut ist und daher das Individualinteresse besonders berücksichtigt."[10] Rein technisch gesehen – und für etwas anderes interessiert sich die Reine Rechtslehre nicht – könnte es sich ebensogut so verhalten, daß die Rechtsdurchsetzungskompetenz allein in der Hand von Behörden läge und der Bürger nicht berechtigt, sondern lediglich begünstigt wäre.

III. Rechtsperson

1. Rechtssubjektivität als Kunstprodukt des objektiven Rechts

Die in den modernen Staaten westlicher Prägung verbreitete Vorstellung, daß jeder Mensch „von Natur aus" rechtsfähig sei, stellt für Kelsen

[8] *Kelsen,* RR I, S. 47.
[9] *Kelsen,* RR II, S. 133.
[10] *Kelsen,* RR I, S. 48.

ebenfalls ein naturrechtliches Relikt dar, das mit einem konsequenten Positivismus nicht zu vereinbaren ist. Auch damit liegt Kelsen im Prinzip richtig: Wer den Menschen bereits deshalb, weil er Mensch ist, als Person und damit als rechtsfähig ansieht, sagt damit nichts anderes, als daß die *Rechtsfähigkeit* des Menschen dem positiven Recht unverfügbar vorgegeben ist. Rechtsfähigkeit in diesem emphatischen Sinn ist kein beliebig verwendbares Gefäß, das je nach Bedarf benutzt, aber ebensogut auch beiseite gelassen werden kann. Sie ist vielmehr die gedankliche Grundlage des modernen, auf dem Begriff der Freiheit aufbauenden Rechts. In § 16 des österreichischen ABGB wird dieser Zusammenhang unmißverständlich noch immer so zum Ausdruck gebracht: „Jeder Mensch hat angeborene, schon durch die Natur einleuchtende Rechte, und ist daher als eine Person zu betrachten. Sklaverei oder Leibeigenschaft und die Ausübung einer darauf sich beziehenden Macht wird in diesen Ländern nicht gestattet." Wie man sich bis weit ins 19. Jahrhundert hinein bewußt war, heißt Rechtsfähigkeit unter anderem auch, daß der Rechtsfähige nicht im Eigentum eines anderen steht, sondern *sich selbst gehört.* In der Sprache des Eigentums ausgedrückt, ist der Mensch als Rechtsperson *Eigentümer seiner selbst*[11]. Grundsätzlich hat er daher selbst zu bestimmen, was er tut oder was mit ihm geschehen soll, nicht „die Rechtsordnung" oder der Staat.

Wie man nicht weiter auszuführen braucht, steht die Rechtssubjektivität in diesem Sinn in einem unaufhebbaren Zusammenhang mit der Vorstellung vorgegebener subjektiver Rechte. Wo das subjektive Recht zu einem bloßen Produkt des objektiven Rechts erklärt wird, kann auch das Rechtssubjekt nicht unangetastet bleiben. Es muß der Substanz nach dann ebenfalls verflüchtigt werden und kann, wenn überhaupt, nur als Kunstprodukt des objektiven Rechts neu entstehen. Wer den Gesetzgebungsapparat beherrscht, wird dabei gewissermaßen zum Schöpfergott und unumschränkten Herrn des Rechtssubjekts. Der freie Einzelne dagegen, der in den Naturrechtslehren der Aufklärung mit dem Anspruch aufgetreten war, das Recht kraft seines vernünftigen Willens als Spielraum und Grenze seiner Freiheit zugleich zu entfalten, wird auf diese Weise unversehens zu einem Objekt degradiert, und zwar zum Vorteil eben solcher Mächte, gegen die er ursprünglich angetreten war.

2. *Konstruktion nach dem Vorbild der juristischen Person*

Das Verfahren, mit dessen Hilfe Kelsen die Demontage des freien, nur auf sich selbst gestellten Rechtssubjekts betreibt, ist die spiegelbildliche Umkehrung des Vorgehens, das man bei Rechtsdenkern beobachten kann, die ihren Ausgang von der ursprünglichen Personqualität

---

[11] Vgl. *Karl A. v. Vangerow,* Über die Latini Juniani, Marburg 1833, S. 75; *ders.,* Lehrbuch der Pandekten, Bd. 1, 6. Aufl., Marburg 1851, S. 82f.

des Menschen nehmen. Für Savigny etwa war alles Recht nur „vorhanden um der sittlichen, jedem einzelnen Menschen inwohnenden Freiheit willen". Der „ursprüngliche Begriff der Person oder des Rechtssubjekts" mußte daher „zusammen fallen mit dem Begriff des Menschen".[12] Die Rechtssubjektivität sogenannter juristischer Personen konnte sich Savigny nur in Anlehnung an die der natürlichen Person vorstellen. Aber letztlich beruhte dies auf einer Fiktion; denn es gab für ihn nur eine wirkliche Person: die *natürliche:* „Jeder einzelne Mensch, und nur der einzelne Mensch, ist rechtsfähig."[13] In striktem Gegensatz dazu geht Kelsen nicht vom Leitbild der natürlichen, sondern der *juristischen Person* aus. Demnach geben Vereine, Anstalten und Körperschaften die Struktur vor, anhand deren sich das Verständnis der „natürlichen" Person erschließen soll. So wie die juristische Person ein mit Hilfe von Rechtsnormen künstlich geschaffener Zurechnungspunkt für Pflichten und Rechte ist, so ist nach Kelsen die Person überhaupt „nur ein personifizierender Einheitsausdruck für ein Bündel von Rechtspflichten und Berechtigungen, d.h. aber für Normenkomplexe". Erst mit dieser Reduzierung der Personqualität auf das im Grunde willkürliche Produkt von Normen kann für Kelsen die Forderung der positivistischen Rechtstheorie, „physische und juristische Person als wesensgleich zu begreifen, restlos erfüllt werden"[14]. Diese Gleichsetzung aber bedeutet, „daß auch die sogenannte physische Person eine künstliche Konstruktion der Rechtswissenschaft ist, daß auch sie nur eine ‚juristische' Person ist"[15].

Auf diese Weise verschwindet der reale Mensch, um den sich das Recht nach überkommener Auffassung an sich drehen sollte, in der Reinen Rechtslehre aus dem Blickfeld. Was die Rechtspflichten und die Rechte der physischen Person trägt, kann nach gesetzespositivistischer Auffassung „nicht der Mensch sein, ... sondern etwas, was der Mensch ebenso hat wie die als juristische Personen angesprochenen Gemeinschaften". Dieses gemeinsame Element aber ist nichts anderes als die technische Zusammenfassung solcher Pflichten und Rechte bzw. ihre gedankliche Einheit: „Die physische oder juristische Person, die Rechtspflichten und subjektive Rechte – als deren Träger – ‚hat', *ist* diese Rechtspflichten und subjektiven Rechte, ist ein Komplex von Rechtspflichten und subjektiven Rechten, deren Einheit im Begriff der Person figürlich zum Ausdruck kommt."[16] Die physische Person ist daher

[12] *F.C. v. Savigny,* System des heutigen römischen Rechts, Bd. 2, Berlin 1840, S. 2.

[13] *F.C. v. Savigny* (Fn. 12), S. 2.

[14] *Kelsen,* RR I, S. 52.

[15] *Kelsen,* RR II, S. 176.

[16] *Kelsen,* RR II, S. 177.

„nicht der Mensch, der Rechte und Pflichten hat, sondern eine Einheit von Pflichten und Rechten, die das Verhalten eines Menschen zum Inhalt haben.“[17]

An diesem Maßstab gemessen, ist die Vorstellung einer unveräußerlichen Personqualität und Rechtsfähigkeit aller Menschen schiere Ideologie, einzig ersonnen zu dem Zweck, „einen Wall aufzurichten gegen die mit gewissen Interessen nicht vereinbaren, zu weit gehenden Ansprüche der die Gemeinschaft konstituierenden sozialen Ordnung“[18]. Der konsequente Positivist kann dagegen scheinbar wertneutral konstatieren: „Sklaven sind keine Personen, haben keine Rechtspersönlichkeit“[19].

IV. Staat und Recht

1. Rechtfertigung und Kritik durch Recht

Ein weiteres Beispiel für das Fortwirken des von ihm bekämpften naturrechtlichen Dualismus erblickt Kelsen schließlich auch in der traditionellen Entgegensetzung von Staat und Recht. Ähnlich wie die natürliche Person nach geläufiger Auffassung unabhängig vom objektiven Recht existiert, wird hiernach auch der Staat als eine, wenngleich kollektive Entität angesehen, die in letzter Instanz nicht auf Rechtsnormen, sondern auf Tatsachen, nämlich auf der bekannten Trias von Staatsvolk, Staatsgebiet und Staatsgewalt beruht.

Für Kelsen hat auch dieser Dualismus eine *ideologische Funktion;* allerdings ist dabei der Akzent ein anderer. Anders als die These von der rechtlichen Präexistenz der natürlichen Person soll die Präexistenz des Staates der staatlichen Rechtsetzung nämlich keine Grenzen setzen. Nach Kelsen soll ihr Hauptzweck vielmehr der sein, den Staat so darstellen zu können, daß er mit dem – an sich von ihm verschiedenen – Recht übereinstimmt, und ihn dadurch zu *legitimieren:* „Der Staat muß als eine vom Recht verschiedene Person vorgestellt werden, damit das Recht den – dieses Recht erzeugenden und sich ihm unterwerfenden – Staat rechtfertigen könne.“[20] Nur wo Staat und Recht verschieden seien, könne der Staat als *Rechtsstaat* in dem Sinn ausgegeben werden, daß er das Recht scheinbar als Grenze seiner Macht anerkenne. Im Begriff des Rechtsstaates werde das Recht in nicht zu billigender Weise zur Legitimierung staatlicher Macht herangezogen.

Mit der Aufhebung des Dualismus von Staat und Recht, mit der rechtstheoretischen *Ineinssetzung* beider, wie Kelsen sie anstrebt, ist eine solche Rechtfertigung des Staates nicht mehr möglich. Aber nicht nur

---

[17] *Kelsen,* RR II, S. 178.
[18] *Kelsen,* RR I, S. 59.
[19] *Kelsen,* RR II, S. 177.
[20] *Kelsen,* RR I, S. 116.

dies: Mit der Möglichkeit einer Legitimierung entfällt zugleich die der *Kritik* des Staates durch das Recht. Zurück bleibt allein das Positive und Zufällige, das weder der Rechtfertigung bedarf noch der Kritik zugänglich ist, weil es weder gut noch schlecht, sondern allein ist oder nicht ist.

2. Identifizierung des Staates mit der Rechtsordnung

Die Aufhebung des Dualismus erfolgt, wie gerade angedeutet, in der Reinen Rechtslehre dadurch, daß der Staat restlos auf das positive Recht zurückgeführt und mit der Rechtsordnung identifiziert wird. Wie die physische Person nichts anderes ist als die Zusammenschau einiger Rechtsnormen, so ist der Staat nach Kelsen nichts anderes als die *Rechtsordnung* überhaupt: Das Staats*volk* ist ihr personaler, das Staats*gebiet* ihr räumlicher Geltungsbereich, die Staats*gewalt* schließlich ist ihre Wirksamkeit[21]. Auf diese Weise gibt es am Staat buchstäblich nichts, das außerhalb der Rechtsordnung stünde und an ihr gemessen werden könnte. Der Staat ist das sich selbst reproduzierende Rechtssystem und damit zugleich sein alleiniger Maßstab.

Die Folgen dieser auf das „rein Rechtliche" beschränkten monistischen Betrachtung sind durchaus die gewünschten: Wo der Staat mit der als moralfreie Zwangsordnung verstandenen Rechtsordnung identisch ist, „ist es schlechthin unmöglich, den Staat durch das Recht zu rechtfertigen. So wie es unmöglich ist, das Recht durch das Recht zu rechtfertigen, wenn dieses Wort nicht das eine Mal im Sinne des positiven, das andere Mal im Sinne des richtigen Rechts, der Gerechtigkeit, verwendet wird. Und dann enthüllt sich der Versuch, den Staat als Rechtsstaat zu legitimieren, darum als völlig untauglich, weil jeder Staat ein Rechtsstaat sein muß: sofern man unter ‚Rechtsstaat' einen Staat versteht, der eine Rechtsordnung ‚hat'. Denn es kann keinen Staat geben, der keine oder noch keine Rechtsordnung hat, weil jeder Staat nur eine Rechtsordnung ist." Die Auffassung, die in einem Rechtsstaat im überkommenen Sinn den besseren oder gar wahren Staat erblicken will, entlarvt sich somit als ein „naturrechtliches Vorurteil"[22].

In letzter Instanz führt die Aufhebung des überkommenen Dualismus dazu, daß die Unterscheidung von Recht und Unrecht auf ein innersystematisches Problem reduziert wird. Auf der Ebene des Gesamtsystems jedoch gilt, daß jedes beliebige positive Rechtssystem Recht ist, weil es in seinem Geltungsbereich ein anderes Recht nicht gibt. Der wissenschaftliche Positivismus hat sich damit in seiner Begrifflichkeit gefangen wie die Fliege im Fliegenglas. Aber während die Fliege nach einem Ausgang sucht, hält der Positivismus den Verlust des Kontakts mit der Außenwelt für eine wissenschaftliche Tugend.

---

[21] *Kelsen,* RR II, S. 290ff.

[22] *Kelsen,* RR I, S. 126f.

§ 5. Stufenbau der Rechtsordnung

I. Erzeugungszusammenhang des Rechts

Da Kelsen, ebenso wie Kant, von einer kategorialen Verschiedenheit von Sein und Sollen ausgeht, kommt er notwendig zu dem Schluß, daß aus dem Sein kein Weg zum Sollen führt. Nichts ist für Kelsen allein deshalb *gesollt,* weil es *ist*, und ebensowenig ist etwas schon aus dem Grund nicht gesollt, weil es nicht ist. Alles Sollen kann vielmehr nur *aus anderem Sollen* und jede Verhaltensnorm demgemäß nur *aus einer anderen, ihr übergeordneten Verhaltensnorm* abgeleitet werden. Folgerichtig fortgedacht führt dies zu einer hierarchischen Ordnung des Rechts. Wenn jede Norm auf einer ranghöheren beruht, fügen sich alle Normen kraft dieses Zusammenhangs zu einem pyramidenähnlichen Stufenbau zusammen: die rangniederen Normen beruhen auf höheren, diese auf noch höheren usw. Das Prinzip, das die Geltung begründet, stiftet dabei zugleich die innere Einheit.

Die Lehre vom Stufenbau der Rechtsordnung wurde ursprünglich von Adolf Merkl entwickelt und von Kelsen nachträglich übernommen[1]. Einmal in die Reine Rechtslehre eingefügt, bildet sie jedoch einen integralen Theoriebaustein und erscheint vielen sogar als das eigentliche Charakteristikum der Reinen Rechtslehre überhaupt.

1. Inhaltlicher und prozeduraler Zusammenhang

Näher besehen, kann der zwischen Verhaltensnormen bestehende Erzeugungszusammenhang indessen unterschiedlicher Natur sein. Normen können einmal *inhaltlich* voneinander abgeleitet sein; möglich ist aber auch, daß die höhere Norm nur eine *formelle Kompetenz* zur Setzung einer rangtieferen Norm verleiht. Das erste ist nach Kelsens Auffassung typisch für *moralische* Normen, deren Geltung auf ihrem *Gehalt* beruht. *Rechtsnormen* dagegen gelten kraft eines *Willensaktes*[2]; der Erzeugungszusammenhang ist hier mehr verfahrensmäßiger Natur, indem vor allem die Normsetzungskompetenz als solche auf eine übergeordnete Autorität zurückgeführt wird.

a) Inhaltliche Determinierung. Die *inhaltliche* Ableitung einer Norm aus einer anderen ist nur dann möglich, wenn sie darin dem Begriff nach

---

[1] Dazu *Koller* in: Reine Rechtslehre im Spiegel ihrer Fortsetzer und Kritiker (hrsg. von Ota Weinberger und Werner Krawietz), Wien 1988, S. 129 (147 ff.).

[2] *Kelsen,* RR I, S. 64.

bereits enthalten ist und daher durch eine rein gedankliche Operation herausgeholt werden kann. Aus dem moralischen Verbot, Übles zu tun, folgt auf diese Weise etwa das Verbot, andere grundlos zu töten oder zu verletzen; denn dies gehört zu den größten Übeln, die man jemand antun kann. Aus dem Tötungs- und Verletzungsverbot läßt sich weiter das Verbot ableiten, sich in trunkenem Zustand ans Steuer zu setzen, da dies häufig zu schweren Unfällen führt usw.

Charakteristisch für moralische Normen in diesem Sinn ist, daß sie sich in letzter Instanz auf Werte – auf das Gute, auf die Gerechtigkeit u.ä.m. – beziehen und von daher ihren spezifischen Sinn erhalten. Der Glanz der in Bezug genommenen Werte teilt sich den daraus abgeleiteten Normen auch noch auf der untersten Stufe mit.

b) Verfahrensmäßige Determinierung. Kennzeichnend für *Rechtsnormen* ist nach Kelsen ein anderer Erzeugungszusammenhang: nicht die inhaltliche Ableitung, sondern die formale Ermächtigung oder genauer: die Bestimmung eines Organs, das mit der Kompetenz zum Erlaß von Normen einer tieferen Stufe ausgestattet ist, und die gleichzeitige Regelung des Verfahrens, in dem diese Normerzeugung vor sich gehen soll. Das anschaulichste Beispiel dafür bietet die in der Verfassung geregelte staatliche Gesetzgebung. Eine Verfassung gibt in der Regel nicht den Inhalt vor, den Gesetze haben sollen; aus ihr lassen sich daher auf deduktivem Weg kaum neue Gesetze „ableiten". Eine Verfassung sagt vielmehr, welches Organ Gesetze erlassen darf, und bestimmt das Verfahren, das dabei einzuhalten ist.

Allerdings ist der Gegensatz nicht ganz so scharf, wie es bei einer solchen Gegenüberstellung erscheinen könnte. Keine Rechtsnorm kann den Inhalt der rangtieferen Normen, zu deren Erzeugung sie ermächtigt, gänzlich offen lassen. Sie muß wenigstens angeben, in welchen *Fällen* bzw. unter welchen *Voraussetzungen* überhaupt Normen erlassen werden dürfen. Wenn eine Verfassung vorsieht, daß sie nur mit qualifizierter Mehrheit geändert werden kann, setzt dies notwendig voraus, daß sie von anderen Teilen der Rechtsordnung, in die der Gesetzgeber mit einfacher Mehrheit eingreifen darf, unterscheidbar abgegrenzt wird. Meist treffen moderne Verfassungen aber noch wesentlich eingehendere Regelungen, um den Inhalt der zu erlassenden Gesetze näher zu bestimmen, und zwar sowohl in positiver wie auch in negativer Hinsicht. Die verfassungsrechtlich verbürgten Grund- und Freiheitsrechte haben etwa primär die Funktion von Gesetzgebungsverboten[3]: Dem einfachen Gesetzgeber wird es dadurch untersagt, Normen zu erlassen, die in die grundrechtlich geschützte Sphäre eingreifen. In den Bereichen unterhalb der Verfassung wird die inhaltliche Steuerung der Rechtserzeu-

---

[3] *Kelsen,* RR I, S. 75.

gung normalerweise um so dichter, je tiefer man kommt. Dafür liefert Art. 80 I 2 der heutigen deutschen Verfassung ein gutes Beispiel. Für Verordnungen, die aufgrund eines Bundesgesetzes ergehen, ist danach vorgeschrieben, daß „Inhalt, Zweck und Ausmaß“ der dem Verordnungsgeber erteilten Ermächtigung „im Gesetz bestimmt“ werden muß. Das zielt erkennbar auf die Statuierung inhaltlicher Vorgaben, die das Gestaltungsermessen des Verordnungsgebers begrenzen.

Im Unterschied zu moralischen Normen können positive Rechtsnormen nach Kelsen jedoch nie völlig auseinander abgeleitet werden. Die Rechtsetzung kommt nicht aus, ohne daß dem Normerzeuger etwas von der Kompetenz zur freien Rechtserzeugung übertragen wird, wie sie dem Urheber der übergeordneten Rechtsnorm zukommt.

2. Von der generellen bis zur individuellen Norm

Den Gedanken, daß das Recht seine eigene Erzeugung regelt, hat Kelsen mit großer Konsequenz durchgeführt, angefangen von der Verfassung bis hinunter auf die Ebene des Gerichtsurteils, des Verwaltungsakts und des Rechtsgeschäfts. Entgegen dem herkömmlichen Sprachgebrauch, wonach nur der Erlaß *genereller* Regeln als Normsetzung bezeichnet wird, geht es nach Kelsens Auffassung nämlich auch da um Normsetzung, wo Normen auf *konkrete* Fälle angewendet werden. Um den Unterschied nicht zu verwischen, spricht er in diesem Zusammenhang allerdings von *individuellen Normen.* Im Ergebnis jedoch bezeichnet er jeden Akt, der bestimmt, daß etwas sein oder nicht sein soll, als „Norm“, gleichgültig ob davon unbestimmbar viele Einzelfälle betroffen sind oder nur ein einziger. Auf den ersten Blick erscheint dies ungewohnt und daher irritierend. In der Sache bietet es jedoch den Vorteil, daß Einzelakte, die in Anwendung genereller Normen erlassen werden, in den Prozeß der Rechtserzeugung bruchlos eingeordnet und nach demselben Muster wie die generellen Normen erklärt werden können.

Der Geltungsanspruch eines Gerichtsurteils beruht nach dieser Betrachtungsweise nicht darauf, daß es inhaltlich richtig ist und dem Gesetz entspricht – das ist häufig nicht der Fall –, sondern daß die Personen, die das Urteil erlassen haben, durch das Gesetz ermächtigt waren, eine verbindliche Entscheidung zu treffen. Ähnlich ist ein Verwaltungsakt nur deshalb wirksam, weil dem anordnenden Beamten die Kompetenz zum Erlaß wirksamer Verwaltungsakte verliehen ist. Das Rechtsgeschäft schließlich vermag nur aus dem Grund Recht zwischen privaten Parteien zu erzeugen, weil diesen eine solche Rechtserzeugungsmacht gesetzlich zuerkannt worden ist. Bis hin zur untersten Stufe der Rechtserzeugung geschieht nichts aus eigener Kompetenz; alles ist dadurch legitimiert, daß es sich als Anwendung einer übergeordneten Norm darstellt.

Angefangen von der Gesetzgebung bis zur konkreten Entscheidungsfindung und der vertraglichen Einigung bringt sich das Recht auf diese Weise in einem permanenten Prozeß selbst hervor. Für eine rechtsimmanente Betrachtungsweise im Sinne Kelsens ist diese Regelung seiner eigenen Erzeugung sogar der alleinige Gegenstand des Rechts. Während Moral und Naturrecht in der Vergangenheit häufig auf eine für alle Zeiten und Verhältnisse gleiche und daher *statische* Ordnung abzielten, scheint die prozedurale Sicht Kelsens mehr eine *dynamische* Vorstellung zu begünstigen: „Die Lehre vom Stufenbau der Rechtsordnung erfaßt das Recht in seiner Bewegung, in dem ständig sich erneuernden Prozeß seiner Selbsterzeugung"[4].

II. Grundnorm

1. Theoretischer Status der Grundnorm

Der Regreß, in dem jede positive Rechtsnorm auf eine höhere Norm derselben Art zurückgeführt wird, endet nach unseren bisherigen Überlegungen bei der Verfassung. Um geltendes Recht zu sein, muß jedoch auch die Verfassung auf eine höhere Norm gestützt werden. Kelsen muß daher oberhalb der Verfassung noch eine weitere Norm annehmen. Wenn sich das Verfahren der Normerzeugung nicht in einem infiniten Regreß verlieren soll, darf diese oberste Norm aber nicht wiederum in derselben Weise legitimationsbedürftig sein; sie muß vielmehr in der Lage sein, den Regreß zu beenden. Dieses Problem war bereits Kant geläufig, der es mit wenigen Worten so ausgedrückt hat: „Es kann … eine äußere Gesetzgebung gedacht werden, die lauter positive Gesetze enthielte; alsdann aber müßte doch ein natürliches Gesetz vorausgehen, welches die Autorität des Gesetzgebers (d.i. die Befugnis, durch seine bloße Willkür andere zu verbinden) begründete."[5] In diesem Diktum wird zugleich der schwache Punkt des Gesetzespositivismus sichtbar: Wenn jede positive Rechtsnorm auf einer anderen beruhen soll, ist der Begründungsprozeß unendlich. Soll er enden, so muß das Prinzip an der obersten Stelle *durchbrochen,* die Geltung der Verfassung also auf eine *überpositive* Norm gestützt werden.

Daraus zu folgern, daß die inhaltliche, am Prinzip der Gerechtigkeit orientierte Begründung von Verhaltensnormen der formalpositivistischen Legitimation letztlich überlegen sei, wäre freilich vorschnell. Bei der inhaltlichen Ableitung moralischer Normen begegnet man nämlich einem ähnlichen Dilemma. Sobald man erst einmal auf der Stufe der Gerechtigkeit oder des Guten angelangt ist, muß der Prozeß der inhaltlichen

---

[4] *Kelsen,* RR I, S. 107.

[5] *Kant,* Metaphysik der Sitten, Akademieausgabe Bd. 6, S. 224.

Begründung ebenfalls abgebrochen werden. Will man dem, der das Gerechte oder das Gute nicht für selbstevident hält, sondern eine Begründung verlangt, noch eine Antwort geben, so kann man ihn nur auf etwas *Positives* verweisen, z.B.: „weil die Mehrheit der Meinung ist, daß dies gerecht ist", „weil die Personen, denen die Realisierung der Gerechtigkeit anvertraut ist, dies so wollen", „weil diese Regelung mit den Prinzipien übereinstimmt, die unserer Kultur und den Institutionen unseres Staates zugrundeliegen" u.ä.m. Wie der positivistische Begründungsstrang im Moralischen, so endet der moralische Begründungsstrang daher im Positiven und legt damit ebenfalls Zeugnis ab von der Unmöglichkeit, die strikte Unterscheidung von Sein und Sollen bis zur letzten Konsequenz durchzuhalten.

In dem positivistischen Denkmodell befangen, ist sich Kelsen dieser Ambivalenz offenbar nicht bewußt. Anders als Kant, läßt er es in diesem Punkt jedenfalls an Deutlichkeit fehlen. Zwar führt auch er die Geltung der Verfassung auf eine höchste Norm, die sogenannte *Grundnorm* zurück, die selbst *nicht gesetzt* sein soll. Aber er läßt an keiner Stelle erkennen, daß es sich dann, entsprechend seinem sonstigen Sprachgebrauch, nur um eine moralische Norm handeln kann. Vielmehr bedient er sich, obwohl er sonst die Klarheit über alles schätzt, hier immer wieder vieldeutiger Formulierungen wie etwa der, die Grundnorm einer positiven Rechtsordnung sei „nichts anderes als die Grundregel, nach der die Normen der Rechtsordnung erzeugt werden, die Ein-Setzung des Grundtatbestandes der Rechtserzeugung."[6] Speziell im Hinblick auf die Geltung der Verfassung heißt es: „Daß dasjenige, was das historisch erste verfassunggebende Organ als seinen Willen geäußert hat, als Norm zu gelten habe, das ist die Grundvoraussetzung, von der alle Erkenntnis von der auf dieser Verfassung beruhenden Rechtsordnung ausgeht. Zwang soll gesetzt werden unter den Bedingungen und auf die Weise, die der erste Verfassunggeber oder die von ihm delegierten Instanzen bestimmen: das ist die schematische Formulierung der Grundnorm einer Rechtsordnung …"[7]

Letztlich versucht Kelsen der von Kant gezogenen Konsequenz dadurch zu entkommen, daß er für die Grundnorm einen eigenen, mit nichts sonst vergleichbaren Status in Anspruch nimmt: „Sie gilt, da sie nicht im Rechtsverfahren erzeugt wird, nicht als positive Rechtsnorm, ist nicht gesetzt, sondern – als Bedingung aller Rechtssetzung, alles positiven Rechtsverfahrens – vorausgesetzt."[8] Später spricht er geradezu einmal von einer „Fiktion"[9]. Streng genommen kann die Grundnorm daher

---

[6] *Kelsen,* RR I, S. 64.
[7] *Kelsen,* RR I, S. 65f.
[8] *Kelsen,* RR I, S. 66f.
[9] *Kelsen,* AThdN, S. 207.

die Geltung einer Verfassung auch nicht in dem sonst üblichen Sinn dieses Wortes „begründen“: „Sie will nur ins Bewußtsein heben, was alle Juristen – meist unbewußt – tun, wenn sie im Begreifen ihres Gegenstandes zwar ein Naturrecht ablehnen, aus dem die Geltung der positiven Rechtsordnung abgeleitet werden könnte, dennoch aber dieses positive Recht als eine gültige Ordnung, nicht als bloßes Faktum von Motivationszusammenhängen, sondern als Norm verstehen.“[10] Die Grundnorm soll also lediglich deutlich machen, daß man mit dem positiven Recht nur dann sinnvoll umgehen kann, wenn man es nicht bloß als Wirklichkeitstatbestand, sondern *als Recht* versteht, d.h. wenn man seine normative Geltung, sein Gesolltsein *voraussetzt.* Durch ihre sprachliche Form erschwert sie jedoch gerade die Erkenntnis, daß der Positivismus an Voraussetzungen geknüpft ist, die den positivistischen Erklärungszusammenhang durchbrechen.

2. Geltung folgt der Wirksamkeit

Man kann sich dem Problem, das durch die Fiktion einer Grundnorm gelöst werden soll, aber noch auf andere Weise nähern, indem man fragt, wie sich eine geltende von einer nicht geltenden Verfassung in *tatsächlicher* Hinsicht unterscheidet. Welche faktischen Voraussetzungen müssen erfüllt sein, damit die Reine Rechtslehre den Wirklichkeitstatbestand der Verfassung mit der Grundnorm wie mit einem Zauberstab berührt und in einen Sollenstatbestand verwandelt? Was also sind die „Tatbestandsvoraussetzungen“ der Grundnorm, an die sich die Rechtsfolgeanordnung knüpft, daß eine bestimmte Ordnung eine „geltende“ ist?

Man hat Kelsen häufig zum Vorwurf gemacht, daß er das Recht in letzter Instanz der *Macht* ausliefere, weil er die Befugnis zu beliebiger Rechtsetzung *in toto* auf die Macht zurückführe. Formell gesehen hat sich Kelsen dagegen zu Recht verwahrt; denn unmittelbar aus dem Sein schließt er in der Tat nicht auf ein Sollen, er folgert es aus der Grundnorm. Aber sein Vorgehen erweckt den Verdacht des Etikettenschwindels. Denn ebenso wie sich ein Staat für Kelsen von einer Räuberbande nur durch die „größere Wirksamkeit“ unterscheidet, so zeichnet auch die Grundnorm immer nur diejenige Verfassung als geltende aus, hinter der die geballte Macht der Wirklichkeit steht. Die Grundnorm läuft daher, wenn man sich einer weniger verschlüsselten Sprache bedient, auf das bekannte Diktum Gustav Radbruchs hinaus, daß derjenige, der Recht durchzusetzen vermag, damit beweist, daß er Recht zu setzen berufen ist[11]. Das aber ist nichts anderes als die Anerkennung der Macht als oberster rechtlicher Instanz.

---

[10] *Kelsen,* RR I, S. 67.

[11] *Gustav Radbruch,* Rechtsphilosophie, 3. Aufl. Leipzig 1932, § 10, 3.

Wenigstens mittelbar hat auch Kelsen dies eingeräumt, wenn er als Geltungsvoraussetzung einer Rechtsordnung ihre *Wirksamkeit* nennt. Die Wirksamkeit einer aus Zwangsnormen bestehenden Rechtsordnung ist die Wirksamkeit des Zwangs, und diese wiederum hängt vor allem von der Macht ab, die hinter der Norm steht. Zwar kann eine *einzelne* Rechtsnorm, wie Kelsen in der ersten Auflage seiner Reinen Rechtslehre im Gegensatz zur zweiten noch gelehrt hat, auch dann gültig sein, wenn sie nicht in diesem Sinn wirksam ist[12]: Aus dem Umstand, daß Geschwindigkeitsbeschränkungen im Straßenverkehr häufig nicht beachtet werden, folgt nicht, daß sie rechtlich nicht gelten würden. Für die Rechtsordnung *als ganze* aber gilt, daß ihre Geltung „zu der Tatsache, daß das reale Verhalten dieser Menschen der Rechtsordnung entspricht – zu ihrer Wirksamkeit, wie man auch zu sagen pflegt –, in einem gewissen Abhängigkeitsverhältnis" steht[13]. Rechtliche Geltung und tatsächliche Wirksamkeit verhalten sich insoweit wie die zwei Seiten einer Medaille. Der scheinbar klinisch reine Normativismus erwächst insgeheim aus dem Nährboden eines handfesten Rechtsrealismus.

Larenz hat zu Recht darauf aufmerksam gemacht, daß sich Kelsen damit zu seiner These von dem unüberbrückbaren Dualismus von Sein und Sollen in Widerspruch setzt: „Er spricht von einer ‚Zuordnung' eines bestimmten ideellen, normativen Systems zu einer realen Verhaltensweise und verwickelt sich so in den Widerspruch, daß auf der einen Seite das Recht als Normensystem unabhängig von jedem tatsächlichen Geschehen gedacht werden soll, anderseits die für die Begründung dieses ideellen Systems maßgebende Grundnorm doch nur im Hinblick auf eine solche Tatsächlichkeit des Geschehens bestimmt werden kann ... Über diese Antinomie führt Kelsens System nicht hinaus, und an ihr muß es damit scheitern. Denn was besagt die Anerkennung einer nicht abzuweisenden Beziehung zwischen dem als beziehungslos Vorausgesetzten anderes, als daß diese Voraussetzung falsch ist; daß gerade für die rechtswissenschaftliche Betrachtung Sein und Sollen nicht in der Weise getrennt gedacht werden dürfen, wie es Kelsen durchgängig annimmt!"[14]

III. Völkerrecht als Totalrechtsordnung

Die Unmöglichkeit, Sein und Sollen, Macht und Geltung restlos auseinanderzudividieren, tritt deutlicher noch als im innerstaatlichen Recht

---

[12] *Kelsen,* RR I, S. 72f.; anders RR II, S. 216ff.

[13] *Kelsen,* RR I, S. 69.

[14] *Karl Larenz,* Rechts- und Staatsphilosophie der Gegenwart, 2. Aufl., Berlin 1935, S. 46f. Vgl. auch *Losano* in: Die Reine Rechtslehre in wissenschaftlicher Diskussion, Wien 1982, S. 82ff.

im Völkerrecht hervor. Daß die Geltung einer einzelstaatlichen Rechtsordnung, wie Kelsen sich ausdrückt, „eine gewisse Wirksamkeit, genauer: ein gewisses Verhältnis der Entsprechung zur Bedingung habe", ist eine der grundlegenden Doktrinen des Völkerrechts[15]. Als Staaten werden hier nämlich nur solche Gebilde anerkannt, die sich faktisch behaupten können. Vom Völkerrecht her gesehen erscheint das Effektivitätsprinzip daher als die „Grundnorm der verschiedenen einzelstaatlichen Rechtsordnungen"[16]. Gleichwohl bemüht sich Kelsen selbst hier, den für jeden Positivismus unvermeidbaren Zusammenhang von Geltung und Wirksamkeit zu kaschieren. Indem er das Völkerrecht in den Stufenbau der Rechtsordnung miteinbezieht, kann er das völkerrechtliche Effektivitätsprinzip scheinbar auf die den einzelstaatlichen Grundnormen übergeordnete Grundnorm einer künftigen Globalrechtsordnung zurückführen, über deren Wirklichkeitsbezug sich vorerst naturgemäß nichts ausmachen läßt.

1. Unterordnung und Gleichordnung

Ein System des gesamten Rechts, das sowohl die einzelstaatliche Rechtsordnung als auch das Völkerrecht umfaßt, läßt sich in doppelter Weise denken: einmal so, daß eine dieser Ordnungen der anderen *untergeordnet* ist, aber auch so, daß beide einander *gleichgeordnet* sind. Das dualistische System der Gleichordnung, in dem staatliches Recht und Völkerrecht nebeneinanderstehen, ist naturgemäß komplizierter, weil es „eine dritte höhere Ordnung" voraussetzt, „die die Erzeugung der beiden anderen bestimmt, sie in ihren Geltungsbereichen gegeneinander abgrenzt und so allererst koordiniert"[17]. Da sich im Rahmen eines solchen „Übervölkerrechts" das Prinzip der Unterordnung letztlich ebenfalls geltend machen würde, gibt Kelsen einer *monistischen* Betrachtungsweise den Vorzug. Auch in diesem Rahmen kommen freilich immer noch zwei Spielarten in Betracht: entweder kann das Völkerrecht der einzelstaatlichen Rechtsordnung oder aber diese dem Völkerrecht untergeordnet werden.

a) Völkerrecht als äußeres Staatsrecht. Dem *Souveränitätsdogma,* das von der rechtlichen Allmacht des Staates ausgeht, entspricht nur die erste Variante, also die Unterordnung des Völkerrechts unter das staatliche Recht. Ein Staat, der sich für souverän erklärt, muß konsequenterweise für sich in Anspruch nehmen, daß es kein anderes Recht für ihn gibt außer demjenigen, das er selbst geschaffen oder wenigstens selbst anerkannt hat. Vom Standpunkt eines souveränen Staates aus gesehen, muß

---

[15] *Kelsen,* RR I, S. 70f.
[16] *Kelsen,* RR I, S. 71.
[17] *Kelsen,* RR I, S. 137.

man sich dessen Rechtsordnung gewissermaßen so vorstellen, als ob sie sich zugleich über alle anderen Rechtsordnungen erstrecken würde. Andere Rechtsordnungen können daher nur dann als geltendes Recht verstanden werden, wenn sich im eigenen Recht ein Geltungsgrund dafür findet. In Betracht kommt hier allein, daß der andere Staat als solcher von dem souveränen eigenen Staat freiwillig anerkannt worden ist. Der anerkennende Staat nimmt dabei seinen umfassenden Anspruch selbst zurück oder vielmehr: er tut so, als habe er die Rechtsetzungsorgane des anderen Staates delegiert, so daß sie gleichsam in seinem Auftrag handeln.

Nach dieser Betrachtungsweise stellt sich das Völkerrecht als die von dem anerkennenden Staat selbstgeschaffene Regelung seiner Beziehungen zu anderen Staaten dar, gewissermaßen als *äußeres Staatsrecht*[18] im Gegensatz zum „inneren" Staatsrecht, das die Regelung der internen Verhältnisse zum Gegenstand hat. Äußeres und inneres Staatsrecht ebenso wie die Grenze zwischen beiden beruhen nach dieser Auffassung auf der Rechtsetzung des jeweiligen Staates selbst. Wie im Solipsismus das einzelne Individuum die Außenwelt als sein eigenes Produkt zu begreifen versucht, so wird vom Souveränitätsdogma her die Staatenwelt samt dem Völkerrecht als Produkt eines einzelnen Staates interpretiert.

b) Staatliches Recht als Innenvölkerrecht. Die andere Möglichkeit einer monistischen Betrachtungsweise ist die, vom *Primat des Völkerrechts* auszugehen. In diesem Fall stellt sich nicht das Völkerrecht als Produkt der einzelstaatlichen Rechtsordnung, sondern stellen sich umgekehrt diese als Produkt des Völkerrechts dar. Die einzelstaatliche Rechtsordnung gilt danach allein deshalb, weil die Rechtsetzungskompetenz der staatlichen Gesetzgebungsorgane aus dem Völkerrecht abgeleitet ist bzw. weil die Geltung der staatlichen Rechtsnormen vom Völkerrecht selbst statuiert wird. Der beschränkte Geltungsbereich der staatlichen Rechtsordnung ergibt sich dementsprechend nicht aus einer Selbstbeschränkung, sondern aus einer von vornherein beschränkten Kompetenzzuweisung an den staatlichen Gesetzgeber.

Legt man diese Betrachtungsweise zugrunde – und eben dies tut Kelsen –, so kommt man zu einem völlig anderen Bild. Das Völkerrecht erscheint dann als *Totalrechtsordnung,* die einzelstaatliche Rechtsordnung nur als eine davon abhängige *Teilrechtsordnung.* Und wie sich, wenn man vom übergeordneten Ganzen ausgeht, im innerstaatlichen Rechtserzeugungsprozeß die Einzelperson als bloßes Organ des Staa-

---

[18] Kelsens gleichsam „logische" Deutung dieses Begriffs deckt sich nicht mit dem, was man sonst darunter verstanden hat. *Hegel*, Grundlinien der Philosophie des Rechts, §§ 330ff., etwa beschreibt das „äußere Staatsrecht" in der Sache lediglich als das *Außenstaatsrecht* mehrerer Staaten im Verhältnis zueinander.

tes bei der Verwirklichung seiner Zwecke darstellt (vgl. oben § 4 II 2b und III 2), so hier der Staat als Organ der Völkerrechtsgemeinschaft.

Das Völkerrecht wird dabei so vorgestellt, als ob es frei darüber entscheiden könne, unter welchen Voraussetzungen es die Einzelstaaten zur Rechtsetzung ermächtigt bzw. das von ihnen gesetzte Recht als gültig anerkennt. Kelsen kann daher so tun, als habe das Völkerrecht im Hinblick auf die einzelstaatlichen Rechtsordnungen nur rein zufällig das Prinzip der *Effektivität* für maßgebend erklärt, obwohl es sich auch anders hätte entscheiden können: „Wenn die Etablierung einer normsetzenden Gewalt, deren Ordnung für einen bestimmten Bereich von dauernder Wirksamkeit ist, positivrechtlich die Entstehung einer rechtsetzenden Autorität darstellt, so darum, weil ihr diese Qualität vom Völkerrecht verliehen wird oder, was dasselbe bedeutet, weil dieses sie zur Rechtsetzung ermächtigt."[19] Während bei einer innerstaatlichen Betrachtung das positive Recht der Macht folgt, scheint es sich aus der Perspektive eines der Idee nach vorrangigen Völkerrechts so zu verhalten, als verdanke diese Macht ihren Einfluß der freien Entscheidung des Rechts, nämlich des Völkerrechts.

2. *Grundnorm des Völkerrechts*

Um geltendes Recht zu sein, bedarf das Völkerrecht freilich selbst einer Grundnorm. Nicht anders als die Normen des einzelstaatlichen Rechts gelten auch die völkerrechtlichen Normen nur dann, wenn sie nach Maßgabe einer höheren Norm erzeugt worden sind. Damit aber stellt sich die Frage nach der Grundnorm des Völkerrechts. Wodurch wird den empirischen Gegebenheiten im Verhältnis der Staaten zueinander die Bedeutung von Rechtsakten verliehen? Solange es eine übergeordnete Gewalt in Form eines Weltstaats – dem die Reine Rechtslehre freilich den Weg zu bereiten glaubt[20] – nicht gibt, solange das Völkerrecht also im wesentlichen Völkergewohnheitsrecht ist, muß, wie Kelsen formuliert, „als die Grundnorm des Völkerrechts und damit auch der vom Völkerrecht delegierten einzelstaatlichen Rechtsordnungen eine Norm gelten, die die durch das gegenseitige Verhalten der Staaten" – nota bene: der kraft eigener Macht effektiven Staaten – „konstituierte Gewohnheit als rechtserzeugenden Tatbestand einsetzt."[21] Kurz: Völker-

---

[19] *Kelsen,* RR I, S. 148.

[20] Vgl. *Kelsen,* RR I, S. 154: „In diesem Sinne", nämlich im Sinn einer nicht gezielt herbeigeführten Begünstigung, „darf gesagt sein, daß die Reine Rechtslehre, indem sie durch die Relativierung des Staatsbegriffs die erkenntnismäßige Einheit alles Rechtes sicherstellt, eine nicht unwesentliche Voraussetzung für die organisatorische Einheit einer zentralisierten Weltrechtsordnung schafft".

[21] *Kelsen,* RR I, S. 130.

recht gibt es nur unter der Voraussetzung, daß den faktischen Gewohnheiten der durchsetzungsfähigen Staatsgebilde Rechtsqualität zuerkannt bzw. daß das *Sein* in diesem Bereich als ein *gesolltes Sein* anerkannt wird.

Als Kelsen dies schrieb, verfügte das Völkerrecht noch über keine eigenen Organe. Es konnte sich daher nur durch das Handeln von Staaten verwirklichen, die ihm die fehlenden Organe vorerst ersetzen mußten. In vielen Bereichen ist es auch heute nicht viel anders. Wenn die Staaten, die dem Völkerrecht hier allein zur Geltung verhelfen können, nicht durchsetzungsfähige Gebilde sind, geht dem Völkerrecht die Wirksamkeit ab. Das positive Völkerrecht hat also gar keine andere Wahl als an die Macht der Staaten anzuknüpfen, welche der Idee nach unter ihm stehen. Wollte es den mächtigen Staaten die Anerkennung versagen, stünde es selbst nur auf dem Papier. Auf diese Weise wird daher auch hier deutlich, daß Sein und Sollen in einer anderen Beziehung zueinander stehen, als es dem strikten Trennungsprinzip der Reinen Rechtslehre entspricht.

§ 6. Rechtsanwendung

I. Rechtsanwendung als Rechtsschöpfung

In welchem Maße die Reine Rechtslehre darauf abzielt, das Recht von seinen überkommenen geistigen Wurzeln zu lösen und auf eine völlig neue Grundlage zu stellen, kommt auch in Kelsens Ausführungen zur Rechtsanwendung zum Ausdruck.

1. Kritik des Erkenntnismodells

Nach herkömmlicher Vorstellung handelt es sich bei der Anwendung einer Rechtsnorm auf einen konkreten Einzelfall um einen *Erkenntnisakt.* Das findet seinen Ausdruck unter anderem darin, daß gerichtliche Entscheidungen in ihrem Tenor meist dahin formuliert werden, daß „für Recht erkannt" werde und daß auch das Urteil als solches gern als „Erkenntnis" bezeichnet wird. Nur deshalb, weil es dem Anspruch nach um Erkenntnis geht, kann die methodische Anleitung zur Entscheidungsfindung als Wissenschaft verstanden werden, nur deshalb auch kann versucht werden, den Vorgang der Rechtsanwendung mit Hilfe der *Subsumtionslogik* darzustellen: So wie sich das logisch Allgemeine zum Besonderen verhält, so das Gesetz zur Entscheidung des Einzelfalls. Hier wie da ist es die Schlußform des *modus barbara,* mit dessen Hilfe die in den Obersätzen enthaltene Erkenntnis entfaltet und zur Darstellung gebracht wird.

Die inhaltliche Bestimmung von Normen einer tieferen durch solche einer höheren Stufe ist nach Kelsens Auffassung jedoch gerade das Kennzeichen *moralischer* Normen, während *Rechts*normen die Hervorbringung unterrangiger Normen vor allem *verfahrensmäßig* steuern. Die Art und Weise, wie Kelsen Rechtsnormen und moralische Normen unterscheidet, hat daher notwendig zur Folge, daß er auch von der Rechtsanwendung ein anderes Bild entwerfen muß, als es herkömmlichen Vorstellungen entspricht.

a) Rechtsnorm als Rahmen. Höherrangige Rechtsnormen zeichnen sich nach Kelsen vor allem dadurch aus, daß sie einem näher bezeichneten Organ die *Kompetenz zur Erzeugung* von Rechtsnormen einer tieferen Stufe verleihen. Sie delegieren also eine Normsetzungsbefugnis, die zwar dem Umfang nach bestimmt, dem Inhalt nach jedoch unbestimmt ist: „Die Norm höherer Stufe kann den Akt, durch den sie vollzogen wird, nicht nach allen Richtungen hin binden. Stets muß ein bald größerer, bald geringerer Spielraum freien Ermessens bleiben, so daß die

Norm höherer Stufe im Verhältnis zu dem sie vollziehenden Akt der Normerzeugung oder Vollstreckung immer nur den Charakter eines durch diesen Akt auszufüllenden Rahmens hat."[1] Diese Unbestimmtheit kann sich sowohl auf den Tatbestand der Norm, d.h. auf die Voraussetzungen, bei deren Vorliegen die Rechtsfolge eintritt, als auch auf die angeordnete Rechtsfolge selbst beziehen. Die Rechtsnorm sagt dem Rechtsanwender in der Regel also weder genau, wann er eine Rechtsfolge aussprechen soll, noch welche Rechtsfolge dies ist.

Daß das Gesetz dem Rechtsanwender nur einen Rahmen vorgibt, den er nicht überschreiten darf, bedeutet nichts anderes, als daß stets mehrere Auslegungen in Betracht kommen, die gleichermaßen gesetzeskonform sind. Die Auffassung, daß es für jeden Rechtsfall nur *eine* richtige Entscheidung gibt, läßt sich unter dieser Voraussetzung sinnvollerweise nicht vertreten: „... von einem auf das positive Recht gerichteten Standpunkte aus gibt es kein Kriterium, aufgrund dessen die eine der im Rahmen der anzuwendenden Norm gegebenen Möglichkeiten der anderen vorgezogen werden könnte. Es gibt schlechthin keine – als positivrechtlich charakterisierbare – Methode, nach der von mehreren sprachlichen Bedeutungen einer Norm nur die eine als ‚richtig' ausgezeichnet werden könnte ..."[2]

Ebenso wie das Ziel, im Wege der Gesetzesauslegung eine allein richtige Entscheidung zu finden, von Kelsens Voraussetzungen her verfehlt ist, so sind für ihn auch die wichtigsten Argumentationsfiguren, die zu diesem Zweck entwickelt wurden, unbrauchbar: „Daß die üblichen Interpretationsmittel des argumentum a contrario und der Analogie völlig wertlos sind, geht schon daraus zur Genüge hervor, daß beide zu entgegengesetzten Resultaten führen und es kein Kriterium dafür gibt, wann das eine oder das andere zur Anwendung kommen soll. Auch der Grundsatz der sogenannten Interessenabwägung ist nur eine Formulierung, keine Lösung des Problems, das hier vorliegt. Er liefert nicht den objektiven Maßstab, nach dem entgegengesetzte Interessen miteinander verglichen und demnach Interessenkonflikte entschieden werden können. Dieser Maßstab ist insbesondere nicht aus der zu interpretierenden Norm oder dem diese enthaltenden Gesetz oder der ganzen Rechtsordnung zu holen, wie die Lehre von der sogenannten Interessenabwägung meint. Denn die Notwendigkeit einer ‚Interpretation' ergibt sich gerade daraus, daß die anzuwendende Norm oder das System von Normen mehrere Möglichkeiten offen läßt ..."[3]

b) Strukturähnlichkeit von Gesetzgebung und Gesetzesanwendung. Kelsen gelangt daher auch bei der Rechtsanwendung zu einem radikalen

---

[1] *Kelsen,* RR I, S. 91.

[2] *Kelsen,* RR I, S. 95f.

[3] *Kelsen,* RR I, S. 96f.

Bruch mit der herkömmlichen Auffassung: Rechtsanwendung ist für ihn weniger ein Vorgang der Rechtserkenntnis als vielmehr der *Rechtserzeugung*. Es geht dabei nicht so sehr um einen kognitiven als vielmehr um einen voluntativen Vorgang, in gewisser Weise also um einen Akt der *Rechtspolitik*. Gesetzgebung und Gesetzesanwendung sind Kelsen zufolge nicht so scharf voneinander unterschieden, wie man gemeinhin annimmt, sondern folgen methodisch demselben Muster.

Im Grunde ergibt sich dies alles bereits daraus, daß Kelsen die gesamte Rechtsordnung, angefangen von der fiktiven Grundnorm bis hinunter zu den konkreten Entscheidungen des Einzelfalles, als einen im wesentlichen verfahrensmäßig gesteuerten Erzeugungszusammenhang von Rechtsnormen begreift. Bereits darin ist nämlich enthalten, daß es bei Rechtsetzung und Rechtsanwendung letztlich um ein und dasselbe Problem geht: um Erzeugung neuer Rechtsnormen. Die herkömmliche Ansicht, wonach die Rechtsetzung als frei, die Rechtsanwendung dagegen als gebunden erscheint, vermittelt nach Kelsen ein unzutreffendes Bild; denn es geht in beiden Fällen um relativ freie Normsetzung innerhalb vorgegebener Grenzen. Verschieden ist nur die Abstraktionsstufe: Gesetzgebung ist Normerzeugung im Dienste der Verfassung, Rechtsanwendung dagegen Normerzeugung im Dienste des Gesetzes.

Was für die Gesetzgebung gilt, gilt daher im Prinzip auch für die Urteilsfindung: „Die Aufgabe: aus dem Gesetz das richtige Urteil oder den richtigen Verwaltungsakt zu gewinnen, ist im wesentlichen dieselbe wie die: im Rahmen der Verfassung die richtigen Gesetze zu schaffen. So wenig wie man aus der Verfassung durch Interpretation richtige Gesetze, kann man aus dem Gesetz durch Interpretation richtige Urteile gewinnen. Gewiß besteht ein Unterschied zwischen diesen beiden Fällen, aber er ist nur ein quantitativer, kein qualitativer und besteht nur darin, daß die Bindung des Gesetzgebers in materieller Hinsicht eine viel geringere ist als die Bindung des Richters, daß jener bei der Rechtsschöpfung verhältnismäßig viel freier ist als dieser. Aber auch dieser ist ein Rechtsschöpfer und auch er ist bei dieser Funktion relativ frei.“[4]

2. *Rechtsfindung aus nichtrechtlichen Quellen*

Was bleibt, ist freilich die Frage, woher die Inhalte des vom Rechtsanwender neu erzeugten Rechts kommen. Soweit sie nicht dem Gesetz entnommen werden können, muß der Rechtsanwender aus einer anderen Quelle schöpfen. Wenn Gesetzgebung und Rechtsanwendung eine gemeinsame Struktur aufweisen, ist anzunehmen, daß der Rechtsanwender in dem ihm belassenen Rahmen ähnlich vorgeht wie ein Gesetzgeber, also sich bei Bedarf aus demselben Reservoir von Überzeugungen, Tra-

---

[4] *Kelsen,* RR I, S. 98.

ditionsbeständen, Ansichten und Absichten bedient, wie sie auch im Gesetzgebungsverfahren zur Wirkung kommen. Das sieht Kelsen im Prinzip nicht viel anders, wenn er davon spricht, daß in den Prozeß der Rechtsanwendung „Normen der Moral, der Gerechtigkeit, soziale Werturteile, die man mit den Schlagworten Volkswohl, Staatsinteresse, Fortschritt usw. zu bezeichnen pflegt"[5], einmünden können. Der Rechtsanwender ist also nach Form und Gehalt ein Gesetzgeber im kleinen.

Zu einem Prozeß der *Rechtserkenntnis* wird die Rechtsanwendung aber auch auf diesem „gesetzgebungsanalogen" Weg nicht. Denn für den konsequenten Gesetzespositivismus sind all diese Gesichtspunkte *nicht rechtlicher Natur,* sondern liegen *außerhalb* des Rechts. Sofern hier also eine Erkenntnistätigkeit in Betracht kommt, „ist es nicht eine Erkenntnis des positiven Rechts, sondern anderer Normen, die hier in den Prozeß der Rechtserzeugung einmünden können ... Über deren Geltung und Feststellbarkeit läßt sich vom Standpunkt des positiven Rechts nichts aussagen. Von hier aus gesehen, lassen sich alle derartigen Bestimmungen nur negativ charakterisieren: es sind Bestimmungen, die nicht vom positiven Recht selbst ausgehen. Im Verhältnis zu diesem ist die Setzung des Rechtsaktes frei, d.h. im freien Ermessen der zur Setzung des Aktes berufenen Instanz ..."[6]

Wenn Kelsen hier von einer „Erkenntnis anderer Normen" spricht, so ist dies freilich mit Vorsicht zu genießen. Damit ist nämlich keineswegs gemeint, daß der Rechtsanwender von der Reinen Rechtslehre auf die rationale Erkenntnis anderer als rechtlicher Normen verwiesen würde. Was Kelsen von Moral oder Gerechtigkeit hält, hat er an anderer Stelle oft genug ausgeführt: Nach seiner Ansicht handelt es sich dabei um irrationale Begriffe. Von einer Erkenntnis im eigentlichen Sinn dieses Wortes kann daher insoweit nicht die Rede sein. Daß der Rechtsanwender bei der Ausfüllung des gesetzlichen Rahmens auf solche Quellen angewiesen ist, heißt für Kelsen im Klartext nichts anderes, als daß nicht die Erkenntnis, sondern das Bekenntnis, nicht der Verstand, sondern der Wille die Rechtsfindung leitet.

II. Aufgabe der Rechtswissenschaft

1. Begrenzte Funktion der Rechtsdogmatik

Die Auffassung, daß das Gesetz bei der Rechtsanwendung nur einen Rahmen vorgibt, ist an sich nicht neu. Wer sich der Schwächen einer angeblich rein deduktiv verfahrenden Begriffsjurisprudenz bewußt war, konnte auch schon vor Kelsen zu dieser Einsicht gelangen. So formu-

[5] *Kelsen,* RR I, S. 99.

[6] *Kelsen,* RR I, S. 99.

lierte gegen Ende des 19. Jahrhunderts bereits Zitelmann: „Das Gesetzeswort ist immer nur ein Rahmen, und oft ein sehr mangelhafter, innerhalb dessen der Jurist frei die Entscheidung suchen soll.“[7] Aber Zitelmann fügte hinzu: „Diesen Rahmen richtig auszufüllen, dazu soll die Rechtswissenschaft helfen.“ Es gab für ihn also innerhalb des Rahmens sowohl die Möglichkeit einer richtigen wie einer falschen Entscheidung, und da die Anleitung zur richtigen Entscheidung bei der Rechtswissenschaft gesucht wurde, ging es Zitelmann auch um eine *im Rechtssinn* richtige Entscheidung. Der Rechtswissenschaft wurde mithin die Aufgabe zuerkannt, den Rechtsanwender bei der Suche nach einer rechtlich richtigen Entscheidung zu unterstützen.

Eben dies ist bei Kelsen, der einen ungleich radikaleren Positivismus vertritt als der „Nachhegelianer“ Zitelmann, jedoch anders. Da für Kelsen innerhalb des gesetzlichen Rahmens „jeder Akt normgemäß ist, der sich innerhalb dieses Rahmens hält, den Rahmen in irgendeinem möglichen Sinn ausfüllt“[8], verdient keine der vielen Möglichkeiten, die es hier gibt, aus wissenschaftlichen Gründen den Vorzug. Unter rechtswissenschaftlichem Aspekt betrachtet, sind vielmehr alle gleichwertig.

a) Bloßes Aufzeigen des Entscheidungsrahmens. Für die Rechtswissenschaft bleibt damit nur eine bescheidene Aufgabe übrig: nicht die, den gesetzlichen Rahmen *auszufüllen* – das steht nur dem Richter zu, der als Praktiker des Rechts auch rechtsschöpferisch tätig werden darf –, sondern allein die, ihn *aufzuzeigen:* „Versteht man unter ‚Interpretation‘ die Feststellung des Sinnes der zu vollziehenden Norm, so kann das Ergebnis dieser Tätigkeit nur die Feststellung des Rahmens sein, den die zu interpretierende Norm darstellt, und damit die Erkenntnis mehrerer Möglichkeiten, die innerhalb dieses Rahmens gegeben sind. Dann muß die Interpretation eines Gesetzes nicht notwendig zu einer einzigen Entscheidung als der allein richtigen, sondern möglicherweise zu mehreren führen, die alle – sofern sie nur an der anzuwendenden Norm gemessen werden – gleichwertig sind, wenn auch nur eine einzige von ihnen im Akt des richterlichen Urteils positives Recht wird.“[9]

An sich sollte man meinen, daß die dem Rechtsanwender sich darbietenden Alternativen sich im Falle einer *Gesetzeslücke* noch vervielfältigen würden. Ausgehend von der streng gesetzespositivistischen Vorstellung, daß das Gesetz eine Regelung entweder enthält oder aber nicht enthält, gelangt Kelsen jedoch zu dem Ergebnis, daß es *überhaupt keine Gesetzeslücken gibt.* Dahinter steht folgende Überlegung: Wenn

---

[7] *Ernst Zitelmann,* Die Gefahren des bürgerlichen Gesetzbuches für die Rechtswissenschaft, Bonn 1896, S. 17.

[8] *Kelsen,* RR I, S. 94.

[9] *Kelsen,* RR I, S. 94f.

jeder Rechtsstreit im Kern darauf zurückzuführen ist, daß eine Partei gegen eine andere einen Anspruch geltend macht, so kommen logisch gesehen zwei Möglichkeiten in Betracht: entweder sieht das Gesetz die beantragte Rechtsfolge vor oder es sieht sie nicht vor. Im ersten Fall ist dem Anspruch stattzugeben, im zweiten ist er abzuweisen. Im Strafrecht ist diese Betrachtungsweise allgemein geläufig. Sie hängt hier damit zusammen, daß der nulla-poena-Grundsatz eine Lückenfüllung im Wege analoger Rechtsanwendung untersagt. Von einer „Strafbarkeitslücke" kann daher nur in einem rechtspolitischen Sinn die Rede sein, nicht aber in dem Sinn, daß die vorhandenen Strafgesetze, an einem immanenten Maßstab gemessen, aus sich selbst heraus ergänzungsbedürftig wären. Kelsen überträgt diese Vorstellung, die im Strafrecht den guten Sinn hat, der Ausdehnung staatlichen Strafens einen Riegel vorzuschieben, auf das Rechtssystem insgesamt und kann daher die Lückenfüllung als mit der binären Struktur des positiven Gesetzes unvereinbar erklären.

Was man Lücke nennt, ist für Kelsen „nichts anderes als die Differenz zwischen dem positiven Recht und einer für besser, gerechter, richtiger gehaltenen Ordnung", im Grunde also „eine Differenz zwischen positivem Recht und Wunschrecht, die sich aus dem Rahmencharakter der Norm ergibt."[10] Die nach herkömmlicher Auffassung zum Zweck der Lückenfüllung praktizierte Interpretation hat daher nach Kelsen „nicht die Funktion, die zu interpretierende Norm zur Anwendung zu bringen, sondern im Gegenteil, sie auszuschalten, um an ihre Stelle die bessere, richtigere, gerechtere, kurz die von dem Rechtsanwender gewünschte Norm zu setzen. Unter dem Schein der Ergänzung wird die ursprüngliche Norm im Zuge der Rechtsanwendung aufgehoben und durch eine neue ersetzt."[11]

b) Herkömmliche Dogmatik als verbrämte Rechtspolitik. Soweit die Rechtsdogmatik, wie es herkömmlich der Fall ist, mit dem Ziel betrieben wird, den gesetzlichen Rahmen „richtig" auszufüllen und die Praxis über die zu treffende Entscheidung inhaltlich zu belehren, nimmt sie nach Kelsen zu Unrecht in Anspruch, eine Wissenschaft zu sein. Nach seiner Auffassung handelt es sich dabei vielmehr um verbrämte Rechtspolitik: „Die ‚wissenschaftlichen' Kommentare, durch welche die Tätigkeit der Gesetzesvollziehung unterstützt werden soll, haben einen durchaus rechtspolitischen Charakter, sind Vorschlägen für die Gesetzgebung zu vergleichen, sind Versuche, die rechtsschöpferische Funktion der Gerichte und Verwaltungsbehörden zu beeinflussen."[12] Unbeeindruckt von allen Einwendungen, die er dadurch provoziert hat, schreibt Kelsen noch in der zweiten Auflage seiner Reinen Rechtslehre von

---

[10] *Kelsen,* RR I, S. 101f.
[11] *Kelsen,* RR I, S. 102.
[12] *Kelsen,* RR I, S. 98.

1960: „Ein Schriftsteller, der in einem Kommentar eine ganz bestimmte unter mehreren möglichen Interpretationen als die allein ‚richtige' auszeichnet, leistet keine rechtswissenschaftliche, sondern eine rechtspolitische Funktion. Er sucht Einfluß auf die Rechtserzeugung zu gewinnen. Dies kann ihm natürlich nicht verwehrt sein. Aber er darf dies nicht im Namen der Rechtswissenschaft tun, wie dies allerdings sehr häufig geschieht."[13]

2. Aporie der Rechtsdogmatik

Fassen wir zusammen: Die Aufgabe, die nach Kelsen für die Rechtsdogmatik, also für die zentrale Funktion herkömmlicher Rechtswissenschaft, allein übrigbleibt, besteht darin, den Rahmen aufzuzeigen, innerhalb dessen Gerichte zur Rechtserzeugung legitimiert sind. Die Rechtsdogmatik darf dem Rechtsanwender nur eine Liste der mit dem Gesetz zu vereinbarenden Möglichkeiten unterbreiten. Sache des Rechtsanwenders dagegen ist es, zwischen diesen eine freie, mit rechtlichen Argumenten nicht kritisierbare Wahl zu treffen.

Daß dies eine sinnvolle Vorstellung von Rechtsdogmatik ist, darf man bezweifeln. Schon rein praktisch gesehen liegen die Einwendungen auf der Hand: Da bei der Entscheidungsfindung oft mehrere Vorschriften zusammenwirken müssen, käme man, wenn keine der in Betracht kommenden Auslegungsmöglichkeit im Rechtssinn als „richtig" ausgezeichnet werden dürfte, schnell zu unübersehbar vielen Kombinationen. Auch wenn man von den Schwierigkeiten, diese Kombinatorik zu verwalten, einmal absieht, wäre damit niemand geholfen. Wer bei der Dogmatik Rat sucht, will nicht mit hundert „möglichen" Entscheidungen konfrontiert werden, sondern will wissen, was für die eine oder die andere spricht. Kelsen selbst hat bezeichnenderweise nie vorgeführt, wie eine Rechtsdogmatik in seinem Sinn aussehen könnte. Vermutlich hätten die abstrakten Forderungen der Reinen Rechtslehre dabei viel von ihrem Glanz verloren.

Davon abgesehen ist aber auch theoretisch nicht einzusehen, wie es möglich sein soll, den *Rahmen* des Gesetzes wissenschaftlich exakt zu bestimmen, wenn gleichzeitig der Gesetzes*inhalt* sich der Erkenntnis entziehen soll. Wenn der *Kern* der verwendeten Rechtsbegriffe im Wege der Erkenntnis nicht präzis erfaßt werden kann, aus welchem Grund sollte es sich dann mit der Bestimmung der möglichen Bedeutungs*grenzen* dieser Begriffe anders verhalten? Wenn überall da, wo der genaue Sinn des Gesetzes nicht unmittelbar aus diesem selbst erhellt, nur eine rechtspolitische Entscheidung weiterhelfen kann, muß dann für die Bestimmung der Randzonen der gesetzlichen Begriffe und Sätze nicht das-

---

[13] *Kelsen,* RR II, S. 353.

selbe gelten? Und ist damit nicht auch einer Rechtsdogmatik der bescheidenen Art, wie sie Kelsen in seiner Reinen Rechtslehre allein zulassen will, der Boden entzogen?

Daß Kelsen glaubt, die Rechtsdogmatik aus wissenschaftlichen Gründen darauf beschränken zu müssen, den möglichen Bedeutungsrahmen des Gesetzes zu ermitteln, ist daher in sich widersprüchlich. Der Sinn seiner Kritik an der überkommenen Dogmatik geht vielmehr dahin, jede dogmatische Beschäftigung mit dem Recht für unwissenschaftlich zu erklären. Als wirkliche Rechtswissenschaft bleibt dann allein die Reine Rechtslehre selbst zurück. Diese ist nach Kelsen deshalb wissenschaftlich, weil sie sich auf den Inhalt des Rechts nicht einläßt.

III. Methodischer Nihilismus im Spätwerk

Kelsen ist bei der Vorstellung von der Dogmatik als einer „Rahmenrechtswissenschaft" nicht stehen geblieben. In seinen späteren Schriften, namentlich in der nachgelassenen Allgemeinen Theorie der Normen[14] hat er seinen methodologischen Nihilismus weitergeführt und die Möglichkeit normlogischer Beziehungen und Schlüsse überhaupt geleugnet. Damit wäre selbst einer „Rahmenrechtswissenschaft" der Boden entzogen.

1. Normen kein Gegenstand der Aussagelogik

Zwei Gründe sind es, die Kelsen zu diesem Schritt veranlaßt haben. Einmal war ihm zweifelhaft geworden, daß die Regeln der Aussagelogik auf Normen übertragbar sind. Zwischen der Wahrheit einer Aussage und der Geltung einer Norm schien ihm keine Analogie möglich zu sein. Die Folge war, daß der Rechtswissenschaft die Möglichkeit abgesprochen werden mußte, „Widersprüche" zwischen Normen – und das heißt bei Kelsen immer auch: zwischen generellen Normen und Urteilen – mit logischen Mitteln zu lösen oder auch nur zu erfassen. Wollte man damit ernst machen, so wäre die Rechtswissenschaft darauf beschränkt, Urteile und „Fehlurteile" *lediglich zu beschreiben,* ihren Gegenstand „Recht" also mit all den Mängeln abzubilden, mit denen sie ihn vorfindet. Der Syllogismus, der Schluß von der allgemeinen Norm auf die Entscheidung des konkreten Falles, der nach herkömmlicher Auffassung die gesamte Rechtsanwendung bestimmt und damit zugleich eine Urteils*kritik* ermöglicht, wäre für unanwendbar erklärt. Die Konsequenzen dieser Auffassung sind so umstürzend, daß auch die Anhänger Kelsens dadurch schockiert worden sind. Mit der Leugnung logischer Beziehungen zwischen Normen verschiedener Stufe wird der Sinn der Normierung

[14] *Kelsen,* AThdN, S. 150ff.

überhaupt in Frage gestellt. Zu Recht schreibt Weinberger: „Es ist unerklärbar, was ein allgemeiner (genereller) Normsatz bedeuten könnte, wenn die entsprechenden individuellen Normsätze nicht als logische Folgen des allgemeinen Normsatzes gelten würden, denn der All-Quantor wird gerade durch diese Folgerungsrelation definiert. Es läßt sich überhaupt kein vernünftiger Zweck der generellen Normierung einsehen, wenn aus der generellen Norm keine individuellen Folgerungen ableitbar wären."[15]

2. Der rechtsetzende Wille als brutum factum

Kelsens methodischer Nihilismus beruht aber noch auf einem anderen Grund, der ernster zu nehmen ist. Dieser ist nicht logischer, sondern ontologischer Natur und hängt damit zusammen, daß sich Kelsen in seinen letzten Jahren uneingeschränkt zur Imperativentheorie bekennt, die er früher kritisiert hatte[16], die aber gleichwohl auch schon damals der Schlüssel zu seiner Theorie rein positiver Zwangsnormen war. Sein zentrales Argument im Gefolge der Imperativentheorie läßt sich etwa so wiedergeben: Wenn alles Recht *restlos positiv* ist, setzt jede positiv geltende Norm oder Entscheidung einen *realen Willensakt* voraus. Wird dieser Akt *nicht gesetzt,* kann auch die entsprechende Norm *nicht gelten;* denn die Norm ist nichts anderes als der Sinn eines Willensaktes, kann also ohne diesen zwar gedacht werden, aber keine Geltung erlangen. Wegen dieser Anbindung an einen realen Willensakt muß jeder Versuch scheitern, eine *tatsächlich geltende* Norm aus einer höherrangigen Norm *gedanklich „herzuleiten"*. Ebenso wie für Kelsen aus dem Sein kein Sollen folgt, läßt sich für ihn auch umgekehrt aus dem Sollen kein reales Sein und damit auch keine geltende Norm hervorzaubern.

Kelsens Stellungnahme läßt insoweit keinen Zweifel zu: „Da sich zwischen die Geltung der generellen Norm und die Geltung der ihr entsprechenden individuellen Norm ein Willensakt einschieben muß, dessen Sinn die individuelle Norm ist, kann die Geltung der individuellen Norm nicht logisch, d.h. im Wege einer Denkoperation, folgen wie die Wahrheit einer individuellen Aussage aus der Wahrheit der generellen Aussage folgt, der die individuelle Aussage entspricht."[17] Die individuelle Norm tritt vielmehr „erst in Geltung, wenn sie durch einen Willensakt gesetzt ist, der von dem Willensakt verschieden ist, dessen Sinn die generelle Norm ist ..."[18] Kurz: Daß der Dieb A mit Gefängnis bestraft

---

[15] *Ota Weinberger* in: Die Reine Rechtslehre in wissenschaftlicher Diskussion, Wien 1982, S. 108 (118).

[16] Vgl. *Kelsen,* Hauptprobleme der Staatslehre, Tübingen 1911, S. 189ff., 201ff.; *ders.,* RR I, S. 21f.

[17] *Kelsen,* AThdN, S. 186f.

[18] *Kelsen,* AThdN, S. 195.

werden soll, folgt nicht aus dem Gesetz, das die Gefängnisstrafe für Diebe anordnet; es folgt erst aus dem Urteil, das konkret bestimmt, daß A mit Gefängnis bestraft werden soll. Wenn ein solches Urteil aus welchen Gründen auch immer nicht ergeht – z.B. weil der Richter das Gesetz in diesem Fall für ungerecht hält, weil er sich über den Tathergang irrt oder weil er sehenden Auges das Recht beugt –, dann existiert eben kein Willensakt, dessen Sinn es wäre, daß A mit Gefängnis bestraft werden soll. Folglich kann die Wissenschaft in diesem Fall nur feststellen, daß A nicht bestraft werden soll. Bereits 1953 hatte sich diese Wendung angekündigt, wenn Kelsen schrieb: „Von der Interpretation durch die Rechtsautorität zu sagen, sie sei richtig oder falsch, ist juristisch sinnlos; denn selbst wenn sie vom Standpunkt reiner Erkenntnis falsch wäre, ist sie doch Recht, d.h. Norm, und als solche weder wahr noch falsch, sondern gültig oder ungültig, d.h. im letzteren Falle überhaupt keine Norm, sondern nur der Schein einer solchen.“[19]

Ähnlich wie durch den Syllogismus keine gültige Norm erzeugt werden kann, so kann für Kelsen auch umgekehrt eine gültige Norm durch logische Überlegungen nicht hinwegeskamotiert werden. Daß der Normgeber etwas „Widersprüchliches“ will und „widersprüchliche“ Normen erläßt, ist zwar faktisch ohne weiteres möglich. Tritt dieser Fall ein, so kann die Wissenschaft jedoch nicht mehr tun als feststellen, daß er eingetreten ist. Alles andere wäre nicht Erkenntnis, sondern Veränderung des positiv Gegebenen. „Von einer noch zu Recht bestehenden oder gar in Rechtskraft erwachsenen richterlichen Entscheidung zu sagen, sie sei falsch, ist juristisch ebenso sinnlos wie von einem rechtskräftig wegen eines Verbrechens Verurteilten zu sagen, er sei unschuldig verurteilt.“[20]

Kelsen hat damit den Punkt erreicht, an dem der Gesetzespositivismus wissenschaftlich steril wird. War der Wille für einen realitätsbewußten Idealisten wie Hegel noch etwas Geistiges gewesen, nämlich „Geist, der sich praktisch verhält“, womit sich für die Rechtswissenschaft eine eigene Welt des Sinns und der Bedeutung zu eröffnen schien, so ist der Wille für Kelsen nur noch ein *brutum factum,* das sich konstatieren läßt wie jedes andere äußere Ding auch und sich darin erschöpft. Was der Rechtswissenschaft nach Kelsen allein bleibt, ist nichts anderes, als zur Erkenntnis ihrer eigenen Unmöglichkeit vorzudringen.

---

[19] *Kelsen* in: Festgabe für Zaccaria Giacometti, Zürich 1953, S. 143 (150f.).
[20] *Kelsen,* (Fn. 19), S. 151.

§ 7. Kelsen im Kontext

I. Dialektik der Aufklärung

Wir haben die Reine Rechtslehre eingangs (§ 2 I 2 a) als Theorie des modernen Positivismus und diesen als ein Produkt des 19. Jahrhunderts charakterisiert. Greift man weiter aus, so ordnet sich die Reine Rechtslehre darüber hinaus in den Zusammenhang dessen ein, was man in Anlehnung an einen Titel von Horkheimer und Adorno Dialektik der Aufklärung nennen könnte, nämlich das Umschlagen von Aufklärung in Positivismus, von Freiheit in Herrschaft, von Selbstbestimmung in Ohnmacht. Kelsen selbst befaßt sich zwar nur mit „rein juristischen" Fragen. Der Prozeß, der mit diesem Stichwort angesprochen ist, hinterläßt aber auch dabei noch seine Spuren.

1. Ausgangspunkt: Herrschaft des Subjekts über die Welt der Objekte

Aufklärung ist nach einem Diktum Kants „der Ausgang des Menschen aus seiner selbstverschuldeten Unmündigkeit". Diese Unmündigkeit war für Kant gleichbedeutend mit dem „Unvermögen, sich seines Verstandes ohne Leitung eines anderen zu bedienen"[1]. Aufklärung hieß demnach, den eigenen Verstand zu benutzen, um sich selbst in seinen Möglichkeiten zu entfalten. In der Tat versteht man unter Aufklärung eine vor allem im 18. Jahrhundert angesiedelte wissenschaftliche, literarische und politische Bewegung, deren umfassendes Ziel es war, den Menschen von den Zwängen des Schicksals, der Natur und der Gesellschaft zu *befreien* und als diesseitigen Herrn der Welt zu etablieren. Aufklärung sollte dem Menschen die Angst nehmen vor allem, was ihm bis dahin fremd und bedrohlich gegenübergestanden hatte: vor der Welt dämonischer Geister, den Gewalten der Natur, den Tabus und Zwängen der Gesellschaft, letztlich auch vor der überwältigenden Macht Gottes oder jedenfalls des überkommenen Glaubens. Denn all dies lastete schwer auf dem zum Bewußtsein seiner selbst kommenden Subjekt und hinderte es daran, sich seiner Fähigkeiten frei zu bedienen und zu seiner vollen Größe zu erheben.

Das Mittel, das die Aufklärung im Kampf gegen die überkommenen Mächte in Anspruch nahm, war allein der Verstand. „Sapere aude! Habe Mut, dich deines eigenen Verstandes zu bedienen", war nach Kant der Wahlspruch der Aufklärung. Den menschlichen Verstand zum Maßstab aller Dinge zu machen, das hieß: die Welt im eigentlichen Sinn des

---

[1] *Kant,* Beantwortung der Frage: Was ist Aufklärung?, Akademie-Ausgabe Bd. 8, S. 35.

Wortes *auf den Kopf,* nämlich auf den Verstand zu stellen. Das Prinzip der Aufklärung ist daher die Selbstbewegung des Verstandes oder, anders gewendet, des von seinen verstandesmäßigen Fähigkeiten Gebrauch machenden Subjekts.

Aber auch das seiner selbst bewußte *Subjekt* ist nur ein Teil der Welt. Ihm gegenüber steht das *Objekt.* Wenn das Subjekt der Ort ist, wo der Verstand seinen Sitz hat, so ist das Objekt dasjenige, was dem Verstand gegenübersteht, also das Unverstandene, das die rationale Selbstentfaltung des Menschen durch eine fremde Macht begrenzt. Das *sapere aude* hat daher zugleich den Sinn von: benutze deinen Verstand, um das Objekt zu einem Teil deiner selbst zu machen! Verkleinere den Anteil des Objekts in der Welt und vergrößere den des Subjekts! Diese Aneignung des Objekts durch das Subjekt vollzieht sich im Wege des Begreifens und findet ihren Niederschlag im *Wissen.* Im Wissen wird das Objekt aus etwas Fremdem zu etwas Eigenem, wird es auf einen Begriff gebracht, der den Gesetzen des Verstandes unterliegt.

Aufklärung zielt daher letztlich auf *Wissenschaft,* auf methodisch erarbeitetes und systematisch gesichertes Wissen. Die moderne Wissenschaft ist mithin das ureigenste Produkt des Verstandes. Je mehr alles auf wissenschaftliche Weise durchdrungen wird, desto mehr dehnt sich die Herrschaft des Verstandes aus, desto mehr auch – so jedenfalls die das Freiheitspathos der Aufklärung begleitende Hoffnung – nimmt das Subjekt die ihm allein zukommende Position ein.

2. Ergebnis: Verstandesherrschaft als Selbstzweck

Die Reine Rechtslehre setzt freilich, wie wir gesehen haben, nicht auf das Subjekt. Sie tritt in einer Zeit auf, in der die Subjektphilosophie ihren Höhepunkt bereits überschritten hat. Als Kelsen seine Reine Rechtslehre konzipiert, hat sich die *Ratio* von ihrem freiheitlichen Ursprung längst gelöst und verselbständigt; sie ist zu einem Prinzip geworden, das nicht mehr im Dienste der Emanzipation steht, sondern um seiner selbst willen Anerkennung verlangt. Das anfängliche Ziel, der Befreiung des Subjekts zu dienen, ist aus dem Blick geraten und gleichsam durch die *Herrschaft der Mittel* ersetzt worden.

In Kelsens Reiner Rechtslehre findet dieser Wandel ein geradezu spiegelbildlich getreues Abbild. Unter dem Titel der Wissenschaftlichkeit ist der formelle Verstand hier zum Selbstzweck erhoben und arbeitet ohne Rücksicht auf die Folgen darauf hin, nichts anzuerkennen, als was vor ihm selbst zu bestehen vermag. Daher die inquisitorische Unerbittlichkeit, mit der Kelsen alles verfolgt, was sich den Regeln des Verstandes nicht fügen will. *Ideologie* nennt er dies, und darin ist für ihn alles Dunkle und Numinose, alles Lebensweltliche und Sinnhaltige, alles Gefühlsmäßige und Verheißungsvolle enthalten. Nicht das Verstehen, das aneignende Nachvollziehen und Anverwandeln des Fremden, sondern der Verstand, das Rubrizieren und Vermessen aller Erkenntnisobjekte mit Hilfe immer derselben unterschiedslos gleichen Kategorien ist das Prinzip der Reinen Rechtslehre. Ihm soll sich alles Rechtsdenken fügen, und was sich widersetzt, wird aus dem Umkreis dessen, was sich Rechtswissenschaft nennen darf, verbannt.

Bis in die letzten Winkel versucht Kelsen diesem Prinzip Geltung zu verschaffen. Nahezu alles, was zum überkommenen geistigen Haushalt der Rechtswissenschaft gehört, belegt er mit dem Vorwurf der Ideologie: die Gerechtigkeit als obersten Rechtswert, das Naturrecht als eine dem gesetzten Recht unübersteigbare Schranke, die Moral als Inbegriff inhaltlich definierter informeller Verhaltensnormen, die traditionelle Vorstellung von Interpretation und Rechtsanwendung. Als verdächtig erscheint ihm am Ende selbst noch die Subsumtion des Besonderen unter das Allgemeine, weil dabei das Positive den Gesetzen einer geistigen Welt unterstellt wird. Die Rechtswissenschaft soll sich einzig und allein auf das Erfassen des positiv Bestehenden, auf das Beschreiben der tatsächlich wirksamen Zwangsnormen richten. Diese Fixierung des Denkens auf die *Erfassung* vorgegebener Objekte bringt das Denken unvermerkt aber gerade unter die *Herrschaft* dieser Objekte; auf Objektivität bedacht, wird es auf rückhaltlose Weise *positiv*. Von dem Augenblick an, in dem die Wissenschaft nichts mehr gelten läßt als die Ausrichtung des Denkens auf die jeweils vorhandene reale Welt, verliert sie ihren emanzipatorischen Impetus und fügt sich der Macht der Tatsachen und damit zugleich der Macht derer, die diese Tatsachen zu steuern wissen.

II. Absorption des Rechtssubjekts durch die Rechtsordnung

1. Aufhebung durch Verabsolutierung

Man kann in der Reinen Rechtslehre geradezu ein Lehrstück dafür erblicken, wie ein begrenztes Prinzip, das sich selbst absolut setzt, in sein Gegenteil umschlägt. Ähnlich, wie eine absolut gesetzte Freiheit ihre Unterscheidbarkeit von der Unfreiheit einbüßt, so verliert auch das absolut gesetzte Subjekt seine Unterscheidbarkeit vom Objekt. Der Verstand, der buchstäblich alles seinen im Dienst des Subjekts entwickelten Regeln unterwirft, macht schließlich auch das Subjekt selbst zum Objekt und hebt es damit auf. Im Gegenzug dazu aber gewinnt das Objekt Subjektqualität.

a) Vom Ich-Subjekt zum „Geist“. Ein eindrucksvolles Beispiel für einen solchen Umschlag findet sich bereits in der Freiheitsphilosophie des deutschen Idealismus. Angeregt durch die Fähigkeit des subjektiven Ich, durch seine freie Tat in den Lauf der Dinge einzugreifen und sie in seinem Sinn zu verändern, verstieg sich Fichte zu dem Gedanken, die gesamte Objektwelt überhaupt als Produkt des Subjekts zu begreifen. Bei dem Versuch, dies auszuformulieren, mußte er freilich erleben, daß ihm das Subjekt unter den Fingern zerrann: es wurde „Geist", der sich vom Einzelsubjekt um so weiter entfernte, je umfassender er sich als Urheber der Welt darstellte. Im Hegelschen „Weltgeist", der am Ende dieses Prozesses steht, war der Anspruch des Subjekts, seine Welt selbst aktiv hervorzubringen, schließlich auf Null reduziert. Im Weltgeist ist die Welt selbst zum einzigen wirklichen Subjekt geworden, und die Freiheit des Einzelsubjekts reduziert sich darauf, sein im Entwicklungsprozeß des Weltganzen notwendig vorgegebenes Schicksal bewußt zu vollziehen. Die sich absolut setzende Freiheit ist damit zur Akzeptanz der Unfreiheit geworden.[2]

b) Von der Beherrschung des Objekts zu der des Subjekts. In der Reinen Rechtslehre geht es nicht um die Verabsolutierung des freien Subjekts, sondern um die des instrumentalen Verstandes. Davon abgesehen jedoch nimmt der Prozeß einen ähnlichen Verlauf. Mittelbar soll auch der Verstand der Befreiung des Subjekts dienen, zwar nicht in der Weise, daß mit seiner Hilfe eine dem Subjekt adäquate Welt ursprünglich hervorgebracht, wohl aber so, daß die vorhandene Welt *beherrschbar* gemacht wird. Grundlage dieser Beherrschung ist das Wissen darüber, wie die Welt funktioniert, also das instrumentale Wissen, das sich umsetzen läßt in *Technik.* Die Technik hat allein den Sinn, objektive Prozesse verfügbar zu machen und damit für beliebige Zwecke einsetzen zu können. So ist auch das Recht für Kelsen nichts anderes als eine „soziale Technik"[3], nämlich Technik der Menschenbeherrschung mit Hilfe von Zwang. Wenn jedoch der Verstand, der nur auf die Erweiterung und Perfektionierung von Technik gerichtet ist, durch kein gegenläufiges Prinzip begrenzt wird, gerät das ursprünglich verfolgte Ziel, die Welt der Objekte der Botmäßigkeit des Subjekts zu unterwerfen, aus dem Blick. Es verschwindet hinter dem Faszinosum des Instrumentalen, das alles in seinen Bann zieht. Der konsequente Gesetzespositivist interessiert sich nur noch für das *Mittel,* das dem Subjekt zur Herrschaft verhelfen soll. Aber indem er das Mittel verabsolutiert und auf das Subjekt selbst anwendet, hebt er dessen Subjektivität auf und macht es selbst zum Objekt einer Fremdherrschaft.

2. Rechtliche Freiheit bei Kelsen

Man versteht den Kelsenschen Positivismus nur, wenn man diese Dialektik durchschaut hat. Ähnlich wie Fichte alles Objektive als Produkt eines Subjekts begreifen wollte, um dem Subjekt das Bewußtsein

---

[2] Vgl. *Johann Braun,* Freiheit, Gleichheit, Eigentum, Tübingen 1991, S. 61ff., 123ff.

[3] *Kelsen,* RR I, S. 28ff.

der Freiheit zu sichern, dehnt der Positivismus den Bereich des Objektiven unaufhaltsam aus, um möglichst über alles Herrschaftswissen erlangen zu können. Wie in der Bewegung des Begriffs der Freiheit das Bestimmte zum Bestimmenden, das Objekt zum Subjekt wird, so wird in der Bewegung des Verstandes das Mittel zum Selbstzweck und das Subjekt zum Objekt. Wo sich der instrumentale Verstand auf alles richtet, wird unweigerlich auch das Subjekt instrumentalen Kategorien unterworfen. Subjekt und Objekt werden dabei scheinbar gleichwertig oder vielmehr, da es in dieser Wissenschaft keine Werte gibt, gleichermaßen wertlos.

a) Zwang ist rational, Freiheit irrational. Wenn das Bestreben nach totaler Erfassung der Welt sich zu seinem Ausgangspunkt zurückwendet, schlägt es um in eine *totale Erfassung* des Menschen. Im gleichen Maße, wie der Mensch der Natur entkommt, gerät er daher unter die Gewalt der von ihm selbst geschaffenen Mittel. Der wertindifferente Gesetzespositivismus interessiert sich nicht mehr für die Freiheit, sondern nur noch für die Perfektionierung der Herrschaft mit Hilfe von Zwang. Wenn das Recht nichts anderes ist als eine Herrschaftsmaschinerie über Menschen, dann ist nur der zielgerichtet eingesetzte Zwang rational, Freiheit dagegen irrational. Freiheit ist für Kelsen „Freisein von der Rechtsordnung" und daher mit rechtlichen Begriffen nur negativ bestimmbar. Wo sich das Recht entfaltet hat, ist für Freiheit kein Raum mehr. In diesem Denken verpufft alles, was Aufklärung je war und wollte.

Hier liegt der tiefere Grund dafür, warum das subjektive Recht, das einmal als Palladium der Freiheit gedacht war, im radikalen Gesetzespositivismus vom objektiven Recht absorbiert wird, warum hier an erster Stelle nicht das Recht, sondern die Pflicht, nicht die Freiheit, sondern die Indienstnahme des Menschen für die Zwecke derer steht, die die Herrschaftsmaschinerie gerade bedienen. Hier liegt der Grund auch, warum es das Subjekt als etwas von der Rechtsordnung absolut zu Respektierendes nach diesem Denken nicht geben kann. Der Anspruch des Rechtssubjekts, die Rechtsordnung zur Verwirklichung seiner Freiheit selbst hervorzubringen, würde den Allmachtanspruch dieser Ordnung in Frage stellen. Gerade umgekehrt wird daher das Rechtssubjekt für eine bloße Konstruktion des objektiven Rechts erklärt. Mag auch das Recht ursprünglich von Menschen geschaffen worden sein, die sich für frei hielten, sich selbst Regeln für ihr Verhalten zu geben: Wenn sich die Rechtsordnung als Herrschaftsordnung einmal etabliert hat, werden die Rechtssubjekte von *ihr* geschaffen. Und mag auch der ohne Vorgabe frei geschlossene Vertrag das Mittel gewesen sein, dem das Recht ursprünglich seine Existenz verdankte: Wenn sich das objektive Recht erst einmal zum System entfaltet hat, erklärt es die Vertragsfreiheit als sein eigenes Produkt, das es jederzeit einschränken oder aufheben könne.

Es gibt nach der Reinen Rechtslehre daher nur noch *ein autonomes Rechtssubjekt:* nämlich die auf die Ausübung von Zwang ausgerichtete *Rechtsordnung selbst.* Das Mittel der Rechtsverwirklichung, der Zwang, hat sich im Prozeß seiner Selbstentfaltung so sehr verselbständigt, daß er scheinbar zum Kern geworden ist. Im vollendeten Rechtspositivismus der Reinen Rechtslehre geht es daher nur noch um Zwang um des Zwangs willen, um Herrschaft um der Herrschaft willen. Der Prozeß der Selbstbefreiung, der zum Ausweg aus der selbstverschuldeten Unmündigkeit führen sollte, ist hier potentiell umgeschlagen in einen Prozeß der Selbstentmündigung. Das Subjekt, das ausgezogen war, um sich selbst zu befreien, setzt unvermerkt seinen Verstand dazu ein, um sich selbst immer gründlicher in Ketten zu schlagen.

b) Demokratie bei Kelsen. Von den Anhängern Kelsens wird demgegenüber immer wieder geltend gemacht, daß Kelsen kein Theoretiker der Macht, sondern ein überzeugter Demokrat gewesen sei. Mehr noch: das Nebeneinander von radikalem Rechtspositivismus und demokratischer Einstellung sei nur die konsequente Folge seiner relativistischen Grundüberzeugung. Wer als Relativist leugne, daß Norminhalte der Erkenntnis zugänglich seien, müsse sich notwendig mit der Feststellung des positiv Gesetzten bescheiden. Ebenso sei der Relativismus aber auch die Grundlage der Demokratie. Denn wenn es eindeutig richtige oder falsche Entscheidungen nicht gebe, könne die Entscheidung sinnvollerweise nur der Mehrheit überlassen werden.

Das hat einen zutreffenden Kern; aber es lenkt den Blick in die falsche Richtung. Zunächst einmal beruht Kelsens Präferenz für eine demokratische Verfassung weniger auf einer „Überzeugung" als vielmehr auf sehr nüchternen Überlegungen. Die verbreitete Vorstellung von einer „Selbstherrschaft" des Volkes liegt ihm so fern, daß er darin ebenfalls nur eine Ideologie erblickt. Weit davon entfernt, einen absoluten Gegensatz zwischen autokratischen und demokratischen Staatsformen zu behaupten, konstatiert er vielmehr eine Tendenz zu einem *regimen mixtum,* nämlich „zu einer gewissen *Annäherung in der realen Struktur der modernen Staaten,* sobald sie über eine gewisse Mindestgröße hinausgewachsen sind und ein bestimmtes Zivilisationsniveau überschritten haben." Diese Annäherung der realen Tatbestände erfolgt zwar, wie er hinzusetzt, „unter Aufrechterhaltung der *Verschiedenheit* ihrer gegensätzlichen *Ideologien.*"[4] Sieht man von diesen „Ideologien" jedoch einmal ab, so reduziert sich der Unterschied für ihn im wesentlichen auf das Verfahren, in dem das Führungspersonal jeweils bestimmt wird. Diese schlichte, auf die tatsächlichen Unterschiede gerichtete Betrach-

---

[4] *Hans Kelsen,* Vom Wesen und Wert der Demokratie, 2. Aufl. Tübingen 1929, S. 77.

tungsweise hebt sich wohltuend von der Phraseologie ab, durch die man seine demokratische Gesinnung sonst vielfach zu demonstrieren sucht. Sie zeigt jedoch auch, daß Kelsen die Demokratie keineswegs als politisches Allheilmittel versteht, sondern auch insoweit eher zu einer technischen Beurteilung neigt.

Sodann aber hat Kelsen im Interesse der „Reinheit" seiner Theorie nie einen Zweifel daran gelassen, daß die Reine Rechtslehre eine Theorie sowohl der Demokratie als auch der Diktatur, das aber heißt: eine Theorie *jeder beliebigen* Herrschaftsform sein will. Sie ist eine Theorie der politischen Herrschaft mittels Zwangsnormen, gleichgültig in welcher Organisationsform diese Herrschaft ausgeübt wird und welchem Zweck auch immer sie dient. Eine Affinität zur Demokratie würde die Reine Rechtslehre wissenschaftlich nachgerade diskreditieren. Sie zu behaupten, wäre Kelsen selbst nie in den Sinn gekommen.

Schließlich und vor allem jedoch läßt sich eine *Rechtfertigung* der Demokratie nur auf Argumente stützen, die zu dem Wertrelativismus, der die Grundlage der Reinen Rechtslehre bildet, in entschiedenem Widerspruch stehen. *Einmal* nämlich – und dazu neigt Kelsen[5] – kann man zur Rechtfertigung der Demokratie anführen, daß den Rechtsunterworfenen am ehesten solche Zwangsnormen zugemutet werden können, denen immerhin eine Mehrheit der Betroffenen selbst zugestimmt hat. Dieses *„Verantwortungsprinzip"* ist unabhängig davon, ob es sich um richtige oder falsche Entscheidungen handelt. Es hängt jedoch aufs engste damit zusammen, daß jedermann als eine Person geachtet wird, die zu dem, was sie selbst betrifft, wenigstens gefragt werden muß. Die Achtung der Person aber ist eine geradezu naturrechtliche Voraussetzung, die mit einer relativistischen Betrachtungsweise schwerlich in Einklang steht. Man hat daher zu Recht von einem Selbstmißverständnis Kelsens gesprochen, wenn dieser einen konsequenten Wertrelativismus zu verfechten glaubte, während gleichzeitig in seinen Schriften zur Demokratie ein versteckter Glaube an die Würde des Menschen zum Ausdruck kommt[6]. *Zum andern* jedoch – und damit kommen wir zu einer anderen Rechtfertigungsstrategie – kann man zur Rechtfertigung der Demokratie anführen, daß sie die bestmögliche Organisationsform darstelle, um *Wahrheitsfindung* im Bereich politischer Fragen betreiben zu können. In der Tat sind die wichtigsten demokratischen Institutionen – Parlament, organisierte Opposition, Öffentlichkeit der Auseinandersetzung, freie Presse – an der Idee des gemeinsamen Ringens um Wahrheit ausgerichtet. Aber auch dies ist mit einer relativistischen Grundan-

---

[5] Vgl. *Hans Kelsen,* Vom Wesen und Wert der Demokratie, S. 102f.

[6] Vgl. *Manfred Prisching* in: Reine Rechtslehre im Spiegel ihrer Fortsetzer und Kritiker (hrsg. von Ota Weinberger und Werner Krawietz), Wien usw. 1988, S. 77 (114f.).

sicht nicht vereinbar. Der Relativismus stellt nämlich bereits die Möglichkeit praktischer Wahrheit in Frage.

Zwischen der Reinen Rechtslehre und Kelsens demokratischer Grundüberzeugung gibt es daher keinen inneren Zusammenhang. Die erste ist eine mit Anspruch auf Allgemeingültigkeit vorgetragene Wissenschaftslehre, die zweite eine persönliche Haltung. Wo es um die Beurteilung der Lehre geht, ist die Berufung auf die Gesinnung ein untaugliches Argument.

III. Rechtsphilosophie nach Kelsen

1. Zwitternatur allen Rechts

Daß die Reine Rechtslehre sich mit der Rechtswirklichkeit arrangiert, kann ihr für sich allein nicht zum Vorwurf gemacht werden; denn etwas anderes bleibt auch ihren Kritikern nicht übrig. Kritik ist deshalb nur daran möglich, *wie* sich die Reine Rechtslehre auf die Wirklichkeit einläßt.

a) Kontingenzerfahrungen. Wie ein Blick in die Geschichte oder über den eigenen Rechtskreis hinaus zeigt, können sehr verschiedene Regeln als Recht angesehen und praktiziert werden. Jeder Jurist weiß, daß die Regeln über die Haftung des Verkäufers beim Verkauf mangelhafter Sachen in der römischen Sklavenhaltergesellschaft entwickelt wurden, und zwar nicht am Beispiel mangelhafter Autos, die es noch nicht gab, sondern mangelhafter Sklaven, die damals als Sachen behandelt wurden. Anhand einschlägiger Beispiele wurde bis zum Ende des 19. Jahrhunderts an den Universitäten die Sachmängelhaftung dargestellt. Nicht ohne Grund hat daher Gustav Hugo, einer der Wegbereiter der historischen Rechtsschule, die Untersuchung, ob die Sklaverei Rechtens sein könne, in seiner lakonischen Art einmal für „etwas ganz Überflüssiges" erklärt, „weil die *servitus* ja wirklich Jahrtausende lang bei den gebildetsten Völkern Rechtens gewesen ist". Dies beweise, daß sie nicht bloß physisch, sondern auch „nach der Vernunft möglich" sei, „und bei jeder Forschung, die uns das Gegenteil lehrt, müsse irgend ein Mißverständnis mit unterlaufen"[7].

Will man Regelsysteme, die sich von dem eigenen Recht erheblich unterscheiden, gleichwohl „als Recht" beschreiben, so muß der Begriff des Rechts in der Tat auf formale Merkmale beschränkt werden, die mit sehr verschiedenen Inhalten vereinbar sind. Diese Funktion erfüllt für Kelsen der Begriff der Zwangsnorm. Als Zwangsrecht betrachtet, ist das

---

[7] *Gustav Hugo,* Lehrbuch des Naturrechts, 4. Aufl. Berlin 1819, § 189 (S. 249).

Recht eine Methode der Verhaltenssteuerung, die man in allen Epochen und Kulturen wiederfinden kann.

Billigerweise muß man Kelsen aber noch mehr einräumen: Nicht nur ältere oder fremde Rechte, auch das eigene Recht stellt im großen und ganzen bereits deshalb Recht für uns dar, weil es faktisch durchgesetzt wird. Wer mit Recht professionell befaßt ist, kann es sich nicht leisten, vor der Rechtswirklichkeit die Augen zu verschließen. Versetzt man sich in Form eines Gedankenexperiments einmal in die Zukunft, so kann man sich ohne weiteres vorstellen, daß grundlegende Dinge wie der Umgang mit Geburt und Tod, mit Freiheit und Sexualität einmal ganz anders geregelt sein werden, als es uns derzeit selbstverständlich erscheint. Aber man kann sich schwerlich vorstellen, daß man sich als Wissenschaftler oder Praktiker weigern könnte, sich auf solche Regeln einzulassen, mögen sie auch aus heutiger Sicht inhuman und barbarisch erscheinen. Wer zur Entwicklung des geltenden Rechts etwas beitragen will, muß dem, was mit dem Anspruch, Recht zu sein, durchgesetzt wird, mit der Bereitschaft entgegentreten, es tatsächlich als Recht, also nicht nur als etwas Seiendes, sondern als Gesolltes, nicht bloß als faktisch Vorhandenes, sondern als Gültiges zu behandeln. Das ist der zutreffende Sinn der Kelsenschen Grundnorm: *Die organisierten Handlungszwänge werden nur für den zu Recht, der sie als Recht zunächst einmal anerkennt.* Das aber muß im Prinzip jeder tun, der sich nicht außerhalb seiner Zeit und seiner Gesellschaft stellt.

b) Recht als Teil der jeweiligen Kultur. Daß eine faktisch wirksame Regelung *als Recht* behandelt wird, hat jedoch eine erheblich weiterreichende Bedeutung, als dies Kelsen bewußt ist. Für Kelsen ist die Geltung einer positiven Norm kaum mehr als ein Wort, das sich zur ihrer faktischen Wirksamkeit hinzugesellt. Auch wenn eine Rechtsnorm nach Kelsen nicht bloß wirkt, sondern darüber hinaus auch gilt, so bleibt sie für ihn, allen gegenteiligen Beteuerungen zum Trotz, im Kern doch ein Faktum. Das Wesen des Positivismus liegt nämlich weniger darin, daß Recht und Moral voneinander unterschieden werden, sondern darin, daß die Frage nach dem rechtlichen Sollen letztlich durch den Verweis auf ein *nacktes Sein* beantwortet wird. Damit aber wird das Wesen des Rechts verfehlt. Eben hier liegt daher der Punkt, an dem die traditionelle Rechtsphilosophie, die von Kelsen vielfach zu Recht kritisiert wird, gegen ihn selbst recht behält. In aller Kürze kann man sich den Zusammenhang, um den es hier geht, so klarmachen:

Wer etwas *als Recht* behandelt, nimmt es damit zugleich aus der Welt des nur faktisch Gegebenen heraus und fügt es in eine geistige, auf Sinn und Bedeutung hin angelegte Welt ein. Etwas als Recht behandeln heißt nichts anderes, als es so aufzufassen, *als ob* es der mehr oder weniger adäquate Ausdruck eines dahinter stehenden Rechtswertes oder kurz:

als ob es Recht sei. Dadurch, daß etwas als Recht behandelt wird, wird es für den, der dies tut, tatsächlich zu etwas Rechtlichem. So wie der Mensch für den Humanisten nicht einfach ein Gebilde aus Fleisch und Blut, sondern ein Wesen mit Wert und Würde ist, so ist das Recht für den Juristen nicht einfach ein „gültiger" Zwangsmechanismus zur Menschendressur, sondern eine Regelung, die den Sinn hat, der Gerechtigkeit zu dienen. Der Sinn einer Rechtsnorm erschöpft sich für den Juristen nicht darin, daß der Gesetzgeber damit etwas ge- oder verbieten will; er ergibt sich vielmehr aus einer Vielzahl von Beziehungen, deren Gesamtheit die jeweilige Kultur ausmacht. Teil dieser Kultur ist unter anderem ein bestimmtes Verständnis von Gerechtigkeit, aus dem sich wiederum spezifische, von dieser Kultur vorgeprägte Fragen an das positive Recht ergeben. Auf diese Fragen muß eine Zwangsnorm, wenn sie als Recht behandelt wird, antworten, ob dies in der Absicht des Normgebers lag oder nicht. Daß sie antwortet, dafür sorgt der Prozeß der Interpretation, dem sie bei ihrer Anwendung notwendig unterworfen ist. Die Äußerungen und Absichten des Gesetzgebers gehen in diesen Prozeß zweifellos mit ein, aber sie bilden nur ein Element unter vielen.

Die Einbettung des positiven Rechts in das Umfeld einer tragenden Kultur hat nicht notwendig zur Folge, daß der kulturelle Kontext sich auf die Entfaltung politischer Macht mäßigend auswirkt. Kultur stellt kein Hindernis dafür dar, daß ein hochgebildeter Gelehrter eine Mordaktion als „höchste Justiz" bezeichnet[8] oder daß ein begnadeter Dogmatiker den Urheber dieser Aktion als einen Heros feiert, der „nicht einer an ihn gerichteten Norm [gehorcht], sondern dem Lebensgesetz der Gemeinschaft, das *in ihm* Fleisch und Blut gewonnen" habe[9]. Über seine Zeit springt, wie Hegel einmal bemerkt hat, niemand hinaus[10]. Wahr ist nur soviel, daß ein Irrtum von sehr vielen geteilt werden muß, damit er den Schein von Verbindlichkeit erlangt. Der Umstand allein, daß einige wenige in der Lage sind, die Schalthebel der Macht zu bedienen, reicht dafür nicht aus.

Keine Zwangsnorm kann anders als in ständiger Auseinandersetzung mit dem gesamten Umfeld, in das sie eingebettet ist, *als Recht* begriffen werden. Die Positivität des Rechts ändert somit nichts daran, daß sein genauer *Inhalt* in diesem übergreifenden Zusammenhang im Wege einer permanenten Selbstvergewisserung immer wieder neu erarbeitet werden muß. Darin liegt die immanente Grenze des Positivismus, die er vergeblich zu überwinden sucht, indem er sich nach dieser Seite hin blind stellt.

---

[8] *Carl Schmitt,* DJZ 1934, Sp. 945.

[9] *Karl Larenz,* Deutsche Rechtserneuerung und Rechtsphilosophie, Tübingen 1934, S. 44.

[10] *Hegel,* Grundlinien der Philosophie des Rechts, Vorrede, S. XXII.

2. *Kulminationspunkt des Positivismus*

Die Anhänger und Nachfolger Kelsens haben sich solchen Einsichten nur unvollkommen geöffnet. Während Kelsen die polemische Auseinandersetzung mit seinen Gegnern nicht scheute, hat die Reine Rechtslehre in den Händen seiner Epigonen ihren Biß verloren und ist teilweise auf die Ebene eines Sprachspiels abgesunken, das sich nur um sich selbst zu drehen scheint. Das kommt in nichts besser zum Ausdruck als darin, daß die Rechtspraxis und die sie begleitende Rechtswissenschaft über die Reine Rechtslehre hinweggegangen sind. Wo von positivem Recht die Rede ist, dominiert auch heute noch nicht der reine, sondern der unreine Positivismus, die untrennbare Melange von Idee und Wirklichkeit, von positivem Gesetz und überpositivem Recht, die Vermittlung von Freiheit und Zwang, das Arrangement von Selbst- und Fremdbestimmung. Hier, wo die divergierenden Elemente der sozialen Wirklichkeit aufeinandertreffen, wird noch immer um ein Recht gerungen, das der gegenwärtigen Stunde der Welt und der eigenen Gesellschaft allein angemessen erscheint. Dieses Bemühen auf der abstrakten Ebene rechtsphilosophischer Betrachtung zu verfolgen, ist das Anliegen der weiteren Kapitel. Kelsen liefert dafür unmittelbar keine Hilfestellung. Er markiert nur den Punkt, bis zu dem hin der Positivismus sich versteigen kann und von dem an eine Gegenbewegung einsetzen muß, wenn der Rechtstheorie das Recht als Gegenstand nicht entgleiten soll.

2. Abschnitt.
H. L. A. Hart, Der Begriff des Rechts

§ 8. Kritik der Imperativentheorie

I. Die Frage nach dem Recht

1. Analytische Jurisprudenz

Eine andere und insgesamt gefälligere Spielart des Rechtspositivismus repräsentiert Hart (1907–1992), der mit seinem 1961 erschienenen Werk „The Concept of Law“ (deutsch: „Der Begriff des Rechts“) der positivistischen Diskussion neue Impulse verliehen hat. Während Kelsens Reine Rechtslehre mit ihrer Vorstellung hierarchisch geordneter staatlicher Zwangsnormen unverkennbar den Stempel obrigkeitlicher Subordinationsverhältnisse trägt, ist Harts Werk von dem pragmatischen Geist des englischen Rechts geprägt. Mit Hilfe der analytischen Philosophie, wie sie vor allem im angelsächsischen Sprachraum verbreitet ist, hat Hart auch auf dem Kontinent dem Rechtspositivismus den Weg zu dem nach dem zweiten Weltkrieg insgesamt sehr veränderten Geist der Zeit geebnet.

Nicht anders als bei Kelsen handelt es sich freilich auch bei Harts Positivismus um eine szientistische Theorie. Auch die „analytische Jurisprudenz“, wie er sie betreibt, will keine Anleitung zum richtigen Handeln oder Entscheiden geben. Sie befaßt sich vielmehr, wie Hart selbst sagt, damit, „den allgemeinen Rahmen des Rechtsdenkens zu klären, statt Recht und Rechtspolitik zu kritisieren“. Gelegentlich werden dabei zugleich Fragen erörtert, „die eigentlich die Bedeutungen von Worten betreffen“[1]. Die Analyse richtet sich also sowohl auf die Denkformen als auch auf die Begriffe, in denen das Recht seinen Ausdruck findet. Die inhaltliche Richtigkeit selbst dagegen ist für Hart unmittelbar kein Thema, ohne daß er sich deshalb jedoch zu einem Kreuzzug gegen nichtpositivistische Vorstellungen verleiten läßt, wie ihn Kelsen zeitlebens geführt hat.

2. Drei wiederkehrende Probleme

Anlaß, sich mit dem Recht in analytischer Absicht zu beschäftigen, ist für Hart der Umstand, daß es auf die Frage: „Was ist Recht?“ noch im-

---

[1] *Hart,* BdR, Vorwort (S. 7).

mer keine Antwort gibt, zumindest keine, die allgemein akzeptiert würde. Zwar kann jedermann einige Beispiele für Gesetze anführen und hat auch eine gewisse Vorstellung von dem für ihn maßgeblichen Rechtssystem und dessen Institutionen. Wer nach dem Recht fragt, will jedoch mehr wissen, als durch Angabe von Beispielen beantwortet werden kann. Nach Meinung Kants zielt die Frage vielmehr auf den „Begriff des Rechts", der solchen Beispielen zugrunde liegt und allein in der „Vernunft" zu finden sein soll[2]. Harts Auskunft fällt differenzierter aus. Nach seiner Auffassung geht es um drei immer wiederkehrende Probleme, nämlich: „Wie unterscheidet sich das Recht von den durch Drohungen unterstützten Befehlen, und in welchem Verhältnis stehen Recht und Drohung zueinander? Wie unterscheidet sich die rechtliche von der moralischen Verpflichtung, und wie verhalten sich beide zueinander? Was sind Regeln, und inwieweit hat das Recht etwas mit Regeln zu tun?"[3] Im einzelnen:

a) Rechtszwang und Unrechtszwang. Das erste Problem, nämlich die spezifischen Merkmale des rechtlich organisierten Zwangs zu benennen, hängt damit zusammen, daß die Freiheit, zwischen mehreren Handlungsalternativen zu wählen, nicht nur durch rechtliche Zwangsandrohungen eingeschränkt werden kann. Wie Hart immer wieder geltend macht, schränkt auch der bewaffnete Räuber, der seinem Opfer befiehlt, den Geldbeutel herauszugeben, die Handlungsfreiheit ein. Die Auffassung der Imperativentheorie, wonach das Wesen des Rechts damit erfaßt sein soll, daß eine Person einer anderen einen von Drohungen unterstützten Befehl gibt, erscheint Hart daher allzu undifferenziert. Selbst im Falle des Strafrechts, wo die Parallele noch am plausibelsten ist, meldet er Zweifel an, weil, wie er meint, die Reduktion des Rechts auf die Struktur zwangsbewehrter Handlungsbefehle „den wahren Sachverhalt verdreht und deshalb eine Quelle der Konfusion ist"[4].

Damit aber stellt sich die Frage, wodurch genau sich die rechtliche Verpflichtung von sonstigen durch Drohung unterstützten Befehlen unterscheidet.

b) Recht und Moral. Das zweite Problem, die Unterscheidung von rechtlicher und moralischer Verpflichtung, ergibt sich daraus, daß das Recht nicht die einzige Verhaltensordnung ist, die der Wahlfreiheit Schranken setzt. Moral und Sitten tun dies ebenfalls. Eine besondere Schwierigkeit entsteht dabei dadurch, daß Recht und Sittlichkeit zum Teil dasselbe Vokabular verwenden – man spricht sowohl von recht-

---

[2] *Kant,* Metaphysik der Sitten, Einleitung in die Rechtslehre, § B (Akademie-Ausgabe Bd. 6, S. 230).

[3] *Hart,* BdR, I 3 (S. 27).

[4] *Hart,* BdR, I 2 (S. 19).

lichen als auch von moralischen Rechten und Pflichten – und daß das staatliche Recht sich auch inhaltlich im großen und ganzen mit dem deckt, was Moral und Sitte verlangen. In der Idee der Gerechtigkeit, die sowohl eine rechtliche als auch eine moralische Tugend darstellt, scheinen sich beide Gebiete miteinander zu vereinen.

Gleichwohl sind die Regeln des Rechts nicht von derselben Art wie diejenigen der Sittlichkeit. Das macht sich schon darin bemerkbar, daß auch ein ungerechtes Gesetz gleichwohl Gesetz ist. Ungeachtet aller Parallelen müssen daher Recht und Moral doch unterschieden werden können.

c) Normative und habituelle Regeln. Das dritte Problem schließlich, die Frage, was normative Regeln sind und wie sie sich von habituellen Regeln unterscheiden, hängt damit zusammen, daß das Rechtssystem nach verbreiteter Auffassung ganz oder jedenfalls überwiegend aus sozialen *Regeln* besteht. Was damit genau gemeint ist, ist alles andere als klar. Wie Hart bemerkt, existieren darüber die größten Meinungsverschiedenheiten. Einige hielten den Begriff der Regel sogar für ganz und gar mysteriös.

Diese Schwierigkeiten haben ihre Ursache zum Teil darin, daß es empirisch feststellbare Regelmäßigkeiten des Verhaltens gibt, denen eindeutig keine normative Verhaltensregel zugrunde liegt. So kann man etwa beobachten, daß die Leute regelmäßig einmal pro Woche ins Kino gehen, obwohl es sicher keine Regel gibt, die dies *verlangt.* Wenn dagegen Männer beim Betreten einer Kirche regelmäßig den Hut abnehmen, so *müssen* oder *sollen* sie sich in dieser Weise verhalten. Worin genau aber liegt der Unterschied? Nach einer vor allem unter skandinavischen Rechtstheoretikern verbreiteten Auffassung sind beim Verstoß gegen eine normative Regel *Sanktionen zu erwarten,* beim Verstoß gegen bloße Gruppengewohnheiten jedoch nicht: Ein Mann, der beim Betreten der Kirche den Hut aufbehält, hat Tadel zu gewärtigen, ein anderer, der sich weigert ins Kino zu gehen, bleibt unbehelligt. Gemessen an diesem Kriterium, scheint das Wesen einer Strafrechtsnorm darin zu bestehen, daß sie die *Voraussagbarkeit* von Strafen ermöglicht.

Im Unterschied zu vielen, die sich von dem Kriterium der Voraussagbarkeit haben blenden lassen, sieht Hart indessen, daß dieses Kriterium unmöglich für den *Richter* gelten kann, der eine Regel *anwendet.* Denn der Richter selbst sieht in dieser Regel keineswegs eine Voraussage seiner künftigen Entscheidung, sondern vielmehr eine *Anleitung* und gleichzeitig eine *Rechtfertigung* für die Verhängung von Sanktionen. Nur: was kann es in einer normativen Regel abgesehen von der Wahrscheinlichkeit von Sanktionen eigentlich sonst noch geben? Gibt es wirklich jenseits der feststellbaren Tatsachen „irgendein Extraelement, das den Richter leitet und sein Tun rechtfertigt oder ihm den Grund zum

Strafen liefert?"[5] Oder täuschen uns vielleicht nur unsere Gefühle vor, daß wir uns im Einklang mit der Regel verhalten müssen und uns gegen diejenigen wenden müssen, die das nicht tun?

Ein anderer Grund für die Schwierigkeiten, die der Begriff der rechtlichen Regel aufwirft, ergibt sich aus Folgendem: Die Gerichte begründen ihre Entscheidungen gewöhnlich so, als handle es sich um die zwingende Konsequenz der jeweils herangezogenen Rechtsregeln. Sieht man näher zu, sind diese Regeln jedoch voller Unklarheiten. In der Mehrheit aller Fälle, die rechtliche Schwierigkeiten aufwerfen, erlauben weder die Gesetze noch die Präzedenzfälle, in denen die Regeln angeblich enthalten sein sollen, nur *eine* Lösung. Der Richter muß daher immer wieder zwischen alternativen Möglichkeiten *wählen.* Was aber soll es unter solchen Voraussetzungen überhaupt heißen, daß der Richter eine Rechtsregel „anwendet"? Anders gefragt: „ist nicht die Vorstellung vom Recht als im wesentlichen eine Sache von Regeln eine gewaltige Übertreibung, wenn nicht gar ein Fehler?"[6]

Diese drei Probleme (a–c) bezeichnen nach Hart die zentralen Elemente des Rechtsbegriffs. Wer nach einer Definition des Rechts sucht, muß dazu Stellung nehmen.

II. Rechtsnorm als Imperativ

Hart wendet sich zunächst der Untersuchung der Imperativentheorie zu, wie sie im 19. Jahrhundert unter anderem von Austin vertreten worden ist. In der Sache läuft diese Theorie darauf hinaus, die Rechtsregeln nach dem Modell der von Drohungen unterstützten Befehle zu erklären. Polemisch ausgedrückt würde demnach das Beispiel des Bankräubers, der das von ihm gewünschte Verhalten durch das Vorhalten einer Pistole erzwingt, die wesentlichen Elemente enthalten, aus denen auch das Recht aufgebaut ist. Nach Hart ist die Imperativentheorie „in ihrer Einfachheit atemberaubend und durchaus unzureichend"; denn wie er entgegenhält, ist das Recht „ganz sicher nicht die Situation eines Banditen im Großen, und eine Rechtsordnung kann gewiß nicht so ohne weiteres mit der Ausübung von Zwang gleichgesetzt werden"[7]. Die Analyse zeigt vielmehr, daß dazu eine Reihe von Modifikationen erforderlich ist.

1. Doppelte Allgemeinheit des Normimperativs

Die erste der danach notwendigen Korrekturen hängt mit der Form zusammen, durch die sich ein rechtlicher Imperativ von einem Bankräu-

---

[5] *Hart,* BdR, I 2 (S. 24).
[6] *Hart,* BdR, I 2 (S. 27).
[7] *H. L. A. Hart,* Recht und Moral, Göttingen 1971, S. 24f.

berbefehl unterscheidet. Daß ein Beamter einem Bürger unmittelbar einen Befehl erteilt, kommt zwar durchaus vor, ist aber vergleichsweise selten. Der Normalfall ist vielmehr der, daß der Bürger sich nach einer *Rechtsnorm* richten soll. Selbst das Strafgesetz, das einem von Drohungen unterstützten Befehl am meisten ähnelt, unterscheidet sich davon dadurch, daß es in doppelter Weise *allgemein* (nämlich abstrakt und generell) gehalten ist: Es repräsentiert keinen von Angesicht zu Angesicht erteilten Befehl, sondern richtet sich einmal an eine *allgemeine Klasse von Personen* und bezeichnet zum andern einen *allgemeinen Verhaltenstypus.* Das „Bankräubermodell" muß daher zunächst durch das Merkmal dieser doppelten Allgemeinheit ergänzt werden, um zur Erklärung eines Gesetzes brauchbar zu sein.

Näher besehen ist diese Allgemeinheit nur die Kehrseite davon, daß der Gesetzgeber zu den Leuten, für die das Gesetz bestimmt ist, gar nicht wirklich in Kontakt tritt. Wer einem anderen tatsächlich einen Befehl erteilt, muß die Aufmerksamkeit des Adressaten auf sich lenken. Wenn der Bankräuber seine Aufforderung in den leeren Raum hineinsprechen würde, könnte er damit nichts ausrichten. Bei der Gesetzgebung ist dies offenbar anders: Das Gesetz gilt auch für den, der nicht davon Kenntnis genommen hat. Die Kommunikation zwischen Sender und Empfänger wird hier nämlich durch besondere Regeln der Verkündung und des Inkrafttretens ersetzt.

2. Dauerhaftigkeit der Gesetze

Eine zweite Modifikation bezieht sich auf den Umstand, daß einem Gesetz im Unterschied zu dem Befehl eines Bankräubers die Eigenschaft der *Dauer* und *Beständigkeit* zukommt. Der Befehl des Räubers erledigt sich mit der Beendigung der Situation, in der er ausgesprochen wurde. Das Gesetz dagegen wirkt fort, ähnlich wie ein Hinweisschild mit der Aufforderung: „Zutritt verboten" oder „Abstellen von Fahrrädern nicht gestattet". Mit dieser Dauerwirkung hängt zusammen, daß die Adressaten eines Gesetzes fortdauernd glauben, daß im Falle des Ungehorsams die abstrakten Androhungen von Sanktionen wahrscheinlich ausgeführt werden. Das Gesetz, verstanden als sanktionsbewehrter Verhaltensbefehl, hängt also wie ein Damoklesschwert so lange über dem Haupt seiner Adressaten, bis es aufgehoben wird.

3. Gewohnheitsmäßiger Gehorsam

Um die Stabilität und Kontinuität eines Rechtssystems zu begründen, muß man weiter annehmen, daß die meisten gesetzlichen Imperative – aus welchen Motiven auch immer – von den Betroffenen eher befolgt als nicht befolgt werden. Im Anschluß an Austin nennt Hart dies eine „*allgemeine Gewohnheit zu gehorchen*" und bemerkt dazu, der bloß temporäre Einfluß einer Person auf eine andere, wie sie für kurzfristige Drohungssituationen typisch ist, sei „natürlich das genaue Gegenteil des Rechts mit seinem relativ andauernden und etablierten Charakter“[8].

4. Kompetenz zum Normerlaß

Um die Bankräubersituation als Modell zur Erklärung gesetzlicher Imperative verwenden zu können, muß man schließlich noch eine weitere Modifikation anbringen. Während jedermann sich als Bankräuber betätigen kann, steht nämlich nicht ohne weiteres fest, wem es zukommt, einen gesetzlichen Befehl zu erteilen. Im allgemeinen ist das Rechtssystem eines modernen Staates dadurch charakterisiert, daß es auf dem Gedanken einer *territorialen Oberhoheit* und der *Unabhängigkeit* von anderen Rechtssystemen beruht. Der oberste Gesetzgeber und ebenso der, der eine untergeordnete Gesetzgebungsgewalt von ihm ableitet, kann nur innerhalb eines bestimmten Territoriums allgemeine von Drohungen unterstützte Befehle erteilen und genießt auch nur in diesem Rahmen gewohnheitsmäßigen Gehorsam. Vor allem aber kommt diese Macht nur ganz bestimmten Personen oder Körperschaften zu, die gewöhnlich als souverän bezeichnet werden.

Bezogen auf den Begriff des gewohnheitsmäßigen Gehorsams, gibt Hart diesen Zusammenhang in seiner launigen Art so wieder: „Die oberste Gesetzgebung in der Sowjetunion hat nicht die Gewohnheit, der Königin im Parlament zu gehorchen, und was immer die letztere über die sowjetischen Angelegenheiten für Gesetze erläßt, wäre kein Teil des Rechts der UdSSR, wohl aber ein Teil des englischen Rechts.“[9]

III. Dokumentation eines Fehlschlags

Die bisherigen Zusätze haben die Vorstellung von der Befehlsnatur der Gesetze zwar modifiziert, im Kern jedoch unangetastet gelassen. Aber Hart läßt es dabei nicht bewenden, sondern zeigt, daß die Imperativentheorie auch in dieser geläuterten Form noch einer Reihe von Einwendungen ausgesetzt ist. Diese sind sogar von ungleich größerem Gewicht als diejenigen, die wir bisher betrachtet haben. Bringt man nämlich auch diejenigen Korrekturen an, die im Gefolge der weiteren Einwendungen erforderlich werden, so zeigt sich, wie Hart im Vorblick feststellt, „daß der Begriff der allgemeinen von Drohungen unterstützten Befehle sich bis zur Unkenntlichkeit verändert hat“[10].

---

[8] *Hart,* BdR, II 2 (S. 42).
[9] *Hart,* BdR, II 2 (S. 43).
[10] *Hart,* BdR, III (S. 45).

1. Befugnisnormen

Untersucht man die Rechtsnormen, aus denen sich eine Rechtsordnung zusammensetzt, genauer, so wird offenbar, daß es weite Bereiche gibt, in denen die Analogie zu den von Drohungen unterstützten Befehlen, wie sie vor allem im Strafrecht nahezuliegen scheint, offenbar versagt. Hierzu gehören zunächst alle privatrechtlichen Gesetze, die nicht sanktionsbewehrte Pflichten auferlegen, sondern *Befugnisse verleihen* oder ein rechtliches Können übertragen, so z.B. die Befugnis, Verträge zu schließen, ein Testament zu errichten oder eine Ehe einzugehen. In dieselbe Kategorie gehören auch alle öffentlichrechtlichen Vorschriften, welche die persönliche, sachliche und örtliche Zuständigkeit eines Richters im Rahmen der Prozeßgesetze begründen, ebenso die Vorschriften, die sich mit der Regelung des Gesetzgebungsverfahrens oder der Übertragung der Normsetzungsbefugnis auf den Verordnungsgeber befassen.

In all diesen Fällen kann man nicht sagen, daß derjenige, der die Bedingungen für die Ausübung solcher Befugnisse nicht erfüllt, eine Pflicht verletzt. Wer einen Vertrag schließt, obwohl er minderjährig ist oder obwohl er die erforderliche Form nicht eingehalten hat, handelt keinem gesetzlichen Befehl zuwider, ebensowenig derjenige, der für eine Gesetzesvorlage stimmt, die im Ergebnis scheitert, weil sie nicht die erforderliche Mehrheit erhält. Möglich ist allein dies, daß zu einer Befugnisnorm ein gesetzlicher Verhaltensbefehl *hinzukommt.* So kann es z.B. sein, daß jemand, der sich zu Unrecht richterliche oder gesetzgeberische Befugnisse anmaßt, sich dadurch strafbar macht. Aber das ist etwas ganz anderes und von dem Mangel der Befugnis als solchem streng zu unterscheiden. Das Fehlen der gesetzlich vorgesehenen Befugnis äußert sich typischerweise in der Anfechtbarkeit oder Nichtigkeit des unbefugt vorgenommenen Akts, die mit einer Sanktion unerwünschten Handelns wenig gemein hat.

a) Nichtigkeit keine Sanktion. Um an der Vorstellung von der Befehlsnatur aller Rechtsnormen festhalten zu können, haben manche Normtheoretiker jedoch versucht, auch die Nichtigkeit als „Sanktion" auszugeben, indem sie den Begriff der Sanktion entsprechend erweitert haben. Nach Hart ist dieses Vorgehen „eine Quelle (und ein Zeichen) der Verwirrung"[11]. Daß das Urteil eines unzuständigen Richters der Anfechtung unterliegt, ist ebensowenig eine Sanktion gegenüber dem Richter, wie es im Falle eines ohne die erforderliche Form geschlossenen Vertrages eine Sanktion gegenüber einer Vertragspartei darstellt, daß der Vertrag nichtig ist. Diese Folge kann sich vielmehr sogar als

---

[11] *Hart,* BdR, III 1a (S. 54f.).

Vorteil für die Partei darstellen: Wenn der Bürge erfährt, daß sein mündlich abgegebenes Bürgschaftsversprechen mangels Schriftform nichtig ist, er also wider Erwarten nicht verpflichtet wurde, wird er dies in der Regel als erfreuliche Nachricht empfinden. Hier mit dem Begriff der Sanktion zu argumentieren, wäre nur verwirrend.

b) Befugnisnormen kein Bestandteil von Zwangsnormen. Es gibt aber noch eine andere Strategie, um die vielen Befugnisnormen mit der Imperativentheorie vereinbar erscheinen zu lassen. Diese läuft darauf hinaus, Befugnisnormen gleichsam als *„ausgelagerte Bestandteile von Zwangsnormen"*, als „unvollständige Fragmente zwingender Regeln" zu begreifen. Eine Zwangsnorm im eigentlichen Sinn wäre dann z.B. nur diejenige Norm, die dem Richter sagt, welche Sanktionen er verhängen darf, wenn der Schuldner einen rechtswirksam geschlossenen Vertrag nicht erfüllt. Die Voraussetzungen für die Wirksamkeit von Verträgen (Einigung, Geschäftsfähigkeit, Einhaltung der vorgeschriebenen Form, keine Nichtigkeit infolge Anfechtung oder aus anderen Gründen) wären dagegen nichts anderes als Tatbestandsvoraussetzungen dieser Zwangsnorm. Daß man sie nicht gleich in diese hineingeschrieben hat, hätte allein mit darstellungstechnischen Gründen zu tun. Denn die Verteilung der unübersehbar vielen Voraussetzungen auf besondere Hilfs- und Ergänzungsnormen, die nur bei Bedarf herangezogen werden müssen, ist im Vergleich mit den Normungetümen, zu denen man andernfalls käme, zweifellos übersichtlicher.

Aus logischen Gründen ist gegen diese Vorstellung nichts einzuwenden. Die konsequente Folge daraus wäre jedoch die, daß nur solche Regeln „wirkliche Rechtsnormen" wären, die selbst eine Sanktion festsetzen; also nicht diejenigen, die für das Verhalten von Bürgern oder Amtspersonen irgendwelche Maßstäbe aufstellen, sondern nur diejenigen, die in Gestalt einer Wenn-Dann-Beziehung vorsehen, daß beim Vorliegen bestimmter Voraussetzungen bestimmte Sanktionen zu verhängen sind. Solche Normen richten sich jedoch nicht an den Bürger, sondern nur an Richter oder Beamte. Alle echten Rechtsnormen, selbst Strafgesetze, wären dann also „bedingte Befehle an Beamte, Sanktionen zu ergreifen" und hätten die Form: „Wenn irgend etwas der Art X getan oder unterlassen wurde oder passiert, dann ergreife die Sanktion Y."[12] Das gesamte Recht müßte im Sinne einer Amtsordnung umgedeutet werden, wobei die zentrale Vorstellung die wäre, „daß den Beamten befohlen wird, Sanktionen zu ergreifen"[13].

Damit wären zwar in der Tat alle Rechtsnormen auf einen einzigen Typus zurückgeführt. Wie Hart meint, wäre die auf diese Weise erkaufte

---

[12] *Hart,* BdR, III 1 b (S. 57).
[13] *Hart,* BdR, III 1 b (S. 59).

Uniformität jedoch viel zu hoch bezahlt. Der Preis wäre nämlich der, daß die verschiedenen sozialen Funktionen zerstört würden, welche die verschiedenen Formen von Rechtsregeln zu erfüllen haben. Gesetze sollen nicht nur Beamte, sondern auch Bürger anleiten, und das ist sogar, wie Hart meint, der entscheidende Aspekt: „Wir sehen die Hauptfunktionen des Rechts in den verschiedenen Weisen, wie das Recht genützt wird, um das Leben außerhalb des Gerichtes zu kontrollieren, zu führen und zu planen."[14] Diese aber können nur dargestellt werden, wenn die Gesetze gerade nicht in eine Einheitsform gepackt werden.

Hart ist sich bewußt, daß er damit in Gegensatz zu Kelsen tritt. Denn dieser wird durch seine rigoros durchgeführte Theorie der Zwangsnorm genötigt, alle Normen, die nicht selbst einen Zwangsakt statuieren, als „unselbständige Normen" zu deklarieren[15]: „Die Bemühung zu zeigen, daß Normen, die Rechte verleihen, ‚in Wirklichkeit' nur bedingte Anordnungen von Sanktionen sind, denen der Betreffende ausgesetzt ist, der damit letzten Endes doch einer Rechtspflicht unterliegt, kennzeichnet weite Partien im Werk Kelsens." Bei Hart stößt dieser Rigorismus entschieden auf Ablehnung: „Dies zu behaupten, läuft aber eigentlich nur darauf hinaus, aus Dogmatismus einen Aspekt des Rechtssystems zu unterdrücken, um die Theorie festhalten zu können, daß die Anordnung von Sanktionen, wie Austins Befehl, die Quintessenz des Rechts ausmache. Ebensogut könnte man behaupten, die Regeln des Baseball wären ‚in Wirklichkeit' nur bedingte Anweisungen an den Schiedsrichter und darin läge ihr ‚eigentlicher Sinn'."[16]

2. Selbstverpflichtung des Gesetzgebers

Hinzu kommt folgendes: Ein Befehl ist im wesentlichen Ausdruck eines Wunsches, daß *andere* etwas tun oder unterlassen. Gemessen hieran müßte ein gesetzlicher Imperativ eine Willensäußerung des Gesetzgebers sein, die sich an andere als ihn selbst richtet. Bei einem absoluten Monarchen, der für seine Untertanen Vorschriften erläßt, an die er selbst nicht gebunden ist, ist das zweifellos der Fall. Im Unterschied dazu gelten die meisten Gesetze, die wir in modernen Staaten finden, jedoch *auch für den Gesetzgeber selbst:* „Die Gesetzgebung, im Unterschied zum bloßen Befehl, daß andere etwas tun sollen, hat gerade jene selbstverpflichtende Kraft. Sie ist *wesentlich* nicht-fremdgerichtet."[17]

---

[14] *Hart,* BdR, III 1 c (S. 63).

[15] Hart bezieht sich auf Kelsens General Theory of Law and State, Harvard 1945, S. 58ff., 143f. Vgl. jedoch auch *Kelsen,* RR II, S. 55ff. und im Ansatz bereits RR I, S. 30.

[16] *Hart,* Recht und Moral, Göttingen 1971, S. 27f.

[17] *Hart,* BdR, III 2 (S. 66).

Der Doktrin zuliebe kann man zur Not vielleicht sagen, daß der Gesetzgeber zugleich sich selbst befiehlt. Aber die Vorstellung eines Befehlgebers, der seine Befehle an sich selbst richtet, ist nicht unbedingt attraktiv. Die selbstverpflichtende Kraft des modernen Gesetzes legt vielmehr eine andere Vorstellung von der Gesetzgebung nahe: „Der Gesetzgeber ist nicht notwendig einer, der anderen Befehle gibt: jemand per definitionem außerhalb der Reichweite dessen, was er tut. Wie jemand, der verspricht, übt er Befugnisse aus, die ihm übertragen wurden. Sehr häufig kann er selbst betroffen sein; so, wie der *Versprechende* selbst betroffen sein *muß*.“[18] Auch dies spricht daher gegen die Imperativentheorie.

3. Gewohnheitsrecht

Ein letzter Punkt schließlich ist dieser: Nach der Imperativentheorie verdankt sich alles Recht dem Willensakt eines Rechtsschöpfers. Es gibt jedoch einen Rechtstypus, auf den das offenbar nicht zutrifft: nämlich den *Rechtsbrauch* bzw. das Gewohnheitsrecht. In den herkömmlichen Begriffsbestimmungen des Rechtsbrauchs kommt dementsprechend die gesetzgeberische Willensentscheidung nicht vor. Natürlich kann man der Theorie zuliebe gleichwohl die Behauptung aufstellen, daß dem Rechtsbrauch nur deshalb Rechtsqualität zukomme, weil der Gesetzgeber oder mit seinem Willen ein Gericht dies so „befohlen“ habe. In diesem Fall wird jedoch die Bedeutung des Wortes „Befehl“ so ausgeweitet, daß die Imperativentheorie ihren Kern verliert. Eine gesetzgeberische Willensentscheidung könnte man nämlich in der Regel nur darin erblicken, daß der Gesetzgeber untätig geblieben ist und dem Rechtsbrauch seinen Rechtsstatus *nicht genommen* hat. Um aus dieser Untätigkeit auf eine stillschweigende Entscheidung schließen zu können, müßte man jedoch zumindest annehmen können, daß der Gesetzgeber den fraglichen Rechtsbrauch kennt bzw. daß er weiß, daß er von den Gerichten anerkannt wird. Das wird in einem modernen Staat aber nur selten der Fall sein. Die Imperativentheorie vermag daher auch das Gewohnheitsrecht nicht befriedigend zu erklären.

Hart kann somit die Gründe, warum die Imperativentheorie scheitert, wie folgt zusammenfassen: „Es wurde erstens klar, daß unter allen verschiedenen Rechtsarten ein Strafgesetz, welches gewisse Handlungen unter Strafe stellt, zwar am meisten den von Drohungen unterstützten Befehlen ähnelt, die von einer Person an andere Personen gerichtet sind, ein solches Gesetz sich trotzdem von diesen Befehlen in der wichtigen Hinsicht unterscheidet, daß es auch für die gelten muß, die es erließen, und nicht bloß für die anderen. Es gibt zweitens andere Normarten, be-

---

[18] *Hart,* BdR, III 2 (S. 68).

sonders solche, die rechtliche Befugnisse judizieller oder legislativer Art verleihen (öffentliche Befugnisse) oder die rechtliche Beziehungen begründen bzw. verändern (private Befugnisse); diese können nicht, ohne daß die ganze Geschichte absurd wird, wie von Drohungen unterstützte Befehle gedacht werden. Drittens gibt es rechtliche Regeln, die sich von den Befehlen in ihrer Ursprungsweise unterscheiden, weil sie nicht analog den expliziten Vorschriften entstehen." Mit Blick auf die Imperativentheorie zieht er aus all dem den Schluß: „Die letzten drei Kapitel sind daher die Dokumentation eines Fehlschlags; wir müssen also auf jeden Fall neu beginnen."[19]

---

[19] *Hart,* BdR, V 1 (S. 115ff.).

§ 9. Primäre und sekundäre Regeln

I. Verhaltensbezügliche Regeln

1. Schlüssel zur Jurisprudenz

Letztendlich erweist sich die Imperativentheorie deshalb als unzulänglich, weil das Rechtssystem zu kompliziert ist, als daß es auf einen einzigen Regeltyp reduziert werden könnte. Rechtsregeln haben, je nach dem Zusammenhang, in dem sie Verwendung finden, unterschiedliche Funktionen zu erfüllen. Dies macht es nach Hart erforderlich, bereits im Ansatz *zwei verschiedene Regeltypen* zu unterscheiden. Um das Verhältnis zu bezeichnen, in dem sie zueinander stehen, spricht Hart von primären und sekundären Regeln.

Primäre Regeln in diesem Sinn sind alle Rechtsregeln, deren Funktion darin besteht, daß sie den Bürgern *Verhaltenspflichten auferlegen,* also die Menschen dazu anhalten, bestimmte Dinge zu tun oder zu unterlassen, gleichgültig ob ihnen dies zusagt oder nicht. *Sekundäre Regeln* dagegen beziehen sich nicht auf die Regelung menschlichen Verhaltens schlechthin, sondern nur auf den *Umgang mit Regeln* des ersten Typs. Im Unterschied zu den primären, rein verhaltensbezüglichen Regeln kann man die sekundären Regeln daher auch als regelbezügliche Regeln bezeichnen. Im einzelnen handelt es sich dabei um Regeln, die bestimmen, wie die Verhaltensregeln des ersten Typs im Zweifel erkannt werden, wie sie neu begründet, aufgehoben oder geändert werden oder wie ihnen schließlich im Einzelfall Geltung verschafft wird.

Durch diese beiden Regeltypen und ihr Zusammenspiel lassen sich, wie Hart meint, die Rahmen- und Grundbegriffe allen Rechtsdenkens erklären. Ja, ihm scheint geradezu, „daß in der Kombination dieser zwei Regeltypen das liegt, was Austin fälschlicherweise in dem Begriff der zwingenden Befehle gefunden haben wollte, nämlich ‚den Schlüssel zur Wissenschaft der Jurisprudenz'"[1].

Das ist in dieser Allgemeinheit freilich nicht ganz richtig. Es trifft nämlich nicht zu, daß alle Verhaltensregeln Pflichten auferlegen: Neben den Verpflichtungsregeln gibt es auch noch Erlaubnisregeln, und das in nicht geringer Zahl. Ja man hat sogar darauf aufmerksam gemacht, daß nicht nur primäre, sondern auch sekundäre Regeln die Gestalt sowohl von Verpflichtungs- als auch von Erlaubnisregeln haben können: Dem Adressaten einer Ermächtigungsnorm kann es freigestellt sein, davon Gebrauch zu machen; das Gebrauchmachen kann ihm aber auch als

---

[1] *Hart,* BdR, V 1 (S. 118).

Pflicht auferlegt sein.[2] Um das Rechtssystem in seiner Vielgestalt erfassen zu können, bedarf es also sicher einer ausdifferenzierteren Schematik, als sie Hart zunächst vorgeschlagen hat. Im vorstehenden Zusammenhang können wir es dabei jedoch belassen, weil es hier nur darum geht, den stärker „analytischen" Ansatz Harts als solchen herauszuarbeiten.

2. Bedeutung der Rechtspflicht

Wie erwähnt, besteht die Funktion der primären Regeln nach Hart darin, daß sie *Rechtspflichten* auferlegen. Mit diesem Begriff verbinden diejenigen, die ihn gebrauchen, zum Teil sehr unterschiedliche Vorstellungen. Einigkeit besteht allein darüber, daß jemand, soweit er einer Rechtspflicht unterliegt, in seiner Willensbetätigung in einem gewissen Sinn nicht mehr frei ist. Wie das Wort Obligation (von lat. *obligare* = binden) zum Ausdruck bringt, ist er vielmehr in eine Fessel gelegt oder rechtlich *gebunden.* Was aber heißt das genau?

a) Psychologischer Druck. Erinnern wir uns zunächst an das Bankräuberbeispiel: Wer unter Vorhalten einer Pistole dazu aufgefordert wird, Geld herauszugeben, ist in seinem Verhalten ebenfalls nicht mehr frei. Er steht vielmehr unter einem hohen *psychologischen Druck,* dieser Aufforderung zu entsprechen, und meistens tut er dies auch. Das veranlaßt uns jedoch keineswegs, von einer Verpflichtung zu sprechen. Das Opfer ist nicht etwa verpflichtet, Geld herauszugeben; vielmehr ist der Räuber verpflichtet, seine Drohung zu unterlassen. Ob jemand einer rechtlichen Verpflichtung unterliegt, hat also offenbar nichts mit seiner psychologischen Befindlichkeit zu tun: „Die Aussage, daß eine Person eine Verpflichtung hatte, ... bleibt daher auch wahr, wenn diese (mit oder ohne Grund) der Meinung wäre, daß sie weder den Ungehorsam fürchten müsse noch daß man sie dabei ertappen würde."[3]

b) Wahrscheinlichkeit einer Sanktion. Manche Rechtstheoretiker haben daraus, wie Hart darlegt, die Konsequenz gezogen, die Rechtspflicht als die *Wahrscheinlichkeit* zu definieren, daß derjenige, dem die Rechtspflicht obliegt, ein Übel erleiden wird, wenn er dagegen verstößt. Diese Begriffsbestimmung hat zunächst den Vorzug, daß dabei die psychologische Befindlichkeit des Verpflichteten keine Rolle spielt. Man kann zu ihren Gunsten aber auch noch mehr vorbringen. Normalerweise ergibt es nämlich keinen Sinn zu sagen, daß jemand rechtlich verpflichtet ist, wenn nicht *im allgemeinen* die Wahrscheinlichkeit besteht, daß derjenige, der einer solchen Verpflichtung zuwiderhandelt, mit einer Sanktion

---

[2] *Koller* in: Die Reine Rechtslehre im Spiegel ihrer Fortsetzer und Kritiker (hrsg. von Ota Weinberger und Werner Krawietz), Wien 1988, S. 129 (143 ff.).

[3] *Hart,* BdR, V 2 (S. 121).

belegt wird. Wir sprechen daher nur dann von Regeln, die Verpflichtungen auferlegen, wenn eine allgemeine Verhaltenserwartung mit einem ernsthaften sozialen Druck verbunden ist, der auf allen lastet, die sich nicht regelkonform verhalten.

Allerdings ist auch diese Erklärung nicht ganz befriedigend. Einmal nämlich muß man sich davor hüten, die Verpflichtung auf irgendein Gefühl dieses Drucks oder Zwangs zurückzuführen – in diesem Fall wäre man im Grunde wieder bei unserem Räuberbeispiel angelangt, das wir gerade verworfen haben. Sodann aber – und dies ist der entscheidende Punkt – besteht die *eigentliche Funktion* einer Verhaltensregel nicht darin, die Verhängung von Sanktionen im allgemeinen vorauszusagen, sondern anzugeben, daß ein bestimmter Fall unter eine solche Regel fällt. Daß Abweichungen von der Regel im allgemeinen Sanktionen nach sich ziehen, spielt dabei lediglich im Hintergrund eine Rolle.

c) Interne und externe Aspekte. Die zuletzt angeführte Überlegung veranlaßt Hart dazu, zwischen dem *internen* und dem *externen* Aspekt einer Regel zu unterscheiden. Er hält es geradezu für eine elementare Tatsache, „daß weder Recht noch sonst eine soziale Struktur richtig verstanden werden können, wenn man nicht von vornherein zwei Aussagearten unterscheidet, die ich ‚interne' und ‚externe' Aussagen nenne und die immer dann ins Spiel kommen, wenn man Regeln im sozialen Verkehr untersucht"[4]. Der externe Aspekt bezieht sich auf den Standpunkt des *Beobachters,* der die Regeln selbst nicht anerkennt und für den es daher völlig ausreichend ist, wenn er aufgrund der von ihm beobachteten äußeren Regelmäßigkeiten voraussagen kann, daß eine Abweichung vom normalen Verhalten mit einiger Wahrscheinlichkeit eine Sanktion auslösen wird. Der *interne Aspekt* dagegen ist der Blickwinkel, den jemand als Mitglied derjenigen Gruppe einnimmt, die die Regel anerkennt und sich von ihr bei ihrem Verhalten leiten läßt. Aus der Teilnehmerperspektive kommt es darauf an, wie man sich selbst verhalten soll, nicht aber darauf, mit welcher Wahrscheinlichkeit ein bestimmtes Verhalten aus der Sicht eines außenstehenden Beobachters sanktioniert werden wird.

Hart erläutert den Unterschied an einem Beispiel: Der Beobachter, der auf dem extremen externen Gesichtspunkt beharrt, „sieht nur soviel wie einer, der die Verkehrsampeln beobachtet hat und dann lediglich sagt, daß, wenn die Ampel rot zeigt, eine hohe Wahrscheinlichkeit besteht, daß der Verkehr anhält. Er nimmt das Ampelsignal bloß als ein *natürliches Zeichen,* daß die Leute sich in einer bestimmten Weise verhalten werden, ebenso wie Wolken ein *Zeichen* sind, daß es bald regnen wird. Dadurch wird eine ganze Dimension des sozialen Lebens ausgelassen;

---

[4] *Hart,* BdR, Vorwort (S. 7).

denn für die, die er beobachtet, ist das rote Ampellicht nicht bloß ein Zeichen, daß *andere* halten werden; sie betrachten es als ein *Signal,* daß *sie* halten müssen. „Daher" – also wegen dieses internen Aspekts – „ist das Anhalten, wann immer die Regel es verlangt, ein Verhaltensstandard und somit eine Verpflichtung."[5]

Der externe Aspekt, der sich auf die Prognose der Sanktionswahrscheinlichkeit beschränkt, ist damit nicht widerlegt, wohl aber relativiert. Denn er „reproduziert nahezu die Art und Weise, wie die Regeln im Leben gewisser Mitglieder der Gruppe funktionieren, nämlich jener, die sich nicht an Regeln halten und mit ihnen nur dann in Kontakt kommen, wenn sie vermuten, daß unangenehme Konsequenzen dem Bruch folgen werden". Dagegen kann der externe Aspekt „nicht reproduzieren, wie die Regeln als Regeln im Leben derjenigen fungieren, die normalerweise die Mehrheit der Gesellschaft bilden. Dies sind Beamte, Juristen und Privatpersonen, die sie in jeder Lebenssituation als Anleitung für ihr Verhalten benützen, als Basis für all die vertrauten Handlungen, die in allen Lebens- und Gesellschaftsbereichen vorkommen. Für sie ist der Bruch einer Regel nicht bloß Grundlage für die Vorhersage, daß eine feindselige Reaktion folgen wird, sondern der *Grund* für diese Feindseligkeit."[6]

Eine Rechtstheorie, die den Normalfall, nämlich das Verhalten des rechtstreuen Bürgers, nicht ausblenden will, muß neben dem externen auch auf den internen Aspekt der Rechtspflicht achten. Die Kritik, die an der Wahrscheinlichkeitstheorie zu üben ist, läßt sich daher so zusammenfassen, daß sie zu einseitig ist, weil sie „den internen Aspekt der verpflichtenden Regeln wegdefinieren will".

II. Regelbezügliche Regeln

1. Defizite von Primärregeln

Zur Not kann man sich vorstellen, daß es in einer Gesellschaft – vielleicht nicht in logischer Hinsicht, aber doch nach dem Bewußtsein der Beteiligten – allein solche primären Verpflichtungsregeln gibt, die sich unmittelbar auf das Verhalten einzelner Individuen beziehen. Tatsächlich gibt es primitive Gemeinschaften, die weder legislative Organe noch Gerichte noch Beamte kennen. All das, was dieser Rechtsstab

---

[5] *Hart,* BdR, V 2 (S. 129).

[6] *Hart,* BdR, V 2 (S. 129f.). In seinen Essays in Jurisprudence and Philosophy, Oxford 1983, S. 14f. räumt Hart ein, daß die Gegenüberstellung von Beobachter- und Teilnehmerperspektive durch die „hermeneutische Perspektive" des professionellen Regelanwenders ergänzt werden muß, der die Regel anerkennen kann, ohne sie zugleich als für sich verbindlich zu akzeptieren.

sonst leistet, ist hier dadurch ersetzt, daß die Verpflichtungsregeln von der überwiegenden Mehrheit als verbindliche Verhaltensmaßstäbe akzeptiert sind und eventuelle Abweichler durch sozialen Druck zur Beachtung der Regeln angehalten werden. Ein solches System funktioniert allerdings nur in kleinen Gemeinschaften und auch hier nur unter der Voraussetzung einer stabilen Umwelt. Unter anderen Verhältnissen stellt sich schnell heraus, daß ein System, das ausschließlich aus primären Verhaltensregeln besteht, an einer Reihe von Mängeln leidet:

- Wenn es zu *Zweifeln über den Inhalt* einer Regel kommt, gibt es kein Verfahren, um die Zweifel zu beheben. Diese können daher nur in den diffusen Kommunikationsprozessen einer relativ undifferenzierten Gemeinschaft abgearbeitet werden. Die Verhaltensregeln werden sich aus diesem Grund durch eine gewisse *Unbestimmtheit* auszeichnen.
- Wenn sich die *Verhältnisse ändern,* so gibt es kein Verfahren, um die Verhaltensnormen unmittelbar anzupassen oder durch andere zu ersetzen. In einer Gesellschaft, die nur primäre Verpflichtungsregeln kennt, ändern sich diese nur in langsamen Wachstumsprozessen im Einklang mit dem allmählichen Wandel der Gewohnheiten, der Verhaltenserwartungen und der Überzeugungen der Mehrheit. Die Regeln sind daher nicht flexibel, sondern relativ *statisch.*
- Werden *Verhaltensregeln verletzt,* so gibt es in der einfachen Sozialstruktur eines reinen Primärregelsystems schließlich auch kein Verfahren, um dies abschließend und autoritativ festzustellen. Ebensowenig gibt es eine offizielle Stelle, die sich um die Verhängung und Durchführung von Sanktionen bemühen würde. Es bleibt daher nur ein unorganisierter sozialer Druck, um die Verhaltensregeln aufrechtzuerhalten. Diese sind daher zugleich auch relativ *unwirksam.*

2. Arten von Sekundärregeln

In komplexeren Gesellschaften werden primäre Verpflichtungsregeln durch sekundäre Regeln ergänzt, die auf genau die Mängel reagieren, die soeben aufgezeigt wurden. Sekundäre Regeln sind Regeln *über* Regeln, die „bestimmen, auf welche Weise man sich der primären Regeln schlüssig vergewissern kann, wie sie eingeführt und wieder abgeschafft werden, wie man sie verändert und wie man die Tatsache ihrer Verletzung schlüssig bestimmt"[7]. Im einzelnen:

a) Erkenntnisregeln. Regeln, die angeben, welche tatbestandlichen Merkmale vorhanden sein müssen, damit auf die Existenz einer Verpflichtungsregel geschlossen werden kann, nennt Hart *Erkenntnisregeln.* Ihre Funktion besteht darin, die Identifizierung von Verpflichtungsre-

---

[7] *Hart,* BdR, V 3 (S. 135).

geln zu erleichtern und zu formalisieren. Das kann auf ganz unterschiedliche Weise geschehen. Mit dem Übergang vom ungeschriebenen zum geschriebenen Recht hat sich etwa die Erkenntnisregel durchgesetzt, daß eine Verpflichtungsregel aufgeschrieben sein muß, um gültig zu sein. Das Entscheidende war jedoch die Anerkennung des Umstandes, daß das Geschriebene von einer besonderen Person oder Körperschaft herrühren muß, um einen Schluß auf das Vorliegen einer Verpflichtungsregel zuzulassen. In einem modernen Rechtssystem weiß man etwa, daß die im Gesetzblatt verkündeten Gesetze und Verordnungen grundsätzlich wirksame Verpflichtungsregeln beschreiben, und man weiß außerdem, daß bei einem Widerspruch zwischen Gesetz und Verordnung das Gesetz den Vorrang genießt.

b) Änderungsregeln. Die Anpassung und Verbesserung von Verpflichtungsregeln wird durch besondere *Änderungsregeln* ermöglicht. Das wichtigste und zugleich bekannteste Beispiel einer solchen Änderungsregel ist es, daß eine Person oder Körperschaft mit der Kompetenz zur Gesetzgebung ausgestattet wird. Diese Kompetenz mag begrenzt oder unbegrenzt, das zu beachtende Verfahren so oder so gestaltet sein – der Vorteil ist in jedem Fall der, daß dadurch Verpflichtungsregeln in mehr oder weniger großem Umfang mobilisiert werden können. Natürlich besteht dabei ein enger Zusammenhang von Änderungs- und Erkenntnisregeln; denn die geänderte Verhaltensregel muß formal so beschaffen sein, daß sie durch die Erkenntnisregel als Recht ausgewiesen wird. Im modernen Recht ist das dadurch gewährleistet, daß die Änderungsregel den Gesetzgeber zur Rechtsänderung ermächtigt, während die Erkenntnisregel das im Gesetzblatt verkündete Gesetz als Recht ausweist.

c) Entscheidungsregeln. Die relative Unwirksamkeit der Verpflichtungsregeln, die man in primitiven Gemeinschaften beobachten kann, wird schließlich behoben durch *Entscheidungsregeln.* Das geschieht namentlich in der Weise, daß besondere Personen mit der Befugnis ausgestattet werden, autoritativ festzustellen, ob bei einer bestimmten Gelegenheit gegen eine Verpflichtungsregel verstoßen wurde oder nicht. Normalerweise begnügen sich Entscheidungsregeln jedoch nicht damit, sondern regeln weiter auch das Verfahren, in dem die Feststellung zu treffen ist. In modernen Gesellschaften existieren meist noch weitere sekundäre Regeln, die sich mit der zentralisierten Durchführung der vorgesehenen Sanktionen befassen. Auf diese Weise kommt den Verpflichtungsregeln eine ungleich größere Wirksamkeit zu, als wenn die Rechtsfeststellung und -durchsetzung den Betroffenen selbst überlassen wäre.

Im Hinblick auf den durch die Einführung sekundärer Regeln insgesamt bewirkten Fortschritt kann Hart daher schreiben: „Wenn wir einen Augenblick innehalten und die Struktur betrachten, die aus der Verbindung von primären Verpflichtungsregeln mit den sekundären Regeln der

Erkenntnis, des Wandels und der Entscheidung resultieren, haben wir hier eindeutig das Herz eines jeden Rechtssystems und ein höchst machtvolles Instrument, um sehr viele Probleme zu analysieren, die den Juristen und den Politologen bisher in Verlegenheit gebracht haben."[8]

III. Die Erkenntnisregeln insbesondere

1. Positivierung der Verpflichtung

Den Erkenntnisregeln kommt nach Hart besondere Wichtigkeit zu: Nach ihnen bestimmt sich, ob eine gültige Verpflichtungsregel vorliegt. Durch Verpflichtungs- und Erkenntnisregeln wird das System der Rechtsregeln zwar schon deshalb nur unvollständig erfaßt, weil dazu auch noch weitere sekundäre Regeln gehören, die sich auf den Umgang mit primären Regeln beziehen. Für die Verpflichtungsregeln aber formulieren die Erkenntnisregeln gleichsam die Existenzbedingungen: Eine gültige Verpflichtungsregel liegt dann und nur dann vor, wenn die Voraussetzungen erfüllt sind, unter denen nach einer Erkenntnisregel das Vorliegen einer Verpflichtungsregel folgt.

Der technische Fortschritt, der durch die Einführung von Erkenntnisregeln bewirkt wird, besteht darin, daß damit die Gültigkeit von Verpflichtungsregeln von leicht handhabbaren äußeren Kriterien abhängig gemacht werden kann: nicht von der inhaltlichen Richtigkeit oder Gerechtigkeit, über die man endlos streiten kann, sondern von Umständen, von denen sich jedermann überzeugen kann und über deren Vorliegen kaum Streit möglich ist. Kurz: eine Erkenntnisregel kann die Frage nach der Gültigkeit einer Verpflichtungsregel durch den *Verweis auf Tatsachen* beantworten, die sich *empirisch* ermitteln lassen. So kann eine Erkenntnisregel die Gültigkeit einer Verpflichtungsregel etwa davon abhängig machen, daß sie in einem autoritativen Text (etwa den 12 Tafeln oder der Thora) enthalten ist. In demokratischen Staaten gibt es die Erkenntnisregel, daß das, was eine bestimmte Körperschaft in bestimmter Form beschlossen hat, Recht ist. In einer Diktatur könnte der autoritativ geäußerte Wille des Machthabers für maßgebend erklärt werden. Möglich ist aber auch, daß eine Erkenntnisregel auf die praktizierten Gewohnheiten oder auf die Präjudizien der Gerichte verweist.

In all diesen Fällen knüpft die Erkenntnisregel die Gültigkeit der Primärregel an ein *Faktum* an. Darin kommt zum Ausdruck, daß es sich auch bei Harts Theorie um eine Form des *Positivismus* handelt. Im Grunde gelingt es Hart sogar, die Struktur des Regelpositivismus überhaupt darzustellen; denn er entwirft die allgemeine Formel, nach der Verhaltensregeln unter positivistischen Voraussetzungen allein gültig

---

[8] *Hart,* BdR, V 3 (S. 139f.).

sein können: dann nämlich, wenn sie sich aus denjenigen Tatsachen ableiten lassen, die in einer Erkenntnisregel als hinreichende Bedingung für das Vorliegen einer gültigen Verhaltensregel aufgestellt worden sind.

Geht man davon aus, daß es in einem bestimmten Rechtssystem nur eine einzige Erkenntnisregel gibt oder daß zwar mehrere Erkenntnisregeln zugleich existieren, wovon jedoch eine als „höchste" im Konfliktfall vor den anderen Vorrang genießt, so erinnert diese einzige oder oberste Erkenntnisregel in gewisser Weise an *Kelsens Grundnorm:* hier wie da geht es darum anzugeben, wann eine andere Norm gültig ist. Hart räumt diese Ähnlichkeit ohne weiteres ein; gleichzeitig – und zwar zu Recht – besteht er jedoch auf den Unterschieden. Anders als Kelsen stellt Hart nämlich unmißverständlich klar, daß die Gültigkeit einer Regel nach positivistischer Auffassung auf einem *Faktum* beruht: „Kelsens Terminologie verwischt das, worauf es uns in diesem Buch ankommt, wenn sie nicht sogar gänzlich unverträglich damit ist, nämlich daß die Frage, welche Kriterien der Rechtsgültigkeit in jedem beliebigen Rechtssystem gegeben sind, eine Tatsachenfrage ist; statt dessen bestimmt Kelsen die Grundnorm als eine „juristische Hypothese", „hypothetisch", eine „postulierte letzte Regel", eine „Regel, die im juristischen Bewußtsein existiert", „eine Annahme". „Unsere Frage nach der Rechtsgültigkeit ist eine faktische Frage, obwohl sie eine Frage *nach* der Existenz und dem Inhalt einer Regel ist."[9] Daß auch Kelsens Grundnorm auf ein Faktum, nämlich auf die größere Zwangsgewalt verweist, erschließt sich, wie wir gesehen haben (§ 5 II 2), nur dem, der sich von Kelsens ästhetisierender Darstellung nicht beirren läßt, sondern nach den „tatbestandlichen Voraussetzungen" der Grundnorm fragt.

2. Erkenntnisregel und Gültigkeit

Erkenntnisregeln müssen nicht ausdrücklich als Regeln formuliert sein. In einem Rechtssystem, in dem bestimmte Gewohnheiten oder Präjudizien Rechtsquellen darstellen, wird es häufig keine geschriebene Regel geben, in der dies explizit vorgesehen ist. Die Existenz der entsprechenden Erkenntnisregel *zeigt sich* vielmehr in der Art und Weise, wie Verpflichtungsregeln identifiziert werden, in unserem Beispiel also durch ihre Herleitung aus Gewohnheiten oder Präjudizien. Wer Verpflichtungsregeln in letzter Instanz immer wieder auf Präjudizien zurückführt, bringt damit die Erkenntnisregel zum Ausdruck, daß Präjudizien eine Rechtsquelle darstellen.

Die Verwendung nicht explizit formulierter Erkenntnisregeln ist, wie Hart feststellt, für den *internen* Standpunkt charakteristisch: Der Ver-

---

[9] *Hart,* BdR, Anm. zu Kap. VI (S. 351).

wender solcher Regeln beschreibt nicht das Entscheidungsverhalten der *anderen* (z.B.: „sie richten sich meist nach förmlichen Gesetzen“), sondern akzeptiert die Entscheidungsregeln als Richtschnur für sein *eigenes* Verhalten („Entscheidungen sind aus Gesetzen abzuleiten“). Häufig wird dies in der Feststellung zum Ausdruck gebracht, daß eine Primärregel „gültig“ sei. Wer ein Gesetz „gültig“ nennt, erkennt damit eine Erkenntnisregel an, wonach Verpflichtungsregeln unter der Voraussetzung, daß sie in einem solchen Gesetz enthalten sind, Rechtsqualität haben.

Mit der *Wirksamkeit,* also der tatsächlichen Befolgung einer Verpflichtungsregel, hat die *Gültigkeit* unmittelbar nichts zu tun. Gültig können auch solche Regeln sein, die häufig nicht beachtet werden: Aus dem Umstand, daß Geschwindigkeitsbegrenzungen im Straßenverkehr häufig verletzt werden, folgt nicht, daß sie nicht gültig wären. Ähnlich wie wir dies bei Kelsen beobachtet haben, besteht jedoch auch nach Hart ein mittelbarer Zusammenhang. Die Mißachtung der Regeln eines Systems kann nämlich so vollständig sein, daß es *sinnlos* erscheint, die primären Regeln durch Verweis auf Erkenntnisregeln bestimmen zu wollen. Wer ein Regelsystem, das entweder niemals wirklich funktioniert hat oder bereits abgeschafft worden ist, das also insgesamt unwirksam ist, dennoch anwenden wollte, „handelt ebenso unsinnig wie einer, der mit nie anerkannten oder bereits abgeschafften Spielregeln ein Spiel durchführen will“[10]. Nur ausnahmsweise und für bestimmte Zwecke kann es sinnvoll sein, ein insgesamt unwirksames Regelsystem gleichwohl als gültig zu behandeln: „Wer das römische Recht lebendig lehren will, muß so tun, *als ob* das System noch wirksam wäre, er muß nämlich die Gültigkeit der einzelnen Regeln besprechen und Probleme im Sinne dieser Regeln lösen.“[11] Ein Zusammenhang zwischen Wirksamkeit und Gültigkeit ergibt sich nach all dem – nur, aber auch immerhin – insofern, als derjenige, der eine interne Aussage über die Gültigkeit einer Verpflichtungsregel macht, sinnvollerweise dabei die Wahrheit der externen Aussage voraussetzen muß, daß das System im allgemeinen wirksam ist. Anders ausgedrückt: die Wirksamkeit einer Regel bildet einfach den „normalen Hintergrund“ von Aussagen über ihre Gültigkeit.

Die oberste Erkenntnisregel eines Systems läßt sich auf keine weitere Regel zurückführen; sie kann daher streng genommen auch nicht positiviert werden. Hart erläutert dies am Beispiel der für das englische Recht letzten Erkenntnisregel, daß alles, was die Königin im Parlament erläßt, Recht ist: „Selbst wenn diese Regel als positives Gesetz erlassen würde, stünde sie dadurch noch nicht auf der Ebene der positiven Gesetze. Denn der Rechtsstatus eines solchen Erlasses hinge notwendig von der

---

[10] *Hart,* BdR, VI 1 (S. 147).
[11] *Hart,* BdR, VI 1 (S. 147).

Tatsache ab, daß jene Regel zuvor schon existiert hätte und von dem Erlaß unabhängig wäre.“[12] Gemessen an dem Maßstab, daß sich die Gültigkeit einer Regel nach einer Erkenntnisregel beurteilt, kommen wir hier „an das Ende der Fragen nach der Gültigkeit“. Die letzte Erkenntnisregel „kann weder gültig noch ungültig sein, sondern sie wird einfach angenommen für den Zweck, dem sie dienen soll“.[13]

IV. Zusammenspiel primärer und sekundärer Regeln

Nach all dem läßt sich jetzt genauer bestimmen, was die Behauptung bedeutet, daß ein Rechtssystem existiere. Mit dem Versuch, dies mit dem gewohnheitsmäßigen Gehorsam gegenüber Befehlen zu erklären, wird allenfalls das Verhältnis des Bürgers zum Recht getroffen; das Verhältnis des „Rechtsstabs“ zu seinen Befugnisnormen läßt sich mit der Kategorie des Gehorsams allein nicht angemessen erfassen. Ebensowenig jedoch geht es an, ein Rechtssystem auf die „offiziellen“ Handlungen der Funktionäre des Systems zu beschränken. Da ein Rechtssystem eine komplexe Einheit von primären und sekundären Regeln ist, kommt seine Existenz sowohl im Verhältnis der Bürger zu den primären Verhaltensregeln als auch im Verhältnis der Funktionsträger zu den sekundären Befugnisregeln zum Ausdruck. Die Behauptung, daß ein Rechtssystem existiert, ist daher, wie Hart schreibt, „eine janusköpfige Aussage, die sich sowohl auf den Gehorsam des Bürgers richtet als auch auf die Annahme sekundärer Regeln durch Beamte als kritischer Standards für offizielles Verhalten“. Es gibt deshalb zwei notwendige und hinreichende Minimalbedingungen für die Existenz eines Rechtssystems: „Erstens müssen die Verhaltensregeln, deren Gültigkeit von letzten und obersten Kriterien des Systems festgelegt wurde, allgemein befolgt werden“, gleichgültig aus welchem Motiv auch immer. Und „zweitens müssen die Erkenntnisregeln für die Kriterien der Rechtsgültigkeit, die Veränderungsregeln und die Entscheidungsregeln wirksam von den Beamten als allgemeine öffentliche Standards des offiziellen Verhaltens angenommen werden“.

Da die Funktionsträger bei der Ausübung ihres Amtes (häufig) nicht unter Rechtszwang stehen, *müssen* sie sich die sekundären Regeln als Maßstab ihres Verhaltens *intern* zu eigen machen. Die Bürger werden die primären Verpflichtungsregeln normalerweise ebenfalls anerkennen; doch *genügt* es, wenn sie sie als externe Zwangsnormen befolgen und lediglich den Sanktionen ausweichen wollen, die für den Fall der Zuwiderhandlung vorgesehen sind. Zwar würde eine Gesellschaft, in der nur die Funktionsträger ein positives inneres Verhältnis zu den Regeln ent-

---

[12] *Hart,* BdR, VI 2 (S. 156f.).

[13] *Hart,* BdR, VI 1 (S. 151, 153).

wickeln, „in beklagenswerter Weise einer Schafherde ähneln, und die Schafe würden vielleicht im Schlachthaus enden. Aber" – und insoweit trifft sich Hart mit Kelsen – „wir hätten keinen Grund, diesem System den Titel eines Rechtssystems abzusprechen".[14] Der Unterschied beider liegt also nicht darin, daß Hart dem pathologischen Rechtssystem, in dem alle Bürger nur dem Zwang gehorchen, den Rechtscharakter absprechen würde; der Unterschied liegt vielmehr darin, daß Hart den Normalzustand beschreibt, während Kelsen die Begrifflichkeit der Reinen Rechtslehre am pathologischen Zustand orientiert[15].

---

[14] *Hart,* BdR, VI 2 (S. 163 f.).

[15] In seinen Essays in Jurisprudence and Philosophy (Fn. 6), S. 299 vergleicht Hart Kelsens Theorie der Zwangsnorm mit Holmes' „Bösewicht-Theorie", nach der wir in unsere Definition z. B. der Pflicht nur solche Elemente aufnehmen sollten, für die sich ein potentieller Rechtsbrecher interessieren würde.

§ 10. Rechtsanwendung

I. Offene Struktur von Regeln

1. Anwendungsspielraum und Ermessen

Die mit Hilfe von Recht bewirkte Sozialkontrolle erfolgt, wie wir oben (§ 8 II 1) dargelegt haben, typischerweise nicht durch Einzelanweisungen, sondern durch Regeln. Allgemeine Regeln beziehen sich auf *Klassen* von Personen und ebenso auf *Klassen* von Handlungen, Dingen und Umständen. Entgegen einer verbreiteten Auffassung spielt es dabei keine sehr große Rolle, ob die Regel durch ein autoritatives Gesetz oder ein autoritatives Beispiel (Präjudiz) vermittelt wird. Wie Hart vermerkt, bestand ein großer Teil der neueren Jurisprudenz vielmehr darin, „daß man mehr und mehr die wichtige Tatsache realisierte (und manchmal übertrieb), daß der Unterschied zwischen der Unbestimmtheit der Vermittlung durch autoritatives Beispiel (Präzedenzfall) und der Bestimmtheit der Vermittlung durch autoritative allgemeine Sprache (Gesetzgebung) weniger unerschütterlich ist, als dieser naive Gegensatz vermuten läßt".[1] Auch das Gesetz wird nur durch Beispiele anschaulich, und umgekehrt wird das autoritative Beispiel nur im Hinblick auf eine dahinter stehende Regel verständlich. In jedem Fall umfaßt die Regel, sei sie zustandegekommen wie sie wolle, eine Vielzahl von Einzelfällen. Im Vergleich zu Einzelanweisungen erlaubt dies eine erhebliche Vereinfachung: Um von den Besuchern einer Parkanlage Belästigungen fernzuhalten, braucht man, wo es Regeln gibt, keinen Wärter zu beauftragen, nach seinem Ermessen für Ruhe und Ordnung zu sorgen, sondern man kann auch ein Schild aufstellen, wonach es beispielsweise allgemein untersagt ist, Fahrzeuge in den Park mitzunehmen.

Damit die soziale Kontrolle durch Regeln gelingt, müssen diese auf konkrete Fälle *angewandt* werden. Es muß also möglich sein, einzelne Handlungen, Dinge und Umstände als konkrete Beispiele der in der Regel erwähnten Klassen zu erkennen. In dem eben genannten Fall muß man also z.B. sehen, daß Fahrräder „Fahrzeuge" sind und daher nicht in den Park mitgenommen werden dürfen, ebenso nicht Mopeds, Motorräder oder Autos, weil es sich auch in diesen Fällen um Fahrzeuge handelt. Über diese Fähigkeit zur Regelanwendung müssen zunächst einmal die Betroffenen selbst verfügen, weil sie sich sonst nicht an die Regel halten könnten; im Streitfall müssen dazu jedoch auch unbeteiligte Dritte in der Lage sein.

---

[1] *Hart,* BdR, VII 1 (S. 175).

Wie die Erfahrung lehrt, gibt es bei dieser Subsumtion des Besonderen unter das Allgemeine völlig unproblematische Fälle. Wäre es anders, könnten wir uns mit allgemeinen Begriffen überhaupt nicht verständigen. So wird etwa niemand zweifeln, daß Fahrräder, Mopeds, Motorräder und Autos „Fahrzeuge" im Sinn der oben erwähnten Regel sind. Auf der anderen Seite treten immer wieder Fälle auf, in denen *Zweifel möglich* sind. Dann kommt es darauf an, zu beurteilen, „ob der vorliegende Fall dem einfachen Fall in den ‚relevanten' Hinsichten ‚genügend' ähnelt"[2]. Dieser Fallvergleich bestimmt die Struktur der Argumentation nicht nur dann, wenn die maßgebliche Regel in einem Präjudiz und damit selbst nur in einem Beispielsfall enthalten ist, sondern auch dann, wenn sie bereits sprachlich in Form einer Regel vorliegt.

In den zweifelhaften Fällen bleibt dem Rechtsanwender nach Harts Auffassung ein gewisser *Spielraum*. Seine Schlußfolgerung ist hier nicht eindeutig determiniert. Er kann die Ähnlichkeit für hinreichend, er kann sie ebensogut aber auch für nicht hinreichend halten. „Wenn in solchen Fällen Zweifel beseitigt werden müssen, muß so etwas wie eine Wahl zwischen offenen Möglichkeiten von dem getroffen werden, der dazu befugt ist."[3] Diese „Wahl", von der Hart immer wieder spricht, ist nichts anderes als der Ausdruck davon, daß dem Rechtsanwender bei der Entscheidung ein *Ermessen* zuerkannt wird. Nach Lage der Dinge geht es dabei um eine Feststellung, die nur von einem *internen* Standpunkt aus getroffen werden kann. Denn gleichgültig, ob sich ein Richter die Frage vorlegt, ob ein gegebener Fall unter eine bestimmte Regel subsumiert werden kann oder ob ein Dritter das Entscheidungsverhalten des Richters anhand seines eigenen Regelverständnisses überprüft, geht es hier wie da um das *richtige* Verständnis der betreffenden Regel.

2. Formalismus und Regelskeptizismus

Hart nennt diese begrenzte Steuerungsfähigkeit die *offene Struktur* von Regeln. Er sieht darin ein charakteristisches Merkmal normativer Regeln überhaupt. Dabei ist er sich aber durchaus bewußt, daß er für diese Auffassung nicht auf allgemeinen Beifall rechnen kann. „Die Jurisprudenz hat", wie er gelassen notiert, „in dieser Sache eine merkwürdige Geschichte; denn sie neigt dazu, die Unbestimmtheit der Rechtsregeln entweder zu ignorieren oder zu übertreiben"[4]. Dieses „Laster" – von Hart anschaulich beschrieben in dem Artikel „The Nightmare and the Noble Dream"[5] – äußert sich in einem extremen Formalismus auf der einen Seite und einem nicht weniger extremen Skeptizismus auf der anderen.

---

[2] *Hart,* BdR, VII 1 (S. 177).
[3] *Hart,* BdR, VII 1 (S. 177).
[4] *Hart,* BdR, VII 1 (S. 182).
[5] *Hart,* Essays in Jurisprudence and Philosophy, Oxford 1983, S. 123ff.

Der *Formalismus* ist nichts anderes als eine Haltung, die darin besteht, die Offenheit von Regeln zu verdecken oder jedenfalls herunterzuspielen. Die Rechtsanwendung wird zu diesem Zweck ausschließlich als logische Operation in Form eines syllogistischen Schlusses beschrieben, bei welcher die Notwendigkeit einer freien Wahl oder einer Ermessensbetätigung gar nicht vorkommt. Am liebsten möchte der Formalist in begriffsjuristischer Manier „die Bedeutung der Regeln einfrieren, so daß ihre allgemeinen Ausdrücke stets und in allen Fällen die gleiche Bedeutung haben“[6]. Damit wäre zwar ein hohes Maß an Voraussagbarkeit zu gewährleisten, freilich um den Preis, daß die Entscheidung künftiger Fälle gleichsam blind im voraus getroffen würde, weil niemand weiß, wie diese Fälle genau aussehen und durch welche Besonderheiten sie sich auszeichnen.

An anderer Stelle hat Hart den Formalismus einmal so kritisiert: „Wenn eine Schattenzone der Ungewißheit notwendig alle gesetzlichen Vorschriften umgibt, dann kann ihre Anwendung auf besondere Fälle im Bereich dieser Zone nicht eine Sache logischer Deduktion sein; d.h. die deduktive Denkweise, durch Generationen als die Vollendung menschlichen Denkens gepriesen, kann nicht als Modell dafür dienen, was ein Richter oder sonst irgend jemand tut, wenn er einer besonderen Fall unter eine allgemeine Regel bringt. In diesem Bereich kann man nicht allein mit Deduktionen auskommen ... Auch hier scheint sich wieder zu zeigen, daß das Kriterium, nach dem sich in solchen Fällen eine Entscheidung als richtig erweist, eine Vorstellung davon ist, was Recht sein sollte...“[7]

Der *Regelskeptizismus* (näher unten II 2) verfällt in genau das entgegengesetzte Extrem und leugnet jede Bindung durch Rechtsregeln. Aus dem Umstand, daß der Rechtsanwender in manchen Fällen nicht streng gebunden ist und daß dieser offene Bereich von dem der strikten Bindung nicht klar abgegrenzt werden kann, schließt er, daß der Regelanwender durch die Regel überhaupt nicht gebunden sei. Als Beispiel kann man auf das Spätwerk Kelsens verweisen, in dem die Möglichkeit normlogischer Schlüsse generell geleugnet wird (vgl. oben § 6 III).

Nach Harts Auffassung sind Formalismus und Regelskeptizismus „Scylla und Charybdis der Rechtstheorie; sie sind große Übertreibungen und heilsam, wo sie einander korrigieren, die Wahrheit liegt in der Mitte“[8]. Alle Rechtssysteme müssen nämlich, wie er sieht, *zwischen zwei verschiedenen sozialen Bedürfnissen vermitteln:* einmal „dem Bedürfnis nach sicheren Regeln, die auf einem weiten Gebiet des sozialen Verhaltens mit Sicherheit von privaten Individuen auf sich selbst angewendet

---

[6] *Hart,* BdR, VII 1 (S. 180).

[7] *Hart,* Recht und Moral, Göttingen 1971, S. 31.

[8] *Hart,* BdR, VII 4 (S. 205).

werden können, ohne daß immer wieder amtliche Leitung oder Abwägung nötig würde“, zum andern jedoch „dem Bedürfnis, Fragen für eine spätere Regelung mittels kompetenter und amtlicher Entscheidungen offen zu lassen, die nur dann richtig erwogen und beantwortet werden können, wenn sie in einer konkreten Situation auftauchen.“[9] Um beiden Bedürfnissen gerecht werden zu können, müssen rechtliche Regeln sowohl Elemente der Bindung als auch solche des Ermessens enthalten.

Daß eindeutige Regelungen nicht möglich sind, hängt also nicht nur mit der menschlichen Sprache zusammen: Zwar ist „Unbestimmtheit an der Grenze ... der Preis, den man für die Verwendung allgemeiner klassifikatorischer Ausdrücke bei jeder Form der Kommunikation von Tatsachen zahlen muß. Natürliche Sprachen ... sind hier offen strukturiert, daran kann man nicht rütteln.“[10] Aber es gibt, wie Hart darlegt, noch einen ganz anderen Grund, weshalb man den Regelbegriff nicht „überstrapazieren“ darf. Das ist der, „daß die Notwendigkeit der Wahl uns deshalb auferlegt wurde, weil wir Menschen und nicht Götter sind. Es ist ein Grundzug der menschlichen Situation (und deshalb auch der Legislative), daß wir stets zwei miteinander verbundenen Hindernissen entgegenarbeiten, wann immer wir versuchen, unzweideutig und im voraus einige Bereiche des menschlichen Verhaltens durch allgemeine Standards zu regeln, die ohne weitere amtliche Anleitung in besonderen Fällen angewandt werden sollen. Das erste Hindernis ist, daß wir relativ wenig von den Tatsachen wissen; das zweite Hindernis ist, daß wir unser Ziel relativ wenig bestimmen können.“[11] Nur eine Welt, in der sich dies anders verhält, wäre für eine „mechanische“ Jurisprudenz geeignet. Unsere Welt ist dies jedoch nicht.

Anhand unseres Ausgangsfalles kann man sich das auf anschauliche Weise klarmachen: Angenommen, ein Junge bringt ein elektrisch betriebenes *Spielzeugauto* mit in den Park. Ist dies gestattet? Handelt es sich dabei um ein „Fahrzeug“ im Sinne des Verbotsschildes oder nicht? Das Kinderauto kann sich, wie Hart sarkastisch bemerkt, „nicht zu Wort melden und sagen ‚ich bin ein Fahrzeug im Sinne dieser gesetzlichen Bestimmung‘... Die Tatsachen erwarten uns nicht sauber etikettiert, geplättet und gefaltet, und ihre rechtliche Einstufung ist ihnen nicht aufgedruckt, so daß der Richter sie einfach ablesen könnte. Statt dessen muß bei der Anwendung gesetzlicher Vorschriften irgend jemand für die Entscheidung, ob ein Ausdruck einen vorliegenden Fall erfaßt oder nicht sowie für alle mit dieser Entscheidung verbundenen praktischen Konsequenzen die Verantwortung übernehmen.“[12] Gemessen an dem Ziel,

---

[9] *Hart,* BdR, VII 1 (S. 181).
[10] *Hart,* BdR, VII 1 (S. 178).
[11] *Hart,* BdR, VII 1 (S. 178f.).
[12] *Hart,* Recht und Moral (Fn. 7), S. 30.

Ruhe und Frieden im Park aufrechtzuerhalten, könnte man vielleicht dafür plädieren, auch ein Spielzeugauto unter den Begriff des Fahrzeugs zu subsumieren. Der Fall wirft jedoch die Frage auf, ob ein gewisser Teil des Friedens für spielende Kinder geopfert oder aber gegen sie verteidigt werden muß. Das beantwortet die aufgestellte Regel mit Sicherheit nicht. Wir können diese Frage daher nur so entscheiden, daß wir „zwischen den einander widerstreitenden Interessen wählen, und zwar so, wie es uns am meisten befriedigt. Wenn wir das tun, haben wir unser ursprüngliches Ziel besser bestimmt und werden zugleich die Frage nach der Bedeutung, für den Zweck dieser Regel, eines allgemeinen Wortes beantwortet haben.“[13] Das aber zeigt: „die Subsumtion und die syllogistische Folgerung charakterisieren eben nicht den Nerv der Überlegung, die bestimmt, was zu tun richtig sei“[14].

Um Mißverständnissen entgegenzuwirken, wie sie leicht naheliegen könnten, hat Hart später ausdrücklich klargestellt, daß die Rechtsanwendung in diesem Grenz- oder Schattenbereich keineswegs willkürlich erfolgt, sondern an rationale Gründe gebunden bleibt, auch wenn diese sich nicht im Wege eines logischen Schlusses aus der verwendeten Regel ableiten lassen: „Wenn Wörter wie ‚Wahl‘ und ‚Ermessen‘ oder Ausdrücke wie ‚schöpferische Tätigkeit‘ oder ‚Lückenfüllung‘ benutzt werden, um die Entscheidungstätigkeit zu beschreiben, so bedeutet dies nicht, daß die Gerichte willkürlich entscheiden, ohne sorgfältig die Gründe für ihre Urteile herauszuarbeiten – und noch weniger, daß irgendein Rechtssystem zu solchen Urteilen ermächtigt. Es ist von grundlegender Bedeutung, daß die zur Entscheidung gelangenden Fälle nicht aus einem Vakuum, sondern aus der Entwicklung eines lebendigen Regelsystems hervorgehen, einer Entwicklung, in der eine Vielzahl verschiedener Erwägungen immer wieder als gute Gründe für eine Entscheidung anerkannt werden. Diese schließen eine Fülle von individuellen und sozialen Interessen, von sozialen und politischen Zielen sowie von Standards der Moral und Gerechtigkeit ein, und sie können in Allgemeinbegriffen als Prinzipien, Klugheitsregeln und Standards formuliert sein. In einigen Fällen ist vielleicht nur eine einzige Erwägung dieser Art einschlägig und bestimmt die Entscheidung womöglich mit derselben Unzweideutigkeit wie eine klare Rechtsnorm. Aber in vielen Fällen ist dies nicht so, und die Richter stellen, um ihre Entscheidungen zu motivieren, eine Vielzahl solcher Erwägungen zusammen, die sie insgesamt als ausreichende Begründung ihrer Entscheidung ansehen, obgleich dies je für sich genommen nicht der Fall wäre.“[15]

---

[13] *Hart,* BdR, VII 1 (S. 180).
[14] *Hart,* BdR, VII 1 (S. 177).
[15] *Hart,* Essays in Jurisprudence and Philosophy, Oxford 1983, S. 106f.

3. Techniken der Kompensation

Die Unfähigkeit, die Zukunft zu antizipieren, ist nicht in allen Verhaltensbereichen gleich groß. Um ihr entgegenzuwirken, bedient sich die Gesetzgebung daher unterschiedlicher Techniken. Eine dieser Techniken besteht darin, die Verwaltung zum Erlaß von *Verordnungen* zu ermächtigen und dafür nur allgemeine Standards zu setzen. Der Verordnungsgeber ist dann relativ flexibel und kann seine Regeln den jeweiligen Bedürfnissen anpassen. Freilich sind auch Verordnungen noch schwerfällig genug und wirken davon abgesehen ebenso wie formelle Gesetze nur für die Zukunft. Eine andere Technik, die diesen Nachteil vermeidet, ist die, in Gesetzen *unbestimmte Rechtsbegriffe* zu verwenden, z.B. auf die „erforderliche Sorgfalt" oder die „Angemessenheit" eines Verhaltens abzustellen. In diesem Fall müssen sich die Bürger einem variablen Standard anpassen, *bevor* er amtlich definiert wurde, und sie erfahren von den Gerichten erst *im nachhinein,* ob sie gegen das verstoßen haben, was von ihnen genau verlangt wird.

Normalerweise erfolgt die soziale Kontrolle indessen durch Regeln, die im Kern bestimmte Handlungen vorschreiben und *nur am Rande offen* sind. Das grobschlächtigste Beispiel dafür ist nach Hart das Tötungsverbot. Um das Leben zu schützen, könnte man an sich einen variablen Standard aufstellen, der auf alle möglichen Umstände flexibel reagieren könnte, etwa: „das menschliche Leben mit dem gebührenden Respekt zu behandeln". Obwohl die Umstände, unter denen manche Menschen andere töten, sehr verschieden sind, verwendet man jedoch eine Regel, die maßgeblich auf das Töten selbst abstellt. Wenn nämlich jemand getötet worden ist, gibt es nur wenige Umstände, die unser Unwerturteil über diesen Vorgang korrigieren können. Solche Ausnahmen – wie z.B. das Töten in Notwehr – sind leicht zu erkennen und zwingen keineswegs dazu, auf eine Regelung zu verzichten, die den „Normalfall" des Tötens problemlos erfaßt. Eben an diesem Normalfall ist daher das Tötungsverbot orientiert.

II. Kernbereich und Randbereich

1. Normalfall und Zweifelsfall

Entsprechend dem in der deutschen juristischen Methodenlehre gern verwendeten Bild vom „Begriffskern" und vom „Begriffshof" kann man sich die Offenheit von Regeln so vorstellen, daß eine Regel über einen Kern- und einen Randbereich verfügt. Im Kernbereich sind die Anwendungsfälle angesiedelt, die praktisch für *jedermann* klar sind. Solche Fälle gibt es bei jeder Regel, selbst bei Generalklauseln, die ausschließlich mit unbestimmten Rechtsbegriffen operieren. Auch wenn die Grenze zwischen Tag und Nacht, zwischen grausam und nicht grausam, zwischen sorgfältig und fahrlässig fließend ist, steht zumindest in einigen Fällen fraglos fest, daß ein Diebstahl zur „Nachtzeit" begangen wurde, eine Tötungshandlung „grausam" oder ein Überholmanöver „fahrlässig" war. Andernfalls könnte man sich unter solchen Regeln überhaupt nichts vorstellen, bevor nicht die Gerichte unter Berufung auf sie einige verbindliche Entscheidungen erlassen haben.

Im Randbereich kann man dagegen unterschiedlicher Meinung sein. Hier kann daher wirkliche Sicherheit allein durch eine *autoritative Entscheidung* hergestellt werden. Am Rande der Regeln üben die Richter somit eine „regel-schaffende Funktion" aus. Hart vergleicht diese geradezu mit der Tätigkeit eines Verordnungsgebers, der die variablen Standards eines ermächtigenden Gesetzes nach seiner jeweiligen Einsicht in konkrete Regeln ausmünzt, und er folgert daraus: „Die offene Struktur des Rechts bedeutet, daß es in der Tat Verhaltensgebiete gibt, wo man das meiste den Gerichten oder den Beamten überlassen muß, die je nach den Umständen zwischen den widerstreitenden Interessen, die von Fall zu Fall verschiedenes Gewicht haben, ein Gleichgewicht herstellen."[16]

2. *Erklärungsdefizit des Regelskeptizismus*

Der Umstand, daß den Richtern im Streitfall das letzte Wort zusteht, weil sie verbindlich feststellen dürfen, was der maßgebliche Inhalt einer Regel ist, hat dem Regelskeptizismus immer wieder neue Nahrung gegeben. Aus der offenen Struktur von Rechtsregeln hat man nämlich, wie erwähnt, häufig geschlossen, daß es nichts gibt, was diese Offenheit für ein Gericht begrenzen könnte. Die Befugnis zur autoritativen Gesetzesauslegung scheint den Gesetzesausleger bei einer solchen Sicht der Dinge über den Gesetzgeber selbst zu stellen; das Gesetz scheint dem Richter nur noch das Stichwort zu liefern, um so entscheiden zu können, wie er es aus welchen Gründen auch immer selbst für richtig hält, getreu der These des Bischofs Hoadley: „Wer immer die absolute Autorität besitzt, geschriebene oder gesprochene Gesetze auszulegen, er ist der Rechtsgeber für alle Absichten und Zwecke, und nicht die Person, die sie zuerst niederschrieb oder aussprach."[17]

Ausgehend von der Unterscheidung zwischen Kern- und Randbereich einerseits und von Teilnehmer- und Beobachterperspektive andererseits unterzieht Hart den Regelskeptizismus ebenso wie zuvor bereits den begriffsjuristischen Formalismus einer kritischen Analyse. Dabei zeigt sich, daß die formelle Kompetenz des Richters, das letzte Wort zu sprechen, keineswegs heißt, daß er in der Sache unfehlbar wäre. Die Ver-

---

[16] *Hart,* BdR, VII 1 (S. 188).
[17] Vgl. *Hart,* BdR, VII 2 (S. 196).

bindlichkeit einer Entscheidung und ihre Richtigkeit sind vielmehr zweierlei. Eine verbindliche Entscheidung ist daher nicht automatisch auch richtig; sie kann vielmehr trotz ihrer Unangreifbarkeit falsch sein. Das zeigt schon ein Vergleich mit der Regelanwendung durch die Bürger. In allen bekannten Rechtssystemen werden Rechtsregeln nicht nur von Richtern, sondern – und zwar wesentlich häufiger – auch von Bürgern ausgelegt und angewendet. Das ist ganz unverzichtbar, wenn die Bürger bei ihrem Verhalten nicht ständig mit dem Gesetz in Konflikt kommen sollen. Die Regelanwendung der Bürger stellt gleichsam die nichtoffizielle Regelanwendung dar; die der Richter dagegen ist die offizielle. Die Regelanwendung der Bürger kann nach allgemeiner Auffassung richtig oder falsch sein. Solange keine richterliche Entscheidung vorliegt – und viele Fälle werden überhaupt nie entschieden –, kann man sich für die Beurteilung der privaten Regelanwendung naturgemäß auf kein Präjudiz berufen. Wenn aber das Urteil über den Inhalt einer Regel unabhängig von einer autoritativen Entscheidung gebildet werden kann und muß, erscheint es nicht einleuchtend anzunehmen, daß sich die Richtigkeitskriterien mit dem Erlaß einer autoritativen Entscheidung ändern, gleichgültig wie diese ausfällt.

Als Engländer kann Hart der Versuchung nicht widerstehen, diese wichtige Erkenntnis auch am Beispiel eines Fußballspiels zu erläutern. Wie er darlegt, könnte man zur Not auch ohne Schiedsrichter Fußball spielen: Die Gewinnregel ist den Spielern und den Zuschauern bekannt, und sie können sie im großen und ganzen auch ohne fremde Hilfe anwenden. Freilich gibt es immer wieder Zweifelsfälle, die das Spiel über Gebühr aufhalten könnten. Die Bestellung eines Schiedsrichters ermöglicht es hier, über die Anwendung der Gewinnregel auf kurzem Weg eine abschließende autoritative Entscheidung herbeizuführen. Der Schiedsrichter ist befugt, im konkreten Fall die Regeln und ihre Anwendung zu definieren. Das Spiel selbst soll dadurch jedoch nicht anders gespielt werden, die Gewinnregel soll sich nicht ändern. Der Schiedsrichter darf sich daher ungeachtet seiner Kompetenz zur verbindlichen Entscheidung nicht allzu weit von dem entfernen, was allen akzeptabel erscheint; insbesondere darf er die Kernbedeutung nicht ignorieren, denn irgendwo hat die Toleranz eine Grenze. Spätestens dann, wenn der Schiedsrichter ein Tor anzeigt, obwohl sich der Ball gar nicht auf dem Spielfeld befindet, erhebt sich die Frage, ob sich die Spieler einen solchen Fehler gefallen lassen wollen. Finden sie sich damit ab, so ist das Spiel fortan ein anderes: Es würde nicht mehr Fußball gespielt, sondern *„Schiedsrichters Belieben"*. Die Gewinnregel wäre dann nämlich eine ganz andere als zuvor.

In derselben Weise muß sich auch ein Richter in Rechtsangelegenheiten im Rahmen dessen halten, was den Bürgern als Normanwendung vermittelbar ist. Andernfalls brauchte man überhaupt keine Verpflichtungsregeln. Wäre die richterliche Entscheidung tatsächlich so beliebig, wie der Regelskeptizismus meint, so wäre unser Rechtswesen in Wahrheit völlig anders beschaffen, als es einem verbreiteten Verständnis entspricht: es wäre „Richters Belieben". Aber davon geht auch der Regelskeptizismus selbst nicht aus. Denn wenn er das Recht auf die faktische Voraussage zu reduzieren sucht, wie die Richter vermutlich entscheiden werden, so bildet die Basis für eine solche Voraussage gerade die Kenntnis, „daß die Gerichte die Rechtsregeln nicht selbst als Vorhersagen betrachten, sondern als zu befolgende Standards, die trotz ihrer offenen Struktur bestimmt genug sind, um die rechtsschöpferische Funktion zu begrenzen"[18]. Kurz: die *externen* Voraussagen darüber, was ein Gericht tun wird, beruhen auf der Voraussetzung, daß diejenigen, auf die sich die Voraussagen beziehen, im Verhältnis zu den maßgeblichen Rechtsregeln gerade einen *internen* Standpunkt einnehmen. Um nicht mit sich selbst in Widerspruch zu geraten, müßte der Regelskeptizismus daher auf alle konkreten Voraussagen verzichten und sich auf statistische Aussagen beschränken wie die, daß 60% aller Klagen Erfolg haben, während 40% abgewiesen werden. Was Hart nicht ahnen konnte, war freilich, daß Kelsen einen sehr ähnlichen Schritt in seiner nachgelassenen Normentheorie tatsächlich tun würde (oben § 6 III 2).

III. Offenheit der Erkenntnisregeln

Nicht nur Verhaltensregeln, auch Erkenntnisregeln, mit deren Hilfe Verhaltensregeln identifiziert werden, sind offen strukturiert. Soweit sie sich auf die Kompetenz der höchsten Legislativorgane beziehen, betreffen etwaige Zweifel die letzten Kriterien der Rechtsgültigkeit überhaupt. Wie in anderen Fällen ist auf solche Zweifelsfragen auch hier keine eindeutig richtige Antwort möglich. Die Entscheidung kann daher wiederum nur auf autoritative Weise getroffen werden.

So kann etwa die Frage auftauchen, ob ein Parlament seine Befugnis definitiv für erloschen erklären kann. Sicher wird es kaum vorkommen, daß ein Parlament sich auflöst. Aber es kann sein, daß es einzelne Befugnisse auf andere Körperschaften überträgt. So hat etwa das Statute von Westminster den britischen Dominions, die bis dahin der Gesetzgebungsbefugnis des englischen Parlaments unterlagen, eine eigene Gesetzgebungsbefugnis zugesprochen. In unserer heutigen Zeit geht es um die Übertragung von Gesetzgebungsbefugnissen auf die Organe der Europäischen Gemeinschaften. Ist das Parlament in jeder späteren Zusammensetzung, also auch wenn es aus ganz anderen Abgeordneten besteht, an eine solche Übertragung gebunden, oder kann es sie rückgängig machen?

---

[18] *Hart,* BdR, VII 3 (S. 204).

Die Entscheidung ist hier sicher nicht durch eine allgemeine Erkenntnisregel determiniert. Denn wie könnte eine Verfassung einem Gericht die Autorität übertragen, zu sagen, was die Substanz der Verfassung ist? Eher kommt man der Wahrheit nahe, wenn man sagt, daß den Gerichten die Autorität zu einer solchen Entscheidung erst im nachhinein zuwächst, nachdem die Entscheidung gefallen ist, und zwar dadurch, daß sie damit Akzeptanz finden und Erfolg haben. „Hier holt sich die Macht die Autorität *ex post facto* vom Erfolg."[19]

Wenigstens hier sind daher die Skeptiker im Recht, die das Recht auf das reduzieren, was die Gerichte tatsächlich tun: „Hier, am Rand dieser äußerst fundamentalen Dinge, sollte uns der Regel-Skeptiker willkommen sein, solange er nicht vergißt, daß er nur am Rand willkommen ist"[20]. Dabei müssen freilich auch wir uns bewußt sein, daß der Erfolg, den die Gerichte bei der Fortentwicklung der grundlegenden Erkenntnisregel haben können, auf dem Ansehen beruht, das sie sich von den unbezweifelbar regelgeleiteten Tätigkeiten auf den Zentralgebieten des Rechts erworben haben.

---

[19] *Hart,* BdR, VII 4 (S. 213).
[20] *Hart,* BdR, VII 4 (S. 213).

§ 11. Positives Recht und Naturrecht

I. Verbindungen zwischen Recht und Sittlichkeit

1. Rahmenbedingungen positiven Rechts

Für einen „Überzeugungspositivisten“ wie Kelsen war die Frage nach der Gerechtigkeit irrational und daher wissenschaftlich uninteressant. Schlüsselbegriff war für Kelsen nicht die *veritas,* sondern die *auctoritas* des Rechts. Bei Hart, der sich im Gegensatz zu Kelsen mehr um eine Analyse des „normalen“ Rechtslebens bemüht, begegnen wir insoweit einer anderen Haltung. Obgleich auch Hart Positivist ist, versteht er es doch, der Frage nach der Gerechtigkeit ebenso wie dem Gedanken des Naturrechts einen neuen, auch für den Positivismus akzeptablen Sinn abzugewinnen. Gelegentlich scheint es fast, daß Hart sich der voluntaristischen Naturrechtskonzeption von Hobbes nähert, die nicht zufällig am Anfang des neuzeitlichen Positivismus steht.

Dieser Eindruck kommt nicht von ungefähr. Er hängt damit zusammen, daß Hart in gedanklicher Hinsicht einen ähnlichen Weg zurücklegt wie Hobbes, wenn auch in umgekehrter Richtung. Während Hobbes, ausgehend von den allgemeinen Aufgaben, die dem Recht unter widrigen Umständen gestellt sind, sich gleichsam von außen her in den Positivismus „hineindenkt“, versucht Hart, ausgehend von dem bereits etablierten Positivismus, sich in dessen nichtpositive Grundlagen „zurückzudenken“. Anders als Kelsen hat Hart ein gesundes Gespür dafür, daß das positive Recht nicht in sich selbst ruht, sondern daß es abgestimmt sein muß mit elementaren menschlichen Bedürfnissen. Das gehört zwar vielleicht nicht zum „Begriff“ des Rechts, wie es vielleicht auch nicht zum Begriff des Menschen gehört, daß er essen und trinken muß. Aber wenn diesen Erfordernissen nicht Rechnung getragen wird, wird es mit einer Rechtsordnung faktisch ebenso schnell zu Ende sein wie mit der Existenz eines Menschen, der sich seinen realen Existenzbedingungen verweigert.

Die Frage nach den Rahmenbedingungen des positiven Rechts lenkt Harts Blick auf eine noch ganz anders motivierte Kritik an der juristischen Imperativentheorie, als er sie selbst geleistet hat. Nach naturrechtlicher Auffassung unterscheidet sich das Recht nämlich auch dadurch von zwangsbewehrten Befehlen, daß es in einer notwendigen Verbindung zur *Sittlichkeit* steht. Wie schon für Kelsen findet diese Auffassung auch für Hart ihren klassischen Ausdruck in der Frage Augustins, was Staaten ohne Gerechtigkeit anderes sind als große Räuberbanden[1]. Mit

---

[1] *Hart,* BdR, VIII (S. 215).

Blick auf die Normalität des Rechts, die eine weitgehende Normakzeptanz von seiten des Bürgers nicht entbehren kann, versteift sich Hart keineswegs darauf, Beziehungen zwischen Recht und Sittlichkeit zu leugnen. Er zeigt solche Beziehungen vielmehr gerade auf. Im Gegensatz zu naturrechtlichen Auffassungen, die einen *notwendigen* inhaltlichen Gleichlauf von Recht und Sittlichkeit behaupten, besteht er dabei jedoch auf den Unterschieden. Wir richten den Blick zunächst auf das letztere.

2. *Kennzeichen sittlicher Regeln*

Nach einer verbreiteten Ansicht, die ihren namhaftesten Vertreter in Kant hat, verlangen Rechtsregeln nur ein „äußeres" Verhalten und sind gegenüber Motiven und Absichten des Handelnden gleichgültig, während die Sittlichkeit gerade auf den Willen bzw. auf die Absicht oder das Motiv abstellt. Hart hält diese Unterscheidung für nicht ganz überzeugend. Er interpretiert sie jedoch als eine „gedrängte Zusammenfassung von vier entscheidenden, untereinander verbundenen Problemen ..., die alle zusammen dazu dienen, die Sittlichkeit nicht nur von Rechtsregeln zu unterscheiden, sondern auch von anderen sozialen Regeln"[2]:

- Zunächst einmal nehmen sittliche Regeln auf der Stufenleiter der sozialen Wichtigkeit einen *hohen Rang* ein, während sich Rechtsregeln auch auf ganz unbedeutende Gegenstände beziehen können. Rechtlich kann man ohne weiteres verpflichtet werden, innerhalb geschlossener Ortschaften mit Kraftfahrzeugen nicht 31 km/h, sondern maximal 30 km/h zu fahren oder an bestimmten Stellen nicht zu parken; eine sittliche Regel dieses Inhalts kann man sich dagegen schwer vorstellen.
- Sittliche Regeln können sodann *nicht gezielt geändert* werden. Sie hängen wesentlich mit Traditionen zusammen und sind daher zwar nicht unwandelbar, widersetzen sich jedoch wie alle Traditionen einer willkürlichen Beeinflussung. Beim Recht verhält sich dies anders, selbst in Bereichen, wo es nach wie vor keine Legislative gibt. Ein anschauliches Beispiel dafür bietet das Völkerrecht. Auch wenn dieses nach wie vor weitgehend auf gewachsenen Gewohnheiten beruht, würde es sich seinem Begriff zufolge einer gezielten Legislative keineswegs widersetzen. Diese würde ihm vielmehr etwas hinzufügen, dessen Fehlen nach verbreiteter Auffassung gerade einen empfindlichen Mangel des Völkerrechts darstellt.
- Bei sittlichen Regeln setzt die *Verantwortlichkeit* für Regelverstöße notwendig voraus, daß der Betreffende *freiwillig* gehandelt oder wenigstens gegen subjektive Sorgfaltspflichten verstoßen hat. Im Recht

[2] *Hart,* BdR, VIII 2 (S. 239).

ist dies keineswegs der Fall: das Institut der Gefährdungshaftung beispielsweise beruht eindeutig auf dem Gedanken der objektiven Verantwortlichkeit. Das Argument „Ich konnte nichts dafür", das beim Verstoß gegen sittliche Regeln immer entlastet, ist hier keine Entschuldigung.

– Schließlich aber ist der *soziale Druck,* der zur Erhaltung der Sittlichkeit ausgeübt wird, *anders* beschaffen, als dies beim Recht der Fall ist. Während das Recht häufig mit unangenehmen Folgen droht, besteht der moralische Druck typischerweise „aus Appellen, die Regeln als etwas, das an sich wichtig ist, zu beachten, wobei man voraussetzt, daß die Adressaten der Appelle prinzipiell auch dieser Meinung sind." Man vertraut also darauf, „daß Schuldgefühle und Gewissensbisse schon genügend wirken", wenn man nur die Regel selbst in Erinnerung ruft. Nach Hart ist das „die einfache Konsequenz dessen, daß man die Regeln und Standards der Sittlichkeit als etwas akzeptiert hat, das wert ist, erhalten zu bleiben. Standards, die auf diese Weise nicht gestützt werden, könnten im sozialen und personalen Leben nicht den Platz einnehmen, der für die Existenz der sittlichen Verpflichtung entscheidend ist."[3]

3. *Beziehungen zwischen Recht und Gerechtigkeit*

Ungeachtet dieser Unterschiede bestehen nach Hart aber doch auch Beziehungen zwischen Recht und Sittlichkeit. Eine wichtige Verbindung ist namentlich in dem Gerechtigkeitsprinzip der *Gleichbehandlung* angelegt. Dies wird freilich erst bei einer genaueren Analyse deutlich.

Gleiches gleich und Ungleiches je nach dem Maß seiner Ungleichheit verschieden zu behandeln, gilt als das fundamentalste Rechtsprinzip überhaupt. Eine bekannte Schwierigkeit besteht dabei allerdings darin, daß es keine Sachverhalte gibt, die einander gleichen, ohne sich auch zu unterscheiden, wie es auch keine Menschen gibt, die nicht in einigen Hinsichten voneinander verschieden wären. Solange keine Kriterien dafür aufgestellt sind, welche Ähnlichkeiten und welche Unterschiede als relevant gelten sollen, bleibt der Gleichheitssatz eine Leerformel. Im Hinblick darauf kann man daher sagen, daß die Idee der Gerechtigkeit aus zwei Teilen besteht: „ein einheitliches und konstantes Grundelement, das in der Maxime ‚Gleiches gleich behandeln' zusammengefaßt wird, und ein schwankendes und variierendes Kriterium, welches dann Anwendung findet, wenn für einen gegebenen Zweck Fälle als gleich oder ungleich bestimmt werden müssen"[4]. Zu bestimmen, wann gewisse Fälle einander gleichbehandelt werden sollen, gehört zwar zu den wichtigsten Aufgaben von Rechtsnormen und ist insofern Teil des Rechts

[3] *Hart,* BdR, VIII 2 (S. 248).
[4] *Hart,* BdR, VIII 1 (S. 220f.).

selbst. Wenn wir die Regeln des Rechts jedoch als ungerecht kritisieren, ist klar, daß wir dabei einen Maßstab der Gleichheit im Auge haben, über den das Recht gerade nicht verfügen kann, der seine Grundlage vielmehr in unseren sittlichen Vorstellungen findet.

Einige Überlegungen mögen dies verdeutlichen. Die Regeln, die über die Verteilung von Rechten und Pflichten entscheiden, sind heute durchweg von der Vorstellung menschlicher Gleichheit geprägt. Dies versteht sich keineswegs von selbst und war auch nicht immer so gewesen. Wie ein Blick in die Geschichte lehrt, variieren unsere Kriterien insoweit vielmehr mit unseren grundlegenden moralischen Einstellungen. Ähnliches gilt für unsere Auffassung über relevante Ähnlichkeiten und Unähnlichkeiten auch in anderen Zusammenhängen. Soweit unsere Vorstellungen von rechtlicher Gleichheit oder Ungleichheit jedoch auf sittlichen Vorstellungen beruhen, können, wie Hart schreibt, „Behauptungen über Gerechtigkeit oder Ungerechtigkeit des Rechts mit der Gegenbehauptung gekontert werden, die sich auf eine andere Sittlichkeit beruft."[5] Den Schadensersatzvorschriften, die dem Verletzten oder Betrogenen einen Schadensersatzanspruch zuwenden, liegt zweifellos die Vorstellung menschlicher Gleichheit zugrunde. Denn der Starke und Listenreiche wird dadurch auf die gleiche Ebene gestellt wie der Schwache und Einfältige. Dies gründet letztlich „in der Tatsache, daß es außerhalb des Rechts eine sittliche Überzeugung gibt, wonach alle Rechtssubjekte wechselseitig sich bestimmter Arten schadenstiftenden Tuns enthalten sollen"[6]. Man kann sich jedoch einen moralischen Standpunkt vorstellen, für den es die reziproke Gleichheit in diesen Angelegenheiten nicht gibt: „Das Sittengesetz mag dann den Barbaren verbieten, Griechen anzugreifen, aber den Griechen erlauben, die Barbaren anzugreifen ... Von diesem moralischen Standpunkt aus ... wäre das Recht nur dann gerecht, wenn es diesem Unterschied Rechnung trüge und ungleiche Fälle ungleich behandelte."[7] Unser *Gerechtigkeitsurteil* ist demnach *in unseren sittlichen Überzeugungen verankert* und wandelt sich mit ihnen. In diesen Prozeß ist auch das Recht selbst verwoben, auch wenn es in seinem jeweiligen Zustand von der jeweiligen Sittlichkeit formell unabhängig ist.

II. Naturrecht als Überlebensbedingung

Die Verbindung von Recht und Sittlichkeit reicht aber noch tiefer. Den Schlüssel zu dieser Erkenntnis liefert die Erfahrung, „daß man in allen Sittengesetzen bestimmte Formen des Verbots der Gewaltanwen-

---

[5] *Hart,* BdR, VIII 1 (S. 224).
[6] *Hart,* BdR, VIII 1 (S. 227).
[7] *Hart,* BdR, VIII 1 (S. 228).

dung gegenüber Personen und Sachen finden wird, dazu die unabdinglichen Voraussetzungen der Vertrauenswürdigkeit, des fairen Verhaltens, der Vertragstreue." Diese Regeln sind nach Harts Ansicht „in der Tat wesentlich, wenn Menschen dauernd in nächster Nähe beieinander leben – und es sind eigentlich nur sehr einfache Wahrheiten über die menschliche Natur und den Charakter der physischen Welt", und zwar so sehr, daß er darin geradezu den „Kern der unbestreitbaren Wahrheit im Lehrgebäude des Naturrechts" erblickt[8].

1. Eigentümlichkeit naturrechtlichen Denkens

Eine solche Aussage klingt bei einem Vertreter des Positivismus überraschend, dies jedenfalls dann, wenn man an den Rigorismus denkt, mit dem Kelsen das positivistische Programm vertritt. Um zu verstehen, was Hart damit meint, muß man sich jedoch mit der Eigentümlichkeit naturrechtlichen Denkens vertraut machen und das Verhältnis bestimmen, in dem Hart dazu steht. Die modernen Schwierigkeiten im Umgang mit „dem Naturrecht" – wenn wir diesen Begriff der Einfachheit halber einmal so stehen lassen – hängen nicht zuletzt damit zusammen, daß die Vertreter des Naturrechts vielfach von einer Naturauffassung ausgehen, die zu dem wertabstinenten Denken, wie es unter dem Einfluß der Naturwissenschaften vorherrschend geworden ist, in Widerspruch steht.

Das moderne Denken versucht zwischen Sein und Sollen eine scharfe Grenze zu ziehen und daher zugleich zwischen deskriptiven und präskriptiven Gesetzen streng zu unterscheiden. Deskriptive Gesetze werden aus der Beobachtung von Fakten gewonnen; sie bilden die Regelmäßigkeiten ab, die man in der Wirklichkeit durch Zählen, Messen und Wiegen feststellen kann. Im Gegensatz dazu sind präskriptive Gesetze nach dieser Auffassung nicht den Fakten zu entnehmen. Sie sind vielmehr kontrafaktischer Natur, d.h. sie wollen auch für den Fall gelten, daß die Wirklichkeit anders beschaffen ist.

Verglichen hiermit beruht das naturrechtliche Denken auf einem älteren, teleologischen Naturbegriff, der den Unterschied zwischen Aussagen über das, was regelmäßig geschieht, und das, was geschehen sollte, minimalisiert. In Entwicklung befindliche Dinge werden dabei nämlich so gedacht, daß sie zugleich ein Ziel in sich haben, auf das sie sich zubewegen. Das deskriptive Gesetz hat auf diese Weise zugleich einen präskriptiven Gehalt bzw. das, was im Normalfall geschieht, ist zugleich normativ gesollt.

Dieses teleologische Denken ist vor allem für denjenigen naheliegend, der hinter der Welt einen göttlichen Urheber oder eine überlegene Weltvernunft am Werk sieht. Unter dieser Voraussetzung sind nämlich die zu

---

[8] *Hart,* BdR, VIII 3 (S. 249).

beobachtenden Regelmäßigkeiten nicht einfach da, sondern sie sind deshalb da, weil es der göttliche Wille bzw. der Weltenplan so vorsieht. Der Unterschied zwischen dem Gesetz der Schwerkraft und den 10 Geboten, zwischen deskriptiven und präskriptiven Gesetzen, zwischen Sein und Sollen verliert dann an Schärfe; denn auf ein Ziel hin geordnet sind unter dieser Voraussetzung letztlich beide Seinsbereiche. Ein Unterschied besteht vielleicht nur darin, daß die Menschen als einzige Wesen mit Vernunft und freiem Willen begabt sind und daher als einzige in der Lage sind, die speziell für sie bestimmten Gesetze zu *mißachten.*

Hart ist weit davon entfernt, die metaphysische Annahme eines Schöpfers oder eines Weltgeistes zu akzeptieren. Wohl aber ist er der Meinung, daß die Naturrechtslehre unabhängig davon elementare Wahrheiten enthält, die für das Verständnis von Recht und Sittlichkeit wichtig sind. Diese will er daher „aus ihrer metaphysischen Einbettung befreien und mit einfacheren Ausdrücken neu formulieren“[9].

2. Überleben als menschliches Ziel

Wie die Erfahrung lehrt, sind wir in unserem Alltagsdenken in Bezug auf *organische Dinge* nach wie vor in solchen teleologischen Vorstellungen verhaftet. So begreifen wir etwa das Wachstum einer Eichel zur Eiche nicht einfach als zeitlich gestreckten Vorgang, sondern zugleich als *Reife*prozeß, als Entwicklung zu einem Optimum, nach dessen Maß alle Funktionen der wachsenden Pflanze beschrieben und alle Zwischenstadien der Entwicklung als gut oder schlecht beurteilt werden. Die „Funktion“ der Blätter besteht, gemessen an diesem Maßstab, darin, für eine „genügende“ Entwicklung der ganzen Pflanze zu sorgen, und das Wachstum ist etwas, das „natürlicherweise geschehen sollte“.

In ähnlicher Weise denken und sprechen wir aber auch vom *Menschen.* Manches halten wir für menschliche „Bedürfnisse“, die zu befriedigen „gut“ ist, anderes halten wir für ein „Übel“, das zu vermeiden ist, oder für eine „Verletzung“, die erlitten wird. So sprechen wir etwa davon, daß Nahrungsaufnahme und Schlaf menschliche Bedürfnisse sind, daß es richtig ist, sie zu befriedigen und daß man daher hinreichend essen und schlafen *sollte.* An ähnlichen Vorstellungen sind wir orientiert, wenn wir die Funktion menschlicher Organe beschreiben. Wir sagen zum Beispiel, die Funktion des Herzens sei es, das Blut zu bewegen (weil dies für den menschlichen Organismus gut ist), aber wir sagen nicht, daß es die Funktion eines Karzinoms sei, den Tod herbeizuführen (weil dies für den Organismus schlecht ist).

Was dieser teleologischen Denk- und Sprechweise Sinn verleiht, ist die stillschweigende Annahme, daß das eigentliche *Ziel des mensch-*

---

[9] *Hart,* BdR, IX 1 (S. 259).

lichen Tuns im *Überleben* besteht: „Die Handlungen, von denen wir sagen, es sei natürlicherweise gut, sie zu tun, sind diejenigen, die man für das Überleben braucht; der Begriff des menschlichen Bedürfnisses, der Begriff des Defekts und der *Funktion* der leiblichen Organe oder der leiblichen Veränderungen – alle diese Begriffe beruhen auf derselben einfachen Tatsache."[10]

Einem naturrechtlichen Denken würde es vielleicht entsprechen, das Überleben als ein von vornherein feststehendes Ziel zu verstehen, das dem Menschen immanent ist. Im Unterschied dazu begnügt sich Hart mit der „einfachen, aber kontingenten Tatsache, daß die meisten Menschen fast zu aller Zeit ihre Existenz fortsetzen wollen", daß sie „überleben wollen"[11]. Dieser Überlebenswunsch ist längst in die Sprache eingegangen und prägt eine Vielzahl von Begriffen wie Gefahr und Sicherheit, Übel und Wohltat, Bedürfnis und Funktion, Krankheit und Heilung, mit denen wir Dinge, die zum Überleben als einem akzeptierten Ziel beitragen, beschreiben und bewerten. Bereits die Tatsache des allgemein verbreiteten Lebenswillens genügt, um die Frage zu stellen, welche Verhaltensregeln jede soziale Organisation einhalten muß, um das Überleben zu gewährleisten. In solchen Überlebensregeln erblickt Hart „ein gemeinsames Element des Rechts und der konventionalen Sittlichkeit aller Gesellschaften". Mehr noch: „Solche universal anerkannten Verhaltensprinzipien, die elementare Wahrheiten über den Menschen, dessen natürliche Umwelt und dessen Ziele zur Grundlage haben, können als der *Minimalgehalt* des Naturrechts betrachtet werden, im Gegensatz zu den großartigeren, aber auch verletzlicheren Konstruktionen, die oft unter demselben Namen verkündet wurden."[12] Ohne diesen Minimalgehalt gäbe es keinen Grund, freiwillig irgendwelchen Regeln zu gehorchen, und ohne dies wäre es wiederum auch nicht möglich, andere zur Regelbefolgung zu zwingen, denn auch hierfür ist ein Minimum an freiwilliger Kooperation unerläßlich.

3. Rechtlich-sittliches Minimum

Zu den Regeln, die „ganz offensichtlich Voraussetzungen des sozialen Lebens sind", gehören nach Hart diejenigen, „welche den freien Gebrauch der Gewalt verbieten oder zumindest einschränken, Regeln, welche bestimmte Formen der Ehrlichkeit und Verläßlichkeit im Umgang mit anderen Menschen verlangen, und Regeln, welche die Zerstörung und Fortnahme beweglicher Dinge verbieten. Wenn die Anerkennung dieser elementarsten Regeln in jeder Gruppe von Individuen, die in enger Nachbarschaft miteinander leben, nicht als Selbstverständlichkeit gilt, ist

---

[10] *Hart,* BdR, IX 1 (S. 263).
[11] *Hart,* BdR, IX 1 (S. 263f.).
[12] *Hart,* BdR, IX 1 (S. 266).

die Bezeichnung der Gruppe als ‚Gesellschaft' zweifelhaft; sicher ist jedenfalls, daß diese Gruppe nicht lange existieren wird."[13]

Wie Hart darlegt, beruht dieses rechtlich-sittliche Minimum auf einigen banalen Tatsachen der menschlichen Natur und Gesellschaft: Mit der menschlichen Verletzbarkeit hängt zusammen, daß Recht und Sittlichkeit den Gebrauch der Gewalt gegen andere Menschen einschränken müssen. Aus dem Umstand, daß niemand so viel mächtiger ist als die anderen, um diese ohne Zusammenarbeit langfristig beherrschen zu können, folgt, daß man ein System wechselseitiger Unterlassungen und Kompromisse braucht, das die Ausgangsbasis für die Begründung von Verpflichtungen darstellt. Eine andere Banalität ist die, daß die notwendigen Mittel zum Leben begrenzt sind. Es muß daher irgendwelche Formen von Eigentum geben. In einer arbeitsteiligen Gesellschaft sind Regeln erforderlich, die es erlauben, die Produkte der Arbeit zu tauschen oder zu verkaufen. Aus dem Umstand, daß viele geneigt sind, soziale Regeln zu verletzen, wenn dies zu ihrem eigenen Vorteil ist, folgt schließlich, daß man eine Organisation braucht, um diejenigen zu zwingen, die nur die Vorteile des Systems genießen wollen, ohne sich seinen Verpflichtungen zu unterwerfen: „‚Sanktionen' sind daher nicht als das normale Motiv für den Rechtsgehorsam notwendig, sondern sie dienen als *Garantie,* daß die, die freiwillig gehorchen würden, nicht denjenigen geopfert würden, die dies nicht täten. Gehorsam würde sonst das Risiko bedeuten, übervorteilt zu werden. Diese ständige Gefahr vorausgesetzt, ist das, was die Vernunft verlangt, die *freiwillige* Kooperation in einem *Zwangs*-System."[14]

Diese einfachen Zusammenhänge zeigen nach Hart nicht nur den „guten Sinn der Naturrechtslehre". Sie sind vielmehr darüber hinaus „von entscheidender Bedeutung für das Verständnis von Recht und Sitten, und sie erklären, warum sich die Definition von deren Grundformen in rein formalen Ausdrücken, ohne Beziehung auf jeden spezifischen Inhalt oder auf soziale Bedürfnisse, als so ungeeignet erwies."[15]

III. Ungerechtes Recht

1. Repression durch Regeln

Gemessen am Maßstab der Gleichbehandlung, wie er sich vor dem Hintergrund traditioneller Sozialmoral darstellt, nimmt sich dieser „Minimalgehalt des Naturrechts" freilich bescheiden aus. Das Überleben einer Gesellschaft kann nämlich auch durch Regeln gewährleistet werden,

---

[13] *Hart,* BdR, VIII 2 (S. 236f.).
[14] *Hart,* BdR, IX 2 (S. 273).
[15] *Hart,* BdR, IX 2 (S. 274).

nach denen der Minimalschutz keineswegs jedermann in gleicher Weise zugute kommt. In den antiken und modernen Sklavenhaltergesellschaften, in Nazideutschland oder im Apartheidssystem Südafrikas waren ganze Bevölkerungsteile vom Minimalschutz ausgenommen oder nahmen jedenfalls nur in gemindertem Maße daran teil. Dies zeigt, daß eine Gesellschaft, um überleben zu können, keineswegs allen Mitgliedern Schutz durch ein System wechselseitiger Unterlassungen bieten muß.

So richtig es daher auch sein mag, daß ein System zwangsbewehrter Verhaltensregeln immer eine genügende Anzahl von Menschen voraussetzt, die diese Regeln intern anerkennen und freiwillig befolgen, so richtig ist es auch, daß im Extremfall selbst die überwiegende Mehrheit unterdrückt und allein durch Zwang zur Beachtung der vorgeschriebenen Regeln angehalten werden kann. Die einzelnen Gesellschaften können insoweit sehr unterschiedlich ausgestaltet sein. Die Skala der Möglichkeiten reicht von Gesellschaften mit einem fairen Rechtssystem, dessen Regeln überwiegend freiwillig als Verhaltensstandards anerkannt werden, bis zu stark repressiven Gesellschaften, deren Regeln ganz überwiegend nur durch den Einsatz von Zwang sichergestellt werden können.

Betrachtet man die Organisation der menschlichen Sozietät von dieser Seite her, so zeigt sich, daß der Übergang von der primitiven Gesellschaft, in der primäre Verpflichtungsregeln die einzigen Mittel der Sozialkontrolle sind, zur ausdifferenzierten Gesellschaft mit ihren sekundären Befugnisregeln und einem darauf spezialisierten Stab von Funktionsträgern nicht nur Vorteile bringt, sondern zugleich mit einem Nachteil erkauft wird. Die Vorteile bestehen, wie oben dargelegt, in der größeren Rechtssicherheit, in der Anpassungsfähigkeit und der Wirksamkeit der Verhaltensregeln. Der Nachteil jedoch „ist das Risiko, daß die zentral organisierte Macht genausogut auch für die Unterdrückung derjenigen verwendet werden kann, deren Unterstützung sie nicht bedarf, und zwar auf eine Weise, zu der das einfachere Regime der primären Regeln nicht fähig wäre.“[16]

Dies legt daher abschließend noch einmal die Frage nahe, ob das Recht über den recht dürftigen „Minimalgehalt des Naturrechts“ hinaus sittlichen Forderungen nicht doch in stärkerem Maße entsprechen muß.

2. *Behandlung von Systemumbrüchen*

Hart müßte kein Positivist sein, wenn er diese Frage anders als verneinend beantworten würde[17]. Bei allem Verständnis für das Anliegen einer weitergehenden naturrechtlichen Position ist ungerechtes Recht,

---

[16] *Hart,* BdR, IX 3 (S. 278).

[17] Dazu auch *H. L. A. Hart,* Essays on Bentham, Oxford University Press 1982, S. 145ff., 262ff.

sofern es die formalen Gültigkeitskriterien der maßgebenden Erkenntnisregel erfüllt, auch nach seiner Auffassung *de lege lata* ohne weiteres gültig. Dem entgegengesetzten Standpunkt gesteht Hart nur nach Revolutionen und ähnlichen Systembrüchen eine gewisse Attraktivität zu. In solchen Situationen mag es politisch wünschenswert sein, die vor dem Umsturz begangenen ungerechten Handlungen zu bestrafen, jedoch schwierig, dies aufgrund einer rückwirkenden Gesetzgebung zu tun, die unmißverständlich das kriminalisiert, was nach den Gesetzen des früheren Regimes erlaubt oder gar geboten war. Hier kann es daher verlokkend sein, die in der Sprache des Rechts verborgenen sittlichen Implikationen auszunützen und den früheren, jetzt für ungerecht gehaltenen Regeln die Rechtsqualität abzusprechen. Aber selbst in diesem Fall erscheint es Hart bedenklich, die Gültigkeit eines Gesetzes von der Gerechtigkeit seines Inhalts abhängig zu machen. Mit nüchternem Kalkül führt er eine Reihe pragmatischer Überlegungen an: Was bringt es eigentlich, wenn man die Rechtsqualität einer Regel von ihrer Vereinbarkeit mit der Sittlichkeit abhängig macht? Macht dies die Menschen klarsichtiger? Steigert es ihre Bereitschaft zum Ungehorsam, wenn die Sittlichkeit dies verlangt? Oder verbessert es die Möglichkeit, mit den Hinterlassenschaften diktatorischer Unrechtsregimes fertig zu werden?

Nach Hart sind die Probleme, die sich in diesem Zusammenhang stellen, zu kompliziert, als daß man sie dadurch lösen könnte, daß man sich ein für allemal weigert, ungerechte Gesetze als gültig anzuerkennen: „Das hieße, zu grob mit schwierigen und komplexen moralischen Problemen umzugehen. Ein Begriff des Rechts, der es erlaubt, die Ungültigkeit der Gesetze von deren Immoralität zu unterscheiden, befähigt uns, die Kompliziertheit und Vielfältigkeit dieser verschiedenen Probleme zu erkennen, während ein engeres Rechtskonzept, das den ungerechten Regeln die Rechtsgültigkeit abspricht, uns dieser Tatsache gegenüber blind macht.“[18]

Letztlich hält Hart den positivistischen Nulla-poena-Grundsatz jedoch selbst für ein Gebot der Sittlichkeit. Wenn daher auf der einen Seite geltend gemacht wird, daß gesetzliches Unrecht nicht ungesühnt bleiben dürfe, so „verlangt die Sittlichkeit in gleicher Weise, daß der Staat nur diejenigen bestrafen sollte, deren Übeltat zur Tatzeit vom Staat verboten war“[19]. Eine Ausnahme hiervon erscheint ihm, wenn überhaupt, nur aufgrund eines rückwirkenden Gesetzes, nicht aber aufgrund rückwirkender Rechtsprechung akzeptabel. Praktisch ist damit dem Rechtsstaat die Möglichkeit genommen, mit den Tätern von Unrechtsregimes abzurechnen, die mit Hilfe ihrer Herrschaft über die sekundären Regeln das Rechtssystem pervertiert haben. Denn zu generell rückwirkenden Geset-

---

[18] *Hart,* BdR, IX 3 (S. 291).
[19] *Hart,* BdR, IX 3f. (S. 291).

zen wird sich ein Rechtsstaat zumal dann nicht entschließen, wenn er weiß, daß ihm dann seinerseits ein Verstoß gegen die Sittlichkeit zur Last gelegt werden kann.

Das Recht sollte nach Hart aus der internen Sicht der Normadressaten kein Unterdrückungssystem sein und ist dies normalerweise auch nicht. Aber es hört nicht auf, Recht zu sein, wenn es gleichwohl ein Unterdrückungssystem ist. Während Kelsen das Wesen des Rechts ganz von diesem Extremfall her zu erfassen sucht, beschreibt es Hart vom Normalfall her, in dem die meisten Verpflichtungsregeln zugleich internalisierte Standards für die Bürger darstellen. Aber in der rechtlichen Beurteilung des Extremfalls ist sich Hart mit Kelsen im Ergebnis einig.

3. Abschnitt.
John Rawls, Eine Theorie der Gerechtigkeit

§ 12. Gerechtigkeit als Tugend der Gesellschaft

I. Wiederkehr der Gerechtigkeitsfrage

1. Neue Theorie des Gesellschaftsvertrages

Die von der Reinen Rechtslehre bis zur letzten Konsequenz getriebene Verbannung der Gerechtigkeitsfrage aus allen wissenschaftlichen Untersuchungen, die Reduktion des Rechtsbegriffs auf die aus einer beliebigen Quelle stammenden effektiven Zwangsnormen, ebenso schließlich die Verengung der rechtstheoretischen Aufgabenstellung auf die analytische Betrachtung positiver Rechtsregeln – all dies war rückblikkend betrachtet nur von vorübergehender Faszination. Das Bedürfnis, auch den realen Gesetzgeber selbst nach seinem Recht und das Gesetz nach seinem Gerechtigkeitswert zu befragen, ließ sich dadurch nicht auf Dauer verdrängen. Die in den 60er und 70er Jahren in Deutschland in die Wege geleitete „Rehabilitierung der praktischen Philosophie" beschränkte sich vorerst zwar meist auf die historische Aufarbeitung und schulmäßige Exegese klassischer Autoren. Aber bereits damit wurde der Anspruch angemeldet, daß es auch außerhalb der engen Grenzen des logischen Empirismus Fragen gab, die auf rationale Weise zu behandeln waren. Zu einer wirklichen Rehabilitierung auf breiterer Basis kam es jedoch erst im Gefolge der Arbeiten von John Rawls (geb. 1921).

Unbeeindruckt vom Charme der analytischen Philosophie, unbeeindruckt auch von der Reinheit einer moralinfreien Rechtslehre – Kelsen, der in den Vereinigten Staaten auch sonst auf wenig Gegenliebe stieß[1], kommt in Rawls' Schriften nicht einmal dem Namen nach vor –, griff Rawls das alte Thema des Gesellschaftsvertrages wieder auf, das eine der Wurzeln der neuzeitlichen Rechtsphilosophie bildet. Vorbereitet durch eine Reihe von Aufsätzen, die bis in das Jahr 1958 zurückreichen, legte Rawls 1971 sein Buch „A Theory of Justice" (deutsch: „Eine Theorie der Gerechtigkeit") vor, mit dem er den Versuch unternahm, „die herkömmliche Theorie des Gesellschaftsvertrags von Locke, Rous-

---

[1] Vgl. *Paulson* in: Die Reine Rechtslehre im Spiegel ihrer Fortsetzer und Kritiker (hrsg. von Ota Weinberger und Werner Krawietz), Wien 1988, S. 179ff.

seau und Kant zu verallgemeinern und auf eine höhere Abstraktionsstufe zu heben“[2]. Das Buch erschien offenbar zur rechten Zeit. Obgleich Rawls, wie man bemerkt hat, „nicht gerade durch Witz und Aggressivität glänzt“[3], löste sein Werk eine Flut von Sekundärliteratur aus und wurde zum Gegenstand zahlreicher Auseinandersetzungen. Fast von heute auf morgen war das von Kelsen und seinen Epigonen totgesagte Thema der Gerechtigkeit auch in der Wissenschaft wieder gesellschaftsfähig geworden.

2. *Gerechte Grundstruktur der Gesellschaft*

Gegenstand von Rawls' Theorie der Gerechtigkeit ist freilich nicht die Gerechtigkeit schlechthin in ihren verschiedenen Ausprägungen sowohl im Handeln der Menschen als auch den Institutionen des Staates. Was ihn interessiert, ist allein die *Grundstruktur der Gesellschaft,* also die Frage, wie eine gerechte Gesellschaft im Prinzip beschaffen sein muß. Hinter diesem Ansatz steht eine Einsicht, die in den Vereinigten Staaten nicht ohne weiteres selbstverständlich ist, nämlich daß sich die sozialen Probleme einer modernen Gesellschaft nicht allein durch moralisches Handeln lösen lassen. Unerläßliche Vorbedingung ist vielmehr zunächst einmal eine institutionelle Makrostruktur, innerhalb deren moralisches Handeln überhaupt sinnvoll ist. Die gerechte Ordnung der Gesellschaft erscheint Rawls so wichtig, daß er sich nicht scheut, sie mit der Wahrheit zu vergleichen: „Die Gerechtigkeit ist die erste Tugend sozialer Institutionen, so wie die Wahrheit bei Gedankensystemen. Eine noch so elegante und mit sparsamen Mitteln arbeitende Theorie muß fallengelassen oder abgeändert werden, wenn sie nicht wahr ist; ebenso müssen noch so gut funktionierende und wohlabgestimmte Gesetze und Institutionen abgeändert oder abgeschafft werden, wenn sie ungerecht sind.“[4]

Diese Worte, mit denen Rawls sein Buch wie mit einem Paukenschlag eröffnet, sind zunächst zur Einstimmung auf sein eigenes Programm gedacht. Zugleich kann man aber auch den Vorwurf herauszuhören, daß es einer bloß analytischen Rechtslehre bei aller Präzision der Form doch am Entscheidenden fehlt: nämlich an einem Kriterium, das es erlaubt, das Recht nicht nur vom Nichtrecht, sondern auch vom Unrecht zu unterscheiden. Rawls ist sich des beschränkten Werts sprachlicher Genauigkeitstugenden wohl bewußt. Er weiß, daß es an den zentralen Stellen einer rechtlichen oder moralischen Argumentation nicht auf Begriffsanalysen ankommt: „Begriffliche Wahrheiten“, bemerkt er einmal mit

---

[2] *Rawls,* ThdG, Vorwort.

[3] *Ballestrem* in: *Otfried Höffe* (Hrsg.), Über John Rawls' Theorie der Gerechtigkeit, Frankfurt a.M. 1977, S. 108.

[4] *Rawls,* ThdG, 1. Abschnitt, S. 19.

deutlicher Spitze gegen Hart, „können selbst dann, wenn es sie gibt, bei der Rechtfertigung [einer Moralvorstellung] nicht besonders ins Gewicht fallen.“[5] Richtig ist vielmehr, daß genau umgekehrt „der Wert einer Definition ... sich nach der Brauchbarkeit der sich ergebenden Theorie [richtet]; für sich genommen kann eine Definition keine grundlegende Frage klären.“[6] Die eigentliche Aufgabe des Rechtstheoretikers sieht er aus diesem Grund darin, eine Theorie zu entwerfen, mit deren Hilfe nach dem Recht bzw. nach der Gerechtigkeit gefragt werden kann.

Aber woher nimmt Rawls die Gewißheit, daß die Frage nach der Gerechtigkeit überhaupt sinnvoll ist? Was verschafft ihm die Überzeugung, daß weite Teile der gegenwärtigen Rechtstheorie auf dem Holzweg sind? Rawls hält es interessanterweise nicht der Mühe für wert, darauf viele Worte zu verwenden. Daß wir nach der Gerechtigkeit suchen, ist für ihn eine elementare Tatsache, die sich auf szientistische Weise nicht hinwegklügeln läßt und auf die man sich daher einzustellen hat. In der Tat wird man kaum leugnen können, daß jedermann, selbst der krudeste Positivist, über eine gewisse Vorstellung davon verfügt, wie eine gerechte Gesellschaft aussehen könnte. Diese Vorstellung bleibt nicht auf das Denken und Wünschen beschränkt, sondern prägt in vielfältiger Weise das soziale Verhalten der Bürger, in einer Demokratie also z.B. die Entscheidungen der Wähler. Auf dem Weg über die soziale Interaktion werden auch die gesellschaftlichen Institutionen mit dieser Vorstellung imprägniert. Auf diese Weise liegt jedem Rechtssystem eine bestimmte Gerechtigkeitsvorstellung als leitende Idee zugrunde. Wäre es anders, könnte der Sinn einer Rechtsordnung oder einer einzelnen Norm daraus gar nicht verstanden werden.

Freilich – auch dies ist eine Beobachtung – gibt es nicht nur eine einzige, sondern *unterschiedliche* Vorstellungen davon, wie eine Gesellschaft gerechterweise beschaffen sein sollte. Die eigentliche Aufgabe der Gerechtigkeitstheorie besteht daher darin, Beurteilungskriterien für Gesetze und Institutionen zu erarbeiten, die eine begründete Entscheidung zwischen konkurrierenden Vorstellungen erlauben. Anders als die Vertreter des Positivismus sieht Rawls keinen Anlaß, vor dieser Aufgabe zu resignieren und die Entscheidung vorbehaltlos der jeweils herrschenden Macht oder den realen Verhältnissen zu überlassen. Auch wenn uns der Zugang zu einer *absoluten* Gerechtigkeit vielleicht versagt sein sollte, so ist nach Rawls auch dann etwas gewonnen, wenn es gelingt, eine Methode zu finden, die es ermöglicht, eine Einigung auf das *jeweils bessere* Konzept herbeizuführen.

---

[5] *Rawls,* Gerechtigkeit als Fairneß, Freiburg/München 1977, S. 15; vgl. auch ThdG, 9. Abschnitt (S. 70).

[6] *Rawls,* ThdG, 23. Abschnitt (S. 153).

3. Gerechtigkeit als Fairness

Die Bedeutung der von Rawls vorgelegten Theorie der Gerechtigkeit liegt mithin darin, daß sie mit der unter der Vorherrschaft des Positivismus verbreiteten Vorstellung, wonach vor dem Urteil der Wissenschaft unterschiedslos alle Gesellschaftssysteme und Rechtsordnungen von gleicher Dignität seien, bricht und statt dessen an die traditionelle Vorstellung wiederanknüpft, daß ein Recht, das diesen Namen verdient, auch einen angebbaren Bezug zur Gerechtigkeit aufweisen muß. Aber Rawls macht bei der traditionellen Rechtsphilosophie nicht nur nominelle Anleihen. Als Prüfstein der Gerechtigkeit bedient er sich nämlich eines in der Philosophie des Gesellschaftsvertrages wohlvertrauten Gedankenexperiments: An zentralen Stellen seines Buches argumentiert er mit einem „Urzustand" *(original position),* in dem fiktive Personen unter fiktiven Bedingungen eine fiktive Entscheidung über die Grundstruktur der Gesellschaft treffen, in der sie realiter leben möchten. Diese Betrachtungsweise, die das klassische Argumentationsmuster des Gesellschaftsvertrages wiederaufnimmt, nennt Rawls *Theorie der Gerechtigkeit als Fairness,* weil dabei die fundamentalen Grundsätze der Gerechtigkeit in einer fairen Ausgangssituation gewählt werden müssen.

In seinen späteren Werken hat Rawls die Akzente etwas anders gesetzt und sich zunehmend der Frage zugewandt, von welcher Gerechtigkeitskonzeption eine konstitutionelle Demokratie reguliert sein muß, um in einer pluralistischen Gesellschaft auf Dauer bestehen zu können. Daraus hat man vielfach geschlossen, daß er seinen ursprünglichen, mehr universalistischen Anspruch zurückgenommen habe und sich nur noch für die Stabilität einer ganz bestimmten, nämlich der demokratischen Ordnung interessiere. Unabhängig davon, was es damit auf sich hat, gibt es jedoch einen leicht einsehbaren systemimmanenten Grund für diese Akzentverlagerung. Dieser liegt darin, daß einerseits unter den Bedingungen des „Urzustandes" nur eine freiheitliche Demokratie als konsensfähig erscheint, diese andererseits jedoch den Keim der Selbstgefährdung notwendig in sich trägt. Ist die freiheitliche Demokratie nämlich erst einmal etabliert, bietet sie einen Entfaltungsraum für eine Vielzahl unterschiedlicher Weltanschauungen, die nicht unbedingt miteinander verträglich sein müssen. Daraus kann sich leicht ein Problem für den Bestand der Ordnung ergeben, die diese Pluralität ermöglicht. Rawls sieht sich daher vor die Aufgabe gestellt, „eine politische Gerechtigkeitskonzeption für eine konstitutionelle Demokratie auszuarbeiten, die von der Pluralität vernünftiger Lehren – die stets ein Merkmal einer freien demokratischen Ordnung ist – bejaht werden kann."[7] Berücksichtigt man diesen Zusammenhang, so kann Rawls auch in seinen späteren

[7] *Rawls,* PolLib, 1. Einleitung (1992), S. 15.

Veröffentlichungen kaum so interpretiert werden, als ob er die in seinem eigenen Umfeld zufällig vorhandene Ordnung ohne weitergehenden Anspruch lediglich stabilisieren wolle. Richtig ist nur so viel, daß Rawls' politische Philosophie im weiteren Verlauf ihren ursprünglichen Biß verloren hat. Das hat freilich, wie sich zeigen wird, andere Ursachen.

II. Gegenkonzept zum Utilitarismus

In der Sache setzt sich Rawls viel weniger mit der positivistischen Rechtstheorie auseinander, als man nach diesen einleitenden Bemerkungen vermuten könnte. Die Auffassung, daß man die Gerechtigkeitsfrage aus der wissenschaftlichen Betrachtung des Rechts eliminieren müsse, mit der Kelsen die Gemüter beunruhigt hat, scheint ihm keiner ausgedehnten Widerlegung wert zu sein. Die eigentliche Stoßrichtung seines Angriffs zielt auf den Utilitarismus, der sich in der angloamerikanischen Philosophie bis dahin einer uneingeschränkten Wertschätzung erfreute und mit dem, wie wir hier nachtragen können, auch Hart sympathisierte. In immer neuen Anläufen kritisiert Rawls die Gerechtigkeitsvorstellung, die dem Utilitarismus zugrunde liegt, und versucht nachzuweisen, daß sie dem Test des fiktiven „Urzustandes" nicht standhält. Wir wenden uns im folgenden zunächst dieser Kritik zu, einmal deshalb, weil es nicht zuletzt ihr zuzuschreiben ist, daß Rawls' Buch in Amerika ein solches Aufsehen erregt hat, sodann aber auch, weil uns dies auf einfache Weise Rawls' eigentlichen Überlegungen näherbringt.

1. Gerechtigkeitsdefizite des klassischen Utilitarismus

Nach utilitaristischer Auffassung ist die Gerechtigkeit lediglich eine *Funktion des kollektiven Wohlergehens,* das gemeinhin als „Nutzen" bezeichnet wird. Dieses nachgeordnete Verhältnis kommt darin zum Ausdruck, daß der Utilitarist zunächst unabhängig von Gerechtigkeitsargumenten festlegt, was als Nutzen in diesem Sinn anzusehen ist. Erst im Anschluß daran definiert er das Recht als das, was diesen so bestimmten Nutzen maximiert. Rawls nennt solche Theorien, die das *Gute* oder Erstrebenswerte unabhängig vom *Rechten* bestimmen und dem Recht lediglich die Aufgabe zuschreiben, dieses Gute zu verwirklichen, *teleologisch:* Sie richten das Recht an Zielen aus, die unmittelbar selbst nicht rechtlicher Natur sind.

Der Hauptgedanke des *klassischen Utilitarismus* geht dahin, daß eine Gesellschaft dann gerecht ist, wenn sie die *größte Nutzensumme* für die *Gesamtheit* ihrer Mitglieder hervorbringt. Um feststellen zu können, welche von mehreren Gesellschaften das Prädikat „gerecht" verdient, muß man daher zunächst einmal den Nutzen ermitteln, den jeder Bürger für sich selbst zieht, muß die erzielten Einzelnutzen addieren und dann die Gesamtergebnisse vergleichen. Wo die größere Nutzensumme ist, ist danach zugleich die größere Gerechtigkeit.

Sieht man von den bekannten Schwierigkeiten, zu bestimmen, was unter „Nutzen" zu verstehen ist, einmal ab, klingt das zunächst einleuchtend. Bei näherem Zusehen drängen sich aber doch einige Einwendungen auf. Einmal fällt auf, daß nach utilitaristischer Auffassung streng genommen die Befriedigung jedes beliebigen Bedürfnisses – also auch höchst unsozialer Bedürfnisse – einen Wert an sich darstellt. Unter Gerechtigkeitsgesichtspunkten betrachtet, ist das zumindest überraschend. Noch auffallender aber ist, daß es für den klassischen Utilitarismus keine Rolle spielt, wie die Nutzensumme auf die einzelnen Mitglieder der Gesellschaft verteilt ist. Entscheidend ist nur die Summe selbst, nicht, wie sie zustande kommt. Wenn also z.B. die Unterdrückung und Ausbeutung einer bestimmten Menschenklasse die gesellschaftliche Nutzensumme erhöht, so ist die betreffende Gesellschaft nach utilitaristischer Auffassung als gerechter anzusehen als eine andere, in der es keine Unterdrückung, dafür aber einen geringeren Gesamtnutzen gibt.

Rawls hält dem klassischen Utilitarismus entgegen, daß er die Verschiedenheit der Menschen bzw. das Prinzip der Individualität nicht ernstnimmt. Normalerweise sind die Menschen an ihrem eigenen Wohl mehr interessiert als an dem der andern. Aus diesem Grund würde niemand einer nach utilitaristischen Grundsätzen entworfenen Gesellschaft tatsächlich zustimmen, es sei denn, daß er zufällig weiß, daß er selbst zu den Nutznießern gehört. Wie die Erfahrung lehrt, hat jeder Einzelne bestimmte Interessen, die er nicht dem Wohl der anderen zu opfern bereit ist. Niemand wird daher eine Gesellschaft für gerecht halten, in der er damit rechnen muß, daß die Beschneidung seiner Interessen bereits damit gerechtfertigt werden kann, daß andere dadurch einen überproportionalen Vorteil haben. Allenfalls ein außenstehender Beobachter, dem das Schicksal der Einzelnen im Grunde gleichgültig ist, der daher alle Menschen gleichsam zu einer einzigen Gesamtperson zusammenfaßt, wird dies anders sehen. Wo es auf die „Gesamtperson" ankommt, wo die Gesellschaft gewissermaßen zum Subjekt erklärt und an die Stelle der Einzelsubjekte gesetzt wird, ist der gesellschaftliche Gesamtnutzen naturgemäß das stärkste Argument.

Der Einzelne selbst, dem dadurch Nachteile erwachsen können, würde einer so organisierten Gesellschaft nur dann zustimmen, wenn er ein vollkommener Altruist wäre. Ein Altruist, dem es einerlei ist, ob ein bestimmter Nutzen ihm selbst zuteil wird oder einem seiner Mitbürger, wäre in der Tat bereit, eine größere Nutzensumme für alle mit einem eigenen Nachteil zu erkaufen. In einer Gesellschaft, die sich aus geklonten Einzelwesen zusammensetzt, die alle über dieselben Eigenschaften verfügen, mag dies so sein. In der Welt, wie wir sie kennen, ist ein so weitgehender Altruismus dagegen eher selten zu finden.

2. *Gerechtigkeitsdefizite des modifizierten Utilitarismus*

Eine andere, gemäßigtere Version des Utilitarismus zielt nicht auf die Erhöhung des Gesamtnutzens, sondern des *Durchschnittsnutzens* ab. An diesem Maßstab gemessen, ist von mehreren Gesellschaften diejenige die gerechtere, die zum größten Durchschnittsnutzen pro Kopf führt. Auf den ersten Blick scheint diese Auffassung den Bedürfnissen des Einzelnen stärker entgegenzukommen. Aber das ist nicht unter allen Umständen so: Solange die Bevölkerungszahl gleich bleibt, kommt man zu demselben Ergebnis wie bei der klassischen Theorie des größten Gesamtnutzens auch. Denn wie auch immer der jeweils erzielte Nutzen verteilt sein mag, so ändert sich der Durchschnittsnutzen bei gleicher Bevölkerungszahl nur dann, wenn sich zugleich der Gesamtnutzen ändert, und zwar noch dazu im gleichen Verhältnis wie dieser. Ein Unterschied ergibt sich nur, wenn sich die Bevölkerungszahl ändert. Steigt diese, während die Nutzensumme gleich bleibt, wird der Durchschnittsnutzen bei unverändertem Gesamtnutzen geringer; sinkt sie, wird der Durchschnittsnutzen größer. Das folgt ohne weiteres daraus, daß die vorhandene Nutzenmenge auf mehr oder weniger Köpfe verteilt werden muß. Bezogen auf eine bestimmte Nutzenmenge könnte der Utilitarist daher sagen, daß eine Gesellschaft um so gerechter ist, je weniger Bürger sie hat. Wird die Nutzenmenge mit steigender Bevölkerungszahl ebenfalls vermehrt, aber nicht im gleichen, sondern in einem geringeren Verhältnis, so steigt der Gesamtnutzen, während der Durchschnittsnutzen sinkt. Bringt also etwa eine Gesellschaft von einer Million Menschen die Nutzenmenge X, eine Gesellschaft von zwei Millionen dagegen die Nutzenmenge 1,5 X hervor, so wird der klassische Utilitarist die zweite bevorzugen, weil hier der Gesamtnutzen größer ist, während der Vertreter des Durchschnittsnutzens sich für die erste entscheiden wird, weil hier bei geringerem Gesamtnutzen der Durchschnittsnutzen größer ist.

Aus der Sicht des Einzelnen spricht daher im Ergebnis sicher mehr für das Durchschnittsprinzip. Dennoch, meint Rawls, würde auch diesem Prinzip niemand vorbehaltlos zustimmen, wenn er nicht wüßte, daß er zu den Nutznießern gehört. Die Argumente gegen das Durchschnittsprinzip sind freilich zum Teil komplizierter. Ein möglicher Einwand ergibt sich daraus, daß die Ermittlung eines Durchschnittsnutzens einen gemeinsamen Maßstab und damit zugleich eine bestimmte Vorstellung des Menschen voraussetzt, gewissermaßen einen Normalmenschen, anhand von dessen Vergleichsregeln ein solcher Durchschnittsnutzen allein ermittelt werden kann. Desungeachtet ist allen Beteiligten jedoch bekannt, daß jeder von ihnen auch besondere Interessen hat, auf deren Verwirklichung es ihm vor allem ankommt. In dem Gedanken des Durchschnittsnutzens kommen diese individuellen Interessen nicht vor. Letztlich aber spielt es auch für den modifizierten Utilitarismus keine

Rolle, wie der nach einem Normalmaßstab bemessene Nutzen innerhalb der Gesellschaft verteilt ist. Eine egalitäre Gesellschaft mit gleichmäßiger Vermögensstreuung und eine Klassengesellschaft, bei der der Reichtum in wenigen Händen konzentriert ist, können ohne weiteres denselben Durchschnittsnutzen aufweisen. Aus der Sicht des Einzelnen, der vor allem an sich selbst und an der Realisierung seiner eigenen Lebenspläne interessiert ist, stellt daher auch das Durchschnittsprinzip keine befriedigende Antwort auf die Frage nach dem gerechteren System dar.

III. Gerechtigkeit als archimedischer Punkt

1. Ideale Verhältnisse als Maßstab

Aus Rawls' Einwendungen gegen den Utilitarismus läßt sich entnehmen, worin er das Ziel seiner eigenen Überlegungen erblickt: nämlich im Entwurf einer Gesellschaft, deren Grundstruktur so beschaffen ist, daß alle Beteiligten ihr im eigenen Interesse zustimmen können. Unter der „Grundstruktur" einer Gesellschaft versteht Rawls die Prinzipien und Institutionen, nach denen sich die Verteilung von Rechten, Chancen und anderen gesellschaftlichen Grundgütern bestimmt, also gleichsam das Gerechtigkeitsmodell, das der Verfassung des Staates und der übrigen Rechtsordnung zugrunde liegt. Ob eine bestimmte Grundstruktur einer anderen vorzuziehen ist, soll sich Rawls zufolge nicht nach irgendwelchen vorgegebenen Zielen oder Werten richten, sondern vom Urteil der Betroffenen selbst abhängen. In der Sache läuft dies auf eine Wiederbelebung der *Vertragstheorie* der Gerechtigkeit bzw. der Lehre vom Gesellschaftsvertrag hinaus. In der Tat sieht Rawls, wie er selbst schreibt, den Zweck seines Buches „vollständig erreicht, wenn es zu einer klareren Erkenntnis der Hauptstrukturen des Gerechtigkeitsbegriffs im Sinne der Lehre vom Gesellschaftsvertrag führt und Hinweise zu seiner weiteren Ausarbeitung liefert."[8]

Mit dieser Bescheidenheit in der Form, die Rawls auch sonst kennzeichnet, verbindet sich freilich ein hoher Anspruch in der Sache: Rawls will mit seiner neu aufgelegten Vertragstheorie nämlich „ideale Verhältnisse beschreiben, die einen Beurteilungsmaßstab für wirkliche abgeben und Kriterien für die Berechtigung von Abweichungen vom Ideal festlegen"[9]. Was ihm vorschwebt, ist also eine „potentielle Appellationsinstanz"[10] für die Entscheidung gesellschaftspolitischer Fragen. Gelegentlich nennt er den Maßstab, den er in seiner Theorie aufstellt, sogar einen „archimedischen Punkt"[11]. So wie der archimedische Punkt ein unver-

---

[8] *Rawls,* ThdG, Vorwort (S. 12).

[9] *Rawls,* ThdG, 36. Abschnitt a.E. (S. 257).

[10] *Rawls,* PolLib, III 8, § 9 (S. 460).

[11] *Rawls,* ThdG, 41. Abschnitt (S. 293ff.).

rückbar fester Ort ist, von dem aus sich die Welt aus den Angeln heben läßt, so soll die Vertragstheorie dem Beurteiler wenigstens der Tendenz nach einen verläßlichen Maßstab an die Hand geben, mit dessen Hilfe jedes Gesellschaftsmodell auf seinen Gerechtigkeitswert hin befragt werden kann. Man fühlt sich durch solche Ausführungen unwillkürlich an Kant erinnert, der seinen kategorischen Imperativ einmal als einen „Kompaß" bezeichnet hat, mit dem in der Hand die gemeine Menschenvernunft „in allen vorkommenden Fällen sehr gut Bescheid wisse zu unterscheiden, was gut, was böse, pflichtmäßig oder pflichtwidrig sei"[12]. In ähnlicher Weise glaubt Rawls offenbar den Vertragsgedanken zur Prüfung und Beurteilung unterschiedlicher Gesellschaftsmodelle benutzen zu können.

2. Realer Stellenwert des Vertragsgedankens

Freilich schwächt Rawls diesen Anspruch in anderem Zusammenhang wieder ab. Denn er weiß durchaus, daß das Vertragsmodell nicht ganz so voraussetzungsfrei ist, wie es zunächst scheinen könnte. Der Vertrag ist nur der Form nach eine zeitlose Kategorie. Seinem Inhalt nach ist er eingebettet in die historischen Lebensformen und Anschauungen, die in ihm zu einem Ausgleich kommen sollen. Mit Hilfe des Vertragsgedankens läßt sich keineswegs ein konkretes Gesellschaftsmodell ohne alle Vorgaben wie aus einem Zylinder hervorzaubern; vielmehr taugt dieses Verfahren nur dazu, die bereits vorhandenen Elemente und Strukturen schrittweise zu modifizieren und neu zu ordnen. Auch der unter den Bedingungen des Urzustandes gefundene Konsens trägt daher auf versteckte Weise die Signatur der Realität, von der er dem Anspruch nach abstrahiert. Vor allem aber gilt dieser fiktive Konsens nur mit der Einschränkung, daß das dabei zugrunde gelegte Modell der Person die Bürger in ihrem eigenen Selbstverständnis nicht verfehlt. Die Philosophie würde sich übernehmen, wenn sie der Wirklichkeit zuvorkommen wollte. Ihre Aufgabe kann nur darin bestehen, in einem gegebenen Zusammenhang zu sinnvollen Entscheidungen anzuleiten.

Wie Rawls darlegt, besteht seine Theorie der Gerechtigkeit ebenso wie andere Vertragstheorien aus *zwei Teilen:* Einmal geht es um die Konkretisierung des „Urzustandes", in dem die grundlegenden Entscheidungen gefällt werden müssen; sodann aber muß dargelegt werden, welches System von Grundsätzen in diesem Urzustand vermutlich anerkannt würde[13]. Diese Reihenfolge werden wir bei der folgenden Darstellung ebenfalls zugrunde legen.

---

[12] *Kant,* Grundlegung zur Metaphysik der Sitten, Akademieausgabe Bd. 4, S. 404.

[13] *Rawls,* ThdG, 3. Abschnitt (S. 32).

§ 13. Das Argumentationsmodell des Urzustandes

I. Vernünftiger Konsens

1. Reale und fiktive Zustimmung

Die neuzeitlichen Vertragstheorien der Gerechtigkeit sind eine Reaktion darauf, daß die Bezugnahme auf den Willen Gottes oder auf die prägende Kraft objektiver Seinsstrukturen als Rechtfertigungsgrund gesellschaftlicher Zustände brüchig geworden ist. An die Stelle Gottes tritt in der modernen Rechtsphilosophie das autonome Subjekt und an die Stelle des göttlichen Willens der Gesellschaftsvertrag. Daß soziale Prinzipien und Institutionen gerecht sind, heißt unter solchen Voraussetzungen nichts anderes, als daß die Betroffenen sich selbst darauf geeinigt haben. Dabei war allerdings kaum je an einen realen Konsens gedacht. Die Entscheidung über Grundfragen der Gesellschaft dem *plébiscite de tous les jours* anzuvertrauen, hätte im Vergleich zu den Rechtfertigungsmustern früherer Epochen kaum eine Verbesserung bedeutet. In den Vertragstheorien geht es daher in letzter Instanz nicht um die reale Zustimmung der Bürger, sondern um eine *fiktive* Zustimmung vernünftiger Repräsentanten. Ziel ist es mit anderen Worten, Regeln zu ermitteln, die so beschaffen sind, als ob sie auf einem *vernünftigen Konsens* beruhen würden. Dieses Programm bringt es mit sich, daß die Vertragstheorien an der Idee des Konsenses als Maßstab festhalten, gleichzeitig aber damit fertig werden müssen, daß die Bürger *realiter* zum Teil anderer Meinung sind. Eine Vertragstheorie ist um so überzeugender, je besser dieser Balanceakt gelingt.

a) Rousseau. Am ehesten war das Prinzip der realen Zustimmung noch bei *Rousseau* verwirklicht, der eine nur repräsentative Demokratie prinzipiell ablehnte. Aber auch Rousseau war keineswegs bereit, jeden beliebigen gesellschaftlichen Konsens als adäquaten Ausdruck der Gerechtigkeit zu akzeptieren. Die *volonté générale,* die ihm vorschwebte, ist nicht gleichbedeutend mit der *volonté de tous;* sie ist vielmehr der Allgemeinwille, frei von der Verfälschung durch partikulare Interessen. Um einen solchen vernünftigen Allgemeinwillen auf Dauer zu sichern, hielt es Rousseau für geboten, allen Bürgern ein bürgerliches Glaubensbekenntnis abzuverlangen. Ohne diese Gemeinsamkeit grundlegender Überzeugungen schien ihm das gegenseitige Vertrauen zu fehlen, das eine Rechtsordnung auf konsensualer Basis allein möglich macht. Darüber hinaus finden sich bei Rousseau aber auch Ansätze für eine öffentliche „Meinungspflege", um zu verhindern, daß sich die Ansichten der Bürger von der allein für vernünftig gehaltenen Linie allzu sehr entfernen. Hinter dem Modell eines vordergründig realen Konsenses steht also näher besehen ein hypothetisch gesollter, rein vernünftiger Konsens, verbunden mit dem Versuch, die reale Meinungsbildung in die gewünschte Richtung zu lenken.

b) Kant. Unübersehbar ist der fiktive Charakter des als Maßstab herangezogenen Konsenses bei *Kant.* In der Sache hat Kant wenig Zweifel daran gelassen, daß er die Demokratie für die beste Staatsform hielt, weil er nur hier die Herrschaft des Gesetzes als gewährleistet ansah. Daraus zog er jedoch keineswegs den Schluß, daß die Mehrheitsherrschaft unter allen Umständen real eingeführt werden müsse. Aus dem „*Geist* jenes ursprünglichen Vertrages" ergab sich für ihn lediglich „die Verbindlichkeit der konstituierenden Gewalt, die *Regierungsart* jener Idee angemessen zu machen und so sie, wenn es nicht auf einmal geschehen kann, allmählich und kontinuierlich dahin zu verändern, daß sie mit der einzig rechtmäßigen Verfassung, nämlich der einer reinen Republik, *ihrer Wirkung nach* zusammenstimme ..."[1]. Entscheidend für Kant war also nicht das wirkliche Urteil der Bürger, sondern das mutmaßliche Urteil ihrer Vernunft.

Welche Rolle die Zustimmung der „Vernunftnatur" bei Kant spielt, zeigt sich besonders in seiner Straftheorie. Wenn im Staatsvertrag jeder Bürger als Mitgesetzgeber gedacht wird, ist der Straftäter zugleich Mitgesetzgeber der Strafgesetze. Aber: „Ich als Mitgesetzgeber, der das *Strafgesetz* diktiert, kann unmöglich dieselbe Person sein, die als Untertan nach dem Gesetz bestraft wird; denn als solcher, nämlich als Verbrecher, kann ich unmöglich eine Stimme in der Gesetzgebung haben ... Wenn ich also ein Strafgesetz gegen mich als einen Verbrecher abfasse, so ist es in mir die reine rechtlich-gesetzgebende Vernunft *(homo noumenon),* die mich als einen des Verbrechens Fähigen, folglich als eine andere Person *(homo phaenomenon)* samt allen übrigen in einem Bürgerverein dem Strafgesetze unterwirft."[2]

Kant verlangt also die Zustimmung aller nicht *realiter,* sondern nach Maßgabe ihrer Vernunftnatur. Diese aber ist für alle gleichermaßen so bestimmt, daß ihr ein Widerspruch des Menschen als Erscheinungswesen nichts anhaben kann.

2. Schleier des Nichtwissens

Auch Rawls tut letztlich nichts anderes, er begründet es nur anders. Vereinfacht ausgedrückt, läuft seine Argumentation darauf hinaus, daß

---

[1] *Kant,* Metaphysik der Sitten, Rechtslehre, § 52 (Akademieausgabe Bd. 6, S. 340).

[2] *Kant,* Metaphysik der Sitten, Rechtslehre, II. Teil, Allg. Anm. E I (Akademieausgabe Bd. 6, S. 335).

die Grundstruktur einer Gesellschaft dann gerecht ist, wenn sich die Bürger *in einer fairen Ausgangssituation darauf einigen würden.* Eine in diesem Sinn faire Ausgangssituation liegt nach Rawls allein dann vor, wenn die fiktiven Vertragspartner nur über ein begrenztes Wissen verfügen, genauer: wenn ihnen alle situativen Informationen vorenthalten werden, durch die sie zur einseitigen Wahrnehmung rein persönlicher Interessen befähigt würden. Der Grund für diese Einschränkung ist folgender: Wenn jemand wüßte, welche Stellung ihm selbst zukommt, welche Vor- und Nachteile eine bestimmte Gesellschaftsverfassung für ihn also bringt, würde er wahrscheinlich versuchen, ein für ihn persönlich günstiges Ergebnis herauszuholen. Damit die im Urzustand getroffene Entscheidung für alle akzeptabel ist, muß daher bei der Entscheidungsfindung von allen Kenntnissen abgesehen werden, die jemanden in eigener Sache befangen machen könnten. Rawls führt dafür den Ausdruck *„Schleier des Nichtwissens" (veil of ignorance)* ein. Dieses Nichtwissen schließt, wie er schreibt, „die Kenntnis solcher Umstände aus, die Unterschiede zwischen den Menschen bilden und diese ihren Vorurteilen ausliefern"[3]. In einer Art Gedankenexperiment sollen sich die Beteiligten also fragen, welche Struktur der Gesellschaft sie wählen würden, wenn sie alles wüßten, was sie jetzt wissen, ausgenommen das, was sich auf sie selbst bezieht.

Der vertragstheoretische Urzustand zeichnet sich infolgedessen zunächst dadurch aus, daß die agierenden Personen nicht wissen, welche *Stellung* sie selbst innerhalb der zu begründenden Gesellschaft innehaben werden. Damit sind sie vor der Versuchung gefeit, bestimmte Positionen mit unangemessenen Rechten und Vorzügen auszustatten. Sie wissen aber auch nicht, über welche *persönlichen Eigenschaften* sie verfügen, ob sie Mann oder Frau, jung oder alt, schwarz oder weiß, begabt oder weniger begabt sind. Aus diesem Grund werden sie auch nicht versuchen, für eine dieser Gruppen besondere Vorteile auszuhandeln. Da sie damit rechnen müssen, sich nach der Aufdeckung des Schleiers in jeder dieser Rollen wiederzufinden, werden sie die Gesellschaft in ihrem eigenen Interesse vielmehr so organisieren, daß sie in jeder Position mit angemessenen Bedingungen rechnen können.

Der Schleier des Nichtwissens macht die Betroffenen keineswegs zu Altruisten; er hindert sie nur daran, ihre persönlichen Interessen unmittelbar wahrzunehmen, und zwingt sie, sich an allgemeinen Gesichtspunkten zu orientieren, wenn sie etwas für sich erreichen wollen. Aufgrund ihres allgemeinen Wissens über die Beschaffenheit der Gesellschaft ist ihnen zwar bekannt, daß sie in der Realität bestimmte Interessen und Überzeugungen haben, die denen der anderen oft entgegengesetzt sind; sie wissen jedoch nicht, *welche.* Aus diesem Grund

---

[3] *Rawls,* ThdG, 4. Abschnitt (S. 36).

werden sie keiner Entscheidung zustimmen, an die sie sich im ungünstigsten Fall, mit dem sie praktisch rechnen, nicht halten würden. Rawls sagt einmal sehr plastisch, im Urzustand würde jeder versuchen, die Gesellschaft so zu organisieren, als ob ihm sein Feind darin einen Platz zuweisen könnte[4]. Damit ist gemeint: Wenn ich selbst damit einverstanden sein kann, jede beliebige Stelle einzunehmen, können andere dies auch. Die im Urzustand getroffene Entscheidung für eine bestimmte Grundstruktur ist daher nicht nur für mich, sondern für alle gültig.

Kurz: der Schleier des Nichtwissens zwingt die Beteiligten gegen ihren Willen zur *Neutralität,* indem er ihnen alles persönliche Wissen nimmt, das sie zu einem Richter in eigener Sache machen könnte. Damit ist, wie Rawls meint, hinreichend gewährleistet, daß der Gesellschaftsvertrag faire Bedingungen für jedermann hervorbringt.

3. Überlegungsgleichgewicht

Freilich stützt Rawls seine Gerechtigkeitstheorie nicht ausschließlich auf den Vertragsgedanken, sondern zieht noch ein anderes, *kohärenztheoretisches* Begründungsmuster mit heran, das die vertragstheoretische Argumentation unterstützt und letztlich sogar trägt[5]. Das Kohärenzmodell arbeitet vereinfacht ausgedrückt so, daß es die moralischen Alltagsurteile, von denen wir intuitiv überzeugt sind, als Ausgangsmaterial akzeptiert, sie bei gleichzeitiger Eliminierung vorhandener Widersprüche schrittweise in einen systematischen Zusammenhang bringt und ihnen dadurch eine gewisse Kohärenz verschafft. Die kohärenztheoretische Begründung läuft also gewissermaßen auf die *Rationalisierung* unserer gängigen Vorstellungen hinaus.

In einem bestimmten Umfang muß jeder so vorgehen, der sich um die Rechtfertigung einer Theorie bemüht; denn von irgendwelchen Überzeugungen muß jeder Reflexionsprozeß seinen Ausgang nehmen. Schon der Umstand, daß der Vertrag in einer Gerechtigkeitsdebatte überhaupt ein Argument darstellt, läßt sich nicht vertragstheoretisch begründen, sondern ist eines der kulturell bedingten Vorverständnisse, das wir in eine solche Debatte miteinbringen. Ebenso gehen auch in die Modellierung des Urzustandes Überzeugungen mit ein, die uns im Laufe der Zeit selbstverständlich geworden sind, obwohl sie sich vor dem Hintergrund ihrer historischen Entwicklung vielleicht nicht von selbst verstehen. Einmal ins Werk gesetzt, verlangt dann freilich die Logik des Vertrages ihr Recht und verleiht nach Möglichkeit allen Überzeugungen ein vertrag-

---

[4] *Rawls,* ThdG, 26. Abschnitt (S. 178).

[5] Dazu näher *Hoerster* in: *Otfried Höffe* (Hrsg.), Über John Rawls' Theorie der Gerechtigkeit, Frankfurt a.M. 1977, S. 57; *Wolfgang Kersting,* John Rawls zur Einführung, Hamburg 1993, S. 119ff.; *Thomas W. Pogge,* John Rawls, München 1994, S. 156ff.

liches Gepräge. So stellt Rawls auch die im fiktiven Urzustand beschlossenen Prinzipien den wohlüberlegten Urteilen gegenüber, die wir uns immer schon gebildet haben, und gleicht beide in einem *wechselseitigen Anpassungsprozeß* solange miteinander ab, bis ein „Überlegungsgleichgewicht" (reflective equilibrium) erreicht ist, in das sowohl die Anforderungen des Vertragsmodells als auch die geläuterten Alltagsvorstellungen Eingang gefunden haben. Auf diese Weise versucht er dem Umstand Rechnung zu tragen, daß auch die abstrakteste Argumentation *faktisch* immer noch von dem zehrt, was insgeheim alle voraussetzen und meinen. *Methodisch* jedoch kommt dadurch in seine Argumentation eine Zweideutigkeit hinein; denn wie der kohärenztheoretische Begründungsstrang mit dem universalistischen Anspruch vereinbar ist, einen „archimedischen Punkt" gefunden zu haben, ist nicht ohne weiteres nachzuvollziehen.

Im folgenden werden wir das kohärenztheoretische Argumentationsmuster zunächst außer Acht lassen. Auf das Problem, daß auch der Vertragstheoretiker dem Geist seiner Zeit verhaftet bleibt und ihn lediglich mit seinen besonderen Mitteln rekonstruiert, werden wir in § 17 zurückkommen.

II. Vorbildfunktion des Urzustandes

1. Verfahren und Maßstab

Der Urzustand ist nach all dem kein Abbild der wirklichen Gesellschaft, sondern kommt vielmehr dadurch zustande, daß von einigen wichtigen Eigenschaften dieser Gesellschaft abstrahiert wird. Der unmittelbare Zweck dieses Vorgehens besteht darin, ein Prüfungs*verfahren* zu etablieren, das es erlaubt, unterschiedliche Gerechtigkeitsvorstellungen einer Probe auf ihre Akzeptanz zu unterziehen. Gleichzeitig wird damit jedoch die Entscheidung getroffen, die überkommene Gesellschaft anhand der in den Urzustand bereits eingelassenen *Maßstäbe* zu bewerten und zu reformieren. Wenn nämlich bei der praktischen Umsetzung denjenigen Regelungen zur Geltung verholfen wird, denen man im Urzustand zustimmen würde, so heißt das nichts anderes, als daß im Laufe der Zeit die Verhältnisse des Urzustandes wenigstens teilweise auf die reale Gesellschaft übertragen werden, diese also so umgestaltet wird, daß sie sich dem Modell des Urzustandes nähert.

Man kann darin sogar den eigentlichen Clou des ganzen Verfahrens sehen: Auf dem Umweg über das im Urzustand gewählte Strukturmodell wird der Gesellschaft das Signum des Urzustandes selbst verliehen. Nachdem der Urzustand unter Verwendung der Vorstellungen modelliert worden ist, die von seinen Konstrukteuren als unverzichtbare Erfordernisse einer gerechten Ordnung angesehen wurden, erscheint die

Übertragung der betreffenden Eigenschaften auf die Gesellschaft nur folgerichtig.

Aber was heißt dies konkret? Welche Veränderungen sind im Vergleich zu dem vorhandenen Zustand zu erwarten, wenn der unter dem Schleier des Nichtwissens gefundene abstrakte Konsens als Maßstab für die Einrichtung und Ausgestaltung der realen Gesellschaft und als Leitlinie für die Entscheidung konkreter Rechtsfragen herangezogen wird?

2. *Anthropozentrisch-egalitäre Betrachtungsweise*

Das von Rawls eingeschlagene Procedere wirkt sich zwangsläufig so aus, daß das Recht ganz auf die Berücksichtigung der Interessen möglicher Vertragspartner ausgerichtet wird. Als Vertragspartner in diesem Sinn aber kommt nur in Betracht, wer überhaupt Verträge schließen kann: „Wer Gerechtigkeit üben kann, dem" – und nur dem – „ist man Gerechtigkeit schuldig."[6] Das Recht reduziert sich damit ganz auf die Regelung der Beziehungen zwischen *Menschen* und nur zwischen Menschen. Was nicht Subjekt eines Vertrages sein kann – also Tiere und die sonstige Natur[7] –, ist notwendig Objekt und kann infolgedessen keine Eigeninteressen haben, die *per se* zu beachten wären. Das schließt nicht aus, daß Gesetze zum Schutz von Tieren, von Pflanzen oder ganzen Landschaften erlassen werden. Sinnwidrig wäre es bei diesem Ausgangspunkt aber, zu argumentieren, daß diese Objekte um ihrer selbst willen geschützt würden. Nach der anthropozentrischen Betrachtungsweise, wie sie sich aus dem Urzustand ergibt, werden sie nur geschützt, wenn und soweit es die Menschen um ihrer selbst willen für erforderlich halten.

Auch der ungeborene Embryo kann hiernach als eigenständiger Interessenträger nicht in den Blick treten. Es ist nämlich kaum möglich, sich einen Embryo als Teilnehmer einer Diskussion über die Ausgestaltung der Gesellschaft vorzustellen. Von daher erscheint es nicht anders als folgerichtig, daß einem Embryo ein *eigenes Recht* auf Leben nur bedingt zusteht. Die ganz allgemein „dem menschlichen Leben gebührende Achtung" ist für Rawls nur ein Abwägungsposten unter anderen. Das ist der Grund, weshalb er glaubt, „daß jede vernünftige Abwägung ... Frauen ein in gebührender Weise qualifiziertes Recht zuerkennen muß, innerhalb des ersten Drittels selbst darüber zu entscheiden, ob sie ihre Schwangerschaft fortsetzen wollen oder nicht."[8] Was davon in der Sa-

---

[6] *Rawls,* ThdG, 77. Abschnitt (S. 554).

[7] Vgl. *Rawls,* ThdG, 77. Abschnitt (S. 556).

[8] *Rawls,* PolLib II 6, § 7 Fn. 32 (S. 349); vgl. auch *Rawls* in: Zur Idee des politischen Liberalismus (hrsg. von Wilfried Hinsch), Frankfurt a.M. 1997, S. 116 (130).

che zu halten ist, kann hier auf sich beruhen; von Interesse ist nur, daß und wie sich das Argumentationsmodell des Urzustandes auf die danach entworfene Gesellschaft überträgt.

Dieser Zusammenhang kommt desweiteren darin zum Ausdruck, daß alle Unterschiede zwischen den Subjekten, von denen unter dem Schleier des Nichtwissens abgesehen wird, auch in den darauf beruhenden Regelungen abgeschliffen werden. Das betrifft die Unterschiede von jung und alt, stark und schwach, klug und dumm, von Rasse, Herkunft und Religion, aber auch den Unterschied des Geschlechts. Die Begründung des Rechts aus der unter dem Schleier des Nichtwissens getroffenen Entscheidung führt daher tendenziell zu der *egalitären Gesellschaft,* wie sie in den westlichen Verfassungen in der Tat verbrieft ist. Das moderne Recht westlicher Prägung stellt sich blind, wenn es um die Frage geht, ob jemand Mann oder Frau, schwarz oder weiß, Christ oder Jude ist. Es kennt nur noch die abstrakte Personqualität und versucht seine Regeln so auszuformen, daß diese faktischen Unterschiede zwischen den Menschen rechtlich nicht zum Tragen kommen.

Das Vertragsmodell befördert somit langfristig eine Ordnung, die das Recht auf die Regelung der Beziehungen zwischen unterschiedslos gleichen Personen reduziert. Eben darauf beruht seine Attraktivität. Denn wo die abendländische Kultur ihre Spuren hinterlassen hat, wird es auch unabhängig von dem Schleier des Nichtwissens als ungerecht angesehen, daß die durch Natur und Geschichte weniger Begünstigten deswegen rechtliche Nachteile erleiden sollen.

3. Abschleifung überkommener Institutionen

In den Urzustand sind freilich auf versteckte Weise auch Tendenzen eingelassen, die zu dem überkommenen Rechtsverständnis in scharfem Widerspruch stehen. Während der Vertragsgedanke nämlich einer individualistischen Betrachtungsweise Vorschub leistet, findet das überkommene Recht zum Teil in *Institutionen* Ausdruck, die sich ganz anderen Zusammenhängen verdanken. Unter anderem liegen ihm Differenzierungen zugrunde, von denen unter dem Schleier des Nichtwissens bewußt abgesehen wird. Das Vertragsmodell, wie es Rawls verwendet, muß sich bei seiner praktischen Umsetzung daher langfristig so auswirken, daß Institutionen, die bisher als wohlfundiert galten, abgeschliffen werden, weil ihnen auf dem Weg über die vertragliche Rekonstruktion die gedankliche Grundlage entzogen wird.

Fragen wir nur: Wie soll man auf dem Weg über den Urzustand eine Institution wie die *Ehe* begründen können? Wenn man im Urzustand nicht weiß, ob man in der realen Gesellschaft eine männliche oder weibliche Rolle zu spielen hat, wird man im Zweifel gegen alle rechtlichen Differenzierungen stimmen, die sich an diese Rollen anknüpfen. Wenn man nicht weiß, ob man hetero- oder homosexuell veranlagt ist, wird man alle Unterscheidungen verwerfen, die darauf Rücksicht nehmen. Wenn man nicht weiß, ob man lieber mit *einem* Partner oder mit *mehreren* gleichzeitig zusammenleben möchte, wird man auch die Monogamie als verbindliche Lebensform verwerfen. Was bleibt, sind beliebige Beziehungen zu beliebig vielen Partnern des gleichen oder des anderen Geschlechts.

Ferner: In der überkommenen Gesellschaft bildet die Ehe gewissermaßen die natürliche Grundlage der *Familie.* In der Familie ist zugleich für die Kinder und damit für die nächste Generation gesorgt; denn normalerweise sind die Eltern daran interessiert, für die Entwicklung ihrer Kinder die besten Voraussetzungen zu schaffen. Wenn im Urzustand jeder nur für sich selbst entscheidet, kommen künftige Generationen dagegen zu kurz weg. Damit die Zukunft der Gesellschaft nicht wegrationalisiert wird, muß Rawls daher den Urzustand um ein wichtiges Moment ergänzen: Jeder soll hier nicht nur für sich selbst, sondern zugleich für mögliche *Nachkommenlinien* entscheiden. Er soll sich also so verhalten, als sei es möglich, daß er – auf welche Weise auch immer – Nachkommen habe und über deren Schicksal zugleich mitbefinden müsse[9]. Welche Parallelstruktur entspricht dem in der Realität? Was ist von einer nach diesem Modell entworfenen Gesellschaft langfristig zu erwarten? Unwillkürlich sieht man hier eine Welt aufscheinen, in der alle Kinder auf anonyme Weise *in vitro* produziert werden und die Bürger allenfalls hoffen können, daß diese Kinder genetisch etwas mit ihnen zu tun haben. Indem der Urzustand keine Möglichkeit vorsieht, die überkommene Institution der Familie anders zu thematisieren, wird dieses Institut, zumindest der Idee nach, zur Disposition gestellt.

In anderem Zusammenhang – bei der Erörterung des Gleichheitsbegriffs und der unterschiedlichen Prägung der Menschen durch familiäre Einflüsse – fragt Rawls sogar ausdrücklich: „Ist also die Familie abzuschaffen? Für sich allein in Verbindung mit bestimmten Vorrangregeln weist das Ideal der Chancengleichheit in diese Richtung."[10] Im „Gesamtzusammenhang der Gerechtigkeitstheorie" soll nach Rawls' Auffassung dann zwar weniger für einen solchen Schritt sprechen. Tatsächlich jedoch könnte die Eigendynamik des kontraktualistischen Denkens nur dadurch gebremst werden, daß man ihm ein gegenläufiges, „institutionelles" Prinzip gleichberechtigt zur Seite stellt.

---

[9] *Rawls,* ThdG, 44. Abschnitt (S. 319ff.).

[10] *Rawls,* ThdG, 77. Abschnitt (S. 555). Im 2. Abschnitt (S. 23) wird die „monogame Familie" noch fraglos zu den wichtigsten gesellschaftlichen Institutionen gerechnet.

4. Das Problem der Nation

Von Interesse ist im vorstehenden Zusammenhang auch Folgendes: Rawls geht an vielen Stellen wie selbstverständlich davon aus, daß die natürlichen Grenzen des zu errichtenden Systems durch die *Nation* festgelegt werden bzw. wie er sich einmal ausdrückt: durch „die Gesellschaft", die wir uns „vorerst als geschlossenes System vorstellen, das keine Verbindung mit anderen Gesellschaften hat"[11]. Das setzt voraus, daß der Schleier des Nichtwissens an zwei Stellen durchlässig ist. Einmal müssen die Kontrahenten im Urzustand wissen, daß es unterschiedliche Nationen gibt, zum anderen muß ihnen bekannt sein, daß sie zu derjenigen Nation gehören, deren Grundprinzipien beschlossen werden sollen.

Zumindest das Letztere erscheint von den vertragstheoretischen Voraussetzungen her als eine ziemlich willkürliche Annahme. Dem Sinn des Vertragsdenkens entspräche es eher, von dem Wissen um die Zugehörigkeit zu einer bestimmten Gesellschaft ebenfalls zu abstrahieren und davon auszugehen, daß man sich, wenn der Schleier des Nichtwissens gehoben wird, in jeder beliebigen Nation wiederfinden kann[12]. Die Folge davon wäre, daß man nur Regelungen zustimmen würde, die darauf hinauslaufen, den Unterschied der Nationen rechtlich zu nivellieren, die überkommenen Grenzen aufzuheben und die Staaten in einer globalen Rechtsorganisation aufgehen zu lassen.

Ähnliches könnte man an anderen Beispielen durchexerzieren. In allen Fällen würde sich zeigen, daß dem unter dem Schleier des Nichtwissens geschlossenen Vertrag die Tendenz innewohnt, die Gesellschaft langfristig so umzugestalten, daß die Merkmale, die mit dem Schleier des Nichtwissens ausgefiltert wurden, auch in dem darauf beruhenden Recht abgeschliffen werden. Unter dem Einfluß dieser Argumentation muß sich daher langfristig ein Rechtssystem herausbilden, das an den möglichen Beziehungen gesichtsloser „Atome" orientiert ist.

III. Die Verbindlichkeit des fiktiven Vertrages

1. Unwiderruflichkeit

Nach Rawls ist der im Urzustand über die Grundregeln der Gesellschaft geschlossene Vertrag endgültig. Man hat sich den Gesellschafts-

---

[11] *Rawls,* ThdG, 2. Abschnitt (S. 24). Vgl. auch 69. Abschnitt (S. 498): „Ich gehe nun davon aus, daß die Grenzen der Systeme durch den Begriff des selbständigen Nationalstaates gegeben sind."

[12] Rawls selbst geht so weit nicht, sondern zieht lediglich in Erwägung, im Urzustand auch Grundsätze für das Verhalten der *Staaten* zueinander festlegen zu lassen, ThdG, 58. Abschnitt (S. 415).

pakt also so vorzustellen, daß niemand seine einmal erteilte Zustimmung widerrufen kann, wenn er nachträglich mit der getroffenen Vereinbarung nicht einverstanden ist.

Im Hinblick auf den damit verfolgten Zweck ist das konsequent. Um eine Vereinbarung zu ermöglichen, der alle zustimmen können, wird im Urzustand von allen individuellen Eigenschaften und Kenntnissen abgesehen, die sich für die Betroffenen als vor- oder nachteilig erweisen könnten. Könnte man seine Zustimmung widerrufen, wenn der Schleier des Nichtwissens gelüftet wird, wäre die ganze Veranstaltung umsonst gewesen. Folgerichtig muß der Vertragsschließende an den Bedingungen festgehalten werden, denen er im Zustand des Nichtwissens über seine eigene Position zugestimmt hat.

2. Grenzen der Akzeptanz

Von Kritikern ist freilich häufig die Frage aufgeworfen worden, warum sich daraus auch für den Bürger selbst, der sich ja keineswegs aus eigenem Entschluß in den Zustand des Nichtwissens versetzt hat, ein Argument ergeben soll. Warum sollte sich jemand gebunden fühlen, nachdem offenbar geworden ist, daß er sich infolge einer ihm durch die Umstände aufgenötigten Unkenntnis verkalkuliert hat?

Nehmen wir ein Beispiel: Zwei Spieler schließen eine Wette, wer von ihnen seinen Ball am weitesten werfen kann. Sie halten es für möglich, daß ihre Bälle verschieden schwer sind, haben aber keine Möglichkeit, dies zu überprüfen. Nachdem die Wette geschlossen ist, kommt jemand mit einer Waage hinzu, und nun zeigt sich, daß der Ball des einen um einiges schwerer ist als der des andern. Warum sollte der Betreffende die Wette jetzt noch als faire Vereinbarung ansehen? Er hätte sich in Kenntnis aller Umstände ja nie darauf eingelassen; vermutlich wäre sie ihm unter dieser Voraussetzung auch von dem anderen Spieler nie zugemutet worden.

Übertragen wir dieses Beispiel auf eine Konstellation des Urzustandes. Angenommen die Vertragspartner wissen, daß es Weltanschauungen gibt, die miteinander unverträglich sind und von denen jede die andere bekämpft. Ihnen ist weiter bekannt, daß manche dieser Anschauungen ziemlich töricht sind, aber für viele Menschen so verführerisch, daß andere Ansichten auf lange Sicht kaum Chancen haben, wenn man die ersten ungehindert gewähren läßt. Wenn die Partner nicht wissen, welcher Anschauung sie selbst anhängen, werden sie wahrscheinlich dafür plädieren, daß alle die gleichen Entfaltungsmöglichkeiten erhalten sollen. Wenn der Schleier jedoch gehoben wird, kann es sein, daß A erkennt, daß seine eigene und, wie er meint, vernünftige Anschauung unter den beschlossenen Bedingungen auf lange Sicht einer törichten

Auffassung weichen muß. Warum sollte er dennoch bereit sein, die bei Kenntnis der Dinge an sich unsinnige Vereinbarung auch jetzt noch zu akzeptieren?

Man wende nicht ein, die beiden Fälle seien nicht miteinander vergleichbar: in dem Wurfbeispiel könne nach der Aufdeckung des Schleiers eindeutig ermittelt werden, welchem Spieler die Sache auf Kosten des anderen im wahrsten Sinne des Wortes zu leicht gemacht werde, in dem Weltanschauungsbeispiel dagegen gehe der Streit auch nach Aufdeckung des Schleiers weiter. Aus der Perspektive eines außenstehenden Beobachters betrachtet mag das so sein. Für A jedoch verhält es sich anders. Aus seiner Sicht steht auch in dem zweiten Beispiel im nachhinein unabweisbar fest, daß die Bedingungen, auf die er sich in Unkenntnis eingelassen hat, „objektiv gesehen" ausgesprochen unfair für ihn waren. Wenn man einräumt, daß er die Vereinbarung im ersten Fall anfechten kann, warum dann nicht auch im zweiten?

Rawls geht offenbar stillschweigend von der Voraussetzung aus, daß alles, was hinter dem Schleier des Nichtwissens vorübergehend verborgen wird, von den Beteiligten auch bei Kenntnis aller Umstände als *mehr oder weniger gleichwertig* beurteilt würde. Unter dieser Voraussetzung sind in der Tat alle Rollen, die den Parteien nach der Aufdeckung des Schleiers zufallen können, mehr oder weniger akzeptabel. Bei Fragen, die für die Betreffenden von *existentieller* Bedeutung sind, trifft diese Voraussetzung jedoch nicht zu. Hier kann es vorkommen, daß das Ergebnis für einen der Beteiligten völlig unannehmbar ist, obgleich er zunächst selbst zugestimmt hat.

Diesen Zusammenhang kann man sich durch eine geringfügige Abwandlung des von Radbruch[13] berichteten Mignonette-Falls auf drastische Weise verdeutlichen: Schiffbrüchige treiben in einem Rettungsboot ohne Nahrung auf offener See. Um nicht zu verhungern, beschließen sie, einen von ihnen aufzuessen und darüber das Los entscheiden zu lassen. Kann man von dem, den das Los trifft, wirklich erwarten, daß er seine Zustimmung zu dem Verfahren als Argument dafür gelten läßt, sich widerstandslos schlachten zu lassen? Solange er kein reiner Altruist ist – und das braucht er nach Rawls nicht zu sein –, sicher nicht. Warum aber – um auf unser Weltanschauungsbeispiel zurückzukommen – soll dann derjenige, dem seine geistige Lebensgrundlage entzogen würde, eine solche Vereinbarung gelten lassen?

Der unter dem Schleier des Nichtwissens geschaffene Konsens ist offenbar nur dann tragfähig, wenn er sich auf Positionen bezieht, die auch bei Kenntnis der Dinge zumindest als akzeptabel angesehen werden. Näher besehen expliziert Rawls somit nur die Voraussetzungen

---

[13] *Gustav Radbruch,* Der Geist des englischen Rechts, 2. Aufl. Heidelberg 1947, S. 93ff.

einer Gesellschaft, in der es Positionen, die für einige Bürger schlechthin unakzeptabel sind, überhaupt nicht gibt[14].

---

[14] Vgl. *Rawls* in: Zur Idee des politischen Liberalismus (hrsg. von Wilfried Hinsch), Frankfurt a.M. 1997, S. 116 (137f.): „Die einzigen umfassenden Lehren, die nicht mit einem öffentlichen Vernunftgebrauch zu vereinbaren sind, sind diejenigen, welche keine vernünftige Abwägung politischer Werte in den durch sie aufgeworfenen Problemfällen zulassen. Dazu gehören möglicherweise auch einige vernünftige umfassende Lehren, und so bleibt uns nichts als die Hoffnung, daß diejenigen Lehren, die in einer wohlgeordneten Gesellschaft Anhänger gewinnen, ihre Unterstützung in nicht allzu vielen Fällen versagen werden."

§ 14. Die beiden Grundsätze der Gerechtigkeit

I. Kombination von Freiheit und Gleichheit

Nachdem die Bedingungen des Urzustandes festgelegt sind, erhebt sich weiter die Frage, auf welche gesellschaftliche Grundstruktur sich die Parteien unter diesen Voraussetzungen einigen würden.

1. Allgemeine gesellschaftliche Grundgüter

Bei dem Versuch, diese Frage zu beantworten, stößt man auf folgende Schwierigkeit: Einerseits steht fest, daß die gesuchte Grundstruktur über die gerechte Verteilung von Gütern entscheiden soll, an denen erfahrungsgemäß viele Menschen ein hohes Interesse haben; andererseits jedoch ist den Teilnehmern des Urzustandes unbekannt, worin ihre Interessen bestehen. Der Schleier der Unwissenheit hat nämlich, wie wir gesehen haben, die Funktion, die individuellen Interessen auszublenden. Es scheint daher, daß wir uns in einem Dilemma befinden: Derselbe Umstand, der eine rationale Entscheidung ermöglichen soll, scheint sie zugleich zu verhindern.

Um zu verstehen, wie Rawls aus diesem Dilemma herausfindet, muß man sich noch einmal vergegenwärtigen, was genau durch den Schleier der Unwissenheit ausgefiltert wird. Verdeckt wird alles, was sich auf den Entscheidenden selbst bezieht: seine persönlichen Eigenschaften und Fähigkeiten, seine spezifischen Interessen und Vorlieben, seine besonderen Überzeugungen und Meinungen sowie seine soziale Stellung innerhalb der Gesellschaft. Bekannt dagegen bleibt, daß die Beteiligten überhaupt Interessen haben, nur eben unterschiedliche, und daß sie in Verfolgung ihrer Lebenspläne je eigene Ziele anstreben. Bekannt ist ferner, daß sie, um diese besonderen Interessen verwirklichen zu können, geeigneter *Mittel* bedürfen. Im Hinblick auf diese Mittel jedoch kommt Rawls auf einen Gedanken, der die Komplexität der Entscheidungssituation mit einem Schlag reduziert: Während sich die individuellen Interessen erheblich unterscheiden, sind nämlich die Mittel, die zu ihrer Verwirklichung benötigt werden, im Grunde für alle Vertragspartner dieselben. Die beiden wichtigsten, wenn auch nicht die einzigen dieser Mittel sind *Freiheit* und *Geld.* Wer unbeschränkte Freiheit genießt und das erforderliche Geld zur Verfügung hat, kann seine besonderen Interessen meist optimal verwirklichen, wobei es in der Regel nicht darauf ankommt, um welche Interessen genau es sich handelt.

Rawls bezeichnet die Mittel, die zur Verwirklichung der verschiedenen Interessen und Ziele benötigt werden, als gesellschaftliche *Grund-*

güter. Diese Grundgüter sind für alle Beteiligten von demselben Interesse, gleichgültig in welcher Position sie sich befinden. Sie stellen daher Gegenstände dar, über deren Verteilung auch unter den Bedingungen des Urzustandes eine vernünftige Entscheidung getroffen werden kann. Gleichzeitig sind sie die Bindeglieder zwischen der Grundstruktur der Gesellschaft als solcher und den konkreten Lebensplänen der Bürger: Je größer der Anteil an Grundgütern ist, über den jemand verfügt, desto besser die Chance, daß er seine individuellen Lebensziele verwirklichen kann.

2. Gleichheits- und Unterschiedsprinzip

Nach dem Gesagten ist zu erwarten, daß unter dem Schleier des Nichtwissens jedermann dafür plädieren wird, daß alle den *gleichen Anteil* an den Grundgütern erhalten: Allgemein konsensfähig erscheint vorbehaltlich begründeter Ausnahmen nur die *absolute Gleichbehandlung* derer, die unter dem Schleier des Nichtwissens als gleich gesetzt wurden.

Stünde das Quantum der verfügbaren Grundgüter unveränderlich *fest,* so gäbe es in der Tat keinen Grund, von dieser Gleichbehandlung eine Ausnahme zuzulassen. Denn gleicher Anteil an den Grundgütern bedeutet nichts anderes als gleiche Chancen der Selbstverwirklichung im Rahmen der Gesellschaft – dies jedenfalls insoweit, als es um die Verfolgung allgemein akzeptierter Zwecke geht. Auf seine Selbstverwirklichung zu verzichten, damit andere sich zum Ausgleich dafür besser verwirklichen können, wäre für jemand, der kein reiner Altruist ist, nicht sinnvoll.

Tatsächlich ist die Menge der Grundgüter jedoch nicht feststehend, sondern *variabel.* Dadurch kommt noch ein anderer Gesichtspunkt ins Spiel. Wie die Erfahrung lehrt, gibt es Leute, die es verstehen, mit ihren Gütern und Fähigkeiten gewinnbringender zu wirtschaften als andere. Solange sie nur für sich selbst einen größeren Gewinn erzielen, besteht kein Grund, ihnen zu diesem Zweck einen größeren Anteil an Gütern einzuräumen. Wenn jedoch die Ungleichverteilung zu einer überproportionalen Vermehrung derjenigen Grundgüter führt, die *für alle* zur Verfügung stehen, so ist die Ungleichbehandlung *für alle von Vorteil* – auch für diejenigen, die weniger erhalten als andere; denn sie erhalten dabei absolut gesehen immer noch mehr als in einem System vollkommener Gleichbehandlung. Die Prinzipienwähler des Urzustandes werden daher nicht unter allen Umständen für Gleichheit plädieren. Soweit es allen zugute kommt, werden sie Rawls zufolge auch mit einer ungleichen Verteilung einverstanden sein. Die Gleichheit ist demnach nur der Ausgangspunkt. Ungleichheit bleibt zulässig, wird jedoch unter Rechtfertigungszwang gestellt.

Die Gerechtigkeitsvorstellung, von der die Parteien im Urzustand ausgehen, sobald sie erkannt haben, daß absolute Gleichbehandlung nicht unter allen Umständen wünschenswert ist, lautet daher: „Alle sozialen Werte – Freiheit, Chancen, Einkommen, Vermögen und die sozialen Grundlagen der Selbstachtung – sind gleichmäßig zu verteilen, soweit nicht eine ungleiche Verteilung jedermann zum Vorteil gereicht.“[1] Ungerechtigkeit, so kann man im Umkehrschluß sagen, besteht in Ungleichheiten, die nicht jedermann Nutzen bringen. Rawls unternimmt in seiner Gerechtigkeitslehre mithin den Versuch, Gleichheit und Ungleichheit auf sinnvolle Weise miteinander zu kombinieren und in ein System zu bringen, das zwar auf dem Grundsatz der Gleichheit beruht, in dem jedoch die erforderlichen Ungleichheiten in einer für jedermann annehmbaren Weise begründet werden können.

3. Absolute rechtliche Gleichheit, begrenzte soziale Ungleichheit

Das Gleichheits- und Unterschiedsprinzip, wie wir es gerade formuliert haben, bildet freilich nur den Ausgangspunkt für eine weitere Differenzierung. Ohne diese würde es, wie Rawls meint, im Urzustand keine Zustimmung finden. Ein Mangel der eben verwendeten Formel besteht nämlich darin, daß danach *alle* sozialen Grundwerte durch andere aufgewogen werden können, solange gewährleistet ist, daß sich bei der Bilanzierung ein Plus ergibt. Mit anderen Worten: es gibt danach keine absolut unverzichtbaren Positionen. Im Hinblick auf den Grundwert der *Freiheit* erscheint Rawls dies jedoch als problematisch. Nach seiner Auffassung würde niemand eine ungleiche Verteilung der Freiheit akzeptieren, auch wenn er zum Ausgleich dafür durch noch so viele materielle Grundwerte entschädigt würde. Insoweit sei vielmehr davon auszugehen, daß jeder die größtmögliche Freiheit für sich beanspruche und auf keinen Fall weniger als die anderen. Dies vorausgesetzt – und für die Gebildeten des modernen westlichen Kulturkreises ist diese Voraussetzung auch wohl überwiegend zutreffend –, kann eine ungleiche Verteilung nur bei den sonstigen Grundwerten, nicht jedoch bei der Freiheit durch anderweitige Vorteile gerechtfertigt werden. Im Urzustand würden sich die Beteiligten daher vereinfacht ausgedrückt auf die Formel einigen: Soviel gleiche Freiheit wie möglich; auch von anderen Grundgütern soviel wie möglich, aber in diesem Fall nicht unbedingt eine gleiche, sondern auch eine ungleiche Verteilung, wenn das für jedermann von Vorteil ist.

Aber noch etwas anderes kommt hinzu: Da jeder damit rechnen muß, sich nach der Aufdeckung des Schleiers in der schlechtesten Position wiederzufinden, werden die Beteiligten in ihrem eigenen Interesse da-

[1] *Rawls,* ThdG, 11. Abschnitt (S. 83).

rauf bedacht sein, sich für diejenige Grundstruktur zu entscheiden, die über die beste Mindestposition bzw. über den „besten Schlimmstfall" verfügt. Auf diese Weise ist gewährleistet, daß man auch im schlechtesten Fall noch relativ gut wegkommt.

Rawls selbst hat die beiden Grundsätze der Gerechtigkeit daher zunächst so formuliert:

> *„1. Jedermann soll gleiches Recht auf das umfangreichste System gleicher Grundfreiheiten haben, das mit dem gleichen System für alle anderen verträglich ist.*
> *2. Soziale und wirtschaftliche Ungleichheiten sind so zu gestalten, daß a) vernünftigerweise zu erwarten ist, daß sie zu jedermanns Vorteil dienen und b) sie mit Positionen und Ämtern verbunden sind, die jedem offenstehen."*[2]

Der Vorrang des Prinzips gleicher Freiheit ist hierbei dadurch verbürgt, daß diese Reihenfolge als eine „lexikalische" Ordnung zu verstehen ist. Damit ist gemeint, daß der erste Grundsatz dem zweiten zwingend vorgeht. Die Grundfreiheiten gehören daher nicht zu den Grundgütern, bei denen eine ungleiche Verteilung mit sonstigen Vorteilen verrechnet werden kann. Das Prinzip größtmöglicher gleicher Freiheit kann vielmehr nur eingeschränkt werden, wenn dies im Interesse der Freiheit selbst geboten ist.

Im weiteren Verlauf seiner Argumentation hat Rawls die beiden Grundsätze gelegentlich etwas anders formuliert und dabei ergänzt und modifiziert[3]. Das ist hier jedoch von zweitrangiger Bedeutung. Vorstehend genügt es, zu erkennen, worum es im Prinzip geht.

II. Gleiche Grundfreiheiten

1. Freiheiten der Alten und der Neueren

Wenn Rawls von Freiheit spricht, so meint er damit nicht die Willensfreiheit (bin ich frei, zu wollen, was ich will?), sondern allein die Handlungsfreiheit, also den sozialen Handlungsspielraum, der den Bürgern in einem politischen System eingeräumt ist. Die Handlungsfreiheit in diesem Sinn umfaßt sowohl die sogenannten „Freiheiten der Alten", die sich durch eine politische Zielrichtung auszeichnen wie vor allem das aktive und passive Wahlrecht sowie die Rede- und Versammlungsfreiheit, als auch die „Freiheiten der Neueren", die mehr den Privatbereich schützen sollen wie die Glaubens- und Meinungsfreiheit, die Unverletz-

---

[2] *Rawls,* ThdG, 11. Abschnitt (S. 81).

[3] Vgl. *Rawls,* ThdG, 13. Abschnitt (S. 104), 39. Abschnitt (S. 282f.), 46. Abschnitt (S. 336f.); PolLib I 1 § 1 (S. 69f.), III 7 § 6 (S. 382f.), III 8 § 1 (S. 406).

lichkeit der Person, das Recht auf Eigentum und auf Schutz vor willkürlicher Festnahme und Haft[4].

Welche Freiheiten *genau* in den Kanon der Grundfreiheiten aufzunehmen sind, insbesondere ob damit auch die allgemeine Handlungsfreiheit als solche mitumfaßt ist, wird von Rawls nicht näher ausgeführt[5]. Wie es scheint, orientiert er sich mehr oder weniger intuitiv an den klassischen Freiheitsrechten des Liberalismus. Der Grund dafür dürfte der sein, daß diesen Rechten dieselbe Vorstellung gleicher und autonomer Personen zugrunde liegt, nach der auch die Vertragsparteien des Urzustandes modelliert worden sind. Aber auch dieser Frage soll hier nicht näher nachgegangen werden.

2. Gleichbehandlung und Selbstachtung

Der im Urzustand unterstellte Rigorismus, auf keinen Fall ein geringeres Maß an Grundfreiheiten zu akzeptieren, als es einem anderen zugestanden wird, ist nach Rawls nichts anderes als ein Ausfluß des Prinzips der Selbstachtung. Wer für sich in Anspruch nimmt, autonom zu sein, d.h. über sein Leben und Schicksal selbstverantwortlich entscheiden zu können, sich also seinen Lebensinhalt nicht von anderen vorschreiben zu lassen, sondern selbst zu bestimmen, wofür er lebt, muß darauf bestehen, daß ihm die Bedingungen, unter denen dies allein möglich ist, nicht vorenthalten werden. Zu diesen Bedingungen jedoch gehören vor allem die liberalen Freiheitsrechte. Ohne Freiheit ist Selbstbestimmung nicht denkbar. Von der Art und dem Umfang der zugestandenen Freiheit hängt ab, in welchem Maß jemand seine Ziele im Rahmen einer Gesellschaft realisieren kann. Aus diesem Grund wird niemand, der sich für autonom und selbstverantwortlich hält, sehenden Auges ein geringeres Maß an Freiheit akzeptieren, als es irgendeinem anderen eingeräumt wird. Eine ungleiche Verteilung der Freiheit liefe auf eine öffentliche Mißachtung der Zurückgesetzten hinaus und würde ihr Bild vor sich selbst und den anderen schwer beeinträchtigen. Sie würden gewissermaßen als Menschen behandelt, die es nicht wert sind, bei der Gestaltung ihrer eigenen bzw. der gemeinsamen Zukunft gleichberechtigt mitreden zu können.

Die unabdingbare Voraussetzung einer Gerechtigkeitsvorstellung, der jedermann zustimmen kann, ist daher nach Rawls die Ausstattung aller Bürger mit den größtmöglichen gleichen Grundfreiheiten. Ein vernünftiges Rechtssystem muß sich demnach – kantisch gesprochen – zunächst einmal darstellen als ein System von „Bedingungen, unter denen die

---

[4] *Rawls,* ThdG, 11. Abschnitt (S. 82).

[5] Kritisch zu dieser Zweideutigkeit *H.L.A. Hart,* Essays in Jurisprudence and Philosophy, Oxford 1983, S. 223 (226ff.).

Willkür des einen mit der Willkür des andern nach einem allgemeinen Gesetze der Freiheit zusammen vereinigt werden kann“[6].

Daß eine Einschränkung oder ungleiche Verteilung der Freiheit nach dem Vorrangprinzip nicht durch sonstige Vorteile gerechtfertigt werden kann, die sich daraus für andere ergeben können, ist so gesehen nur ein anderer Ausdruck dafür, daß die Bürger als autonome Personen geachtet werden: Sie dürfen nicht als Mittel für Zwecke benutzt werden, denen sie selbst nicht zugestimmt haben. Eine Einschränkung oder ungleiche Verteilung von Grundfreiheiten kann also nur dadurch gerechtfertigt werden, daß dies zur Gewährleistung der Grundfreiheiten selbst notwendig ist. Das aber heißt, um es an einem trivialen Beispiel zu erläutern: die Redefreiheit darf dadurch eingeschränkt werden, daß man selbst schweigen muß, wenn andere reden.

3. Materielle Voraussetzungen des Freiheitsgebrauchs

Nach Rawls gehört nur das Recht *auf* Eigentum und Vermögen zu den gleich zu verteilenden Grundfreiheiten, nicht jedoch Eigentum und Vermögen *selbst*[7]. Dies bedeutet, daß es in Bezug auf die ökonomische Ausstattung der Bürger nur eine *Chancen*gleichheit, aber keine Gleichheit des *Ergebnisses* gibt. Das dürfte einer in der modernen westlichen Welt weithin geteilten Überzeugung entsprechen. Gleichwohl liegt hier ein Problem verborgen, das von ungleich größerem Gewicht ist, als Rawls zunächst anzunehmen schien.

Ob und in welchem Maße jemand seine Ziele realisieren kann, hängt vielfach nicht nur davon ab, welche Freiheiten ihm eingeräumt sind, sondern auch, welche *materiellen Mittel* ihm zur Verfügung stehen. Wer etwa eine politische Partei ins Leben rufen und um Stimmen werben will, wer eine neue Zeitung gründen und für seine Ansichten ein Forum schaffen will, wird ohne Geld oder finanzkräftige Partner in der Regel nicht weit kommen. Aber nicht nur dies: Wem das Nötigste zum Leben fehlt, dem hilft alle Freiheit praktisch gar nichts. Die Freiheit hat nämlich eine *ungeschriebene Voraussetzung,* und zwar die, daß jemand zunächst einmal genug zu leben hat. Wem es am Nötigsten fehlt, der ist faktisch unfrei, mag er formelle Freiheitsrechte haben soviel er will. Aus diesem Grund wird er dazu neigen, diese Voraussetzung der Freiheit selbst als Freiheit zu formulieren: als Freiheit von wirtschaftlicher Not nämlich.

Für die unterschiedliche Verteilung wirtschaftlicher Güter gibt es, wie dargelegt (oben I 2), gute Gründe. Aber daß die Menschen notfalls be-

---

[6] *Kant,* Metaphysik der Sitten, Einleitung in die Rechtslehre, § B (Akademieausgabe Bd. 6, S. 230).

[7] *Rawls,* ThdG, 32. Abschnitt (S. 232f.).

reit wären, auf eine materielle Grundausstattung zu verzichten, nur um in den ungeschmälerten Besitz der politischen Freiheiten zu kommen, ist wohl mehr ein Wunschtraum der Besitzenden als das Resultat einer Befragung unter den Bedingungen des Urzustandes. Damit die Freiheit die hohe Wertschätzung erlangen kann, die sie allen andern Gütern als vorzugswürdig erscheinen läßt, muß erst einmal ein soziales Niveau erreicht sein, das es erlaubt, von der Freiheit angemessenen Gebrauch zu machen. Nicht zu Unrecht hat Nowell-Smith bereits zwei Jahre nach Erscheinen der „Theorie der Gerechtigkeit" daran erinnert, „daß bis zum Jahre 1973 nur sehr, sehr wenige Gesellschaften in den Genuß der ‚günstigen' Verhältnisse gekommen sind, die für die Gerechtigkeit als Fairness erforderlich sind."[8]

Rawls hat diesen Zusammenhang erst in seinen späteren Schriften in der nötigen Klarheit eingeräumt[9]. In seinem Buch „Politischer Liberalismus" schreibt er etwa, dem ersten Grundsatz, der die gleichen Freiheiten betrifft, könne „ohne weiteres ein lexikalisch vorrangiger [!] Grundsatz vorangestellt werden, der fordert, daß die Grundbedürfnisse von Bürgern befriedigt werden, jedenfalls insoweit dies eine Bedingung dafür ist, daß Bürger diese Rechte und Freiheiten verstehen und nutzbringend ausüben können"[10]. In der 1995 geschriebenen Einleitung dazu heißt es weiter, die insoweit zu stellenden Anforderungen gingen „weit über die Bereitstellung von Nahrung, Kleidung und Behausung oder, einfacher gesagt, über die Grundbedürfnisse hinaus"[11]. Wie weit jedoch, bleibt offen. Benjamin Barber fühlte sich daher bereits anläßlich seiner Kritik der „Theorie der Gerechtigkeit" zu der Bemerkung veranlaßt: „Je nachdem, wo die Schwelle angesetzt wird, könnte sogar Marx mit einem solchen Standpunkt zufrieden sein."[12] So weit geht Rawls freilich nicht. Vielmehr sieht er das Problem in der amerikanischen Gesellschaft, wie sie zu seiner Zeit besteht, als gelöst an: „Ein letzter Punkt zum Vorrang der Freiheit besteht darin, daß dieser Vorrang nicht unter allen Umständen erforderlich ist. Für unsere jetzigen Zwecke nehme ich jedoch an, daß er unter, wie ich es nenne, ‚einigermaßen günstigen Bedingungen' notwendig ist; das heißt unter sozialen Bedingungen, die … die wirksame Durchsetzung und uneingeschränkte Ausübung dieser Freiheiten erlauben … Ich nehme an, es sei für unsere Zwecke hinreichend offen-

---

[8] *Nowell-Smith* (1973) in: *Otfried Höffe* (Hrsg.), Über John Rawls' Theorie der Gerechtigkeit, Frankfurt a.M. 1977, S. 77 (87).

[9] Vgl. allerdings bereits *Rawls,* ThdG, 43. Abschnitt (S. 312f.), 82. Abschnitt (S. 589).

[10] *Rawls,* PolLib, I 1 § 1 (S. 71f.).

[11] *Rawls,* PolLib, Einleitung von 1995, Fn. 36 (S. 60).

[12] *Barber* in: *Otfried Höffe* (Hrsg.), Über John Rawls' Theorie der Gerechtigkeit, Frankfurt a.M. 1977, S. 224 (237 Fn. 8).

kundig, daß in unserem Land heutzutage einigermaßen günstige Bedingungen bestehen, so daß für uns die Grundfreiheiten Vorrang haben."[13]

Gemessen daran, daß es sich dabei zugestandenermaßen um einen vorrangigen Grundsatz handelt, also um eine *Voraussetzung* dafür, daß die beiden Gerechtigkeitsgrundsätze überhaupt in der Lage sind, die Grundstruktur einer gerechten Gesellschaft zu beschreiben, macht es sich Rawls hier ein wenig einfach. Er setzt sich daher dem Vorwurf aus, daß die Theorie der Gerechtigkeit für eine Gesellschaft bestimmt ist, deren Bürger zwar viele Probleme haben mögen, nur nicht solche, die mit einem fundamentalen Mangel an Geld zusammenhängen[14]. Falls die Theorie der Gerechtigkeit dazu beitragen könnte, eine solche Gesellschaft tatsächlich zu schaffen, wäre dies zweifellos ein positiver Nebeneffekt. Bisher kennen wir freilich nur Gesellschaften, in denen der Wert formeller Freiheit für die Masse der Bevölkerung unter wechselnden Verhältnissen immer neu austariert werden muß.

III. Rechtfertigung sozialer Unterschiede

1. Ausgleich unverdienter Vorteile

Sieht man von den zuletzt erörterten Schwierigkeiten, mit denen auf die von Rawls nicht immer deutlich gemachten Anwendungsbedingungen seines Freiheitsrigorismus hingewiesen wurde, einmal ab, so ist es allerdings richtig, daß Einkommen und Vermögen, soziale Positionen u.ä.m. nicht gleich verteilt sein müssen und auch gar nicht gleich verteilt sein können. In einer arbeitsteiligen Gesellschaft muß es Funktionsträger der verschiedensten Art geben. Jeder von diesen hat eine eigene Ausbildung durchlaufen und auf seinem besonderen Gebiet Erfahrungen sammeln müssen, die auf andere Bereiche nicht übertragbar sind. Die utopische Vorstellung des jungen Marx, es sei möglich, „heute dies, morgen jenes zu tun, morgens zu jagen, nachmittags zu fischen, abends Viehzucht zu treiben, nach dem Essen zu kritisieren, wie ich gerade Lust habe, ohne je Jäger, Fischer, Hirt oder Kritiker zu werden"[15], wird sich kaum je verwirklichen lassen. Tatsächlich kann jeder nur eine der Fähigkeiten, die in ihm angelegt sind, voll entwickeln und muß sich damit abfinden, daß seine anderen Potenzen von anderen realisiert werden.[16]

---

[13] *Rawls,* PolLib, III 8 § 2 (S. 412f.).

[14] In den Vereinigten Staaten hat er sich aufgrund des zweiten Gerechtigkeitsgrundsatzes dagegen interessanterweise meist den Vorwurf der Gleichmacherei zugezogen.

[15] MEW 3, 33.

[16] Eine ansprechende Darstellung der „sozialen Gemeinschaft" gibt Rawls in ThdG, 79. Abschnitt (S. 565ff.).

Auch wenn die Menschen sonst gleich wären, würden bereits diese mit einer entwickelten Gesellschaft notwendig verbundenen Differenzierungen Unterschiede in Einkommen und Vermögen nach sich ziehen. Wer eine längere Ausbildung auf sich nimmt und eine Tätigkeit ausübt, die ihn geistig voll in Anspruch nimmt, ist dazu gewöhnlich nur dann bereit, wenn er dafür auf materielle Weise entschädigt wird.

Der zweite Grundsatz, auf den man sich im Urzustand einigen würde, besagt daher nicht, daß soziale und wirtschaftliche Unterschiede zu beseitigen seien, wohl aber, daß sie einer *Rechtfertigung* bedürfen. Der von Rawls verfolgte Grundgedanke ist dabei der, daß alle *unverdienten Vorteile* – und dazu gehören nicht nur die Ungleichheiten der Herkunft, sondern auch die der Begabung – irgendwie *ausgeglichen* werden müssen, wenn Chancengleichheit herrschen soll. Wie Rawls meint, würde man Unterschiede bei der Verteilung sonstiger Grundgüter im Urzustand nur unter zwei Voraussetzungen akzeptieren.

2. Vorteilhafte Ungleichbehandlung

Die erste Voraussetzung ist, wie bereits dargelegt (oben I 2 und 3), die, daß soziale und wirtschaftliche Unterschiede für jedermann von Vorteil sein müssen. Das leuchtet im Prinzip ein: Wenn A sein Einkommen um monatlich 1000 verbessern kann, hat B keinen Grund, sich darüber zu beklagen, wenn dieselben Umstände, die bei A zu einer Verbesserung von 1000 führen, bei ihm eine Verbesserung von 500 bewirken und es keine Möglichkeit gibt, beide in derselben Weise zu begünstigen. Es wäre – wenn man von den Nebenfolgen, auf die gleich einzugehen sein wird, einmal absieht – unvernünftig, auf eine Verbesserung von 500 zu verzichten, nur damit sich ein anderer nicht noch stärker verbessern kann. Nur Neid, so meint Rawls, könne dazu führen, daß jemand auf einen Vorteil verzichtet, weil er einem anderen einen damit einhergehenden größeren Vorteil mißgönnt. Wenn die Beteiligten jedoch von Neid frei sind und allein rational argumentieren, seien „die größten Vermögens- und Einkommensunterschiede zulässig, wenn sie nötig sind, damit die Aussichten der am wenigsten Bevorzugten auch nur im geringsten steigen.“[17] Es sei daher nichts dagegen einzuwenden, daß das Einkommen einiger weniger ständig steige, wenn nur für die anderen auch etwas davon abfalle.

Die soziale Frage, die wir oben angesprochen haben, taucht jedoch auch in diesem Zusammenhang auf. Einkommens- und Vermögensunterschiede können nämlich leicht dazu führen, daß die Bürger von ihren Freiheiten in ganz verschiedener Weise Gebrauch machen können. Durch die Aufsummierung dauerhaft höherer Einkommen kann es im

---

[17] *Rawls,* ThdG, 26. Abschnitt (S. 181).

Laufe der Zeit dahin kommen, daß die sozial Bessergestellten bei sonst gleicher Freiheit die Herrschaft über die Schlechtergestellten ausüben können, ohne daß diese viel dagegen unternehmen können. Die gleiche rechtliche Freiheit würde dann nur eine Fassade darstellen, hinter der sich in Wahrheit eine Klassenherrschaft verbirgt. Einen solchen Zustand zu verhindern, könnte daher auch dann im Interesse der weniger Begünstigten liegen, wenn diese dafür absolut gesehen mit gewissen wirtschaftlichen Nachteilen bezahlen müßten. Auf eine angemessene Verteilung von Eigentum und Vermögen zu achten, und zwar unabhängig von dem dadurch erreichbaren Lebensstandard, ist daher so unvernünftig nicht, wie Rawls meint. Es kann sogar im Interesse der Freiheit selbst geboten sein.

3. Soziale Durchlässigkeit

Wie es scheint, versucht Rawls dem jedoch in der zweiten Voraussetzung Rechnung zu tragen, unter der ihm wirtschaftliche und soziale Unterschiede allein hinnehmbar erscheinen. Diese Voraussetzung besteht darin, daß soziale Vorteile nur mit solchen Positionen verbunden sein dürfen, die im Prinzip jedermann offenstehen. Damit soll ersichtlich einer Kastenherrschaft vorgebeugt werden, in der sich die Oberen gegen jedes Eindringen der Unteren abschirmen und ihre bevorzugte Stellung auf Dauer festschreiben. Wer unten ist, so besagt daher der zweite Gerechtigkeitsgrundsatz weiter, muß auch nach oben gelangen können, der Traum des Tellerwäschers, Millionär oder Politiker werden zu können, muß realisierbar sein.

Das klingt zu schön, als daß man nicht zustimmen möchte. Im Urzustand wird daher sicher niemand eine Regelung beschließen, von der absehbar ist, daß sie ihm alle Chancen nimmt, seine Stellung innerhalb der Gesellschaft zu verbessern. Die Frage ist nur, unter welchen Voraussetzungen jemand überhaupt in Positionen gelangen kann, die mit sozialen Vorteilen verbunden sind. Die formale rechtliche Möglichkeit ist dafür zwar eine notwendige, aber keine hinreichende Bedingung. Von Bedeutung ist des weiteren auch der soziale Status, den jemand einnimmt. Normalerweise steigt der Tellerwäscher nämlich schon deshalb nicht auf, weil ihn seine relativ ungünstigen Verhältnisse am Spültrog festhalten. Die Frage ist daher wiederum, wie die sozialen Verhältnisse beschaffen sein müssen, damit jedermann im Urzustand dem zweiten Gerechtigkeitsgrundsatz zustimmen kann. Der ungeschriebene Grundsatz der sozial angemessenen Grundausstattung, der den beiden Gerechtigkeitsgrundsätzen vorangestellt werden muß, wirft seine Schatten auch von dieser Seite her über die saturierte Gesellschaft derer, die mit ihrem Los grundsätzlich zufrieden sind.

§ 15. Selbststabilisierung des politischen Systems

I. Vereinbarkeit von öffentlicher und privater Gerechtigkeitsvorstellung

1. Bedeutung der Stabilität

Ein politisches System, das infolge seiner inneren Struktur langfristig gesehen dahin tendiert, die Voraussetzungen zu untergraben, auf denen es selbst beruht, wäre kein geeigneter Kandidat, wo es sich darum handelt, ein für alle zustimmungsfähiges Gerechtigkeitsmodell zu finden. Zu den Eigenschaften eines konsensfähigen Systems gehört vielmehr auch, daß es *stabil* ist und einen dauerhaften Handlungsrahmen etabliert, in dem sich die Lebensentwürfe der Bürger ohne fortwährende Änderung der gesellschaftlichen „Geschäftsgrundlage" realisieren lassen.

Die Bedeutung, die der Systemstabilität zukommt, hat Rawls nicht erst in seinen späteren Werken, sondern bereits in seinem Buch „Theorie der Gerechtigkeit" hervorgehoben: „Unter sonst gleichen Umständen werden die Menschen im Urzustand ein stabileres System von Grundsätzen vorziehen. Wieviel eine Gerechtigkeitsvorstellung auch sonst für sich haben mag, sie leidet an einem schweren Fehler, wenn aus den Grundsätzen der Moralpsychologie folgt, daß sie in den Menschen nicht den Wunsch weckt, ihr gemäß zu handeln."[1] Die Stabilität war ihm zunächst freilich nur *ein* Kriterium unter anderen, und vorrangig war die Suche nach der gerechten Grundstruktur als solcher. Nachdem sich Rawls in der Folge den Herausforderungen des Pluralismus in stärkerem Maße als zuvor gestellt hatte, gewann die Systemstabilität jedoch ein größeres Gewicht für ihn. Die entscheidende Frage formulierte er nunmehr so: „Wie kann eine stabile und gerechte Gesellschaft freier und gleicher Bürger, die durch vernünftige und gleichwohl einander ausschließende religiöse, philosophische und moralische Lehren einschneidend voneinander getrennt sind, dauerhaft bestehen?"[2] Ob und in welchem Umfang Rawls mit dieser Wendung seinen universalistischen Anspruch zurückgenommen hat, ist nicht leicht auszumachen, weil er es an einer klaren Stellungnahme insoweit fehlen läßt. Einerseits liegt auf der Hand, daß er mit der Betonung der Stabilität der gegen seinen „archimedischen" Rigorismus gerichteten Kritik den Wind aus den Segeln genommen hat. Andererseits jedoch scheint er nach wie vor der Auffassung zu sein, daß die freiheitliche Demokratie sich vor anderen

---

[1] *Rawls,* ThdG, 69. Abschnitt (S. 495).

[2] *Rawls,* PolLib, Einleitung 1992 (S. 14).

Staatsformen durch eine besondere Vernünftigkeit auszeichnet. Freilich ist gerade die Demokratie der Gefahr der Instabilität ausgesetzt, und zwar eben wegen desjenigen Merkmals, das unter einem anderen Aspekt betrachtet ihre Stärke ausmacht: der Freiheit nämlich, die sie den Bürgern einräumt. Die Stabilitätsfrage stellt sich hier daher in besonders dringlicher Weise.

Stabil ist eine Gesellschaft dann, wenn ihre Grundstruktur den Wandel der Zeiten überdauert, wenn also der verfassungsrechtliche Rahmen bei allen tagespolitischen Veränderungen derselbe bleibt. In letzter Instanz hängt dies davon ab, ob sich immer wieder hinreichend viele Bürger finden, die auf die Stärkung und Erhaltung des Systems hinarbeiten, weil ihnen dies auch aus ihrer eigenen Sicht als vernünftig erscheint. Die Stabilität einer Gesellschaft beruht also auf einem Rückkopplungseffekt: Die Gesellschaft muß ihre Bürger darin bestärken, daß sie die Gesellschaft stärken, der sie wiederum die Grundlage ihrer eigenen Stärke verdanken. Kurz: Stabilität ist Selbststabilisierung, vermittelt über den Handlungshorizont der Bürger.

2. *Recht und Moral im modernen Staat*

Der traditionelle Topos, unter dem dieses Problem diskutiert wird, ist der des Verhältnisses von *Recht und Moral:* Wie müssen die subjektiven Gerechtigkeitsvorstellungen der Bürger beschaffen sein, damit sich die daraus resultierenden Handlungen mit dem Rechtssystem auf lange Sicht vertragen? Und wie muß umgekehrt das Recht beschaffen sein, um nicht mit den subjektiven Gerechtigkeitsvorstellungen, die sich unter seinen Bedingungen entwickeln, in einen unheilvollen Konflikt zu geraten? Zwar spricht Rawls selbst in diesem Zusammenhang nicht von Moral, sondern verwendet den Begriff der „umfassenden Lehren", an denen die einzelnen Bürger ihr Leben und Handeln orientieren. In der Sache macht das jedoch keinen Unterschied und hat sogar den Vorzug, daß der weltanschauliche und religiöse Hintergrund, in den jede Art von Moral eingebettet ist, dabei besser zum Ausdruck kommt.

In einem modernen freiheitlichen Staat kann gewiß nicht erwartet werden, daß sich Recht und Moral umstandslos miteinander decken. Der Sinn der „modernen" Freiheit ist es ja gerade, Entfaltungsmöglichkeiten für unterschiedliche Vorstellungen zu bieten. Wenn sich freilich die Bürger an „umfassenden Lehren" orientieren, die den Gerechtigkeitsvorstellungen, auf denen die Grundstruktur der Gesellschaft beruht, entgegengesetzt sind, dann ist irgendwann ein Punkt erreicht, an dem dies für den Bestand der überkommenen Ordnung gefährlich wird. Wenn es zu einem Konflikt zwischen Gesetz und Gewissen kommt, so hat zwar, wie bereits Hegel erkannte, das Gesetz die organisierte Gewalt hinter sich; auf lange Sicht aber sitzt das Gewissen am längeren Hebel, weil es das

Bewußtsein, sich auf seiten der Gerechtigkeit zu befinden, auf seiner Seite hat: „Die Gewissen erscheinen in diesem Gegensatz gegen das, was von der Religion für heilig erklärt wird, als ein von Menschen Gemachtes; sie könnten, wenn sie auch sanktioniert und äußerlich eingeführt wären, dem Widerspruche und den Angriffen des religiösen Geistes gegen sie keinen dauerhaften Widerstand leisten. So scheitern solche Gesetze, wenn ihr Inhalt auch der wahrhafte wäre, an dem Gewissen, dessen Geist verschieden von dem Geiste der Gesetze ist und diese nicht sanktioniert ... Äußere Garantien ... sind morsche Stützen gegen die *Gewissen* der Subjekte, welche die Gesetze ... handhaben sollen; es ist dies vielmehr der höchste, der unheiligste Widerspruch, das religiöse Gewissen, dem die weltliche Gesetzgebung ein Unheiliges ist, an diese binden und ihr unterwerfen zu wollen.“[3]

Für jemand, der sich – wie Rawls – um die Stabilisierung einer liberalen Gesellschaft bemüht, in der selbst Anhänger extrem entgegengesetzter Anschauungen friedlich miteinander leben können, erwächst daraus ein schwer lösbares Problem. Unter diesen Bedingungen ist nämlich nicht allein mit der Schwierigkeit zu rechnen, daß sich eine unüberbrückbare Differenz zwischen öffentlicher und privater Moral auftut. Zu rechnen ist vielmehr auch damit, daß die Anhänger derart entgegengesetzter Auffassungen gar nicht unter einem gemeinsamen Dach miteinander leben *wollen.* Nach einem bekannten Wort Rousseaus ist es schlechterdings unmöglich, mit Leuten in Frieden zu leben, die man für verdammt hält oder – so könnte man ergänzen – von denen man glaubt, daß sie Überzeugungen anhängen, die mit einem friedlichen Nebeneinander unvereinbar sind: „Es bleibt keine andere Wahl, als sie zu bekehren oder zu peinigen.“[4] Eine Rechtsordnung, die Kontrahenten, die sich hassen, gleichermaßen Schutz gewährt, setzt sich demnach bei den Betroffenen gleichermaßen in Mißkredit. Sie wird daher schwerlich als ein gemeinsames Haus akzeptiert werden, in dem alle Beteiligten in Frieden miteinander leben können, sondern erscheint womöglich nur als Hindernis, den anderen so zu behandeln, wie er es nach der eigenen „umfassenden Lehre“ verdient hätte.

3. Übergreifender Konsens

Die Antwort, die Rawls auf dieses Problem gibt, ist erkennbar durch seine Fragestellung geprägt. Wie erwähnt, fragt Rawls danach, unter welchen Bedingungen die Anhänger extrem unterschiedlicher Auffassungen friedlich miteinander *auskommen* können; er fragt nicht danach, unter welchen Bedingungen eine freiheitliche pluralistische Gesellschaft

---

[3] *Hegel,* Enzyklopädie, 3. Aufl., Anm. zu § 552.

[4] *Rousseau,* Der Gesellschaftsvertrag, IV 8 (a.E.).

vermutlich zum *Scheitern* verurteilt ist. Die pluralistische Gesellschaft ist für ihn eine unverzichtbare Richtschnur; denn daß die „umfassenden Lehren" der Bürger einander grundlegend widerstreiten können, ist für Rawls nichts anderes als eine zwangsläufige Folge der Gerechtigkeitsgrundsätze, wie sie im Urzustand beschlossen wurden. Deshalb trägt er nur Gesichtspunkte zusammen, die geeignet sind, diesem nach Maßgabe des ursprünglichen Konsenses gerechten Zustand Dauer zu verleihen. Gesichtspunkte, die zum Scheitern dieser Gesellschaft führen könnten, liegen letztlich außerhalb seines Interesses.

In der Sache setzt Rawls seine Hoffnung darauf, daß die verschiedenen umfassenden Lehren, die sich in einer liberalen Gesellschaft bilden, einen *übergreifenden Konsens* miteinschließen, wonach sich die Grundstruktur dieser Gesellschaft auch nach der Auffassung der Bürger selbst als vernünftig darstellt. Daß zwischen antagonistischen, aber vernünftigen Parteien ein *solcher Konsens* möglich ist, stellt für Rawls offenbar nicht das Problem dar, das es nach den Erfahrungen, die man mit pluralistischen Staaten bisher machen konnte, wohl ist. Rawls rechnet im großen und ganzen nur mit vernünftigen Parteien, die friedlich miteinander leben *wollen* und die kein Interesse daran haben, sich wegen ihrer Verschiedenheit zu bekämpfen. Unter solchen Voraussetzungen steht daher vorab schon fest, daß das Projekt einer dauerhaft pluralistischen Gesellschaft, wie Rawls sie beschreibt, gelingen kann und auf welche Weise dies möglich ist, nämlich so: Die weltanschaulichen Unterschiede bleiben in den privaten Bereich verbannt und haben auf das öffentliche Handeln keinen Einfluß; davon abgesehen sind die „umfassenden Lehren" von fundamentalistischen Einschlägen frei und werden von einer gemeinsamen Anschauung überwölbt.

Näher besehen stellt sich Rawls das Verhältnis von öffentlicher und privater Gerechtigkeitsvorstellung so vor, daß das Recht, das aufgrund der im Urzustand getroffenen Vereinbarung weltanschaulich neutral organisiert ist, wegen dieser Neutralität gleichzeitig von den unterschiedlichsten Weltanschauungen aus unterschiedlichen Gründen getragen und bejaht werden kann. Infolge seiner Indifferenz verfügt das moderne Recht nach der Meinung von Rawls gleichsam über eine Anschlußrationalität für denkbar verschiedene Auffassungen, es bildet die Schnittmenge für umfassende Lehren, die von dieser Gemeinsamkeit abgesehen weit auseinander liegen können. Der Christ kann darin seine Vorstellungen ebenso realisiert finden wie der Atheist. Ungeachtet der Verschiedenheit in den umfassenden Lehren liegt daher die gerechte Grundstruktur im Zentrum eines übergreifenden Konsenses aller Bürger.

Wie leicht zu sehen ist, verläuft die Argumentation, die dieser Ansicht zugrunde liegt, zirkulär: Unter der Voraussetzung, daß man es nur mit solchen umfassenden Lehren zu tun hat, die ehrenvolle Kompromisse miteinander eingehen können und dies auch wollen, und daß weiter die freiheitliche Gesellschaft die Eckpunkte eines solchen Kompromisses markiert, ist in der Tat zu erwarten, daß das Angebot zu einem solchen Kompromiß angenommen wird. Der Ausnahmefall, daß jemand die Errichtung einer Gesellschaft nach dem Muster seiner eigenen Richtigkeitsvorstellungen zum *status confessionis* erklärt, bleibt ausgeklammert. Rawls' Theorie der Gerechtigkeit enthält daher keine Antwort auf die Frage, wie die Gesellschaft beschaffen sein muß, um auf diesen kritischen Fall vorbereitet zu sein und mit ihm fertig werden zu können. Hier wie sonst geht es Rawls vielmehr darum, einen Entwurf für den Idealfall vorzulegen. Um aus seiner Theorie nicht unzutreffende Folgerungen abzuleiten, muß man im Auge behalten, daß dieser Idealfall sich in der Realität nur dann einstellt, wenn bestimmte Voraussetzungen gegeben sind, die sich nicht von selbst verstehen.

II. Entstehung des Gerechtigkeitsgefühls

Die Aufgabe, öffentliche und private Gerechtigkeitsvorstellungen aufeinander abzustimmen, stellt sich, wenngleich mit unterschiedlicher Dringlichkeit, in allen Gesellschaften. Da man auf Bajonetten bekanntlich nicht sitzen kann, sind auch Diktaturen auf die Zustimmung der Bürger angewiesen – nach einem sarkastischen Bonmot sogar noch in höherem Maße als Demokratien. Der Erwerb eines Gerechtigkeitssinns, der auf die herrschende öffentliche Gerechtigkeitsvorstellung abgestimmt ist, vollzieht sich normalerweise im Wege des sozialen Lernens. Die Prozesse, die dabei wirksam sind, hat *Rawls* im dritten Teil seiner „Theorie der Gerechtigkeit" auf eine anschauliche Weise dargestellt[5]. Da diese Ausführungen, ungeachtet der Kritik, die man daran geübt hat, für das Verständnis gesellschaftlicher Zusammenhänge und Institutionen aufschlußreich sind, wollen wir die von Rawls unterschiedenen Formen des sozialen Lernens in unsere Betrachtung miteinbeziehen.

1. Autoritätsorientierte Moralität

Die erste Stufe des sozialen Lernens vollzieht sich nach dem von Rawls zugrunde gelegten Modell in der Kindheit, normalerweise also im Rahmen der Familie. In diesem Stadium wird nach einem einfachen, aber wirksamen Muster zunächst einmal eine *autoritätsorientierte Moralität* erworben: Aufgrund der gegenseitigen Liebe zwischen Eltern und Kind ist das Kind, das noch über keine eigenen Maßstäbe verfügt, geneigt, sich die Einstellung seiner Eltern gegenüber seinem Fehlverhalten zu eigen zu machen. Durch Liebe, eigenes Beispiel und Führung werden innerhalb der Familie im Laufe der Zeit eine Vielzahl von Verhaltensre-

---

[5] *Rawls,* ThdG, Abschnitt 70ff. (S. 503ff.).

geln weitergegeben, deren tieferer Grund und systematischer Zusammenhang dem Kind vorerst unverständlich bleibt. Grund der Übernahme ist nicht die eigene Einsicht, sondern die Orientierung an Autoritätspersonen, deren Wünschen man auf jeden Fall entsprechen möchte.

Vieles davon wird auch dann, wenn die Grundlagen dieser Regeln verstanden sind, nicht mehr abgelegt. Einmal zur Gewohnheit geworden, bilden diese Regeln vielmehr die Basis, auf der die weitere Persönlichkeitsentwicklung aufbauen kann. Auch eine „entwickelte autoritätsorientierte Moralität", wie sie bei vielen Erwachsenen anzutreffen ist, zeigt, wie Rawls bemerkt, noch immer dieselben Züge: „Kennzeichnend ist eine Autoritätsperson, der Liebe und Vertrauen entgegengebracht wird oder die jedenfalls als ihrer Autoritätsstellung würdig anerkannt wird und deren Anweisungen man unbedingt zu befolgen die Pflicht hat. Über die Folgen braucht man sich keine Gedanken zu machen, das ist Sache der Autoritätsperson. Die gelobten Tugenden sind Gehorsam, Demut und Treue gegenüber der Autoritätsperson; die größten Laster sind Ungehorsam, Eigenwilligkeit und Widersetzlichkeit. Man soll tun, was verlangt wird, ohne zu fragen, denn anderenfalls ist es ein Zeichen von Zweifel und Mißtrauen, einer gewissen Anmaßung und Neigung zum Argwohn."[6] Es gibt wohl nur wenige Gesetzespositivisten, die sich in dieser Beschreibung nicht wiedererkennen dürften. Denn das rechtspositivistische Credo „Gesetz ist Gesetz" ist nichts anderes als ein Anwendungsfall des in der ersten Stufe des sozialen Lernprozesses verinnerlichten Prinzips „Verbot ist Verbot". In diesem Zusammenhang kommt zugleich zum Ausdruck, was die autoritätsorientierte Moral für die Stabilität einer Rechtsordnung leistet: Sie stimmt die subjektive Richtigkeitsüberzeugung mit den Grundsätzen ab, die von dem mit Autorität ausgestatteten Führungspersonal einer Gesellschaft mit dem Anspruch, Recht zu sein, öffentlich aufgestellt werden.

2. *Gruppenorientierte Moralität*

Die zweite Stufe der moralischen Entwicklung ist nach Rawls die der *gruppenorientierten Moralität.* Der Inhalt der eigenen Gerechtigkeitsvorstellungen wird hier aus den moralischen Grundsätzen gewonnen, die der Rolle des Betreffenden in den sozialen Gruppen entsprechen, denen er angehört. Dabei kann es sich um Gruppen sehr unterschiedlicher Beschaffenheit handeln: die Schule, der Sportverein, die Universität, der Betrieb, in dem man arbeitet, die Partei, deren Mitglied man ist, bis hin zur Nation, der man angehört. All diese Gruppen zeichnen sich durch eine Reihe von Idealen aus, die auf einen bestimmten Status oder auf eine bestimmte Rolle zugeschnitten sind: das Ideal des guten Schülers

[6] *Rawls,* ThdG, 70. Abschnitt (S. 507).

und Schulkameraden, des fairen Sportlers und hilfsbereiten Sportsfreunds, des fleißigen und verläßlichen Untergebenen, des korrekten und gerechten Vorgesetzten usw.

Im gleichen Maße, wie man sich in solche Gruppen einfügt und Freundschaft und Vertrauen gegenüber den Gruppenmitgliedern entwikkelt, akzeptiert und verinnerlicht man die Verhaltensregeln, die mit der betreffenden Gruppe verbunden sind. Zugleich lernt man es dabei, mit sehr unterschiedlichen Regeln umzugehen. Man muß sich in verschiedene Standpunkte hineinversetzen, sieht, wie sie einander ergänzen und beschränken, und erweitert dabei sein Verständnis von der Gesellschaft überhaupt. Der Versuch, den verschiedenen Rollenanforderungen gerecht zu werden, macht es notwendig, die darauf bezüglichen Regeln aufeinander abzustimmen, und trägt auf diese Weise mit dazu bei, die Gerechtigkeitsvorstellung, die dem System zugrunde liegt, durch eigenes Verhalten zu bestätigen und zu stabilisieren.

3. Grundsatzorientierte Moralität

Die letzte Stufe ist die der *grundsatzorientierten Moralität.* Zu ihr gelangt man, sobald man erkennt, daß man selbst und ebenso diejenigen, mit denen man in gegenseitigem Vertrauen kooperiert, von dauerhaften gerechten Institutionen gemeinsam Vorteil hat. Diese Erkenntnis bewirkt, daß man einen Gerechtigkeitssinn entwickelt, der sich nicht an irgendwelchen Autoritäten oder Gruppen, sondern an dem Ideal einer gerechten gesellschaftlichen Zusammenarbeit überhaupt orientiert. Nicht persönliche Beziehungen, sondern intersubjektiv vermittelbare Grundsätze bilden dann die Basis des Gerechtigkeitsgefühls. Ist die Gesellschaft von den im Urzustand beschlossenen Grundsätzen bestimmt, wird sich daher, wie Rawls hofft, am Ende des sozialen Lernprozesses bei den meisten ein Gerechtigkeitsgefühl herausbilden, das den Grundsätzen der Fairness entspricht. Eine nach diesem Muster eingerichtete Gesellschaft stabilisiert sich dann selbst, indem sie in den Bürgern den Wunsch erweckt, nach ihren Regeln zu handeln.

Das Bild einer vertrauensvoll kooperierenden Gesellschaft, das Rawls hier zeichnet, ist in hohem Maße ansprechend. Wenn die Gesellschaft insgesamt so beschaffen ist, daß man mit anderen in gegenseitigem Vertrauen zusammenarbeiten kann, wird man wahrscheinlich daran interessiert sein, dies auch weiterhin zu tun. Und wenn die Verhältnisse so sind, daß man sich ihre Fortdauer wünscht, wird man sich vermutlich an Grundsätzen orientieren, die eine Fortdauer begünstigen. Die Querfrage, die hier naheliegt, muß freilich lauten: Was gilt, wenn die Verhältnisse *nicht* so sind, wenn zwischen den Bürgern oder jedenfalls zwischen einzelnen Gruppen von Bürgern gerade *kein* Vertrauen besteht? Wodurch kann man gegebenenfalls das Vertrauen erzeugen, das die Ausbildung einer für alle gemeinsamen Gerechtigkeitsvorstellung allererst ermöglicht? Wie überzeugt man denjenigen, der das Menschenbild, das die unausgesprochene Voraussetzung für eine gemeinsame Überzeugung darstellt, leugnet? Und wie muß die Grundstruktur einer Gesellschaft aussehen, um auch diejenigen neutralisieren zu können, die nicht positiv einzubinden sind? Das sind Fragen, auf die im Zeitalter der europäischen Bürgerkriege Hobbes eine Antwort zu geben versucht hat. Rawls setzt ersichtlich erst da an, wo bereits eine gewisse Harmonie erreicht ist.

III. Bestärkung der Selbstachtung

Unter dieser Voraussetzung aber glaubt Rawls sagen zu können, daß eine Gesellschaft, die nach dem Modell der Gerechtigkeit als Fairness verfaßt ist, mehr als andere Gesellschaften darauf angelegt ist, die Selbstachtung aller Bürger zu stärken. Wenn es darum geht, sich aus freien Stücken für die Erhaltung dieser Gesellschaft zu engagieren, stellt dies ein wichtiges Motiv dar. In einer nach diesem Modell geordneten Gesellschaft, so lautet daher das Argument, wird der Bürger als Selbstwert anerkannt wie in keiner anderen; aus diesem Grund ist er auch umgekehrt geneigt, diese Gesellschaft seinerseits anzuerkennen und ihre Funktionsbedingungen zu respektieren gemäß dem Motto: Ich achte die Gesellschaft, die mich selbst achtet.

1. Rechtsgleichheit als Grundlage der Selbstachtung

Selbstachtung ist nicht einfach ein isoliertes Verhältnis zu sich selbst, ein gleichsam aufgrund eines bloßen Willensentschlusses sich einstellendes Gefühl oder Bewußtsein des eigenen Wertes. Selbstachtung hat vielmehr auch soziale Voraussetzungen, die zwar nicht in jedem Einzelfall vorhanden sein müssen – wer über gute Beziehungen zu Gott oder zum Weltgeist verfügt, mag auch so auskommen –, die aber doch im großen und ganzen nicht entbehrlich sind.

In einer *geschlossenen* Gesellschaft verhält es sich insofern relativ einfach. Die Selbstachtung der Bürger beruht hier hauptsächlich darauf, daß sie die soziale Rolle ausfüllen, die ihnen innerhalb dieser Gesellschaft zugewiesen ist. Komplizierter liegen die Dinge in einer *offenen* Gesellschaft, wie sie für Rawls allein von Interesse ist. Nach verbreitetem Verständnis äußert sich die Selbstachtung hier zunächst in der Inanspruchnahme von Autonomie. Das autonome Subjekt geht in seiner Umgebung nicht auf, es ist nicht bloß ein Element des gesellschaftlichen Räderwerks, sondern hat eigene Ziele und stellt einen eigenen Lebensplan auf, der seinem Leben aus seiner Sicht einen unverwechselbaren Sinn verleiht. Dieser Individualismus ist für die Entwicklung einer gesunden Selbstachtung freilich nicht unter allen Umständen förderlich, sondern kann ihr auch zuwiderlaufen. Das zeigt folgende Überlegung: Was dem einen für die Ausführung seines Planes dient und ihm daher subjektiv als wertvoll und gut vorkommt, wird sich im Ergebnis häufig nicht mit dem decken, was anderen als gut erscheint. Wer sich für den Beruf des Arztes oder des Rechtsanwalts entschieden hat, wird zum Teil andere Dinge als gut und wichtig ansehen, als wer eine Karriere als Fußballspieler oder Filmschauspieler anstrebt. Die Vorstellungen vom Guten laufen daher notwendig auseinander, so daß alle Beteiligten immer wieder die Erfahrung machen müssen, daß die Werteskala, an der sie sich orientieren, von anderen als weniger gut oder gar als schlecht angesehen wird. Das verunsichert, weil damit zugleich der eigene Lebensplan und mittelbar auch die eigene Person in Zweifel gezogen wird. Wo sich konträre Vorstellungen vom Guten unvermittelt einander gegenüberstehen, kann die Selbstachtung scheinbar nur so erhalten werden, daß die Beteiligten um die Vorrangigkeit ihrer eigenen Werteskala streiten, den konkurrierenden Skalen der anderen dagegen den Wert absprechen. Die Folge davon ist eine Schmälerung der gegenseitigen Achtung, die zugleich die Selbstachtung auf die Probe stellt.

Wie Rawls ausführt, ermöglicht vor diesem Hintergrund allein die *Gleichheit der Rechte,* wie sie in dem ersten Grundsatz der Gerechtigkeit als Fairness niedergelegt ist, ein anderes Verhältnis. Rechte, die nicht bloß der Erfüllung sozialer Pflichten dienen, sondern die dem Einzelnen um seiner selbst willen zugewandt sind, sind Möglichkeiten, das eigene Leben – sowohl im privaten Bereich wie auch durch die Gestaltung der Gesellschaft – nach eigenen Vorstellungen und Plänen zu gestalten. In dem Konzept der für alle gleichen Rechte ist mitgedacht, daß jeder Bürger, und zwar bereits deshalb, weil er Träger von Rechten ist, sich mit allen anderen, wie groß die Unterschiede sonst auch sein mögen, auf gleichem Fuße trifft. Die Personen, könnte man sagen, erkennen sich als gleichberechtigt an, nicht weil sie gleich sind, sondern *weil ihnen das gleiche Recht zusteht, verschieden zu sein.* Auf diese Weise kann jeder sicher sein, daß er von allen anderen – kantisch gesprochen – als Selbstzweck behandelt wird und daß sie ihn so, wie er ist, respektieren, auch wenn sie selbst anders sind und anders bleiben wollen. Dies kann die Selbstachtung in einer offenen Gesellschaft stärken und die Bereitschaft unterstützen, in den Kategorien des Systems zu denken und zu handeln, das diese Achtung ermöglicht.

2. Begrenzter Wert bloßer Rechtsgleichheit

An dieser Stelle könnte man kritisch einwenden, daß auch die gleichen Freiheiten für alle, die die Selbstachtung stärken, mit Umständen verbunden sein können, die gerade umgekehrt an der Selbstachtung zehren. Die Stabilität der Gesellschaft beruht nicht nur auf rechtlichen Pfeilern; sie kann daher auch durch das Recht allein nicht gewährleistet werden. Nach einem geflügelten Wort lebt das Recht von Voraussetzungen, die es selbst nicht garantieren kann. Wie Rawls selbst sieht, können allzu große ökonomische Unterschiede die Freiheit aushöhlen, weil sie dazu führen können, daß der politische Prozeß faktisch von den Besitzenden beherrscht wird. Ähnliches gilt, wenn sich die Gesellschaft aus gegensätzlichen ideologischen Gruppen zusammensetzt, von denen die eine die andere zahlenmäßig überwiegt. Auch in diesem Fall kann der demokratische Prozeß nicht hindern, daß der Minderheit ihre Mißachtung von seiten der Mehrheit dauerhaft vor Augen geführt wird.

Das Argument, daß eine nach den Grundsätzen der Gerechtigkeit als Fairness verfaßte pluralistische Gesellschaft die Selbstachtung der Bürger stärkt und dadurch sich selbst stabilisiert, ist daher nur für solche Gesellschaften richtig, die stabilisierungsfähig sind. Unter dieser Voraussetzung kommt ihm viel Überzeugungskraft zu. Damit es dahin kommt, muß jedoch vieles zusammenwirken. Mit Gerechtigkeitstheorien allein läßt sich der Verfall einer Gesellschaft kaum aufhalten.

§ 16. Ziviler Ungehorsam

I. Das Problem des ungerechten Gesetzes

1. Unrichtige Anwendung der beiden Grundsätze

Das Ziel der von Rawls aufgestellten Theorie der Gerechtigkeit besteht, wie wir gesehen haben, darin, die Suche nach der Gerechtigkeit neu aufzunehmen und einen Maßstab zu entwickeln, der es erlaubt, auf diesem heiklen Gebiet zu einem fundierten und für alle akzeptablen Urteil zu gelangen. Was die Grundstruktur der Gesellschaft anbetrifft, auf deren Betrachtung Rawls sich beschränkt, wird dieser Maßstab durch die beiden Gerechtigkeitsgrundsätze verkörpert. Diese sind nichts anderes als das Ergebnis eines Verfahrens, das man etwas vereinfacht durch folgende Handlungsanweisung beschreiben könnte: Versetze dich in Gedanken in einen fiktiven Urzustand allgemeiner Gleichheit, versuche von allem zu abstrahieren, was du konkret von dir weißt, und frage dich, nach welchen Grundsätzen die Gesellschaft verfaßt sein müßte, damit du damit einverstanden sein könntest, auf jede beliebige Position versetzt zu werden, die es darin gibt. Selbstverständlich reicht dies nicht aus, um eine vollständige Rechtsordnung entwerfen zu können. Wo es um den Erlaß einer konkreten Verfassung, um den Erlaß von Gesetzen oder um deren Anwendung geht, müssen auch noch andere Überlegungen angestellt werden[1]. Letztlich müssen die getroffenen Entscheidungen aber auch auf diesen Ebenen mit den beiden Gerechtigkeitsgrundsätzen übereinstimmen, auf die sie sich in letzter Instanz zurückbeziehen und durch die sie gerechtigkeitstheoretisch legitimiert werden.

Die Gerechtigkeitsgrundsätze entfalten dabei ihre Wirkungen nach zwei Richtungen hin. Einmal stellen sie für die Ausformulierung einer konkreten Rechtsordnung auf den Stufen der Verfassungsgebung, der Gesetzgebung und der Gesetzesanwendung gewisse *Leitlinien* zur Verfügung. Sodann aber bilden sie einen *Prüfstein* für die Beurteilung des bereits ausformulierten positiven Rechts unter dem Gesichtspunkt seiner Gerechtigkeit. Von dem letzteren war in unseren bisherigen Überlegungen noch nicht die Rede. Die kritische Überprüfung der vorhandenen Rechtsordnung ist aber nicht weniger wichtig als die Grundlegung einer neuen. Denn auch wenn die Grundsätze allgemein akzeptiert sind, ist damit noch nicht gewährleistet, daß ihnen bei der Umsetzung in positives Recht in der gebührenden Weise Rechnung getragen wird. Mit Irrtümern und Mißverständnissen muß, auch bei bester Absicht, immer ge-

[1] Vgl. *Rawls,* ThdG, 31. Abschnitt (S. 223ff.).

rechnet werden; die „Bürde des Urteils“, wie Rawls dies nennt, läßt sich nicht abschütteln. Die Entscheidungen, die in vermeintlicher Anwendung der beiden Gerechtigkeitsgrundsätze getroffen worden sind, können daher, gemessen am Maßstab dieser Grundsätze, auch falsch sein. Nimmt man den Anspruch, daß mit dem Argumentationsmodell des Urzustandes ein verbindliches Prüfungsverfahren gefunden sei, ernst, stellt sich in solchen Fällen die Frage: was dann?

2. Widerstandsrecht im Spannungsfeld zwischen Naturrecht und Positivismus

Traditionellerweise wird die Frage des ungerechten Gesetzes im Zusammenhang mit dem Problem des *Widerstandsrechts* diskutiert: Darf bzw. wann darf gegen ungerechte Regierungen oder Gesetze Widerstand geleistet werden?

a) Naturrecht. Für eine naturrechtlich fundierte Rechtslehre ergibt sich daraus keine unüberwindliche Schwierigkeit. Das (idealistische) Natur- oder Vernunftrecht kannte meist einen Bestand unverfügbarer Normen, die menschlicher Erkenntnis zugänglich waren und deren Geltung ein positives Gesetz weder voraussetzte noch durch ein solches in Frage gestellt werden konnte. Dem traditionellen Naturrecht kam daher die Funktion zu, politische Herrschaft mit nichtpositiven Mitteln sowohl zu rechtfertigen als auch zu begrenzen. Nach dieser zweiten Seite hin markierte es zugleich die Grenzen der Gehorsamspflicht: Wo das staatliche Gesetz zwingendem Naturrecht widersprach, ging das letztere vor, so daß das staatliche Gesetz vor dem Forum der Vernunft seine Verbindlichkeit verlor. Wo sich die staatliche Zwangsgewalt zu zwingendem Naturrecht in Widerspruch setzte, durfte daher als *ultima ratio* aus rechtlichen Gründen Widerstand geleistet werden. Das ging bis zum Recht auf Revolution und zum Mord des Tyrannen.

b) Gesetzespositivismus. Die Antwort des Gesetzespositivismus – auf diese Form des Positivismus wollen wir uns hier beschränken – fällt bekanntlich entgegengesetzt aus, aber auch sie läßt sich aus den besonderen Voraussetzungen ableiten, von denen hier ausgegangen wird: Nach gesetzespositivistischer Auffassung ist das positive Recht nicht davon abhängig, ob es gerecht ist; sein Geltungsgrund liegt darin, daß es von den dazu legitimierten Organen in dem dafür vorgesehenen Verfahren erlassen worden ist. Ist es gültig erlassen worden, so entscheidet es allein und ausschließlich über die Rechtmäßigkeit der davon betroffenen Handlungen. Ein Widerstandsrecht kann es danach *definitionsgemäß* nicht geben; denn dies wäre ein Widerspruch in sich selbst.

Während das „klassische“ naturrechtliche Denken neben dem positiven Recht eine „zweite Argumentationsebene“ eröffnet, von der aus dieses gegebenenfalls kritisiert werden kann, verläuft die Argumentation des Gesetzespositivisten tautologisch. Ihr Grundmuster läßt sich in einem Satz so wiedergeben: Das positive Gesetz entscheidet über die Rechtmäßigkeit; folglich ist jede Handlung, die sich zu dem Gesetz in Widerspruch setzt, rechtswidrig. Damit nach dieser Auffassung von einem Widerstandsrecht die Rede sein könnte, müßte, wie Kant[2] dies einmal ausgedrückt hat, „ein öffentliches Gesetz vorhanden sein, welches diesen Widerstand des Volks erlaubte, d.i. die oberste Gesetzgebung enthielte eine Bestimmung in sich, nicht die oberste zu sein ...; welches sich widerspricht und wovon der Widerspruch durch die Frage alsbald in die Augen fällt: wer denn in diesem Streit zwischen Volk und Souverän Richter sein sollte?“

Paradoxerweise kann Widerstand aber auch nach gesetzespositivistischer Ansicht berechtigt sein, freilich nur dann, wenn er so übermächtig ist, daß er die bestehende Ordnung insgesamt beseitigt und eine neue schafft. Selbstwidersprüchlich ist ein Widerstandsrecht nach gesetzespositivistischer Auffassung nämlich nur solange, wie der Widerstand Leistende im Rahmen der gerade *geltenden* Rechtsordnung verbleibt und von hier aus beurteilt wird. Wenn es ihm jedoch gelingt, die Definitionsmacht über das positive Recht an sich zu reißen, kann er seinen Widerstand nachträglich für Rechtens erklären. Aus der Sicht der *neuen* Ordnung ist dagegen nichts einzuwenden, gleichgültig ob sich der Usurpator für den vollzogenen Umsturz auf ein höheres Recht beruft oder nur auf seine überlegene Gewalt. Das ist der Sinn der berühmten Passage in Kants Metaphysik der Sitten: „Übrigens, wenn eine Revolution einmal gelungen und eine neue Verfassung gegründet ist, so kann die Unrechtmäßigkeit des Beginnens und der Vollführung derselben die Untertanen von der Verbindlichkeit, der neuen Ordnung der Dinge sich als gute Staatsbürger zu fügen, nicht befreien, und sie können sich nicht weigern, derjenigen Obrigkeit ehrlich zu gehorchen, die jetzt die Gewalt hat.“[3]

c) Grenzen der Gehorsamspflicht bei Rawls. Anders als Kant hält sich Rawls jedoch bei seinen Überlegungen *nicht* im Rahmen einer rechtsimmanenten Betrachtungsweise. Er steht daher nicht an, die Grenzen der Gesetzesbindung in geradezu naturrechtlicher Weise von „außen her“ zu thematisieren: „Nach dem Fairness-Grundsatz kann man nicht an ungerechte Institutionen gebunden sein, oder jedenfalls nicht an solche, die die (noch nicht festgelegten) Grenzen tragbarer Ungerechtigkeit überschreiten. Insbesondere gibt es keine Verpflichtungen gegenüber auto-

---

[2] *Kant,* Metaphysik der Sitten, Rechtslehre, § 49 Allg. Anm. A (Akademieausgabe Bd. 6, S. 320).

[3] *Kant,* aaO (Akademieausgabe Bd. 6, S. 322f.).

kratischen und willkürlichen Regierungsformen. Es fehlt die notwendige Grundlage für Verpflichtungen in Form von Übereinkünften oder anderen Handlungen, wie immer sie sich äußern mögen. Verpflichtungen setzen gerechte Institutionen voraus, oder jedenfalls unter den gegebenen Umständen hinreichend gerechte."[4]

In der Sache interessiert sich Rawls allerdings nicht für den „großen" Widerstand, der die Verfassung insgesamt beseitigt und eine neue schafft – der grundlegende Konflikt bleibt auch in diesem Zusammenhang bei ihm ausgeblendet. Im Zentrum seiner Überlegungen steht der „kleine" Widerstand, der sich an der Ungerechtigkeit einzelner Gesetze entzündet und die Verfassung als ganze nicht in Frage stellt. Natürlich weiß Rawls, daß, gemessen an den Maßstäben des Gesetzes, Widerstand gegen das Gesetz immer gesetzwidrig ist. Das Problem, das er aufwirft, ist ein anderes: Wie weit reicht *nach den im Urzustand beschlossenen Bedingungen* die Gehorsamspflicht gegenüber ungerechten Gesetzen? Wo beginnt, gemessen an diesem Maßstab, der Punkt, von dem an man sagen kann, daß sich die Parteien im Urzustand darauf verständigt hätten, daß die Diskrepanz zwischen dem, was Recht, und dem, was gerecht ist, ein solches Maß erreicht hat, daß sinnvollerweise niemand gehalten sein kann, das Gesetz zu akzeptieren?

Für den Gesetzespositivisten ist diese Frage eine Sünde wider den Geist der Gesetzgebung; deshalb erhebt er sie zu einem Tabu. Wer sie stellt, wird unter Juristen, die in hohem Maße den autoritären Obrigkeitsstaat verinnerlicht haben, gewöhnlich – d.h. wenn man von den Übergangszeiten nach Systembrüchen absieht – nicht ernstgenommen. Rawls kommt aus einer anderen Tradition. Frei von Staatsgläubigkeit knüpft er an die Tradition der amerikanischen Bürgerrechtsbewegung an und reiht sich damit ein in die Zahl derjenigen Autoren, die unbeeindruckt von positivistischen Denkverboten nicht nur über die Grundlagen, sondern auch über die Grenzen der Staatsgewalt nachgedacht haben. Im Ansatz konsequent, sieht Rawls auch in der Demokratie kein Hindernis, die aufgeworfene Frage weiter zu verfolgen: Da, wie er schreibt, „eine gerechte Verfassung selbst unter günstigen Umständen nur ein Beispiel für unvollkommene Verfahrensgerechtigkeit ist, kann das Volk immer noch falsch entscheiden.... In diesen Fällen gibt es also keinen Grund, warum sich ein Demokrat nicht dem Volkswillen in angemessener Form widersetzen oder sogar als Regierungsbeamter versuchen sollte, ihn zu umgehen. Auch wenn man eine demokratische Verfassung für vernünftig hält und die Pflicht zu ihrer Unterstützung anerkennt, so kann doch die Pflicht, sich bestimmten Gesetzen zu fügen, erlöschen, wenn der Volkswille hinreichend ungerecht ist.... Man ist immer noch Demokrat, solange man nicht eine andere Regierungsform für besser hält und

---

[4] *Rawls,* ThdG, 18. Abschnitt (S. 134).

sich für sie einsetzt."[5] Das ist eine Kampfansage an den Positivismus, wie sie provokativer kaum formuliert werden kann.

II. Formen legitimen Widerstands

Im einzelnen unterscheidet Rawls zwei Formen des Widerstands, die freilich, wie er selbst einräumt, nicht streng auseinanderzuhalten sind: den zivilen Ungehorsam und die Weigerung aus Gewissensgründen.

1. Ziviler Ungehorsam

Der *zivile Ungehorsam* äußert sich in öffentlichen Handlungen, die zwar gewaltlos, wenn auch *gesetzwidrig* sind. Dabei kann sich der Ungehorsam sowohl unmittelbar gegen das Gesetz, gegen das protestiert wird, als auch gegen andere Gesetze richten. Letzteres ist etwa dann der Fall, wenn im Rahmen einer Protestaktion gegen das Versammlungsgesetz oder gegen die Straßenverkehrsordnung verstoßen wird, obwohl die Beteiligten damit gar nicht gegen diese, sondern gegen andere Vorschriften protestieren wollen.

Charakteristisch für den zivilen Ungehorsam ist, daß man sich zur Rechtfertigung nicht auf sein Gewissen oder auf Grundsätze der persönlichen Moral beruft, auch wenn diese die erhobene Forderung vielleicht unterstützen. Vielmehr beruft man sich auf die *gemeinsame Gerechtigkeitsvorstellung,* die der politischen Ordnung zugrunde liegt, also mit anderen Worten auf die im fiktiven Urzustand gemeinsam beschlossenen Grundsätze, welche die Grundstruktur der Gesellschaft bilden und durch das Gesetz, gegen das der Protest sich richtet, verletzt werden. Der zivile Ungehorsam ist mithin eine Art öffentlicher Appell an die Mehrheit, dieses Gesetz anhand der *gemeinsamen* Grundsätze noch einmal zu überprüfen.

Aus dieser Appellfunktion erklärt sich zugleich, warum ziviler Ungehorsam seinem Wesen nach *gewaltlos* ist. Zwar versteht Rawls die Gewaltlosigkeit wohl nicht in jeder Hinsicht in einem spezifisch juristischen Sinn. Aber ein militanter Widerstand würde kaum als Appell an gemeinsame Gerechtigkeitsvorstellungen, sondern eher als Herausforderung verstanden werden, die Gesellschaft, wie sie nun einmal ist, gegen solche gewaltsamen Angriffe zu verteidigen. Das wäre genau das Gegenteil von dem, was der an die gemeinsame Gerechtigkeitsvorstellung Appellierende erreichen will. Es liegt daher in seinem eigenen Interesse, seinen Protest in Formen zu artikulieren, die von der Mehrheit als Mahnung und nicht als eine nicht mehr hinzunehmende Bedrängung oder Nötigung empfunden werden.

---

[5] *Rawls,* ThdG, 45. Abschnitt (S. 331).

Die gute Absicht ändert indessen nichts daran, daß auch der in diesem Sinn gewaltlose Widerstand gesetzwidrig ist und daher die gesetzlich vorgesehenen Sanktionen auslöst. Nach Rawls' Auffassung ist dies nichts anderes als der Preis, der nun einmal dafür zu zahlen ist. Wer zivilen Ungehorsam aus übergeordneten Gründen praktiziert, muß bereit sein, die gesetzlich vorgesehenen Folgen auf sich zu nehmen, und eben in dieser Bereitschaft drückt sich seine prinzipielle Gesetzestreue aus. Ziviler Ungehorsam ist also kein Freibrief für Leute, denen irgend etwas in der Gesellschaft nicht zusagt und die meinen, sich deshalb über die Gesetze hinwegsetzen zu können. Anders als manche deutsche Autoren, die in der aufgeregten Situation der sogenannten Nachrüstungsdebatte glaubten, die auf zivilen Ungehorsam gesetzten Sanktionen güterabwägend wegargumentieren zu können[6], läßt Rawls hier keinen Zweifel aufkommen: „Man muß etwas dafür bezahlen, andere davon zu überzeugen, daß unsere Handlungen nach sorgfältiger Erwägung eine ausreichende moralische Grundlage in den politischen Überzeugungen der Gesellschaft haben."[7]

Wenn der zivile Ungehorsam den rechtspositivistischen Zusammenhang von Tatbestandsverwirklichung und Sanktion nicht durchbricht, könnte ein Positivist versucht sein zu fragen, warum sich Rawls dann überhaupt damit befaßt. Aber Rawls geht es nicht darum, für einen übergesetzlichen Rechtfertigungsgrund des berechtigten Widerstands zu plädieren. Er will vielmehr zeigen, daß die positivrechtlichen Argumentationsmuster nicht die Grenzen vernünftiger Argumentation überhaupt abstecken. Wer sich zum positiven Recht in Widerspruch setzt, kann dafür gute Gründe haben, die eigentlich alle anderen auch einsehen müßten; er kann sogar ein guter Demokrat sein, auch wenn er sehenden Auges gegen demokratisch beschlossene Gesetze verstößt. Denn ein Gegner der Demokratie ist nur der, der diese Verfassungsform als solche in Frage stellt, nicht jedoch, wer mit unkonventionellen Mitteln darauf hinweist, daß die Demokratie ein ungerechtes Gesetz hervorgebracht hat. Daß ihn die Sanktionen des Gesetzes treffen, mag aus praktischen Gründen unvermeidlich sein. Ihm ungerechtes Verhalten zur Last zu legen, besteht jedoch kein Anlaß.

2. *Weigerung aus Gewissensgründen*

Bei der *Weigerung aus Gewissensgründen* geht es vordergründig meist darum, daß einem für ungerecht gehaltenen Gesetz oder Verwaltungsakt unmittelbar selbst der Gehorsam verweigert wird. So verhält es sich zum Beispiel bei einer gesetzwidrigen Verweigerung des Wehrdienstes,

---

[6] Vgl. etwa *R. Dreier* in: Peter Glotz (Hrsg.), Ziviler Ungehorsam im Rechtsstaat, Frankfurt a.M. 1983, S. 54 (61f., 69, 72).

[7] *Rawls,* ThdG, Abschnitt 55 (S. 404).

bei einer Befehlsverweigerung, bei der religiös motivierten Verweigerung bestimmter Heilbehandlungen u. ä. m. Der entscheidende Unterschied zum zivilen Ungehorsam besteht jedoch in etwas anderem, nämlich darin, daß derjenige, der sich aus Gewissensgründen weigert, damit *nicht* an den Gerechtigkeitssinn der Mehrheit appelliert, sondern sich auf *höchstpersönliche Grundsätze* beruft, die, wie er wohl weiß, mit der verfassungsmäßigen Ordnung gerade nicht übereinstimmen. Wie man nicht weiter auszuführen braucht, ist das natürlich der problematischere Fall, weil es an einer gemeinsamen Argumentationsbasis für Konformisten und Nonkonformisten fehlt.

Die Behandlung von Gewissenstätern ist in allen Rechtsordnungen schwierig. Die Theorie der Gerechtigkeit als Fairness bildet dabei keine Ausnahme. Freilich gibt sich Rawls der Hoffnung hin, daß eine nach diesen Grundsätzen verfaßte Gesellschaft sich ein größeres Maß an Toleranz leisten könne als andere, ohne sich dabei etwas zu vergeben[8]. Ob dies zutrifft, mag zweifelhaft sein, kann aber hier offenbleiben. Denn auch, wenn dies nicht der Fall wäre, ergäbe sich daraus kein Einwand gegen die Theorie der Gerechtigkeit. Um uns nicht in Weiterungen zu verlieren, werden wir uns daher im Folgenden nur mit dem zivilen Ungehorsam befassen.

III. Funktion des zivilen Ungehorsams in der annähernd gerechten Gesellschaft

1. Bedingungen zivilen Ungehorsams

Ziviler Ungehorsam gegenüber ungerechten Gesetzen ist auch unter Gerechtigkeitsgesichtspunkten nicht schlechthin legitim, sondern unterliegt, wie Rawls näher ausführt, einer Reihe von Einschränkungen.

Die erste davon besteht darin, daß ziviler Ungehorsam „auf Fälle wesentlicher und eindeutiger Ungerechtigkeit zu beschränken“ ist, nämlich „auf schwere Verletzungen des ersten Gerechtigkeitsgrundsatzes, des Grundsatzes der gleichen Freiheit, und auf eklatante Verletzungen des zweiten Teils des zweiten Grundsatzes, des Grundsatzes der fairen Chancengleichheit“[9]. Die Ungerechtigkeit eines Gesetzes ist also nicht in allen Fällen ein hinreichender Grund, sich nicht daran zu halten oder unter Verstoß gegen andere Normen dagegen zu protestieren. Unter fast gerechten Verhältnissen hat man vielmehr „gewöhnlich die Pflicht, sich ungerechten Gesetzen zu fügen, da man die Pflicht hat, eine gerechte Verfassung zu unterstützen“[10]. Gelegentlich bedient sich Rawls einer

---

[8] *Rawls,* ThdG, Abschnitt 56, 58.
[9] *Rawls,* ThdG, Abschnitt 57 (S. 409).
[10] *Rawls,* ThdG, Abschnitt 53 (S. 390).

Formulierung, die entfernt an die Radbruch'sche Formel erinnert, auch wenn sie sich nur im Vorfeld der dort behandelten Konflikte bewegt: Sei die Grundstruktur der Gesellschaft einigermaßen gerecht, so müsse man „ungerechte Gesetze als bindend anerkennen, falls sie ein gewisses Maß der Ungerechtigkeit nicht überschreiten."[11]

Eine zweite Bedingung des zivilen Ungehorsams ist die, daß der Protest in dieser Form überhaupt notwendig ist. Dies ist er jedenfalls dann nicht, wenn der angestrebte Zweck auch auf legale Weise erreicht werden könnte. In jedem Fall müssen daher zunächst die gesetzlichen Möglichkeiten ausgeschöpft werden oder es muß jedenfalls evident sein, daß dies nichts bewirken würde. Ähnlich wie der naturrechtlich legitimierte Widerstand „größeren" Zuschnitts kann auch der zivile Ungehorsam immer nur *ultima ratio* sein.

Eine dritte Einschränkung ergibt sich daraus, daß auch viele andere Bürger sich in einer vergleichbaren Lage befinden können und daher ebenfalls Gründe haben können, gegen ungerechte Gesetze zu protestieren, wenn auch gegen andere. Wenn alle dafür in Betracht kommenden Gruppen sich zu zivilem Ungehorsam entschließen würden, könnte die öffentliche Ordnung ernsthaft gestört werden. Das aber ist nicht der Sinn der Sache. So wie ziviler Ungehorsam erst dann gerechtfertigt sein kann, wenn die Ungerechtigkeit eines Gesetzes ein bestimmtes Maß überschreitet, so muß sich auch auf seiten des zivilen Ungehorsams selbst das „Gesamtmaß der Nonkonformität" in akzeptablen Grenzen halten. Man kann darin in verfremdeter Form den Kantischen Leitgedanken erkennen, daß das Handeln unter allen Umständen allgemeinverträglich sein müsse. Rawls überträgt dieses Prinzip selbst noch auf den gesetzwidrigen Protest: Gesetzesverstöße als Protestaktionen gegen ungerechte Gesetze sind legitim, aber nur in dem Umfang, als sie nicht zusammen mit ähnlich motivierten Gesetzesverstößen anderer Protestierender das Gesamtsystem gefährden.

2. Ungehorsam als stabilisierende Kraft

Mit Rücksicht auf diese Einschränkungen glaubt Rawls, daß ziviler Ungehorsam geradezu eine der Stabilisierungskräfte eines konstitutionellen Systems darstelle: „Zusammen mit regelmäßigen freien Wahlen und unabhängigen Gerichten, die die (nicht notwendig geschriebene) Verfassung auszulegen haben, trägt sparsamer und abgewogener ziviler Ungehorsam zur Erhaltung und Stärkung der gerechten Institutionen bei. Der Widerstand gegen Ungerechtigkeit im Rahmen der Gesetzestreue trägt zur Verhinderung von Gerechtigkeitsverletzungen oder doch zu ihrer Berichtigung bei. Eine allgemeine Bereitschaft zu gerechtfertigtem

[11] *Rawls,* ThdG, Abschnitt 53 (S. 390).

zivilen Ungehorsam bringt einer wohlgeordneten oder fast gerechten Gesellschaft Stabilität.“[12]

Freilich: Das Gesagte gilt auch hier wieder nur für eine wohlgeordnete oder fast gerechte Gesellschaft, letztlich also nur für fast ideale Verhältnisse. Wo die gemeinsame Grundüberzeugung fehlt, wo sich die Gesellschaft vielmehr in mehr oder weniger in sich abgeschlossene Nebengesellschaften spaltet, die zu politischen Grundfragen gegensätzliche Auffassungen vertreten, fehlt es daher zugleich an einer ungeschriebenen Voraussetzung für zivilen Ungehorsam in dem von Rawls beschriebenen Sinn. Da die Theorie der Gerechtigkeit dem Bürger die „Bürde des Urteils“ auch insoweit nicht abnimmt, ihm also nicht sagt, wann das eine und wann das andere der Fall ist, ist letztlich jeder auf seine eigene Entscheidung verwiesen.

Ungeachtet der Absicht, die Gesellschaft auf diese Weise zu stabilisieren, erhebt sich daher die Frage, ob die Legitimierung zivilen Ungehorsams im Ergebnis nicht gerade die Anarchie befördern muß. Die Art, wie Rawls diese Frage behandelt, kann nicht recht befriedigen. Denn wie zum Scherz verweist er als Antwort auf die Organisation des Wissenschaftsbetriebs, wo es ebenfalls allgemein anerkannte Grundsätze gibt, aber dennoch jeder Wissenschaftler autonom ist. Das Fehlen einer endgültig entscheidenden Autorität führe hier keineswegs zum Chaos, sondern sei eine Bedingung des theoretischen Fortschritts. Entsprechendes, meint Rawls, gelte auch bei der Auslegung der Gerechtigkeitsgrundsätze: „Gleiche, die vernünftige Grundsätze anerkennen und anwenden, brauchen keine Autorität über sich.“ Folglich könne es „keine gesetzliche oder gesellschaftlich anerkannte Auslegung dieser Grundsätze geben, die wir stets anzuerkennen moralisch verpflichtet wären, auch nicht die eines obersten Gerichts oder Parlaments.“ Solange die Gerechtigkeitsvorstellungen der Bürger hinreichend übereinstimmen und die Bedingungen des zivilen Ungehorsams beachtet werden, droht nach Rawls keine Anarchie. Indessen bleibt die Beantwortung der Frage, ob diese Voraussetzungen erfüllt sind, dem Urteil des jeweiligen Bürgers überlassen, der irren kann. Aber selbst wenn er nicht irrt: kann es nicht auch sein, daß Rawls irrt und daß berechtigter ziviler Ungehorsam dennoch den Bürgerfrieden gefährdet? Rawls’ Erwiderung muß jeden Positivisten entsetzen: „Dann trifft die Verantwortung nicht die Protestierenden, sondern diejenigen, deren Machtmißbrauch einen solchen Widerstand rechtfertigt. Denn der Einsatz des staatlichen Zwangsapparats zur Aufrechterhaltung offensichtlich ungerechter Institutionen ist selbst eine Form unberechtigter Gewalt, der sich die Menschen zu gegebener Zeit widersetzen dürfen.“[13]

---

[12] *Rawls,* ThdG, Abschnitt 59 (S. 421).
[13] *Rawls,* ThdG, 59. Abschnitt (S. 428f.).

§ 17. Person und Gemeinschaft

I. Grundstruktur als Vertrag und Abbild

1. Vertrag als Darstellungsform der Autonomie

Die Faszination, die von Rawls' Theorie der Gerechtigkeit ausgeht, hängt nicht zuletzt damit zusammen, daß Rawls gesellschaftliche und staatliche Strukturen ausgehend von den Entscheidungen und Präferenzen des Einzelnen zu rekonstruieren versucht. Dem autonomen Subjekt kommt dabei eine zentrale Rolle zu. Im Vergleich zu positivistischen Modellen, die nicht das Subjekt, sondern die Norm in den Mittelpunkt des Rechts stellen, liegt darin ein signifikanter Unterschied.

Für den radikalen Gesetzespositivismus, wie er vor allem von Kelsen repräsentiert wird, ist das Rechtssubjekt nichts anderes als ein Produkt von Rechtsnormen, die selbst wiederum – *realistisch* betrachtet – Produkte nicht näher ausgewiesener Machtprozesse sind. Wenn der Gesetzespositivismus konsequent ist, muß er auch die Autonomie des Subjekts nach Inhalt und Grenzen als fremdbestimmt beschreiben. „Autonomie des Subjekts" ist dann nichts anderes als ein irreführender Ausdruck für die Autonomie derer, die den Rechtsetzungsapparat steuern. Die absolute Herrschaft des objektiven Rechts ist daher zugleich ein Ausdruck der Ohnmacht des menschlichen Subjekts.

Gemessen hieran, liegt eine der bemerkenswertesten Leistungen von Rawls vielleicht darin, daß er das autonome Subjekt in die philosophische Betrachtung des Rechts zurückholt. Das Subjekt ist nach Rawls kein bloßes Kunstprodukt des Gesetzes, sondern das eigentlich bewegende Element der Gesellschaft, dem vor allem auch das positive Recht selbst seine Existenz verdankt. Ausdruck und Vehikel der Autonomie des Subjekts ist bei Rawls der Vertrag als Rechtsquelle. Wie wir gesehen haben, beruht auch die Grundstruktur der Gesellschaft auf dem unter den Bedingungen des Urzustandes gefundenen Konsens der Beteiligten, dem auf diese Weise vor aller gesetzlichen Ermächtigung ohne weiteres rechtsbegründende Kraft zuerkannt wird.

Freilich verläuft die Argumentation nicht ganz so schlicht, wie es danach den Anschein haben könnte. Daß sich die Beteiligten im Urzustand einigen, ist ein Bild, keine Sachverhaltsbeschreibung. Die Parteien des Urzustandes sind nicht reale Personen und damit nicht wirkliche Subjekte, sondern Abstraktionen ohne Fleisch und Blut. Im Unterschied zu realen Personen geht ihnen alles ab, was sie zu Individuen machen würde. Unter dem Schleier des Nichtwissens sind sie in allen Eigenschaften *gleich* und daher völlig *austauschbar.* In einem gewissen Sinn könnte man daher sagen, daß es sich nur um ein einziges Subjekt handelt, das freilich die Besonderheit aufweist, daß es weiß, daß es sich nach Ende der Veranstaltung in unterschiedlichen Rollen wiederfinden kann. Bereits daraus aber folgt, daß im Urzustand streng genommen gar kein Vertrag geschlossen werden kann. Ein Vertrag setzt voraus, daß es Partner mit unterschiedlichen Interessen gibt, die per Vertragsschluß punktuell zur Deckung gebracht werden sollen. Wo alle genau dieselben Interessen haben, fehlt es bereits am Gegenstand, über den man sich vertragen könnte. Was bleibt, ist dann allein die Prüfung, welche Regelung man *selbst* für vorzugswürdig hält – und diese ist es dann zugleich für alle anderen, die ja bei identischen Ausgangsbedingungen sinnvollerweise nichts anderes wünschen können. Der im Urzustand geschlossene Vertrag ist also nur die Form, in der Rawls die Autonomie des Subjekts zur Darstellung bringt. Tatsächlich findet ein Vertragsschluß weder statt noch ist er in irgendeinem Sinn notwendig. Es geht im Urzustand ja nicht darum, eine demokratisch legitimierte Entscheidung zu treffen, sondern zu einer Erkenntnis über die unverzichtbaren Voraussetzungen einer gerechten Ordnung zu gelangen, die allen realen Entscheidungen gedanklich vorgelagert sind.

2. Design der Person im Urzustand

Welcher Grundstruktur die Versuchspersonen unter den Bedingungen des Urzustandes den Vorzug geben, hängt naturgemäß davon ab, wie sie selbst konzipiert sind. In die Eigenschaften der Personen, die den Urzustand bevölkern, ist daher im Prinzip bereits die Grundstruktur eingelassen. Sobald über das Design der Person entschieden ist, steht folglich auch fest, welche Grundstruktur am Ende des Verfahrens herauskommen wird. Es geht dann nur noch darum, sie im Wege der Analyse aus ihrer personalen Einkleidung zu befreien. Wenn Rawls den Entwurf der Person und die Wahl einer bestimmten Grundstruktur als zwei verschiedene Vorgänge beschreibt, so ist dies nur ein Darstellungsmodus, um die Sachentscheidung, um die es bei all dem geht, möglichst anschaulich und wirkungsvoll zu inszenieren.

Wie aber sieht die Person aus, deren Eigenschaften zugleich über die Wahl der Grundstruktur entscheiden? Wie wir bereits wissen, entsteht sie vor allem im Wege der *Abstraktion:* Man geht von wirklichen Personen aus, sieht von einer Reihe ihrer Eigenschaften ab und erhält dadurch die *Einheitsperson* des Urzustandes. Bei dieser Operation wird unausgesprochen vorausgesetzt, daß unterschiedslos alle Menschen *autonome Subjekte* sind, die *im Kern ihres Wesens gleich* und nur in ihren *marginalen* Eigenschaften *verschieden* sind. Was die Menschen voneinander trennt, nämlich ihre Individualität, ist damit von vornherein, ohne daß auch nur ein Wort darüber verloren worden wäre, in den Bereich des Unwesentlichen verlegt. Man kann also davon abstrahieren, ohne die Substanz – das „Allgemeinmenschliche" – zu beeinträchtigen. Nimmt man das Trennende hinweg – das ist der Zweck, der dem Schleier des Nichtwissens zukommt –, und rechnet man gleichzeitig das vorhandene Allgemeinwissen im Prinzip jedermann zu – in diesem Punkt geht die Operation über eine bloße Abstraktion hinaus –, so gelangt man zur ausschließlich rationalen Einheitsperson des fiktiven Urzustandes.

Die Beteiligten des Urzustandes weisen also nur Eigenschaften auf, die, wie Rawls meint, auch alle wirklichen Personen übereinstimmend haben oder – bei Heranziehung des verfügbaren Buchwissens – jedenfalls haben könnten[1]. Von ganz besonderer Bedeutung ist in unserem Zusammenhang eine Eigenschaft, die Rawls gar nicht eigens erwähnt, weil er sie für selbstverständlich hält: die Bereitschaft nämlich, von allem Trennenden (d.h. von Glaube, Herkunft, Rasse, Geschlecht usw.) zu abstrahieren und es in die Kategorie des Unwesentlichen und Verzichtbaren zu verweisen. Rawls selbst, der das Profil der fiktiven Person entwirft, ist dazu offenbar vorbehaltlos bereit. Aber er schreibt diese Bereitschaft zugleich allen Adressaten zu, an die er sich mit seiner Theorie wendet. Denn das Gedankenexperiment des fiktiven Urzustandes kann nur dann funktionieren, wenn jeder diesen Prozeß auch für sich selbst nachvollzieht und dabei alles Individuelle und Besondere, das geeignet ist, ihn von anderen zu unterscheiden, für unwesentlich erklärt.

Die so konzipierte abstrakte Person entwirft ihr Idealbild der Gesellschaft naturgemäß als ein paßgerechtes gesellschaftliches Gehäuse ihrer selbst. Das Recht der nach den Grundsätzen der Gerechtigkeit als Fairness geordneten Gesellschaft knüpft daher grundsätzlich nur an den Begriff der Person selbst an, nicht jedoch an die vielen individuellen Eigenschaften, durch die sich die Menschen real unterscheiden, und streng genommen auch nicht an die Form des Vertrages, in der das Ergebnis der an sich nicht kontraktualistischen Überlegungen von Rawls präsentiert wird.

---

[1] Der von *Nowell-Smith* in *Otfried Höffe* (Hrsg.), Über John Rawls' Theorie der Gerechtigkeit, Frankfurt a.M. 1977, S. 79 (81) erhobene Vorwurf, daß Rawls „in einem Zug von atemberaubender Geschwindigkeit ... hier das Vorhandensein eines Wissens als gegeben voraus[setze], das ... kein Mensch je hat oder haben könnte", ist richtig, offenbart aber zugleich ein Mißverständnis. Denn natürlich sind die Personen des Urzustandes, die aus dem zusammengesetzt werden, was bleibt, wenn man von nicht übertragbaren individuellen Eigenschaften absieht, Kunstprodukte aus allen Eigenschaften, die nicht ausgefiltert wurden.

3. Selbstreproduktion und Trendverstärkung der Gesellschaft im Begriff der Person

Dieser allgemeine und unterschiedslose Begriff der Person, welcher der Theorie der Gerechtigkeit als Fairness zugrunde liegt und ihr einen universalistischen Anstrich verleiht, versteht sich jedoch nicht von selbst. Er ist in Europa entstanden und hat sich mit der Ausbreitung europäischen Einflusses auch in anderen Teilen der Welt geltend gemacht, ist aber immer noch weit davon entfernt, überall akzeptiert zu werden. Auch heute noch gibt es in der Frage der Menschenrechte, der Religionszugehörigkeit, der Stellung der Frau usw. sehr unterschiedliche Auffassungen.

Historisch gesehen ist es daher gar keine Frage, daß der abstrakte Begriff der Person, wie er von Rawls für den Zweck des Urzustandes entworfen wird, kulturelle Voraussetzungen hat. Er ist das Produkt einer bestimmten Kultur, auch wenn er im Rahmen systematischer Erörterungen unabhängig davon formuliert wird. Allein da, wo infolge des Zusammenwirkens vielschichtiger real- und geistesgeschichtlicher Prozesse die Überzeugung gewachsen ist, daß bei der Entscheidung rechtlicher Fragen nicht auf das die Menschen individuell Unterscheidende abgestellt werden sollte, hat ein Personbegriff Aussicht auf Akzeptanz, der diese Entwicklung konsequent zu Ende führt und die Person auf abstrakte Eigenschaften und Fähigkeiten reduziert, wie sie im Prinzip alle Menschen haben oder jedenfalls ohne weiteres haben könnten.

Diese aus einer bestimmten Kultur hervorgegangene Überzeugung bezieht sich im Urzustand auf die Gesellschaft zurück und entwirft sie nach ihrem Bild neu. Dabei kommt naturgemäß keine völlig andere Gesellschaft heraus als diejenige es ist, aus der der Personenbegriff im Wege der Abstraktion gewonnen wurde. Aber eben auch nicht dieselbe; denn der Begriff der Person ist kein völliges Abbild der in die reale Gesellschaft eingelassenen Vorstellungen. Er schreibt sie vielmehr in eine bestimmte Richtung hin fort, verstärkt also die vorhandenen Trends, indem er sie mit begrifflichen Mitteln zuspitzt. Wenn die abstrakte Person im Urzustand nach ihren Bedürfnissen die Grundstruktur der Gesellschaft entwirft, wirkt sie daher bei einem Prozeß mit, durch den die reale Gesellschaft über sich hinauswächst und sich dabei womöglich von den Grundlagen löst, denen sie selbst ihre Existenz verdankt.

II. Gesellschaftlicher Kontext des Natur- und des Urzustandes

Um sich einen Eindruck davon zu verschaffen, wie sehr auch die rationale Konstruktion einer Rechts- und Gesellschaftsordnung mit der Textur der realen Gesellschaft verwoben ist, genügt es, die in der politischen Philosophie verwendeten Modelle des Natur- und des Urzustandes einander gegenüberzustellen und samt ihren realen Entstehungsvoraussetzungen miteinander zu vergleichen. Dabei soll hier unter dem Naturzustand ein Denk- und Argumentationsmodell des neuzeitlichen Naturrechts verstanden werden, mit dessen Hilfe auf der Grundlage einer bestimmten Anthropologie die Errichtung der staatlichen Zwangsordnung begründet worden ist. Mit dem Urzustand dagegen sind die fiktiven Bedingungen gemeint, unter denen Rawls seine beiden Grundsätze der Gerechtigkeit gewonnen hat.

1. Naturzustand des neuzeitlichen Naturrechts

Der *Naturzustand,* wie er aus der politischen Philosophie von Hobbes oder Locke bekannt ist, hat primär die Funktion, die Errichtung einer politischen Herrschaft als solcher zu rechtfertigen. Er ist daher so konzipiert, daß die Begründung eines Unterwerfungsverhältnisses im Hinblick auf eine übergeordnete Macht als einzig vernünftige Konsequenz erscheint. Im Naturzustand herrscht grundsätzlich ein Krieg aller gegen alle, sei es weil die Beteiligten skrupellos für ihre Interessen kämpfen oder weil jeder sich anmaßt, als Richter in eigener Sache alle Streitfragen auch mit Wirkung für andere verbindlich entscheiden zu können. Wer im Naturzustand lebt, hat daher nur ein Bedürfnis: nämlich aus ihm herauszukommen und in geordnete Verhältnisse einzutreten. Diese aber können unter solchen Voraussetzungen nur durch eine Gewalt geschaffen werden, die allen anderen Gewalten unvergleichlich überlegen ist. Das Argumentationsmodell des Naturzustandes ist hier mithin so beschaffen, daß es auf die Begründung einer zentralen Herrschaftsgewalt hinausläuft.

Realgeschichtlich gesehen ist das eine Antwort auf die Problemlage des 17. und 18. Jahrhunderts, als das neuzeitliche Naturrecht seine Blütezeit hatte. Die politische Aufgabe bestand damals darin, den Aufbau einer starken Befriedungs- und Ordnungsmacht zu organisieren, die in der Lage war, die Bürger voreinander zu schützen und ein friedliches Leben zu ermöglichen. Denn noch standen die religiösen Verfolgungen vor Augen, die Straßen waren nicht sicher und die Vollstreckung der Urteile nicht gewährleistet. An Umverteilungsmaßnahmen größeren Stiles war unter solchen Umständen nicht zu denken; dazu fehlte bereits der hierfür erforderliche Verwaltungsapparat. Der Naturzustand mit seinem Krieg aller gegen alle war ersichtlich darauf zugeschnitten, genau das begründen zu können, was unter den gegebenen Bedingungen als vordringlich angesehen wurde: den starken Staat.

2. *Urzustand bei Rawls*

Der *Urzustand* in der Form, wie ihn Rawls in seiner Argumentation verwendet, hat eine andere Funktion. Anders als seinen naturrechtlichen Vorläufern geht es Rawls darum, sozialstaatliche Prinzipien und Institutionen zu rechtfertigen, die auch eine Umverteilung innerhalb eines gegebenen Rahmens ermöglichen. Die Begründung staatlicher Herrschaftsmacht spielt dagegen für ihn keine Rolle: Der Staat als solcher wird vielmehr als selbstverständlich vorausgesetzt. Aus diesem Grund herrscht von Anfang an Ordnung, von einem Krieg aller gegen alle kann nicht die Rede sein, vielmehr befinden sich die Bürger in einem Zustand friedlicher Kooperation. Sie arbeiten und treiben Handel, häufen Vermögen an und suchen an immer neue Güter heranzukommen. Zu regulieren sind daher scheinbar nur solche Konflikte, wie sie im Gefolge der Kooperation auftreten, und eben auf diesen Zweck ist bei Rawls der Urzustand zugeschnitten: Im Urzustand ist zwar jeder im großen und ganzen nur an sich selbst und seinen individuellen Lebensplänen interessiert. Unter dem Schleier des Nichtwissens weiß er jedoch nicht, was er zu tun hat, um gerade seine Interessen zu fördern. Und so bleibt ihm nur ein Ausweg: Er muß für Regeln und Institutionen eintreten, die dafür sorgen, daß jeder an den Grundgütern in angemessener Weise beteiligt wird.

In dieser Gegenüberstellung wird sowohl die Stärke als auch die Schwäche von Rawls' Theorie der Gerechtigkeit als Fairness sichtbar: Die Stärke, weil sich unter der Voraussetzung einer bereits unter dem Schutz der staatlichen Ordnung stattfindenden Kooperation jeder nur um die nähere Ausgestaltung dieser Kooperation, aber niemand um die vorgängige Begründung staatlicher Herrschaft Gedanken machen wird. Die Schwäche, weil die allzeit mögliche Gefährdung der inneren Friedensordnung dabei aus dem Blick gerät. Allenfalls als Folge unangemessener Ungleichverteilung scheint dem Staat ein Legitimationsverlust zu drohen, der seine Stabilität in Mitleidenschaft zieht.

Wie man sieht, korrespondiert diese Schwäche genau der Befindlichkeit des modernen Wohlfahrtsstaates, dessen Legitimation vor allem auf den Leistungen beruht, die er auf den unterschiedlichsten Ebenen an die Bürger erbringt. Solange das System des Leistungstransfers funktioniert und alle bei wachsendem Sozialprodukt ständig profitieren, ruht dieser Staat auf sicheren Grundlagen. Wenn allerdings die wohlfahrtsstaatlichen Möglichkeiten ausgereizt sind und die Grenzen einer ausschließlich ökonomischen Ausrichtung subjektiver Lebenspläne sichtbar geworden sind, muß man sich auf die allmähliche Rückkehr derjenigen Probleme einstellen, zu deren Bewältigung der Staat ursprünglich geschaffen wurde.

III. Recht und kulturelle Lebensordnung

1. Grenzen der Abstraktion

Das von Rawls praktizierte Verfahren, zum Zwecke einer Rekonstruktion der Gesellschaft den Menschen erst aus allen lebensweltlichen Beziehungen herauszulösen und auf eine schemenhafte Person zu reduzieren, um dann nach deren Bedürfnissen die Gesellschaft neu zu vermessen, ist nicht nur auf Zustimmung gestoßen. In den Vereinigten Staaten ist daran namentlich von kommunitaristischer Seite Kritik angemeldet worden, die in mancher Beziehung nicht unberechtigt erscheint[2].

Anders als die abstrakten Personen, die den Urzustand bevölkern, sind die konkreten Menschen, welche die reale Gesellschaft bilden, nicht isolierte Individuen mit je eigenen Lebenszielen, die erst durch Vertragsschlüsse miteinander in Beziehung treten; sie sind vielmehr eingebettet in eine soziale Welt, die selbst wiederum in einer bestimmten Kultur und Geschichte verwurzelt ist. Im Vergleich dazu ist das Personal des Urzustandes scheinbar in gar nichts verwurzelt, weder in einer Weltanschauung oder Religion noch in einer Kultur noch in irgendwelchen Traditionen oder Gewohnheiten. Es weiß lediglich, daß es unterschiedliche „umfassende Theorien" gibt, und ist vorbehaltlos bereit, diese auf ihre Brauchbarkeit für seine abstrakten Zwecke zu prüfen und bei Nichtgefallen auszusortieren. Ein solches Vorgehen ist von realen Menschen nicht zu erwarten. Wenn die Parteien des Urzustandes sich so verhalten, als seien ihnen alle „umfassenden Lehren" ein Äußeres, so machen diese Lehren für reale Menschen vielleicht gerade den Kern ihres Selbstverständnisses aus. Soweit dies der Fall ist, werden sich die Bürger eines konkreten Staates mit den abstrakten Personen des Urzustandes kaum identifizieren können; denn daß die Konstruktion des Urzustandes dem Zweck dient, sie ihres Eigensten zu berauben, wird ihnen kaum verborgen bleiben. Ihr Einwand wird im Prinzip derselbe sein, den bereits Adam Müller in seinen „Elementen der Staatskunst" gegen die vollständige Reduzierung des Rechts auf rein formale Beziehungen erhoben hat: „Was heißt Gesetz, wenn das Heiligste, die innersten Angelegenheiten des Menschen, hors de la loi stehen?"[3]

Die im Begriff der Person vollzogene Abstraktion ist daher, anders als Rawls meint, nicht schlechthin akzeptabel; sie hat vielmehr nur im Geltungsbereich solcher „umfassender Lehren" Aussicht auf Akzeptanz, die sich selbst nicht absolut setzen, sondern in bestimmtem Umfang Raum

---

[2] Vgl. *Wolfgang Kersting,* John Rawls zur Einführung, Hamburg 1993, S. 185ff.; *Lutz Meyer,* John Rawls und die Kommunitaristen, Würzburg 1996.

[3] *Adam Müller,* Elemente der Staatskunst, 1809, 2. Vorlesung (= Vom Geiste der Gemeinschaft, Leipzig 1931, S. 26).

lassen für ihre eigene Infragestellung, und sie ist zugleich nur soweit akzeptabel, wie dieser Raum reicht. Das formale Recht der westlichen Gesellschaft ist in solchen Lehren tief verankert und unabhängig davon kaum denkbar. Es ist daher auf Dauer nur lebensfähig, wenn solche Lehren – nicht unbedingt dieselben, aber doch solche aus der gleichen „Familie“ – fortlaufend gepflegt werden und die Bereitschaft zur Toleranz erneuern. Sobald sich im Windschatten einer offenen Gesellschaft jedoch die Überzeugung ausbreitet, daß alle Ideologien gleich gut, alle Werte gleich akzeptabel und alle Religionen gleich verehrungswürdig sind, droht die Gefahr, daß die freie Gesellschaft mit ihren eigenen Mitteln gerade das zerstört, wovon sie auf lange Sicht selbst lebt.

2. Grenzen der Konkretion

Unter Kommunitaristen ist aus diesem Grund die Tendenz zu beobachten, das Verhältnis des formalen Rechts und des moralisch Guten, das bei Rawls dahin bestimmt ist, daß das Recht den Vorrang genießt, während das Gute in den Bereich des Privaten verbannt wird, genau umzukehren, also das Recht in den Dienst des in einer Gesellschaft anerkannten Guten und damit der mehrheitlich gebilligten Moral zu stellen. Aus einer entwicklungsgeschichtlichen Perspektive betrachtet hat das viel für sich. Denn wenn auch das Recht auf den geistigen Haushalt einer Gesellschaft und damit auf die kursierenden allgemeinen Lehren nicht ohne Rückwirkungen ist, so muß es doch erst einmal aus dem Fundus von Vorstellungen über das Gute hervorgehen, die dieser Gesellschaft zugrunde liegen. Man kann sogar noch weitergehen: Wenn nach Rawls die Parteien im Urzustand sich für „das umfangreichste System gleicher Grundfreiheiten“ entscheiden, „das mit dem gleichen System für alle anderen verträglich ist“[4], so ist das kaum möglich, ohne daß zwischen verschiedenen Grundfreiheiten bzw. zwischen verschiedenen Kombinationen davon eine *Wahl* getroffen wird[5]. Deren Rationalität aber bestimmt sich nicht zuletzt nach den „allgemeinen Lehren“, denen der Wählende anhängt, oder nach seinem sozialen Umfeld, soweit es von solchen Lehren geprägt ist. Die Abstraktion von ethischen Werten ist also gar nicht in dem Maß möglich, wie Rawls vorgibt, wenn die im Urzustand zu treffende Wahl rational sein soll. In gewissem Umfang bleibt daher auch Rawls nichts anderes übrig, als seine eigenen moralischen Vorstellungen, die er seiner Zeit und seiner Gesellschaft verdankt, unter der Hand in die Wahl eines Systems rechtlicher Grundfreiheiten miteinfließen zu lassen.

---

[4] *Rawls,* ThdG, 11. Abschnitt (S. 81).

[5] Dazu *H.L.A. Hart,* Essays in Jurisprudence and Philosophy, Oxford 1983, S. 223 (232ff.).

Ungeachtet solcher Zusammenhänge aber, die abermals die immanenten Grenzen von Rawls' Denken aufzeigen, kann die *förmliche Unterordnung* des Rechts unter das Gute grundsätzlich keine Lösung für uns sein. Das Recht zum verlängerten Arm einer herrschenden Ideologie zu machen, wäre nichts anderes als ein Rückfall in längst überwundene Epochen, wo man einer bestimmten Religion angehören mußte, um den Schutz des Rechts zu genießen, oder wo das Recht unmittelbar in den Dienst einer allein herrschenden Staatspartei und deren ideologischen Zielen gestellt wurde.

Daß das Recht notwendig aus dem Hintergrund bestimmter gesellschaftlicher Lebensverhältnisse hervorgeht, heißt keineswegs, daß es *in toto* auf die Reproduktion dieser Verhältnisse auszurichten wäre. Dem steht bereits der Gerechtigkeitsbezug des Rechts entgegen, der immer über das Gegebene hinausweist. Sodann aber ist zu bedenken, daß die generelle Vorrangigkeit des Guten in praktischer Hinsicht nichts anderes bedeuten würde, als daß eine bestimmte Moral oder umfassende Lehre *notwendig mit Rechtszwang* ausgestattet würde. Nachdem es buchstäblich die Anstrengung von Jahrhunderten gekostet hat, von diesem Zustand loszukommen, ist schwer einzusehen, was es rechtfertigen könnte, dahin zurückzukehren und die geistige Freiheit, die das formale Recht ermöglicht, umstandslos wieder preiszugeben. Im Hinblick darauf ist daher Rawls grundsätzlich zuzustimmen, wenn er die „Bezugnahme auf das, was jedermann ermitteln und wissen kann", als die der modernen Gesellschaft zugrunde liegende Übereinkunft deutet, „die Freiheit nur aufgrund einer gemeinsamen Kenntnis und Deutung der Welt zu beschränken."[6]

3. *Informelle Verbindung zur Lebenswelt*

Der moderne freiheitliche Staat und das moderne Recht sind aber von der Konzeption des in der Gesellschaft anerkannten Guten keineswegs unabhängig. Die Frage nach der Ausgestaltung dieser Beziehung ist daher auch heute noch eine der Grundfragen des Rechts überhaupt.

Aus der Nähe besehen stellt sich vieles hier weniger schroff und ausschließlich dar, als es bei unserer notwendig abstrakten Gegenüberstellung erscheinen mag. Das Recht einer Gesellschaft ist kein hermetisch geschlossenes Gehäuse. In der Weite vieler Begriffe, die es verwendet, in der Vagheit mancher seiner Normen, überhaupt in seiner Elastizität und Auslegungsfähigkeit hat es „Fenster", die es mit der Lebenswelt und den außerpositiven Gerechtigkeitsvorstellungen der Bürger verbinden. Die Vorrangigkeit des Rechts vor dem Guten ist daher vielleicht nicht ganz so absolut, wie man bei formaljuristischer Betrachtung meinen

---

[6] *Rawls,* ThdG, 34. Abschnitt (S. 243).

könnte, ebenso wie auch umgekehrt seine Abhängigkeit vom Guten nicht ganz so groß ist, wie es bei einer kulturgeschichtlichen Betrachtung vielleicht den Anschein hat.

Aber das grundsätzliche Problem, wie das abstrakte Recht mit einer konkreten Gesellschaft verzahnt werden kann, ist damit nicht gelöst, und es kann nur dann gelöst werden, wenn es neben dem abstrakten Recht noch eine lebensweltliche Ebene gibt, auf der reale, ihrer überkommenen Kultur verbundene Menschen agieren und dabei die Basis, auf der das formale Recht beruht, aufgrund ihrer eigenen „umfassenden Lehren" fortlaufend erneuern. Damit ist der Punkt bezeichnet, an dem die Theorie der Gerechtigkeit als Fairness notwendig blind ist. Denn als eine formale Theorie weiß sie nichts von dem, was das Recht in den Augen der Bürger allein mit Inhalt erfüllt.

4. Abschnitt.
Ronald Dworkin, Bürgerrechte ernstgenommen

§ 18. Kritik des Positivismus

I. Das subjektive Recht als Trumpf

1. Bürgerrechte als Vorgabe der Politik

Rawls' Versuch, die klassische Diskussion über das Problem der Gerechtigkeit neu aufzunehmen, war auch ein Angriff gegen den Rechtspositivismus; denn wenn man den Positivismus bis zur letzten Konsequenz ernstnimmt, bleibt für die Erörterung von Gerechtigkeitsfragen kein Raum. Einen ungleich entschiedeneren Vorstoß in dieser Richtung hat in der Folge jedoch Ronald Dworkin (geb. 1931) in seinem Buch „Taking Rights Seriously" (deutsch: „Bürgerrechte ernstgenommen") unternommen. Anders als Rawls, der sich mit seinen Ausführungen auf einer gesellschaftspolitischen Ebene bewegt, setzt Dworkin bei solchen Fragen an, mit denen Juristen in ihrer täglichen Praxis befaßt sind. Im Kern seiner Überlegungen geht es nämlich um nichts anderes als um die angemessene Deutung dessen, was Juristen tun, wenn sie behaupten, das Recht anzuwenden: „It matters how judges decide cases."[1] Die Analyse des Rechtsanwendungsprozesses führt Dworkin zu der Überzeugung, daß der in der Rechtswissenschaft vorherrschende Positivismus nicht in der Lage ist, die Vorstellung zu erklären, die praktische Juristen von ihrer Tätigkeit haben und notwendigerweise haben müssen. Bei diesem Defizit handelt es sich keineswegs um einen Mangel, der durch einige marginale Korrekturen behoben werden könnte; er reicht vielmehr an die Substanz des Positivismus selbst. Streitbar und der Polemik nicht abgeneigt, macht Dworkin aus seiner Absicht keinen Hehl: „Ich möchte einen allgemeinen Angriff auf den Positivismus unternehmen, und ich werde H.L.A. Harts Version als Zielscheibe benutzen, wenn eine bestimmte Zielscheibe erforderlich ist."[2]

Was Dworkin dem Positivismus entgegenhält, ist unter anderem dies, daß er mit der Vorstellung *vorpositiver Rechte* nichts anzufangen weiß, obwohl in der Rechtsanwendung freiheitlicher Staaten ständig auf solche Rechte zurückgegriffen werden muß: „Der Rechtspositivismus ver-

---

[1] *Ronald Dworkin,* LE, S. 1.

[2] *Dworkin,* BürgR, Kap. II 3 (S. 54).

wirft die Vorstellung, daß juristische Rechte vor irgendeiner Form der Gesetzgebung existieren können; das heißt, er verwirft die Vorstellung, daß Individuen oder Gruppen Rechte bei der richterlichen Entscheidung haben können, die verschieden von den Rechten sind, welche explizit in der Sammlung expliziter Regeln angegeben sind, die das gesamte Recht einer Gemeinschaft ausmachen."[3] Eben diese vom Positivismus verpönte Vorstellung aber stellt Dworkin in den Mittelpunkt seines Rechtsdenkens.

Das *subjektive Recht,* das von Kelsen im klaren Bewußtsein der darin verborgenen Sprengkraft als eigenständige Kategorie entschieden verworfen wurde, ist für Dworkin geradezu der Prüfstein für die Richtigkeit einer Rechtstheorie. Wenn der Positivismus recht hat mit der Behauptung, daß alles Recht positiv ist und sich nur der Definitionsmacht derer verdankt, die über den staatlichen Zwangsapparat verfügen können, dann ist der Bürger in letzter Instanz rechtlos; das, was man sein „Recht" nennt, kann ihm dann nämlich nichts verleihen, was ihm nicht jederzeit gänzlich entzogen werden könnte. Wenn dagegen das subjektive Recht mehr ist als nur ein Durchlaufposten der Rechtspolitik – und das ist immerhin eine Überzeugung, die bei allen Diskussionen über Menschen- und Bürgerrechte im Hintergrund steht und ihnen ein unverwechselbares Pathos verleiht –, so darf es gerade nicht zur freien Disposition derer stehen, die die Macht haben; es muß sie vielmehr ebenfalls, wenigstens in einem idealen Sinn, rechtlich binden. Es muß mit anderen Worten ein *Trumpf* sein, auf den sich der Bürger verlassen kann, wenn ihm der Staat zu nahe tritt.

Daß Dworkin seine Kritik des Positivismus an den subjektiven Rechten des Bürgers festmacht, hängt vordergründig gesehen vielleicht mit einer gewissen Sympathie gegenüber der amerikanischen Bürgerrechtsbewegung zusammen, die sich in den 50er und 60er Jahren als Protest gegen die damalige Rassentrennung und den Vietnamkrieg bildete. Auch im Rahmen dieser Auseinandersetzungen ging es um die grundlegenden Rechte des Bürgers gegenüber dem Staat bzw. um die Rolle des Bürgers im politischen Prozeß. Die Argumente, die Dworkin vorträgt, sind jedoch davon unabhängig und könnten auch in eine Form gebracht werden, die von der Beschränkung auf subjektive Rechte frei ist. Geht man der Sache auf den Grund, so zeigt sich nämlich, daß Dworkins Position sich auf die Auffassung zurückführen läßt, daß das Recht in seinen substantiellen Aussagen in letzter Instanz nicht auf einer positiven Setzung beruht, sondern daß es auch unabhängig von solchen Setzungen Recht geben muß, wenn dieses Wort nicht ein anderer Ausdruck für Willkür sein soll. Dadurch, daß Dworkin sich in seiner Argumentation jedoch auf die Verteidigung der subjektiven Rechte des Bürgers konzentriert,

---

[3] *Dworkin,* BürgR, Einleitung 4 (S. 13).

verschafft er sich einen Ausgangspunkt, der den von ihm angegriffenen Positivismus in einem denkbar ungünstigen Licht erscheinen läßt.

Mehr noch als Rawls ist Dworkin innerhalb des angloamerikanischen Rechtsdenkens damit repräsentativ für einen Paradigmenwechsel, in dem das Leitbild des größten gesellschaftlichen Nutzens durch das ganz andere Leitbild grundlegender Menschen- und Bürgerrechte ersetzt wird. Hart, der von Dworkin als Zielscheibe ins Auge gefaßte utilitaristische Positivist, hat die Bedeutung dieses Wandels zutreffend erkannt, wenn er schreibt: „Es gibt jedoch keinen Zweifel, daß die Idee grundlegender Menschenrechte den diplomatischen Stil, die Moral und die politische Gedankenwelt unserer Zeit tief beeinflußt hat, auch wenn Tausende von Unschuldigen, die immer noch eingesperrt oder unterdrückt sind, ihre Wohltaten noch nicht verspürt haben. Die Menschenrechtstheorie hat die Theorie der Nutzenmaximierung als die wichtigste geistige Grundlage für politische und soziale Reformen wenigstens vorübergehend ersetzt. Es bleibt abzuwarten, ob sie im Hinblick auf die Ausrichtung des Regierungshandelns auf das menschliche Wohl ebenso viel Erfolg haben wird wie vor ihr der Utilitarismus.“[4]

2. *Wiederkehr des Naturrechts*

Im Schrifttum ist häufig darauf hingewiesen worden, daß Dworkin mit seiner radikalen Kritik am Positivismus die *naturrechtliche* Karte ausspiele. Dem scheint freilich zu widersprechen, daß Dworkin selbst sich keineswegs als Vertreter des Naturrechts versteht und noch dazu keine Gelegenheit ausläßt, den „geisterhaften Formen“ der Naturrechtslehre eine Absage zu erteilen[5]. Diese ablehnende Haltung ist zum Teil sicher damit zu erklären, daß „naturrechtliche“ Überlegungen in der öffentlichen Diskussion seit langem mit einem Bannfluch belegt sind; zum Teil kommt darin aber auch ein Mißverständnis darüber zum Ausdruck, worin der eigentliche Kern des Naturrechtsgedankens besteht. Das zeigt sich, wenn man einen Punkt ins Auge faßt, der für Dworkin ganz wesentlich ist.

Bei seinen Ausführungen legt Dworkin immer wieder den größten Wert auf die Feststellung, daß es für den Richter auch in zweifelhaften Fällen grundsätzlich nur eine *einzige richtige Entscheidung* gibt. Das soll nicht heißen, daß nicht auch für die entgegengesetzte Entscheidung gewisse Gründe sprechen können; wohl aber heißt es, daß für die allein richtige Entscheidung die *besseren Gründe* sprechen, und eben deshalb ist sie auch die richtige. Dies vorausgesetzt, besteht die Aufgabe des

---

[4] *H.L.A. Hart,* Essays in Jurisprudence and Philosophy, Oxford 1983, S. 181 (196f.).

[5] *Dworkin,* BürgR, Einleitung 4 (S. 14); vgl. auch Kap. II 1 (S. 44f.), Kap. VIII (S. 353), Anhang 3 B (S. 538f.).

Richters nicht darin, Recht nach seinem Gutdünken neu zu schaffen, sondern diese richtige Entscheidung zu finden, mag auch einstweilen niemand wissen, wie sie aussieht. Die Annahme, daß es auch in zweifelhaften Fällen grundsätzlich nur eine einzige richtige Entscheidung gibt, ist keine theoretische Spielerei, sondern ein methodologischer Wegweiser für den Rechtsanwender[6] und erfüllt, wie Dworkin zu Recht hervorhebt, eine eminent wichtige Funktion. Sie ist nämlich die Voraussetzung dafür, daß die von dem Richter tatsächlich gefällte Entscheidung *auf rationale Weise kritisiert* werden kann. Stünde es in zweifelhaften Fällen im Belieben des Richters, sich so oder so zu entscheiden, könnte man das erlassene Urteil, wie es Kelsen vorschwebte, nur noch konstatieren; gegen die Entscheidung zu argumentieren, wäre dagegen unmöglich: „Wenn es sinnvoll ist zu sagen, daß ein Richter in schwierigen Fällen den vorhandenen Maßstäben folgen sollte, dann kann jemand, der aus Gewissensgründen den Kriegsdienst verweigert, sinnvoll argumentieren, daß der Richter einen Rechtsirrtum begangen hat, wenn er die Einberufung für verfassungsmäßig hält. Wenn Richter jedoch in schwierigen Fällen nur neues Recht schaffen können, ist diese Behauptung unsinnig."[7] Die Vorstellung der allein richtigen Entscheidung scheint vorauszusetzen, daß diese Entscheidung in irgendeinem Sinn bereits „da" sein muß, bevor sie der Richter gefunden hat.[8] Andernfalls hätte er nämlich nicht danach suchen können.

Löst man den Kern des Naturrechtsgedankens aus seinen historischen Einkleidungen, die überholt sein mögen, heraus, so besagt er nichts anderes als eben dies. Alle Spielarten des (idealistischen) Naturrechts lassen sich nämlich auf die These reduzieren, daß es ein Recht gibt, das seiner „Erkenntnis" bzw. seiner „Verwirklichung" *vorausliegt.* Um sich die Existenz eines solchen Rechts anschaulich vorstellen zu können, malte man sich früher in der Regel eine ideale Welt der Ideen oder der Werte aus. Das war vielleicht ein anfechtbares Bild, weil es dazu verleiten konnte, den Widerstand, aber auch die Plastizität des positiven Rechts falsch einzuschätzen. Aber bei der Kritik hieran macht man es sich heute zu leicht. Wenn es nämlich im Bereich *realwissenschaftlicher* Erkenntnisse als akzeptabel angesehen wird, sich die Suche nach der allein richtigen Erkenntnis dadurch zu veranschaulichen, daß man eine *objektive Außenwelt* postuliert, obwohl die Unterscheidung zwischen einem „Innen" und einem „Außen" der Erkenntnis epistemologisch mehr als problematisch ist, dann kann es im Bereich *geisteswissenschaftlicher*

---

[6] Vgl. *Dworkin* in: Dworkin in der Diskussion (hrsg. von *Steffen Wesche/ Véronique Zanetti*), Paderborn 1999, 15 (31 f.).

[7] *Dworkin,* BürgR, Kap. I (S. 27).

[8] Anders freilich *Dworkin,* BürgR, Anhang 1 (S. 470f.) in Abwehr positivistischer Einwendungen.

Erkenntnisse kaum abwegig sein, sich die Suche nach der allein richtigen Erkenntnis durch das Postulat einer *objektiven Idealwelt* zu veranschaulichen. Die ideale Objektivität ist von dem Denken nicht weiter entfernt als die reale auch.

Aber wir wollen diesen Gedanken hier nicht weiterverfolgen. Im vorstehenden Zusammenhang genügt es festzuhalten, daß Dworkin mit seiner Positivismuskritik der recht verstandenen Idee des Naturrechts nähersteht, als er selbst meint. Kelsen, der den Konsequenzen naturrechtlichen Denkens bis in die letzten Verästelungen zu folgen bereit war, hätte daher schwerlich gezögert, Dworkin als modernen „Naturrechtler" einzuordnen.

3. Rechte gegen den Staat beim Wort genommen

Wenn Dworkin von Rechten spricht, denkt er vor allem an Rechte des Individuums *gegen den Staat,* namentlich an Grundrechte, deren alleiniger Adressat nach klassischer Auffassung der Staat ist. Moderne Staaten halten sich meist viel darauf zugute, daß sie ihren Bürgern in der Verfassung solche Rechte eingeräumt haben. Aber Dworkin gibt sich damit nicht zufrieden, sondern geht der Frage nach, was damit überhaupt gemeint ist. Was heißt es, ein Recht gegen den Staat zu haben?

Ein Positivist könnte argumentieren, der Staat habe in einem solchen Fall bestimmte Gesetze erlassen, aus denen sich für die Bürger gewisse Kompetenzen ergeben, die ihnen ohne diese Gesetze nicht zustünden. Sinngemäß wäre damit zugleich zum Ausdruck gebracht, daß der Staat diese Gesetze in derselben Weise, wie er sie erlassen hat, wieder aufheben und die eingeräumten Kompetenzen entziehen könne. Das wäre freilich eine Deutung solcher Rechte, die sich mit den Intentionen der meisten Verfassungsgeber kaum decken dürfte und die auch mit dem Text vieler Verfassungen schwer vereinbar wäre. Wenn es in Artikel 1 des deutschen Grundgesetzes heißt, die „Würde des Menschen" sei „unantastbar", sie zu achten und zu schützen sei „Verpflichtung aller staatlichen Gewalt", so sollte die Würde des Menschen ersichtlich auch für den Verfassungsgeber unantastbar sein – und zwar ungeachtet dessen, daß eine entsprechende Mehrheit faktisch ohne weiteres in der Lage wäre, eine andere Verfassung zu schaffen. Artikel 1 fährt daher fort, das Deutsche Volk bekenne sich „darum zu unverletzlichen und unveräußerlichen Menschenrechten als Grundlage jeder menschlichen Gemeinschaft, des Friedens und der Gerechtigkeit in der Welt". Ein konsequenter Positivist müßte dies für Verfassungslyrik erklären. Im Ergebnis würde mit einer solchen Erklärung freilich der Zusammenhang der Verfassung mit denjenigen Intentionen und Theorien abgeschnitten, denen diese und ähnliche Normen ideengeschichtlich ihre Existenz verdanken.

Dworkin geht daher gerade den entgegengesetzten Weg. Er nimmt die Redeweise, daß dem Einzelnen *Rechte* gegen den Staat zustehen, anders als der Positivismus ernst und zeigt, was daraus folgt. Ein Recht ist nach gewöhnlicher Vorstellung etwas, das derjenige, gegen den es gerichtet ist, nicht einfach aufheben kann. Daher würde es uns vermutlich nicht in den Sinn kommen, einem Schuldner zu gestatten, den Anspruch des Gläubigers kurzerhand zu streichen, wenn er ihn nicht erfüllen will. Und wenn doch, dann würden wir nicht länger davon reden, daß dem Gläubiger ein *Recht* gegen den Schuldner zustehe, oder wir würden uns jedenfalls etwas ganz anderes darunter vorstellen, etwas, das mit dem, was wir jetzt meinen, wenn wir diesen Ausdruck benutzen, wenig gemein hat. Wenn wir von Rechten sprechen, meinen wir nämlich, daß dadurch Handlungsmöglichkeiten eingeräumt werden, die der Verpflichtete auch gegen seinen Willen hinzunehmen hat. In eben diesem Sinn faßt Dworkin auch die Rechte des Bürgers gegen den Staat auf. Er nimmt also die Rechtsverbürgungen der freiheitlichen Rechtsordnungen beim Wort und läßt sich nicht mit der Erklärung abspeisen, daß alles gar nicht so gemeint sei. Dabei zeigt sich, daß dies eine Methode ist, um den Positivismus an seiner empfindlichsten Stelle zu treffen.

II. Juristische und moralische Rechte

Eine Rechtstheorie, die dem subjektiven Recht eine so zentrale Stellung einräumt, wie Dworkin dies tut, muß sich näher darüber erklären, was man sich unter einem solchen Recht vorzustellen hat. Dworkin tut dies zum Teil mit anderen Begriffen, als man sie in der kontinentaleuropäischen Rechtsphilosophie in dieser Frage zu erwarten gewohnt ist. Im Ergebnis aber legt er eine Theorie des subjektiven Rechts vor, die auch für uns erhellend ist und die zugleich ein erstes Licht auf das Verhältnis wirft, in dem Recht und Moral bei ihm stehen.

1. Subjektives Recht als normativer Freiraum

Daß jemand ein Recht zusteht, kann man sinnvollerweise nur dann sagen, wenn er an dem Verhalten, zu dem er ein Recht hat, nicht gehindert werden darf. Nun wird kaum je ein Interesse daran bestehen, jemand an einem Verhalten zu hindern, das sowohl für ihn selbst als auch für die Gesellschaft von Vorteil ist. Was es bedeutet, ein Recht zu haben, macht sich daher vor allem in solchen Fällen bemerkbar, in denen seine Ausübung dem Berechtigten selbst und/oder der Gemeinschaft abträglich sein kann. So darf man, um ein leicht faßliches Beispiel anzuführen, in einer freiheitlichen Gesellschaft niemand daran hindern, in seinen vier Wänden zu rauchen oder Alkohol zu trinken, auch wenn er damit seine Gesundheit schädigt und dann der Allgemeinheit beschwerlich wird. Denn damit würde man in sein Recht eingreifen, sich nach seinen eigenen Vorstellungen zu betätigen und zu entfalten. Entsprechendes gilt erst recht in subtiler gelagerten Fällen, in denen man über Nutzen oder Schaden eines Verhaltens mit guten Gründen streiten könnte. Das subjektive Recht schafft dem Berechtigten demnach einen Freiraum für eigene Entscheidungen, frei von den Einmischungen anderer.

Unter welchen Voraussetzungen aber hat man ein solches Recht? Und wonach bestimmen sich seine Grenzen? Nach positivistischer Auffassung hat das subjektive Recht seinen letzten Grund in einer gesellschaftlichen Praxis, also in einem *Faktum.* Ein subjektives Recht soll danach nämlich dann und nur dann gegeben sein, wenn eine gesellschaftliche Praxis existiert, der dieses Recht auf *deskriptive* Weise entnommen werden kann. Das aber ist, wie Dworkin dem entgegenhält, eine Betrachtungsweise, die in mehrfacher Hinsicht zu kurz greift. Dies zunächst einmal insofern, als der Berechtigte danach dem Rechtsetzungsapparat gegenüber *rechtlos wäre,* weil ihm sein Recht jederzeit entzogen werden könnte. Zu kurz greift diese Betrachtungsweise aber auch deshalb, weil dabei alles, was rechtlich problematisch ist oder werden kann, ausgeklammert bleibt. Ein *außenstehender* Dritter, z.B. ein Soziologe, mag sich darauf beschränken können, das Recht so zu beschreiben, wie er es von außen her beobachten kann. Aus dieser Sicht könnte er naturgemäß nur das tatsächliche Verhalten der Beteiligten und ihre bei dieser Gelegenheit geäußerten Meinungen wahrnehmen. Die *Teilnehmer* einer rechtlichen Auseinandersetzung, d.h. die Berechtigten auf der einen Seite und die Verpflichteten auf der anderen, müssen jedoch, wie bereits Hart erkannte, notwendig eine andere Perspektive einnehmen. Wenn nämlich der Fall eintritt, daß über den Umfang eines Rechts Dissens besteht oder daß ein Recht überhaupt bestritten wird, können sie sich nicht mit der Meinung anderer begnügen, sondern müssen sich eine eigene Meinung über das Recht bilden. Diese aber ist nicht deskriptiv, sondern *normativ* orientiert: In der Auseinandersetzung der Teilnehmer untereinander geht es darum zu bestimmen, welchen Inhalt das Recht *richtigerweise* hat. Das ist durch die bestehende Praxis nicht definitiv festgelegt, sondern setzt eine konstruktive Interpretation dieser Praxis voraus.

Auch die Stellung eines *Richters* in einem Rechtsstreit ist nicht die eines außenstehenden Beobachters, sondern die eines Teilnehmers. Ein Richter darf ein Recht nicht allein deshalb bejahen oder verneinen, weil ein anderer Richter in einem ähnlichen Fall dies auch getan hat, sondern muß sich der Frage stellen, wie richtigerweise zu entscheiden ist. Andernfalls würde er seine Aufgabe verfehlen und einer der Parteien unrecht tun. Die Regel, die der Richter in einem ihm vorliegenden Fall sucht, kann daher ohne weiteres einen anderen Umfang haben als die Praxis, die er vorfindet. Aus diesem Grund kann sie aus der Praxis auch nicht einfach rezeptiv abgelesen werden. Wenn sie mit der Praxis übereinstimmt, hat dies vielmehr die Bedeutung, daß sie dadurch eine Bestätigung erfährt.

Für den Teilnehmer gilt nach alledem das *Primat der normativen Regel,* mithin das Gegenteil dessen, was der unreflektierte Positivismus unter einseitiger Orientierung an der Beobachterperspektive als allein richtig deklariert: Der Positivismus „meint, daß die gesellschaftliche Praxis eine Regel *konstituiert,* die von dem normativen Urteil akzeptiert wird; in Wirklichkeit trägt die gesellschaftliche Praxis dazu bei, eine Regel zu *rechtfertigen,* die von dem normativen Urteil angegeben wird."[9]

2. Bedeutungsspielraum des Rechtsbegriffs

Den normativen Begriff des (subjektiven) Rechts verwendet Dworkin in unterschiedlicher Bedeutung. Je nach Zusammenhang spricht er von juristischen oder institutionellen Rechten, von moralischen Rechten und von Hintergrundsrechten.

a) Hintergrundsrechte. Mit Hintergrundsrechten sind nicht Rechte in dem Sinn gemeint, in dem Juristen normalerweise von Rechten sprechen. Hintergrundsrechte kann man nicht vor Gericht einfordern. Dazu sind sie zu unspezifisch. Es handelt sich dabei vielmehr um die abstrakten Rechtfertigungen für eine unbestimmte Vielzahl konkreter politischer Entscheidungen. Sie bilden, wie ihr Name andeutet, den Hintergrund, der konkreten Rechten eine theoretische Tiefendimension verleiht, und zwar sowohl in dem Sinn, daß bestehende Rechte darauf als auf ihre gemeinsame gedankliche Grundlage zurückgeführt werden können, als auch so, daß darauf die Forderung nach neuen Rechten gestützt werden kann. (In diesem Fall haben die Hintergrundsrechte zugleich die Bedeutung moralischer Rechte.) Hintergrundsrechte sind also rein theoretische Konstrukte wie etwa das Recht auf gleiche Achtung der Person.

b) Moralische Rechte. Auch moralische Rechte sind keine juristischen Rechte. Ihr Sinn erschließt sich nur, wenn man sich vergegenwärtigt, daß man in ganz verschiedenem Sinn sagen kann, daß das, was jemand tut oder verlangt, „berechtigt" ist. Juristen denken dabei vornehmlich daran, daß der Betreffende notfalls den staatlichen Zwangsapparat für seine Interessen in Bewegung setzen kann. Jemand kann aber auch dann berechtigt sein, etwas zu tun oder zu verlangen, wenn er keine institutionelle Hilfe zu erwarten hat. Das ist schon deshalb so, weil das positive Recht sich keineswegs aller Anliegen angenommen hat, die innerhalb einer bestimmten Gesellschaft als berechtigt angesehen werden. Im Grenzfall kann es sogar sein, daß jemand nur aus seiner eigenen Sicht

---

[9] *Dworkin,* BürgR, Kap. III 1 (S. 109).

als berechtigt erscheint, weil er etwa eine Gewissenspflicht empfindet, etwas zu tun, wovon die Rechtsordnung bisher keine Notiz nimmt. Häufig werden moralische Rechte jedoch zugleich die Hintergrundsrechte für eine Vielzahl positiver Regeln bilden.

Juristen vermeiden es normalerweise auch insoweit, den Begriff des „Rechts" zu benutzen. Da sie unter dem Einfluß des Positivismus zwischen Recht und Moral strikt zu unterscheiden gewohnt sind, erscheint ihnen der Begriff eines „moralischen Rechts" als Widerspruch in sich selbst. Nach Dworkins Auffassung dagegen sind Recht und Moral in vielen Bereichen miteinander verwoben. Deshalb fällt es ihm nicht schwer, anzuerkennen, daß das juristische Recht im moralischen Bereich ein Pendant hat.

c) Institutionelle Rechte. Institutionelle Rechte schließlich sind Rechte, die durch institutionelle Zwänge abgesichert sind. Das müssen nicht unbedingt staatliche Zwänge sein. Institutionelle Rechte gibt es vielmehr auch im Bereich des Sports und bestimmter Spiele wie Schach, wo Schiedsgerichte über die Einhaltung der Regeln wachen. Die eigentlichen *juristischen Rechte* sind daher nur ein Unterfall der institutionellen Rechte, wenngleich für Juristen der wichtigste.

Inhaltlich gesehen müssen juristische und moralische Rechte weder in allen Fällen übereinstimmen noch müssen sie notwendig im Gegensatz zueinander stehen. Nicht selten wird freilich das Recht bestimmte moralische Rechte auch in *formaler* Hinsicht in den Status juristischer Rechte erheben. Nach Dworkin ist das vor allem im Bereich der Grundrechte der Fall. Das Recht der Redefreiheit etwa ist nach unserer Auffassung sowohl ein juristisches als auch ein moralisches Recht und folgt aus diesem Grund einer *doppelten Logik.* Der Staat würde daher nicht nur gegen sein selbstgesetztes Recht verstoßen, sondern auch unabhängig davon unrecht tun, wenn er seine Bürger am Reden hindern würde. Selbst die formelle Aufhebung des juristischen Rechts auf Redefreiheit würde an dem moralischen Recht zur freien Rede nichts ändern: „Wenn jemand ein bestimmtes moralisches Recht gegenüber dem Staat hat, dann bleibt dieses Recht auch bei einer entgegengesetzten Gesetzgebung oder Rechtsprechung bestehen."[10] Juristische Rechte, denen ein moralisches Recht zugrunde liegt, die also ein moralisches Recht durch die Hinzufügung von institutionellem Rechtszwang verstärken, sind, wie Dworkin sich ausdrückt, „starke Rechte". Ihre Beseitigung liegt nicht im freien Belieben des Gesetzgebers. Der Gesetzgeber mag zwar faktisch gesehen die Macht haben, die einschlägigen Gesetze ersatzlos aufzuheben, aber er handelt dann unrecht, weil er etwas tut, was er richtigerweise lassen sollte.

---

[10] *Dworkin,* BürgR, Kap. VII 3 (S. 323).

III. Rechtlicher Sinn moralischer Rechte

Wenn man einräumt, daß es moralische Rechte des Bürgers gegenüber dem Staat gibt – und dies entspricht jedenfalls in modernen Verfassungsstaaten der ganz überwiegenden Auffassung –, so akzeptiert man damit zugleich deren gedankliche Voraussetzungen und Konsequenzen.

1. Verzicht auf marginalen gesellschaftlichen Nutzen

Um mit dem letzteren anzufangen: die wichtigste Konsequenz moralischer Rechte besteht darin, daß man solche Rechte nicht anerkennen und feierlich proklamieren und sich gleichzeitig das Recht vorbehalten kann, sie aus utilitaristischen Gründen des Gemeinwohls bei Bedarf einzuschränken oder aufzuheben: „Es wäre sinnlos, daß wir uns rühmen, daß wir individuelle Rechte achten, würde das nicht ein bestimmtes Opfer implizieren, und das betreffende Opfer muß sein, daß wir auf jeden marginalen Nutzen verzichten, der sich für unser Land daraus ergäbe, diese Rechte umzustoßen, wenn sie sich als unbequem erweisen."[11] „Ein Recht gegenüber dem Staat muß ein Recht sein, etwas selbst dann zu tun, wenn die Mehrheit es für falsch hielte, und selbst dann, wenn es der Mehrheit schlechter ginge, falls es getan würde."[12] In der Logik moralischer Rechte liegt es daher, daß sie nur soweit eingeschränkt werden dürfen, als dies wegen der konkurrierenden Rechte anderer Bürger geboten ist, nicht aber aus sonstigen Gründen.

Dworkin belegt dies anhand einiger Beispiele aus der amerikanischen Praxis. So darf etwa das Recht der freien Rede seiner Meinung nach nicht aus dem Grund eingeschränkt werden, weil durch das, was jemand sagt, eine Störung der öffentlichen Ordnung droht. Die Abwehr einer solchen Störung ist lediglich eine utilitaristische Erwägung des Gemeinwohls. Wäre dies ausreichend, wäre also mit anderen Worten das subjektive Recht nur dann gewährleistet, wenn seine Ausübung zugleich dem Gemeinwohl dienen würde, so gäbe es überhaupt keine subjektiven Rechte im starken Sinn. Das hohe Lied auf die Freiheit, das in den westlichen Staaten überall angestimmt wird, wäre dann nichts als Rhetorik.

2. Menschenwürde und politische Gleichheit

Die Einräumung unverbrüchlicher subjektiver Rechte macht dem Staat die Erfüllung seiner Aufgabe, für den allgemeinen Nutzen zu sorgen, nach alledem nicht leichter, sondern schwerer. Das erscheint nur dann sinnvoll, wenn mit der Institution von starken Rechten gegenüber dem

---

[11] *Dworkin,* BürgR, Kap. VII 2 (S. 317).
[12] *Dworkin,* BürgR, Kap. VII 2 (S. 319).

Staat ein ebenso wichtiger Zweck verfolgt wird, wie er in der Förderung des Gemeinwohls zu sehen ist. Nach Dworkin ist hier vor allem an zweierlei zu denken: einmal an die kantische Vorstellung von der *Würde des Menschen,* die es nicht zuläßt, daß man diesen als Objekt für fremde Zwecke verwendet, sodann aber an die Vorstellung der *politischen Gleichheit* aller Menschen. „Die Aussage, daß ein Mensch gegenüber dem Staat ein Grundrecht im starken Sinn ... hat, ist sinnvoll, wenn dieses Recht zum Schutz seiner Würde erforderlich ist oder zum Schutz seiner Gleichstellung hinsichtlich des Anspruchs auf Rücksicht und Achtung oder zum Schutz eines anderen persönlichen Werts von ähnlicher Tragweite. Andernfalls ist eine solche Aussage nicht sinnvoll."[13]

Die Vorstellung subjektiver Rechte steht und fällt also mit einer bestimmten Vorstellung des Subjekts selbst. Subjektives Recht und Rechtssubjekt ergänzen sich gegenseitig. Wo das Subjekt als Selbstzweck anerkannt ist, müssen ihm starke Rechte gegen seinen Gegenspieler, den Staat, zustehen. Wer die Rechte des Subjekts – wie Kelsen – vorbehaltlos dem Staat ausliefert, unterminiert die Stellung des Rechtssubjekts selbst. Es wäre daher nichts anderes als ein handgreiflicher Widerspruch, wenn man das autonome Subjekt als höchsten Wert des gesamten Rechts in Anspruch nehmen würde, ohne zugleich diesem Subjekt die zur Entfaltung seiner Subjektivität erforderlichen moralischen und institutionellen Rechte gegenüber dem Staat zuzubilligen.

---

[13] *Dworkin,* BürgR, Kap. VII 3 (S. 326).

§ 19. Regeln und Prinzipien als Bausteine des Rechts

I. Das Regelmodell des Positivismus

Wie Dworkin nicht müde wird zu betonen, schöpft der Rechtspositivismus, soweit er konsequent ist[1], seine Überzeugungskraft daraus, daß er das rechtliche Material, das bei der juristischen Entscheidungsfindung als Richtschnur dient, auf ein einfaches Modell, das sogenannte Regelmodell, reduziert. Nach positivistischer Vorstellung setzt sich das Recht im Idealfall nämlich aus *Regeln* und nur aus Regeln zusammen. Regeln sind Rechtssätze, die die Form einer *Wenn-dann-Beziehung* aufweisen. Im Wenn-Teil, dem sogenannten Tatbestand, werden die Bedingungen beschrieben, die eine bestimmte Rechtsfolge auslösen sollen; im Dann-Teil, der Rechtsfolgeanordnung, ist diese Rechtsfolge selbst genannt. Die Rechtsanwendung reduziert sich nach dieser Vorstellung infolgedessen auf einen einfachen Vorgang: Wenn der Richter feststellt, daß die Tatbestandsvoraussetzungen gegeben sind, hat er die vorgesehene Rechtsfolge anzuordnen, andernfalls hat er sie zu verneinen. Vorausgesetzt ist dabei nur, daß es sich überhaupt um eine *gültige Rechtsnorm* handelt. Nach positivistischer Auffassung läßt sich dies ebenfalls durch einen einfachen *Test* entscheiden. Alle Rechtsregeln zeichnen sich danach nämlich durch eine bestimmte *Herkunft* aus. Verfügt eine Regel daher über den richtigen „Stammbaum", so handelt es sich ohne Rücksicht auf ihren Inhalt um eine gültige Rechtsregel. Der Rechtsanwender hat also lediglich die Herkunft der Regel und dann – falls der Gültigkeitstest bestanden ist – das Vorliegen der Tatbestandsvoraussetzungen zu prüfen.

Nach Dworkins Auffassung greift dieses Regelmodell in wesentlicher Beziehung zu kurz. Um seine Kritik zu verstehen, wollen wir uns das Modell aber erst noch ein wenig näher ansehen.

1. Rechtsfindung als logische Tätigkeit

Dem Richter ist in unserer Gesellschaft eine große Macht verliehen: Er kann einzelne Leute einsperren lassen, ihnen ihr Geld wegnehmen oder sie sonst zu Dingen zwingen, die sie freiwillig nie tun würden. Das verlangt nach einer Rechtfertigung; denn selbstverständlich soll der Richter dabei nicht nach seinem Gutdünken schalten und walten. Die

---

[1] Kritisch zu den Versuchen mancher Positivisten, nichtpositivistische Auffassungen für den Positivismus zu vereinnahmen, *Dworkin,* BürgR, Anhang 5 A (S. 552ff.).

alleinige Rechtfertigungsgrundlage bilden nach positivistischer Auffassung die positiven Rechtsregeln, die entweder von dem Gesetzgeber der betreffenden Gesellschaft erlassen oder aber von der Rechtsprechung entwickelt worden sind. In diesen Regeln ist die Entscheidung der positivistischen Vorstellung zufolge im Kern bereits vorweggenommen, so daß der Richter, wenn er ein Urteil fällt, nicht willkürlich handelt, sondern gewissermaßen einen vorgegebenen Auftrag ausführt.

Damit dieses Konzept aufgeht, müssen die bei der Entscheidungsfindung herangezogenen Rechtsregeln eine konditionale Struktur aufweisen, d.h. sie müssen so beschaffen sein, daß sie unter bestimmten, vorgegebenen Voraussetzungen eine bestimmte richterliche Entscheidung *erzwingen.* Wenn die Tatsachen, die in der Regel als Bedingung für den Eintritt der Rechtsfolge festgesetzt sind, nach den getroffenen Feststellungen vorliegen, muß der Richter genötigt sein, die vorgesehene Rechtsfolge auszusprechen; andernfalls muß er in derselben Weise genötigt sein, sie zurückzuweisen. Die Regel darf dem Richter, abhängig vom Sachverhalt, also nur zwei Möglichkeiten lassen: entweder *muß* er die Rechtsfolge *bejahen* oder er *muß* sie *verneinen* – alles oder nichts.

Dieses Regelmodell ist die gedankliche Voraussetzung der Subsumtionsjurisprudenz, wie sie unter dem Einfluß des Positivismus in den klassischen Fächern des Privatrechts und des Strafrechts an den Universitäten lange Zeit gelehrt worden ist. Der Richter vollzieht danach der Idee nach eine ausschließlich logische Tätigkeit, indem er Tatsachen unter Regeln subsumiert und dann das Ergebnis abliest. Wenn es richtig wäre, wie damit suggeriert wird, daß der Richter nur der Mund des Gesetzes und selbst „en quelque façon nul" (Montesquieu) ist, müßte im Grunde jeder Richter durch jeden anderen ersetzt werden können, ohne daß sich am Ergebnis etwas ändert. Sieht man von der Sachverhaltsermittlung ab, müßte die Rechtsfindung sogar vollständig automatisiert werden können.

2. Herkunftsnachweis als Gültigkeitstest

Allerdings kann die Regel, unter die subsumiert wird, nicht selbst bestimmen, daß sie eine *gültige Rechtsregel* darstellt. Das Subsumtionsmodell funktioniert daher, wie wir durch Hart wissen, nur in Verbindung mit einer *Erkenntnisregel,* mit deren Hilfe ermittelt werden kann, ob wir es mit einer gültigen Rechtsregel zu tun haben oder nicht. Während sich die Abgrenzung des Rechts von der Moral oder der Sitte nach anderen Rechtstheorien zum Teil sehr schwierig gestaltet, sieht der Positivismus auch insoweit eine denkbar einfache Lösung vor. Über die Zugehörigkeit einer Regel zum geltenden Recht entscheidet danach nicht der Inhalt der betreffenden Regel oder ihre gesellschaftliche Anerkennung, sondern allein ihre Herkunft.

Bei Regeln, die im *Gesetzblatt* verkündet worden sind, gestaltet sich dieser Herkunftstest besonders einfach: Daß es sich um eine geltende Rechtsregel handelt, läßt sich hier bereits durch einen Blick in das Gesetzblatt feststellen. Ist ein Gesetz wirksam verkündet worden, gilt es so lange, bis es in derselben Weise wieder formell aufgehoben worden ist.

Bei Rechtsregeln, die sich der *Rechtsprechung* verdanken, ist der Test zwar nicht ganz so leicht zu bestehen. In der Sache geht es hier nämlich darum, zu ermitteln, welche Regeln in einschlägigen Präjudizien enthalten sind. Das setzt normalerweise Fachkenntnisse und ein gerüttelt Maß Erfahrung voraus. Letztlich können aber auch diese Regeln allein aufgrund ihrer Herkunft als gültige Rechtsregeln erkannt werden.

II. Schwächen des Regelmodells

1. Rechtsfindung in zweifelhaften Fällen

In den Routinefällen des Alltags, namentlich in solchen, die nicht zur gerichtlichen Entscheidung gelangen, weil sie keine rechtlichen Probleme aufwerfen, erscheint das Regelmodell ohne weiteres plausibel. Wie eine nähere Betrachtung zeigt, läßt sich mit seiner Hilfe jedoch nicht alles erklären, und das Wichtigste gerade nicht. Häufig haben es Richter nämlich mit schwierigen und zweifelhaften Fällen *(hard cases)* zu tun, in denen die Vorstellung, daß bei der Rechtsfindung lediglich Tatsachen unter feststehende Regeln zu subsumieren sind, nicht viel weiterhilft. Dworkin führt aus der amerikanischen Rechtsprechung zwei Beispiele an[2]: Im Jahr 1889 war ein Gericht mit dem Fall befaßt, daß ein Mann, der im Testament seines Großvaters als Erbe genannt war, diesen Großvater ermordet hatte, um in den Besitz des Erbes zu kommen. In dem einschlägigen Gesetz war ein solcher Fall nicht berücksichtigt worden. Desungeachtet ging das Gericht der Frage nach, ob der Mörder von der Erbschaft nicht ausgeschlossen war, und bejahte sie. Das andere Beispiel: Im Jahr 1960 mußte ein Gericht über eine Schadensersatzklage gegen einen Autohersteller entscheiden. Der Kläger hatte ohne sein Wissen ein schadhaftes Auto gekauft und damit einen Unfall erlitten. In dem Kaufvertrag war die Haftung des Herstellers auf den bloßen Ersatz schadhafter Teile beschränkt worden. Das Gericht mußte darüber befinden, ob der Kläger desungeachtet auch Ersatz seines sonstigen Schadens verlangen konnte, und bejahte dies ebenfalls.

Wer mit der Rechtspraxis näher vertraut ist, weiß, daß es sich dabei nicht um seltene Ausnahmefälle handelt, wie man meinen könnte, wenn man auf die weit auseinanderliegenden Entscheidungsdaten dieser beiden Urteile sieht. Vielmehr ist die Rechtsprechung häufig mit schwieri-

[2] *Dworkin,* BürgR, Kap. II 3 (S. 56f.).

gen Fällen dieser Art befaßt. Immer wieder muß über Fragen entschieden werden, für welche die geltenden Rechtsregeln entweder keine oder scheinbar eine ganz andere Lösung vorsehen, als sie allein angemessen erscheint. In solchen Fällen stellt sich daher zwangsläufig die Frage, was der Richter abgesehen von der Subsumtion objektiv festgestellter Tatsachen unter objektiv feststehende Regeln sonst noch tun darf.

a) Richterliches Ermessen. Die Lösung des Regelpositivismus, wie ihn Dworkin als „Feindbild" vor Augen hat, besteht darin, den Richter auf sein formal ungebundenes *Ermessen* zu verweisen. Von den Voraussetzungen her, von denen der Positivismus ausgeht, ist das konsequent: Wenn der Richter die Entscheidung aus den geltenden Rechtsregeln ableiten muß, in Fällen, in denen diese Regeln schweigen, die Entscheidung aber nicht verweigern darf, muß er bei Bedarf auch frei von rechtlichen Bindungen entscheiden können. Die sich daraus ergebenden Probleme sind nach Ansicht positivistischer Autoren vorübergehender Natur. Durch solche Entscheidungen werden nämlich Präjudizien geschaffen, auf die sich später andere Richter berufen können oder gar müssen. Auf diese Weise mündet die Freiheit schnell in Bindung ein. Der Richter ist also lediglich in dem Augenblick frei und allein auf sein Ermessen gestellt, in dem eine solche Entscheidung erstmals getroffen wird.

Die Rechtsfindung vollzieht sich nach positivistischer Vorstellung mithin so, daß der Richter zunächst einmal prüft, ob er den geltenden Rechtsregeln eine eindeutige Entscheidung in dem einen oder dem anderen Sinn entnehmen kann. Ist dies der Fall, hat es dabei sein Bewenden. Andernfalls aber trifft er die Entscheidung nach seinem Ermessen[3].

b) Prinzipielles Ungenügen des Subsumtionsmodells. Daß die geltenden Rechtsregeln nicht zu eindeutigen Entscheidungen führen, kommt allerdings nicht nur in „schwierigen" Fällen vor. Hier ist der Zusammenhang lediglich besonders augenfällig. Streng genommen jedoch konfrontiert fast jeder Fall, der vor die Gerichte gelangt, den Rechtsanwender mit dem Problem, daß die geltenden Rechtsregeln keine eindeutige Antwort vorsehen. Anders wäre gar nicht zu verstehen, warum sich die Parteien überhaupt auf einen Rechtsstreit einlassen. Sieht man einmal von denjenigen Fällen ab, in denen nur über Tatfragen, d.h. über die Feststellung des Lebenssachverhalts gestritten wird, werden Rechtsstreitigkeiten al-

---

[3] Diese holzschnittartige Darstellung wird der vielgestaltigen Wirklichkeit sicher nicht in jeder Beziehung gerecht. In Deutschland hat das positivistische Dogma von der „Lückenlosigkeit" des Gesetzes zu Beginn des 20. Jahrhunderts als Gegenbewegung die freirechtliche „Lückenlehre" auf den Plan gerufen, die den Richter in den „Lückenfällen" zur freien und schöpferischen Rechtsfindung aufforderte. Beide Strömungen zusammengenommen kommen dem Bild, wie es Dworkin zeichnet, freilich ziemlich nahe.

lein deshalb geführt, weil jede Partei aus den vorhandenen Rechtsregeln eine andere Lösung glaubt ableiten zu können. Die Grenzen des Subsumtionsmodells – und damit die Angriffsflächen des Positivismus – sind daher allgegenwärtig.

Ursprünglich wollte Dworkin selbst wohl nicht so weit gehen. In späteren Veröffentlichungen dagegen hat er die Unterscheidung von „schwierigen" und „leichten" Fällen für ein bloßes Darstellungsmittel erklärt[4]. Darin kommt die Erkenntnis zum Ausdruck, daß die verschiedenen Fallgestaltungen stufenlos ineinander übergehen. Die Unterschiede zwischen ihnen sind nur gradueller, nicht prinzipieller Natur. Das Problem, daß der Richter anstelle strikter Rechtsanwendung vom Positivismus auf sein Ermessen verwiesen wird, spitzt sich dadurch zu. Es zeigt sich nämlich, daß der Positivismus seinen eigenen Anforderungen nicht bloß ausnahmsweise nicht gerecht wird, sondern in allen Fällen nicht, die überhaupt von rechtlichem Interesse sind.

2. Bankrotterklärung des Regelpositivismus

Aus all dem zieht Dworkin den Schluß, daß die Lehre vom richterlichen Ermessen die Bankrotterklärung des gängigen Positivismus darstellt. Dem wird man auf der Basis der gerade getroffenen Feststellungen kaum widersprechen können. Denn wenn das Recht nur der Inbegriff der geltenden Rechtsregeln wäre, dürften Urteile, die nicht auf solche Regeln zurückgeführt werden können, überhaupt nicht gefällt werden. Wenn der Richter jedoch ausdrücklich für befugt erklärt wird, auch ohne Bindung an geltende Regeln Urteile zu erlassen, dann kann etwas an dem Regelpositivismus nicht stimmen. Zumindest kann er nicht die ganze Wahrheit sein.

Mit dem Zugeständnis, bei Bedarf nach Ermessen zu entscheiden, räumt der Positivismus dem Richter eine Befugnis ein, die weder mit der positivistischen Zielvorstellung überhaupt noch mit dem herkömmlichen Bild von den Aufgaben des Richters vereinbar ist. Das betrifft vor allem zwei Aspekte.

a) Freie Festsetzung von Rechten und Pflichten. Der erste ist folgender: Wenn das richterliche Ermessen immer da zum Zuge kommt, wo die bindende Kraft des Rechts endet, wo es also nach positivistischer Vorstellung überhaupt kein Recht gibt, dann hat die Einräumung eines Ermessens die Funktion, *Recht setzen* zu dürfen, wo bisher kein Recht war. Um die volle Tragweite dieser Aussage zu verstehen, muß man sich in die Lage des Bürgers versetzen, der in einen Rechtsstreit verstrickt ist. Rechtsprechung nach richterlichem Ermessen heißt z.B., daß der Richter dem Beklagten zugunsten des Klägers Geld wegnehmen darf, auf das

---

[4] *Dworkin,* LE, S. 266, 350ff.

der Kläger von Rechts wegen keinen Anspruch hatte, oder daß er jemand seiner Freiheit berauben und einsperren darf, obwohl dieser an sich keinem rechtlichen Vorwurf ausgesetzt war. In der Sache ist das richterliche Ermessen also lediglich ein anderer Ausdruck dafür, daß der entscheidende Richter die Rechte und Pflichten der Verfahrensbeteiligten nach seinen eigenen Vorstellungen festsetzen darf.

b) Rückwirkende Rechtsetzung. Ein zweiter Aspekt, der damit eng zusammenhängt, ist dieser: Wenn das Recht, das der Richter setzt, auf einen Fall angewandt wird, der sich zu einer Zeit abgespielt hat, als es dieses Recht noch gar nicht gab, läuft das Ermessen auf eine *rückwirkende Rechtsetzung* hinaus. Der Richter soll also nach seinen eigenen Richtigkeitsvorstellungen Freiheit und Eigentum seiner Mitbürger rückwirkend definieren können. Das ist eine Konsequenz, die zu der verbreiteten Vorstellung, daß der Rechtspositivismus, wenn er schon keine Gerechtigkeit verbürgen kann, doch wenigstens Rechtssicherheit zu gewährleisten vermag, in einem diametralen Widerspruch steht.

Um das, was der Richter in zweifelhaften Fällen richtigerweise zu tun hat, angemessen zu erklären, bedarf es daher anderer Kategorien, als sie dem Regelpositivismus allein zur Verfügung stehen.

III. Prinzipien als Maßstab

Eine unvoreingenommene Analyse des tatsächlichen Entscheidungsverhaltens macht deutlich, daß Regeln nicht die einzigen Maßstäbe sind, die ein Richter heranzieht, wenn er über Rechte und Pflichten seiner Mitbürger zu entscheiden hat. Mindestens ebenso wichtig sind *Prinzipien,* die bei der Entscheidungsfindung allenthalben Verwendung finden. Das ist nicht erst seit Dworkin bekannt. In Deutschland hat Josef Esser bereits 1956 dem Nebeneinander von „Grundsatz und Norm" ein von Gelehrsamkeit und Fußnotendekor geradezu überquellendes Werk gewidmet[5]. Dworkin kommt indessen das Verdienst zu, daß er unter Verzicht auf alles Beiwerk, allein der Sache folgend, klar herausgearbeitet hat, wie sich die Rechtsfindung mit Hilfe von Rechtsprinzipien tatsächlich vollzieht.

1. Allgegenwart von Prinzipien

Was Prinzipien sind, läßt sich leichter beschreiben als definieren. Von Prinzipien machen Juristen etwa Gebrauch, wenn sie einer Vertragspartei wegen ihrer strukturellen Überlegenheit eine „besondere" oder „gesteigerte" Verpflichtung gegenüber dem anderen Teil auferlegen oder

---

[5] *Josef Esser,* Grundsatz und Norm, 4. Aufl. Tübingen 1990.

wenn sie sich in geeigneten Fällen darauf berufen, daß niemand aus seinem dolosen Vorverhalten Vorteile ziehen dürfe. Die Grundrechte – etwa der Gleichheitssatz, die Glaubens- und die Meinungsfreiheit, die Unverletzlichkeit der Wohnung – sind meist ebenfalls als Prinzipien ausgestaltet. Wenn ein Gesetz – mithin eine Regel – am Maßstab der Grundrechte überprüft wird, hat dies also die Bedeutung, daß die Geltung einer Regel nach der Reichweite und Kraft von Prinzipien bemessen wird. Durchmustert man das einfache Recht, so zeigt sich weiter, daß viele Regeln wertausfüllungsbedürftige Rechtsbegriffe enthalten wie „Fahrlässigkeit", „Arglist", „gute Sitten", „Angemessenheit", „Verhältnismäßigkeit" u.ä.m. Jeder dieser Termini läßt die Anwendung der Regel, in der er vorkommt, in bestimmtem Maß von Prinzipien abhängen. Das hat mittelbar die Folge, daß die Regel dadurch auch selbst einem Prinzip ähnlicher wird.

Dworkin gibt daher nur eine Beobachtung wieder, die jeder Jurist, der sich von der alles beherrschenden Kraft des positivistischen Regelmodells freigemacht hat, machen kann, wenn er schreibt: „Sobald wir einmal Rechtsprinzipien als eine gesonderte und von Rechtsregeln verschiedene Art von Maßstäben identifizieren, bemerken wir sie plötzlich überall. Rechtslehrer lehren sie, Bücher über das Recht führen sie an, die Rechtsgeschichte feiert sie. Am wirksamsten jedoch scheinen sie in schwierigen Prozessen ... zu operieren, und hier scheinen sie das größte Gewicht zu haben." Im nachhinein, nachdem ein zweifelhafter Fall unter Bezugnahme auf ein solches Prinzip entschieden worden ist, mag man vielleicht sagen können, daß das Urteil für eine bestimmte Regel steht. „Die Regel existiert aber erst, wenn der Fall entschieden ist"; vorher führt das Gericht allein „Prinzipien an, um die Annahme und Anwendung einer neuen Regel zu rechtfertigen."[6]

Wenn sich der gängige Positivismus allein mit Regeln befaßt, setzt er daher zu spät an. Mehr noch: er klammert gerade die eigentlichen Probleme aus der Betrachtung aus.

2. Die Struktur von Prinzipien

Der Unterschied zwischen Regeln und Prinzipien ist, wie Dworkin meint, logischer Natur. Während Regeln so ausgestaltet sind, daß sich bei Erfüllung der festgesetzten Bedingungen zwingend rechtliche Konsequenzen ergeben, weisen Prinzipien eine andere Struktur auf. Sie geben, wie Dworkin dies ausdrückt, „einen Grund an, der ein Argument in eine bestimmte Richtung ist, der aber nicht eine bestimmte Entscheidung notwendig macht"[7]. Im einzelnen heißt dies folgendes.

---

[6] *Dworkin,* BürgR, Kap. II 4 (S. 64f.).
[7] *Dworkin,* BürgR, Kap. II 3 (S. 60).

Zunächst einmal erzwingen Prinzipien keine bestimmte Entscheidung. Sie stellen vielmehr nur *Gesichtspunkte* auf, die bei der Entscheidungsfindung mitzuerwägen und gegebenenfalls zu berücksichtigen sind. Wenn ein Prinzip in einem konkreten Fall nicht berücksichtigt worden ist, hebt dies seine Geltung nicht auf. Es bleibt vielmehr ungeschmälert bestehen und muß daher in einem späteren Fall wiederum erwogen werden. Bei einer Regel wäre dies undenkbar. Wenn eine Regel gültig ist, muß sie zwingend angewendet werden, sobald ihre tatbestandlichen Voraussetzungen vorliegen. Ihre Anwendung kann daher nur um den Preis vermieden werden, daß ihre Geltung eingeschränkt wird. Das gilt dann aber nicht nur für den vorliegenden Fall, sondern für alle späteren Fälle ebenso.

Sodann aber weisen Prinzipien eine Dimension auf, die es in dieser Form bei Regeln nicht gibt: die Dimension des *Gewichts* oder der Bedeutung. Wenn zwei Regeln miteinander in Konflikt stehen, muß eine von ihnen definitiv aufgegeben oder eingeschränkt werden. Wenn sich zwei Prinzipien schneiden, muß zwar im Einzelfall ebenfalls abgewogen werden, ob das eine oder das andere Vorrang genießt. Im nächsten Fall kann es sich aber genau umgekehrt verhalten. Einander widerstreitende Prinzipien heben sich also nicht auf. Sie kämpfen vielmehr in jedem Fall aufs neue um ihre jeweilige Bedeutung. Während die Anwendung von Regeln im Wege der logischen Subsumtion erfolgt, macht die Anwendung von Prinzipien immer wieder einen *Abwägungsprozeß* erforderlich.

Dieser Unterschied macht sich auch in solchen Fällen bemerkbar, in denen eine Regel wertausfüllungsbedürftige Rechtsbegriffe enthält. Sie stellt dann einerseits eine Wenn-dann-Beziehung dar, die zwingend angewandt werden muß, wenn ihre Voraussetzungen vorliegen. Andererseits jedoch ist die Anwendung durch die Einbeziehung wertausfüllungsbedürftiger Begriffe von einer Prinzipienfrage abhängig gemacht. Gibt das Prinzip den Weg zur Subsumtion frei, wirkt die Regel wie jede andere. Legt das Prinzip jedoch nahe, daß die Regel hier keine Anwendung finden soll, so kommt es auf die Tatbestandsvoraussetzungen nicht weiter an.

3. Akzeptanz als Gültigkeitskriterium

Prinzipien funktionieren nicht nur anders als Regeln; sie widersetzen sich auch dem formalen positivistischen Geltungstest: „Der Ursprung dieser Prinzipien als Rechtsprinzipien liegt nicht in einer bestimmten Entscheidung einer gesetzgebenden Körperschaft oder eines Gerichts, sondern in einem Sinn für Angemessenheit, der sich im juristischen Berufsstand und in der Öffentlichkeit über Zeiten hinweg entwickelt hat.... Wir argumentieren für ein bestimmtes Prinzip, indem wir mit einer ganzen Reihe von sich ändernden, sich entwickelnden und in Wechselwirkung stehenden Maßstäben (die selbst nicht Regeln, sondern Prinzipien sind) ringen, Maßstäben über institutionelle Verantwortlichkeit, Gesetzesauslegungen, der Überzeugungskraft verschiedener Arten von Präzedenzfällen, der Beziehung all dieser Maßstäbe zur gegenwärtigen moralischen Praxis und einer Reihe anderer solcher Maßstäbe.“[8] Kurz: die positivistische Unterscheidung zwischen der formalisierten Gültigkeit auf der einen Seite und der informellen Akzeptanz auf der anderen ist bei Prinzipien nicht haltbar. Die Gültigkeit von Prinzipien beruht in der Regel vielmehr gerade auf ihrer Akzeptanz.

Nimmt man hinzu, daß, wie bereits erwähnt, im modernen Verfassungsstaat die Gültigkeit von Rechtsregeln in weitem Umfang von ihrer Vereinbarkeit mit Rechtsprinzipien in Form von Grundrechten abhängt, ist dieser Befund für den Regelpositivismus insgesamt tödlich. Es wird dabei nämlich sichtbar, daß der Positivismus aus dem Ganzen des Rechts eine bestimmte Seite, die seinen Vorstellungen entgegenkommt, herausgreift und ohne zureichenden Grund verabsolutiert.

IV. Letztbegründung durch Prinzipien

1. Prinzipien als Erkenntnisregeln?

In Wahrheit sind Regeln und Prinzipien gleichermaßen Bausteine des Rechts. Beide stellen Maßstäbe dar, auf die sich die Juristen bei der Entscheidungsfindung beziehen, wenn auch in unterschiedlicher Weise. Das wirft, ungeachtet ihrer von Dworkin behaupteten „logischen Verschiedenheit“, die Frage auf, wie sich beide zueinander verhalten: Geht es um Maßstäbe, die in der Sache nichts miteinander zu tun haben, oder hängen sie innerlich nicht doch auf irgendeine Weise miteinander zusammen?

Wie Dworkin darlegt, ist es unmöglich, Prinzipien auf Regeln zurückzuführen, weil es für sie keinen Herkunftstest gibt. Dagegen läßt er andeutungsweise einmal durchblicken, daß es sich umgekehrt verhalten könnte, daß also die Regeln des Rechts ihren letzten Geltungsgrund in den in einer Gesellschaft anerkannten Rechtsprinzipien finden könnten: „Wenn keine Erkenntnisregel einen Test für die Identifikation von Prinzipien liefern kann, warum soll man dann nicht sagen, daß Prinzipien etwas Letztes sind und daß sie die Erkenntnisregel unseres Rechts *bilden*?“[9] Auch wenn Kritiker diese Auffassung als „sonderbare Konzeption“[10] bezeichnet haben, lohnt es sich, einen Augenblick dabei zu verweilen.

---

[8] *Dworkin,* BürgR, Kap. II 6 (S. 82f.).

[9] *Dworkin,* BürgR, Kap. II 6 (S. 88).

[10] *Weinberger,* in: Gedächtnisschrift für René Marcic, Berlin 1983, S. 497 (502).

2. Gesetzgebung als prinzipiengeleitete Rechtsfindung?

Rechtsprinzipien sind abstrakte Maßstäbe, die in jedem Fall aufs neue konkretisiert werden müssen. Das ist besonders einleuchtend, wenn man an das höchste Rechtsprinzip denkt, das wir kennen: die Gerechtigkeit. Aus der Gerechtigkeit kann der Idee nach alles abgeleitet werden, was überhaupt auf Rechtsgeltung Anspruch machen kann. Aus eben diesem Grund jedoch folgt aus der Gerechtigkeit noch nichts Bestimmtes. Um praktisch werden zu können, muß das Prinzip der Gerechtigkeit ausdifferenziert werden zu Verfahrensgerechtigkeit, Verteilungsgerechtigkeit, sozialer Gerechtigkeit, Rechtssicherheit usw. Von diesen speziellen Gerechtigkeiten und mehr noch von deren weiteren Ausdifferenzierungen her lassen sich eher konkrete Folgerungen erschließen.

In den konditional strukturierten Rechtsregeln kann man daher, wenn man will, tatbestandliche Ausformungen von dahinter stehenden Prinzipien erblicken, und zwar dergestalt, daß nicht das Prinzip selbst genannt wird, sondern daß in abstrakter Form eine Vielzahl von Anwendungsfällen aufgelistet wird. Wer unter eine Rechtsregel subsumiert, bringt dann automatisch das Prinzip zur Geltung, das der Rechtsregel zugrundeliegt. Da das Prinzip bereits in die Beziehung zwischen Tatbestand und Rechtsfolge eingearbeitet ist, braucht der Rechtsanwender darauf nicht ausdrücklich Bezug zu nehmen. Er kann sich vielmehr im „Normalfall“ auf die Ermittlung von Fakten und deren Subsumtion unter die Regel beschränken. Nur in Zweifelsfällen, in denen die Determinationskraft der Regel endet, muß er sie unter Rückgriff auf das dahinter stehende Prinzip ergänzen.

Dieses Bild von der richterlichen Praxis wirft zugleich ein eigenes Licht auf die Gesetzgebung, durch die die meisten Regeln einer modernen Rechtsordnung ausformuliert werden. Wenn Rechtsregeln Anwendungsfälle von Rechtsprinzipien sind, handelt es sich auch bei der Gesetzgebung nicht einfach um willkürliche Recht*setzung*. Vielmehr läßt sich dann auch die Gesetzgebung als eine Form der Recht*serkenntnis* begreifen, nämlich als Versuch, im Wege der Abwägung der ins Auge gefaßten Rechtsprinzipien abstrakte Wenn-dann-Beziehungen zu ermitteln, die diesen Prinzipien unter normalen Umständen am besten Rechnung tragen. In ähnlicher Weise wie Rechtsprechung in zweifelhaften Fällen eine Rechtsfindung im Einzelfall aufgrund von Prinzipien ist, wäre Gesetzgebung dann ein Versuch, eine prinzipiengeleitete Rechtsfindung auf abstrakter Ebene zu organisieren.

Freilich: In dieser Form sagt Dworkin dies nicht, wenngleich solche Überlegungen durchaus auf seiner Linie liegen.

§ 20. Methode der Rechtsfindung

I. Ziele und Prinzipien

Wenn der Richter in zweifelhaften Fällen weder die Entscheidung verweigern noch – wie der Regelpositivismus meint – nach seinem Ermessen entscheiden darf, was soll er dann sonst tun? Ein in diesem Zusammenhang häufig zitierter Ratschlag geht dahin, der Richter solle versuchen, im mutmaßlichen Auftrag des Gesetzgebers zu handeln und sich an derjenigen Regel zu orientieren, von der er glaubt, daß der Gesetzgeber sie erlassen hätte, wenn er das Problem gekannt hätte. Das ist der Sinn des berühmten Art. 1 Abs. 2 des Schweizer Zivilgesetzbuchs: „Kann dem Gesetze keine Vorschrift entnommen werden, so soll der Richter nach Gewohnheitsrecht und, wo auch ein solches fehlt, nach der Regel entscheiden, die er als Gesetzgeber aufstellen würde." Nach Dworkin kommt freilich auch darin ein Mißverständnis der Aufgabe des Richters zum Ausdruck. Im Unterschied zu der bereits erwähnten Ermessenslehre sieht er darin jedoch ein Mißverständnis, das mit einer unzureichenden Differenzierung zwischen rechtlichen *Prinzipien* und gesetzgeberischen *Zielen,* den beiden Hauptbegründungsstrategien einer normübergreifenden rechtlichen Argumentation, zusammenhängt. Der Richter, der zum Schutz individueller Rechte berufen ist, soll sich nach Dworkin grundsätzlich nur auf Prinzipienargumente berufen können; Argumente der Zielsetzung sollen dagegen in der Regel nur dem Gesetzgeber offenstehen, der anders als der Richter auch für die Wahrnehmung kollektiver Interessen zuständig ist[1]. In der Sache ist damit nichts anderes gemeint, als daß der Gesetzgeber rechtspolitisch argumentieren darf, der Richter dagegen nicht. Das wird freilich nur dann deutlich, wenn man weiß, wie sich Argumente der Zielsetzung von Prinzipienargumenten nach Dworkin unterscheiden.

1. Argumente der Zielsetzung

Unter *Zielen* versteht Dworkin in diesem Zusammenhang die kollektiven politischen Zwecke oder Erfolge, die der Gesetzgeber mit seinem Gesetz anstrebt, wie z.B. die Erhöhung der Staatseinnahmen, die Ankurbelung der Wirtschaft oder die Reduzierung der Kriminalität oder der Arbeitslosigkeit. Im Rahmen einer zielorientierten Politik stellt das Gesetz lediglich ein Mittel zur Bewirkung solcher Ziele dar, die selbst

---

[1] *Dworkin,* LE, S. 244.

nicht rechtlicher Natur sein müssen. Dem Gesetzgeber ist es nach allgemeiner Auffassung ohne weiteres gestattet, solche Ziele anzustreben und dafür das erforderliche Recht zu schaffen. Der Richter, der das geltende Recht und damit zugleich die Rechte seiner Mitbürger zu respektieren hat, ist jedoch kein stellvertretender Gesetzgeber. Aus diesem Grund darf er sich in der Regel gerade nicht auf Argumente der politischen Zielsetzung berufen. Das gilt nicht nur im Hinblick auf seine eigenen Ziele, sondern auch für die des Gesetzgebers; denn auch bei einer Berufung auf die gesetzgeberischen Ziele würde er sich an einer an kollektiven Zielen orientierten Politik beteiligen. Auch wenn ein Gesetz eindeutig etwa die Erhöhung der ökonomischen Gesamteffizienz anstrebt, wäre es für den Richter in einem Zweifelsfall daher grundsätzlich „falsch, einem Individuum sein Eigentum zu nehmen und es einem anderen auszuhändigen, einfach um die ökonomische Gesamteffizienz zu verbessern."[2] Wegen der Erreichung solcher kollektiven Ziele darf der Richter subjektive Rechte weder verleihen noch verweigern. Er hat den Status quo dieser Rechte ungeachtet solcher Ziele vielmehr zu respektieren.

2. *Prinzipienargumente*

Nimmt man die subjektiven Rechte des Bürgers ernst, d.h. geht man davon aus, daß der Bürger auch dann ein Recht haben kann, wenn die Rechtslage zweifelhaft ist, darf sich der Richter nur auf Argumente stützen, die mit der Existenz solcher Rechte vereinbar sind und sie nicht zugunsten von Zwecken, die damit unmittelbar nichts zu tun haben, zur Disposition stellen. Diesen Anforderungen aber entsprechen, wie Dworkin darlegt, allein solche Argumente, die sich auf *Rechtsprinzipien* gründen. Ein Prinzipienargument rechtfertigt eine Entscheidung nicht durch ein außerrechtliches Ziel, sondern durch den Nachweis, daß dadurch ein bestimmtes subjektives Recht gemäß seinem eigentlichen Sinn geachtet oder gesichert wird. Das ergibt sich daraus, daß ein subjektives Recht durch die Bezugnahme auf ein der Rechtsordnung zugrundeliegendes Prinzip in genau dem Rahmen entfaltet wird, in den es als Teil der Rechtsordnung ohnehin eingebettet ist. Auf rechtsimmanente Prinzipien kann sich im Gegensatz zu Zielen auch ein Richter berufen. Dworkin stellt daher die These auf, „daß richterliche Entscheidungen in zivilrechtlichen Fällen ... charakteristischerweise aufgrund von Prinzipien und nicht aufgrund von Zielsetzungen hervorgebracht werden und werden sollten"[3].

---

[2] *Dworkin,* BürgR, Kap. IV 2 B (S. 150).
[3] *Dworkin,* BürgR, Kap. IV 2 A (S. 149).

II. Rechtsanwendung als Konstruktion

Wie aber vollzieht sich die Rechtsfindung genau?

1. Entscheidungsfindung des Schachrichters

Um zu veranschaulichen, welche Überlegungen der Richter bei der Rechtsanwendung in zweifelhaften Fällen anstellen muß, bedient sich Dworkin zunächst eines einfachen Beispiels[4]: Angenommen, bei einem Schachturnier setzt eine bestimmte Regel fest, daß der Schiedsrichter eine Buße verhängen soll, wenn einer der Spieler einen anderen im Verlauf des Spiels „grundlos" ärgert. Während des Turniers tritt nun der Fall ein, daß ein Spieler über seinen Gegner ständig auf eine diesen entnervende Weise lächelt. Muß der Schiedsrichter die Buße verhängen?

Aus dem Wortlaut der Regel kann er schwerlich entnehmen, ob das enervierende Lächeln ein „grundloses Ärgern" im Sinn dieser Bestimmung darstellt. Er darf aber auch nicht einfach auf seine persönliche Meinung abstellen, soweit diese sich auf Erwägungen stützt, die mit dem Schachspiel als solchem nichts zu tun haben. Seine Aufgabe besteht vielmehr darin, sich um eine *Interpretation* zu bemühen, die dem besonderen Charakter des Schachspiels Rechnung trägt und die institutionellen Zwänge beachtet, die sich daraus ergeben.

Von welchem Charakter des Schachspiels aber soll der Schiedsrichter bei seinen Überlegungen ausgehen? Soll er Schach als ein intellektuelles Spiel oder als Glücksspiel ansehen? Oder soll er es mehr als eine Fingerfertigkeitsübung auffassen? Sinnvollerweise wird er sich zunächst einmal an dem orientieren, was alle dazu meinen. Danach ist Schach jedenfalls keine Fingerfertigkeitsübung. Nach konventioneller Auffassung, wie sie in Vorverständnissen und Sitten und in der Geschichte des Schachspiels zum Ausdruck kommt, ist Schach aber auch kein Glücksspiel. Die Beachtung der Konventionen führt den Schiedsrichter also zu dem Ergebnis, daß es sich bei Schach um ein intellektuelles Spiel handelt. Vielleicht kommt er auf diesem Weg noch einen Schritt weiter. Aber irgendwann enden die Konventionen, und womöglich hat er dann immer noch nicht genug Gründe beisammen, um über das Problem des entnervenden Lächelns entscheiden zu können. In diesem Fall muß er den Charakter des Spiels durch eigene Überlegungen *zu Ende konstruieren:* Wenn Schach ein intellektuelles Spiel ist, welcher Sinn von „intellektuell" ist damit gemeint? Gehört die Fähigkeit zur psychologischen Einschüchterung auch dazu? Oder ist Schach mehr in dem Sinn intellektuell, wie es die Mathematik ist? Während der Schiedsrichter solche

[4] *Dworkin,* BürgR, Kap. IV 4 (S. 176ff.).

allgemeinen Überlegungen anstellt, wird er gleichzeitig versuchen, sie mit den konkreten Spielsituationen, wie sie beim Schach auftreten können, abzugleichen. Sein Gedankengang wird also zwischen der „Philosophie des Spiels" und den „Tatsachen des Spielens" hin- und hergehen, bis er ein Ergebnis gefunden hat, das sich in eine umfassende Interpretation des Schachspiels einfügt.

Bei dieser Operation steht ihm kein Ermessen zu. Er ist also nicht frei bei der Entscheidung, ob er über den lächelnden Spieler eine Buße verhängt oder den anderen Teil weiterhin diesem Lächeln aussetzt. Da es um die Rechte der Spieler geht, hat vielmehr jeder Spieler einen Anspruch darauf, daß der Schiedsrichter *richtig* entscheidet oder anders ausgedrückt: daß er dasjenige Urteil fällt, für das *die besten Argumente* sprechen.

2. Herkules als Vorbild

Ähnlich verhält es sich bei der Rechtsfindung in zweifelhaften Fällen auch in anderem Zusammenhang. Wie der Schiedsrichter beim Schachturnier den Charakter des Spiels konstruieren muß, so muß ein staatlicher Richter Theorien darüber entwickeln, was der Wille des Gesetzgebers und die in der jeweiligen Rechtsgemeinschaft anerkannten Rechtsprinzipien erfordern. Anders als beim Schachspiel setzt das wegen der Komplexität der Materie vielfach Anstrengungen voraus, denen kaum ein Rechtsanwender gewachsen ist. Aber daraus ergibt sich für Dworkin kein Einwand. Die Aufgabe der Rechtstheorie besteht nach seiner Auffassung vielmehr darin, zu zeigen, was idealerweise zu leisten ist, welches Ziel also der Richter bei der Urteilsfällung anstreben sollte. Um zu zeigen, wie die Überlegungen im Idealfall aussehen sollten, orientiert sich Dworkin daher nicht an einem wirklichen Richter, sondern an einer Art von „juristischem *Herkules*", also einem Juristen mit übermenschlicher Fertigkeit, Ausbildung, Geduld und Scharfsinn, den er für diesen Zweck fingiert[5]. Am Beispiel dieses Herkules legt er dar, wie sich die Rechtsfindung in zweifelhaften Fällen richtigerweise zu vollziehen hat.

a) Gesetzesauslegung. Die konstruktive Leistung des Richters ist vor allem bei der *Verfassungsauslegung* leicht nachzuvollziehen. Dworkin bildet folgendes Beispiel: Die Verfassung enthält eine Bestimmung, nach der es untersagt ist, eine Religion zur Staatsreligion zu machen. Das Parlament will jedoch ein Gesetz verabschieden, wonach Kindern freie Busfahrten in kirchliche Schulen gewährt werden. Verstößt dieses Gesetz gegen die Verfassung? Aus dem Text der Verfassung allein ist das nicht zu entnehmen. Um die Frage beantworten zu können, muß Herkules daher ermitteln, welche Prinzipien der Verfassung zugrunde liegen.

---

[5] *Dworkin,* BürgR, Kap. IV 5 A (S. 182); LE, S. 239ff.

Dazu muß er eine Verfassungstheorie konstruieren, die zeigt, welchen politischen Entwurf die Verfassung ausführt. Dies wiederum kann ihn in die Lage versetzen, daß er sich – immer in Hinblick auf die fragliche Gesetzesbestimmung – auf das Gebiet der politischen Philosophie begeben muß. Kurz: „Er muß eine Theorie der Verfassung in der Form einer komplexen Menge von Prinzipien und Zielsetzungen entwickeln, die diesen Regierungsentwurf rechtfertigen, ebenso wie der Schachschiedsrichter veranlaßt wird, eine Theorie über den Charakter seines Spiels zu entwickeln. Er muß diese Theorie dadurch entwickeln, daß er sich abwechselnd auf die politische Philosophie und das institutionelle Detail bezieht.“[6]

Aber auch bei der Auslegung eines *einfachen Gesetzes* kann Herkules genötigt sein, ein übergreifendes System des Rechts zu entwerfen, weil es anders gar nicht möglich ist, dem Gesetz die Antwort auf eine bestimmte Frage zu entnehmen. Ähnlich wie der Schiedsrichter beim Schachturnier darf Herkules in zweifelhaften Fällen nämlich nicht einfach seine persönliche Meinung sprechen lassen und seinen Mitbürgern einen Teil ihrer Freiheit oder ihres Geldes wegnehmen, weil er aus irgendwelchen Gründen meint, daß sie nichts Besseres verdient haben. Er muß vielmehr nachweisen, daß diejenige Auslegung des Gesetzes, nach der die Auferlegung eines solchen Nachteils geboten erscheint, mit dem vorhandenen Rechtssystem als ganzem übereinstimmt. Die Aufstellung von Hypothesen über die subjektiven Absichten der Gesetzesverfasser ist dabei meist nicht sonderlich hilfreich; denn es geht in zweifelhaften Fällen nicht darum, die politischen Intentionen der Gesetzesverfasser zu verwirklichen, die sie selbst im Gesetz in dieser Weise gar nicht zum Ausdruck gebracht haben, sondern es geht darum, unter Beachtung der Rechte der Beteiligten gleichgelagerte Fälle gleich zu entscheiden. Das aber „verlangt die Konstruktion … einer besonderen politischen Theorie, die diese Gesetzesbestimmung im Lichte der allgemeinen Verantwortlichkeiten des Gesetzgebers besser rechtfertigt als jede andere Theorie.“[7]

Dem Wortlaut des Gesetzes kommt dabei eine ganz andere Funktion zu, als man zunächst meinen könnte. Näher besehen verhält es sich nämlich weniger so, daß der Wortlaut die Auslegung positiv leitet, als vielmehr so, daß er sie begrenzt. Die Richtung, in welche die Auslegung geht, wird durch die Prinzipien festgelegt, die dem Gesetz nach der ins Auge gefaßten Deutung zugrundeliegen. Nach diesen nämlich bestimmt sich, welche Fälle als gleichgelagert anzusehen sind und welche nicht. Dabei allein kann es freilich nicht bleiben. In der Natur der Prinzipien liegt es nämlich, daß sie keine klaren Grenzen haben. Käme es nur auf die Prinzipien an, könnte die Auslegung leicht uferlos werden. Gegen-

---

[6] *Dworkin,* BürgR, Kap. IV 5 A 1 (S. 184f.).

[7] *Dworkin,* BürgR, Kap. IV 5 A 2 (S. 186).

über dieser Gefahr bildet der Wortlaut des Gesetzes ein Gegengewicht in Form einer künstlichen Schranke. Diese ist zwar nicht unüberwindlich – im Wege der Analogie kann man darüber hinwegkommen –, aber sie stellt doch ein Hindernis dar, dessen Durchbrechung einen erhöhten Aufwand verlangt. Normalerweise darf sich der Richter daher bei dem Wortlaut des Gesetzes beruhigen: „Die Formulierung der Gesetzesbestimmung, die der Gesetzgeber erlassen hat, ermöglicht es, daß dieser Prozeß der Auslegung ohne Absurdität arbeiten kann; sie ermöglicht es Herkules zu sagen, daß der Gesetzgeber eine bestimmte Zielsetzung bis an die Grenzen der Sprache getrieben hat, mit der sie formuliert ist, ohne daß er außerdem annehmen müßte, daß der Gesetzgeber diese Zielsetzung zu einem unbestimmten weiteren Punkt getrieben hat.“[8]

b) Rechtsfindung aufgrund von Präzedenzfällen. Schwieriger ist die Rechtsfindung, wo es an gesetzlichen Bestimmungen fehlt und die Beteiligten nur auf *Präzedenzfälle* verweisen können. Um die Regel zu erfassen, die einem Präzedenzfall zugrundeliegt, kann man nicht an den Formulierungen anknüpfen, in denen das frühere Gericht seine Entscheidung abgefaßt hat. Die Bedeutung eines Präzedenzfalles ist nämlich von dem sprachlichen Ausdruck der Entscheidung unabhängig. Die Aufgabe, die sich beim Umgang mit Präzedenzfällen stellt, besteht vielmehr darin, die *Gravitationskraft* bzw. – um ein im deutschen Recht gebräuchlicheres Bild zu benützen – die „Ausstrahlungswirkung“ zu ermitteln, die eine frühere Entscheidung auf spätere Entscheidungen ausübt.

Da der Wortlaut der präjudiziellen Entscheidung als künstliche Grenze nicht in Betracht kommt, kann diese Gravitationskraft sehr weit reichen. Die Gravitationskraft einer Entscheidung, in der einem Autohersteller eine Haftung für schadhafte Autos auferlegt worden ist, kann z.B. auch einen Fall erfassen, in dem es losgelöst von diesem Ausgangspunkt *allgemein* um die Frage geht, ob ein Unternehmer für Schäden einzustehen hat, die von seinen Angestellten verursacht wurden. Wenn es im ersten Fall richtig ist, daß der Geschädigte Ersatz seines Schadens bekommt, könnte der Gleichbehandlungsgrundsatz dafür sprechen, im zweiten Fall ebenso zu entscheiden.

Bei der Beantwortung der Frage, wie weit die Gravitationskraft einer früheren Entscheidung reicht, hat der Richter, wenn man nur diese Entscheidung selbst betrachtet, einen weiten Spielraum. Allerdings nimmt er diesen kaum je in Anspruch. Wie Dworkin bemerkt, wird er vielmehr „immer versuchen, die Rechtfertigung, die er für eine originelle Entscheidung gibt, mit Entscheidungen zu verbinden, die andere Richter oder Beamte in der Vergangenheit getroffen haben“[9]. Anders ausge-

---

[8] *Dworkin,* BürgR, Kap. IV 5 A 2 (S. 188).
[9] *Dworkin,* BürgR, Kap. IV 5 B 1 (S. 192).

drückt: er wird versuchen, für seine Überlegungen eine ähnliche künstliche *Grenze* zu schaffen, wie sie bei der Gesetzesanwendung aus dem Wortlaut des Gesetzes resultiert. Nach Lage der Dinge kann eine solche Beschränkung hier nur dadurch gewonnen werden, daß der Rechtsanwender in jedem Fall nachweisen muß, daß die neue Regel, auf die er sich bezieht, implizit bereits im Recht als ganzem enthalten war. Herkules muß daher versuchen, das Recht so zu handhaben, als ob es ein *nahtloses Gewebe* sei, innerhalb dessen sowohl das Präjudiz, von dem er ausgeht, als auch die Entscheidung, die er selbst fällt, notwendige Bestandteile sind, die durch den Gleichbehandlungsgrundsatz miteinander verknüpft sind. Die beste Begründung wird dabei meist diejenige sein, die für eine größere Zahl von Präzedenzfällen eine Rechtfertigung bietet.

Aber natürlich kann selbst Herkules in seiner Theorie des geltenden Rechts nicht alle Präjudizien und Gesetzesbestimmungen unterbringen. In jeder Rechtsordnung gibt es Fehlentscheidungen, die bei der Konstruktion eines Systems dieser Ordnung ausgeklammert werden müssen. Wo sich Widersprüche im vorliegenden Entscheidungsmaterial abzeichnen, muß Herkules daher wählen, ob er die eine oder die andere Entscheidung als Fehler betrachtet. Um sich nicht dem Vorwurf der Willkür auszusetzen, muß er also auch eine Theorie institutioneller Fehler entwickeln. Der Sinn all dieser Bemühungen geht jedoch nicht dahin, die Suche nach der besten Begründung auf einen Abzählvorgang zu reduzieren. Wo mehrere Theorien des geltenden Rechts einen gewissen Schwellenwert an äußerer Konkordanz erreichen, kommt es nämlich nicht mehr ohne weiteres auf die Zahl der Entscheidungen, die dadurch abgedeckt werden, sondern auch auf den Grad der inneren moralischen Überzeugungskraft an[10]. Der Richter wird in einem solchen Fall also auch darauf abstellen, ob ein bestimmtes Prinzip, das einem Präjudiz zugrundeliegt, nach wie vor die Kraft hat, weitere Entscheidungen zu erzeugen, oder ob es diese Kraft mittlerweile eingebüßt hat. In diesem Fall spricht mehr dafür, das Präjudiz als Fehlentscheidung zu behandeln.

Um das Verfahren, in dem ein Richter das vorgefundene Material im Blick auf ein umfassendes System interpretierend fortschreibt, zu erklären, bedient sich Dworkin, der um anschauliche Beispiele nie verlegen ist, des Vergleichs mit einem *Kettenroman,* wie er durch nacheinander geschriebene Beiträge verschiedener Autoren zustandekommt[11]. Bei einem Kettenroman baut jeder folgende Autor auf den Kapiteln auf, die seine Vorgänger geschrieben haben, und muß versuchen, den Text durch seinen Beitrag zum besten Kunstwerk zu machen, das er nach Lage der Dinge sein kann. Dabei erforscht er nicht die Intentionen seiner verschiedenen Vorgänger, sondern gibt eine Interpretation dessen, was sie

---

[10] Vgl. *Dworkin,* BürgR, Anhang 4 (S. 543 f.) und 7 (S. 574 f.).
[11] *Dworkin,* LE, S. 228 ff.

zusammen bereits getan haben. Diese Interpretation erstreckt sich zugleich auf seinen eigenen Beitrag. Eben das ist die Aufgabe eines Richters bei der Rechtsanwendung: er muß ein in sich stimmiges Konzept des vorgefundenen Rechts entwerfen, in das sich die zu treffende Entscheidung gleichsam als letzter Baustein einfügt.

III. Subjektive Objektivität

Mit seiner Theorie, daß es auch in Zweifelsfällen nur eine richtige Entscheidung gibt, bestreitet Dworkin keineswegs, daß „verschiedene Richter aus verschiedenen Subkulturen zu verschiedenen Entscheidungen kommen könnten“[12]. Allerdings liegt darin ein Problem verborgen, das man nicht schon dadurch beiseite räumen kann, daß man die Fakten als solche zugibt. Wenn mit einem unterschiedlichen Ergebnis gerechnet werden muß, je nachdem welcher Richter entscheidet, erhebt sich nämlich die Frage, ob diese Entscheidung überhaupt objektiv ist. Beruft sich der Richter bei der Konstruktion der Rechtstheorie, auf die er die Entscheidung stützt, in letzter Instanz nicht ausschließlich auf seine subjektive Überzeugung?

1. Nichthintergehbarkeit des Subjekts

Dworkin gesteht dies ohne weiteres zu. Er kontert jedoch mit einem überraschenden Gegenangriff: Wer eine richtige Entscheidung treffen will, muß sich immer in irgendeiner Form auf seine eigene Überzeugung berufen. Das kann einmal in der Weise geschehen, daß er sich auf seine Überzeugung davon stützt, wie die betreffende Angelegenheit selbst *richtigerweise* gesehen werden muß. Denkbar ist aber auch, daß er seine Entscheidung darauf gründet, wie eine bestimmte Frage *von anderen* Beurteilern – etwa von der Mehrheit der Bürger – gesehen wird. Auch in diesem Fall ist seine eigene Überzeugung mit im Spiel. Um so vorgehen zu können, muß er nämlich der Überzeugung sein, daß es richtig ist, auf die mutmaßliche Meinung anderer abzustellen. „Er muß sich also an einem bestimmten Punkt auf die Substanz seines eigenen Urteils stützen, um überhaupt urteilen zu können.“[13]

Der Einwand der Subjektivität muß daher anders gefaßt werden, wenn er treffen soll. Man könnte vielleicht sagen, daß die Vorentscheidung, die ein Richter darüber trifft, ob er in der Sache auf seine eigene Überzeugung abstellt oder das Urteil auf irgendeine Weise an andere delegiert, letztlich auf *Willkür* beruht. Wenn der Richter jedoch so vorgeht, wie Herkules es tun würde, kommt er überhaupt nie in die Lage, eine

---

[12] *Dworkin,* BürgR, Kap. IV 6 (S. 216).

[13] *Dworkin,* BürgR, Kap. IV 6 (S. 210); vgl. auch LE, S. 373.

Vorentscheidung dieser Art treffen zu müssen. Herkules betrachtet die Rechte und Pflichten der Beteiligten nämlich nicht isoliert für sich bis hin zu dem Punkt, an dem die Argumente ausgehen und nur eine Ermessensentscheidung übrigbleibt. Er entwickelt vielmehr ein systematisches Gesamtkonzept, in dem die fraglichen Rechte als notwendiger Bestandteil mitenthalten sind. Natürlich stützt er sich bei der Erarbeitung seiner Theorie des Rechts auf sein eigenes Urteil, aber nicht in dem Sinn, daß er seine Meinung derjenigen der anderen entgegenstellt, sondern allein so, daß er sich eine eigene Meinung darüber bildet, was diejenigen Prinzipien sind, die den für alle gemeinsam gültigen objektiven Institutionen zugrunde liegen. In diesem Sinn aber muß jeder seine eigene Meinung für maßgeblich erklären, der das Bild eines Systems entwirft, das er nicht bereits fertig vorfindet.

Herkules stützt seine Entscheidung also nicht darauf, daß er in der anstehenden Frage eine bestimmte Meinung hat. Er gründet die Entscheidung vielmehr auf seine Überzeugung, daß das objektiv geltende Recht nur unter der Voraussetzung als ein zusammenhängendes und in sich stimmiges Ganzes dargestellt werden kann, daß es auf die gestellte Frage eine bestimmte, nämlich die von ihm vorgeschlagene Antwort gibt. Wenn es richtig ist, daß es subjektive Rechte gibt, die auch im Streitfall nicht dem Ermessen eines Richters überlassen werden dürfen, können diese Rechte in der Tat nur auf diese Weise ermittelt werden. Wer ihre Feststellung nämlich in das Ermessen des Richters stellt, leugnet in Wahrheit ihre Existenz.

2. Der Philosoph auf dem juristischen Glatteis

Ein positivistisch eingestellter Philosoph könnte dem freilich Folgendes entgegensetzen: Wenn es zutrifft, daß verschiedene Richter bei dem Versuch, in Nachahmung ihres Kollegen Herkules die einzig richtige Entscheidung zu finden, zu verschiedenen Ergebnissen kommen, dann ist dies ein Zeichen dafür, daß es keine richtige Antwort gibt und daß die Richter allenfalls dem Irrtum unterliegen, das, was in Wahrheit Ausdruck ihrer Subjektivität ist, für objektiv zu halten.

Dworkin reagiert auf diesen Einwand mit einem Gedankenexperiment, das nicht weniger originell ist als sein juristischer Herkules. Er schlägt nämlich vor, den Philosophen zu überreden, selbst Jura zu studieren und dann für einige Jahre Richter zu werden. Er wird dann feststellen, daß er kraft seiner juristischen Sachkompetenz selbst in der Lage sein wird, diejenige Art von Urteilen zu bilden, die er als Philosoph für falsch hält. Als Jurist wird er bestimmte Theorien über das geltende Recht und bestimmte Urteile für überzeugender halten als andere und dies genau begründen können, obwohl er gleichzeitig weiß, daß er als unabhängiger philosophischer Beobachter nicht in der Lage wäre, das nachzuvollziehen. Er müßte also einräumen, daß er über Fähigkeiten verfügt, die er nach seiner eigenen Theorie gar nicht haben dürfte. Seine eigenen Fähigkeiten würden ihn daher in Verwirrung setzen.[14] Nicht der Jurist hat nach all dem Grund, in Verlegenheit zu geraten, sondern sein philosophischer Kritiker.

3. Das Subjekt als Medium der Objektivität

Läßt man Dworkins eigene Argumentation einmal beiseite, könnte man die zwiespältige Lage, in der sich unser Philosophenjurist subjektiv befindet, aus einer objektiven Perspektive so beschreiben: Wie alle Ideen wird auch die Idee des richtigen Rechts nur da faßbar, wo sie die Wirklichkeit berührt. Das aber geschieht allein in der Person eines Menschen, der von der Idee des richtigen Rechts ergriffen ist. Nur in ihm, durch seine Subjektivität hindurch, kann das objektiv Richtige wirklich werden. Die Erkenntnis des richtigen Rechts, zu der ein Richter nach gewissenhafter Vorarbeit kommt, ist daher subjektiv und objektiv zugleich, und es ist nicht möglich, *eine* dieser beiden Komponenten zu streichen. Denn weder ist diese Erkenntnis rein objektiv – das kann sie nicht sein, weil sie an ein Subjekt gebunden ist –, noch ist sie rein subjektiv – das ist sie deshalb nicht, weil ein Subjekt, das nicht von dem Gedanken der Objektivität erfüllt wäre, zu einer Erkenntnis dieser Art nie kommen könnte. Dworkin führt uns daher, wenn wir dem Weg, den er vorgezeichnet hat, folgen, hart an die Grenze, bis zu der hin Aussagen über das Recht überhaupt möglich sind.

---

[14] *Dworkin,* BürgR, Kap. XIII 2 (S. 455f.).

§ 21. Recht und Moral

I. Moralphilosophie im Recht

1. Aufkündigung des positivistischen Trennungsdogmas

Seitdem Rechtswissenschaft und Rechtspraxis unter den Einfluß der positivistischen Ideologie geraten sind, sind juristische Autoren darauf bedacht, moralische und moralphilosophische Überlegungen auf Distanz zu halten. Nicht überall wird dieses Geschäft mit demselben Perfektionismus betrieben wie bei Kelsen, der auch den Begriff der Gerechtigkeit selbst mit einem Bannfluch belegte, weil er darin ein Einfallstor für das ansonsten für überwunden geglaubte Naturrecht erkannte. In gemäßigter Form macht sich das positivistische „Moralverbot" aber auch bei anderen Autoren bemerkbar. Bereits die dem Juristen eigene, positivistisch geprägte Fachsprache und die darauf abgestimmten Zunftregeln sorgen dafür, daß der juristische Betrieb gegen alle „nichtjuristischen" Einflüsse abgeschirmt wird. In die gleiche Richtung wirkt der juristische Korpsgeist, der durch permanente Selbstbestätigung den Konsens darüber am Leben hält, daß moralphilosophische Überlegungen im Recht nichts zu suchen haben. Eine weitere Ursache für diese der Moralphilosophie ungünstige Einstellung ist schließlich im juristischen Lehr- und Ausbildungsbetrieb begründet. Unbestreitbar ist nämlich, wie Dworkin einmal vermerkt, „daß die juristische Ausbildung lange Zeit in der Lehre und Prüfung derjenigen feststehenden Regeln bestand, die die Schneide des Rechts bilden"[1]. Das juristische Studium war in der Regel so beschaffen, daß es die theoretischen Annahmen der herrschenden Richtung zu bestätigen schien und damit den Positivismus im Denken jeder neu heranwachsenden Juristengeneration fest verankerte. Auch im Wege der Ausbildung wurden somit die Grundlagen dafür gelegt, daß der Positivismus von Generation zu Generation sich selbst bestätigte. Wer der Moralphilosophie einen legitimen Platz innerhalb der Jurisprudenz verschaffen will, hat es bereits aus diesen Gründen nicht leicht.

Indessen beruht der positivistische Konsens nicht bloß auf einer Sprachregelung, sondern kann unabhängig davon auf Gründe verweisen, denen auch ein Kritiker eine gewisse Überzeugungskraft nicht absprechen kann. So kann man namentlich fragen, ob die Entscheidung über streitige Rechtsprobleme wirklich vom Ausgang des Streits über moralphilosophische Thesen abhängen soll und wenn ja, welchen Gewinn dies bringt. Nach verbreiteter Auffassung war der Grund für die Ausdiffe-

---

[1] *Dworkin,* BürgR, Kap. II 5 (S. 80).

renzierung des Rechts immerhin der gewesen, daß dieses unbeeinflußt von moral- und religionsphilosophischen Zweifelsfragen einer eigenen Entwicklung sollte folgen können. Wo die Anhänger unterschiedlicher moralischer Auffassungen miteinander im Streit liegen, kann, wie es scheint, dieser Streit nur durch ein von der Moral unabhängiges Recht geschlichtet werden.

Unbeeindruckt von all dem kündigt Dworkin den überkommenen positivistischen Konsens jedoch auf und stellt ihm die These entgegen, daß rechtliche und moralische Standards gar nicht strikt voneinander getrennt werden *können.* Zur Beglaubigung dieser Auffassung beruft er sich weniger auf abstrakt-theoretische Überlegungen als vielmehr auf eine Analyse der Rechtsanwendung, wie sie sich in zweifelhaften Fällen darstellt. Jedenfalls für Rechtssysteme, in denen es keinen allgemein anerkannten formalen Geltungstest gibt – und das gilt unter anderem auch für die komplizierten Rechtssysteme der Vereinigten Staaten und Großbritanniens, wo manche Rechtsmaßstäbe nur deshalb gelten, weil sie als verbindlich anerkannt sind –, verhält es sich danach so, daß sich „nicht letztlich zwischen rechtlichen und moralischen Maßstäben unterscheiden läßt, während der Positivismus auf einer solchen Unterscheidung insistiert"[2]. Die Scheidewand zwischen Recht und Moral ist hier nach Dworkin deshalb durchlässig, weil in die Rechtstheorie notwendig auch ein Stück Moralphilosophie miteingearbeitet ist.

2. *Verschmelzung von Recht und Moral*

Im Blick auf die zweifelhaften Fälle, denen sein Augenmerk vor allem gilt, ist Dworkin der Auffassung, daß moralische Prinzipienfragen gerade den Kern der rechtswissenschaftlichen Problematik ausmachen[3]. Das ist eine These, die das positivistische Credo geradezu ins Gegenteil verkehrt. Aber Dworkin kann zumindest auf zwei Zusammenhänge verweisen, die seine These plausibel erscheinen lassen.

a) Moralisch akzeptable Prinzipien als Rechtsquelle. Einmal können die Rechtsprinzipien, mit denen Juristen die geltenden Rechtsregeln und Entscheidungen erklären und auf die sie in Zweifelsfällen immer wieder zurückgreifen, auf rein positivistische Weise überhaupt nicht begründet werden. Auch wenn ein Rechtsanwender immer wieder bemüht sein wird, ein Prinzip zu finden, das zu den vorhandenen Regeln und Entscheidungen am besten paßt, so kommt es dabei jedoch, wie wir oben gesehen haben (§ 20 II 2 b), nicht nur auf quantitative Aspekte an. Die Feststellung, daß ein Prinzip „paßt", hängt vielmehr von einem bestimmten Punkt an auch davon ab, welche moralischen Gründe sich da-

---

[2] *Dworkin,* BürgR, Kap. III (S. 91).
[3] *Dworkin,* BürgR, Kap. I, (S. 26, 30).

für anführen lassen. So würden wir etwa, um uns eines Beispiels aus dem deutschen Recht zu bedienen, nie auf den Gedanken kommen, eine bestimmte Rechtsprechung zur Frage des „wichtigen Grundes" für eine Kündigung mit dem Prinzip der richterlichen Arbeitsersparnis zu rechtfertigen, etwa in der Art, daß der Richter die Bejahung oder Verneinung eines solchen Grundes davon abhängig machen soll, was für ihn mit weniger Aufwand verbunden ist. Wir würden dies selbst dann nicht tun, wenn sich zeigen ließe, daß dies für die meisten Richter tatsächlich der entscheidende Gesichtspunkt ist, und zwar einfach deshalb nicht, weil dies nach unserer Auffassung keine angemessene Grundlage wäre, um darauf eine Pflicht zur Gleichbehandlung gleichliegender Fälle zu stützen. Gerade weil das gesuchte Prinzip nicht nur die vorhandenen, sondern auch künftige, erst noch zu treffende Entscheidungen rechtfertigen soll, darf es nach Möglichkeit nicht in Widerspruch zu dem stehen, was uns allein als angemessen erscheint. Der im Zusammenhang mit der Erarbeitung von Rechtsprinzipien zu leistende Rechtfertigungsprozeß muß den Juristen, ob er will oder nicht, daher „tief in die politische und moralische Theorie führen"[4].

b) Verfassungsrecht und Moralphilosophie. Sodann aber – und dies ist der andere Punkt – kann Dworkin mit gutem Grund geltend machen, daß im Bereich des Verfassungsrechts eine noch viel weitergehende Verschmelzung von Recht und Moralphilosophie stattfindet. Zwar hat Dworkin dabei vor allem das amerikanische Recht im Auge. Was er ausführt, trifft *mutatis mutandis* aber auch für das deutsche Verfassungsrecht zu. Auch hier hängt die Gültigkeit von Gesetzen nämlich davon ab, daß sie mit den verfassungsrechtlich verbürgten *Grundrechten* vereinbar sind. Diese jedoch sind, da aufs engste mit Prinzipien verwoben, in der Regel nicht von derjenigen begrifflichen Präzision, die geboten wäre, um den strengen positivistischen Anforderungen zu genügen. Ihr semantischer Gehalt läßt sich vielmehr nur so bestimmen, daß man die Diskussion darüber in weitem Umfang auch für nichtpositivistische Angemessenheitsvorstellungen öffnet. Auf diese Weise wird die Moralphilosophie, soweit die Verfassung dagegen keine Schranken errichtet hat, zu einem integralen Bestandteil des geltenden Rechts: „Die Verfassung verschmilzt rechtliche und moralische Fragen, indem sie die Geltung eines Gesetzes von der Antwort auf komplexe moralische Probleme abhängig macht, zum Beispiel auf das Problem, ob ein bestimmtes Gesetz die wesentliche Gleichheit aller Menschen achtet."[5] Speziell für die amerikanische Situation führt Dworkin aus: „Zumindest in den Vereinigten Staaten wäre fast jedes Gesetz, das eine signifikante Anzahl von

---

[4] *Dworkin,* BürgR, Kap. III 3 (S. 124f.).
[5] *Dworkin,* BürgR, Kap. VII 1 (S. 304).

Leuten aus moralischen Gründen zu mißachten versucht ist, auch aus verfassungsrechtlichen Gründen zweifelhaft, wenn es nicht schon klarerweise ungültig ist. Die Verfassung macht unsere konventionelle politische Moral für Fragen der Gültigkeit relevant; jede Gesetzesbestimmung, die Kompromisse mit dieser Moral einzugehen scheint, wirft verfassungsrechtliche Fragen auf, und wenn der Kompromiß schwerwiegend ist, sind auch die verfassungsrechtlichen Zweifel schwerwiegend.“[6]

3. Rückblick auf Kelsen

Die zentrale Rolle beim Eindringen moralischer Argumente in die Rechtsanwendung kommt mithin den Rechtsprinzipien zu, die nach Dworkins Auffassung den Hintergrund der positiv ausgeformten Regeln bilden und auf die bei der Rechtsfindung ständig zurückgegriffen werden muß, um die Schwächen des Regelmodells zu kompensieren. Da sich diese Prinzipien einer vollständigen Positivierung in Gestalt von operationalen Wenn-dann-Beziehungen widersetzen, stellen sie gleichsam Öffnungen dar, durch die das positive Recht ständig mit außerpositiven Normen, unter anderem mit solchen der Moral, in Verbindung bleibt.

Eben diesen Zusammenhang hatte Kelsen im Auge, wenn er dem Versuch Essers, die in der Rechtsanwendung immer wieder auftauchenden Prinzipien als *Rechts*prinzipien zu begreifen, in seiner nachgelassenen Normentheorie scharf entgegentrat: „Als ‚Rechts‘-Prinzipien kann man die in Frage stehenden Prinzipien der Moral, Politik oder Sitte nur insofern bezeichnen, als sie die Erzeugung von Rechtsnormen durch die zuständigen Rechtsautoritäten beeinflussen. Aber sie behalten ihren Charakter als Prinzipien der Moral, Politik oder Sitte bei und müssen von den Rechts*normen,* deren Inhalt ihnen entspricht, deutlich auseinandergehalten werden. Daß sie als ‚Rechts‘-Prinzipien bezeichnet werden, bedeutet nicht – wie das Wort zu sagen scheint –, daß sie Recht sind, Rechtscharakter haben. ... ‚Positiviert‘, das heißt positives Recht, sind nur gewisse, nämlich spezifische Zwangsakte anordnende Normen, die auf eine vom Recht selbst bestimmte Weise erzeugt werden. Nur der so bestimmte Begriff des Rechts kann von dem Begriff der Moral und dem Begriff der Politik geschieden werden.... Die Prinzipien der Moral, Politik oder Sitte, die das rechtserzeugende Individuum in seiner Funktion beeinflussen, sind – neben anderen Faktoren – *Motive* des Gesetzgebers, des Richters oder des Verwaltungsorgans; und diese Motive sind – gemäß positiven Rechts – rechtlich nicht verbindlich ... Wird der Begriff der Rechts-Norm von dem Begriff des Rechts-Prinzips nicht deutlich auseinandergehalten, wird die Grenze zwischen positivem Recht auf

[6] *Dworkin,* BürgR, Kap. VIII (S. 340).

der einen Seite und der Moral, Politik und Sitte auf der anderen Seite verwischt..."[7]

Was Dworkin zeigt, ist indessen gerade, daß sich Norm und Prinzip gar nicht in der von Kelsen gewünschten Weise „auseinanderhalten" lassen, wenn man nicht gleichzeitig in Kelsens juristischen Nihilismus verfallen will, wonach alle wirklichen Rechtsfragen unentscheidbar sind. Die Prinzipien sind vielmehr gerade das Element, dem die positiven Normen ihre Elastizität und durchgängige Anwendbarkeit verdanken. Will man nicht einer juristischen Chimäre verfallen, führt daher kein Weg an der Erkenntnis vorbei, daß der Positivismus ohne Anleihen bei nichtpositivistischen Prinzipien gar nicht auskommt. Die Vorstellung, man könne Recht und Moral vollständig trennen, erweist sich damit als Fehleinschätzung.

II. Verhältnis von Rechten und Pflichten

In einem Rechtsdenken, das den subjektiven Rechten des Bürgers eine so herausragende Bedeutung zumißt, wie dies bei Dworkin der Fall ist, wächst der Moral unvermerkt noch eine ganz andere Funktion zu. Um dies zu erkennen, muß man freilich etwas weiter ausholen, als Dworkin dies tut. Wie oben dargelegt, räumt Dworkin dem subjektiven Recht eine vom objektiven Recht teilweise unabhängige Stellung ein. Das kommt vor allem darin zum Ausdruck, daß die subjektiven Rechte des Bürgers nicht einfach zur Disposition des objektiven Rechts stehen, sondern ihrer Aufhebung oder Schmälerung durch objektivrechtliche Eingriffe Widerstand entgegenzusetzen vermögen. Wenn man das subjektive Recht ernstnimmt, folgt es nicht derselben Logik wie das objektive Recht, sondern einer eigenen. Diese aber hängt eng mit den Grundlagen der neuzeitlichen freiheitlichen Rechtsordnungen überhaupt zusammen, wie vor allem an dem Verhältnis offenbar wird, in dem *Rechte* und *Pflichten* hier zueinander stehen.

Rein formal gesehen kann die Stellung des Einzelnen innerhalb der Gesellschaft entweder durch die Ausstattung mit Rechten oder aber durch die Ausstattung mit Pflichten definiert werden. Das „Pflichtenmodell" ist dadurch gekennzeichnet, daß dem Einzelnen primär nicht Rechte verliehen, sondern Pflichten auferlegt sind und daß seine Rechte sich im wesentlichen nach dieser Pflichtenstellung bemessen. Das „Rechtemodell" dagegen sieht vor, daß dem Einzelnen gerade umgekehrt zunächst einmal eine Anzahl von Rechten eingeräumt ist, während seinen Mitbürgern die Rechtspflicht auferlegt ist, diese Rechte zu beachten. In diesen beiden Modellen kommt zugleich ein tiefgreifender moralphilosophischer Unterschied zum Ausdruck.

---

[7] *Kelsen,* AThdN, S. 93f.

1. Pflichtenmodell

Wo die *Gemeinschaft* als grundlegend angesehen und dem Einzelnen nur die Stellung eines Gliedes dieser Gemeinschaft beigemessen wird, steht naturgemäß die Pflicht im Vordergrund. Nur die Rechtspflicht ist in der Lage, dem Einzelnen verbindlich die Funktion zuzuweisen, die er im Rahmen der Gemeinschaft einnehmen soll. Sie stimmt seine Freiheit auf die Bedürfnisse des Ganzen ab, indem sie das Spektrum der zulässigen Handlungsprogramme der Bürger auf die Erfordernisse des Gemeinwohls reduziert. Wenn den Einzelnen nach Zuweisung ihrer Pflichtenstellung das Recht eingeräumt wird, ihre gesellschaftlichen Funktionen erfüllen zu dürfen, ist automatisch gewährleistet, daß die subjektiven Rechte mit dem Gemeinwohl konform gehen.

Nach diesem Modell war im Prinzip die Rechtsordnung der sozialistischen und der faschistischen Staaten konzipiert. Aber es wäre ein Mißverständnis, es damit zu identifizieren. Das paternalistische Naturrecht der Pufendorf-Wolff'schen Schule, um nur dies hier noch anzuführen, beruht auf genau derselben Grundentscheidung. Diese aber, um es noch einmal zu sagen, besteht darin, daß das subjektive Recht des Einzelnen primär an dessen Pflichtenstellung und damit an den Bedürfnissen des Ganzen ausgerichtet ist.

2. Rechtemodell

Im Gegensatz dazu stellt das moderne freiheitliche Rechtsdenken das *autonome Subjekt* in den Vordergrund. Die Rechtsordnung ist nach dieser Auffassung primär für den Einzelnen da. Das Subjekt gilt als Selbstzweck, und das Recht dient seinem Schutz und seiner Selbstverwirklichung. Subjektive Rechte sind dem Einzelnen nach diesem Konzept nicht im Interesse der Gesellschaft, sondern in seinem eigenen Interesse verliehen. Sie sind daher grundsätzlich frei von jeder Beschränkung aus utilitaristischen Erwägungen des Gesamtwohls.

Damit ist keineswegs gemeint, daß im Rechtemodell auf die Abstimmung der subjektiven Handlungskompetenzen mit den Erfordernissen des Gesamtwohls völlig verzichtet werden könnte. Ein subjektives Recht, dem keinerlei Grenzen gesetzt wären, wäre ein Sprengsatz, der jede Gesellschaft über kurz oder lang auseinandertreiben müßte. Gemeint ist nur, daß der Inhalt des subjektiven Rechts hier nicht von der Gesellschaft nach ihrem jeweiligen Bedarf bestimmt werden kann. Das Rechtemodell wirft daher ein Problem auf, das dem Pflichtenmodell in dieser Form unbekannt ist. Nach dem Pflichtenmodell wird die Koordination der individuellen Freiheit mit den Erfordernissen des Gesamtwohls bereits im Ansatz durch das objektive Recht selbst geleistet, und zwar dadurch, daß dieses die Stellung des Einzelnen primär als eine Pflichtenstellung beschreibt. Die subjektiven Rechte sind somit ohne weiteres in rechtliche Pflichten eingebettet und erhalten daraus eine gemeinschaftskonforme Begrenzung. Nach dem Rechtemodell sind die subjektiven Rechte dagegen grundsätzlich nur durch die Rechte anderer, nicht jedoch durch das Gemeinwohl als solches begrenzt. Die Aufgabe, das subjektive Recht mit den Erfordernissen des Ganzen abzustimmen, kann in diesem Modell daher nur dem Berechtigten selbst zufallen, und zwar als eine von ihm freiwillig und in eigener Verantwortung zu erbringende moralische Leistung. Das aber heißt nichts anderes, als daß es dazu keine Rechtspflicht, sondern allenfalls eine *moralische Pflicht* gibt. Rechtlich gesehen ist das subjektive Recht im starken Sinn von den Funktionsbedingungen des Ganzen prinzipiell unabhängig. Der Berechtigte ist daher juristisch gesehen berechtigt, auch *gegen* die Bedürfnisse des Gemeinwohls davon Gebrauch zu machen. Allein seine *Moral,* seine subjektive Überzeugung von dem, was aus allgemeinen Erwägungen geboten und nicht geboten ist, kann ihn daran hindern. Die gemeinwohlbezogenen Grenzen des subjektiven Rechts im starken Sinn werden also im Rechtemodell nicht so sehr auf der rechtlichen als vielmehr auf der moralischen Ebene gesetzt, und es ist Sache des Einzelnen, ob und in welchem Umfang er sich zu einer solchen Selbstbeschränkung bereitfindet.

Die Existenz und Selbstreproduktion einer freiheitlichen Rechtsordnung, wie Dworkin sie entschieden befürwortet, die dem Subjekt und damit zusammenhängend dem prinzipiell unbeschränkten subjektiven Recht eine zentrale Stellung einräumt, versteht sich daher nicht von selbst. Sie verdankt sich vielmehr in letzter Instanz einer fast paradoxen Hoffnung: der Hoffnung nämlich, daß sich die Moral der autonomen Subjekte aufgrund ihrer eigenen Logik so entwickelt, daß sich die Einräumung potentiell gemeinschaftsfeindlicher Rechte nicht als Fehlschlag, sondern als Erfolg erweist. Dem Rechtemodell kann die Moral der Bürger daher nichts weniger als gleichgültig sein. Was die Einzelnen denken und meinen, ist in gewisser Hinsicht vielmehr gerade das Entscheidende. Dworkin selbst thematisiert die Erhaltensbedingungen einer freiheitlichen Demokratie freilich nicht unter diesem, sondern unter dem mehr juristischen Aspekt der „inneren Stimmigkeit“ des Rechts.

III. Herstellung innerer Stimmigkeit des Rechts

1. Pluralisierung der Moral

Eine Rechtsordnung, die das subjektive Recht in den Mittelpunkt stellt, ist ein freiheitliches System in dem Sinn, daß der Einzelne über einen Freiraum verfügt, den er nach seinen Vorstellungen gestalten kann. Das wirkt sich nicht nur auf den Bereich äußeren Handelns aus. Wie unter anderem Rawls dargelegt hat, bringen liberale Gesellschaften, wenn sie sich ungehindert entfalten können, auch eine Vielzahl unterschiedlicher Meinungen und Ansichten hervor, und zwar nicht nur solche, die sich miteinander vertragen, sondern auch solche, die einander ausschließend gegenüberstehen.

Dieser Prozeß vollzieht sich nicht zuletzt auch mit den Maßstäben des sozialen Handelns, also mit den Ansichten über das, was richtigerweise zu tun und zu lassen ist. In modernen freiheitlichen Gesellschaften ist daher die Tendenz zu beobachten, daß die moralischen Anschauungen auseinanderdriften, soweit sie nicht auf neue Weise in den Zusammenhang des Ganzen zurückgeführt werden. So wie jeder Einzelne eine eigene Innenwelt in sich aufbaut, wenn man ihm nur die Möglichkeit dazu läßt, so entwickelt er auch eigene Auffassungen darüber, wie man sich im Verhältnis zu anderen Menschen richtigerweise zu verhalten hat bzw. wie dieses äußere Verhältnis zu regeln ist. Im Ergebnis ist die Pluralität zwar nicht ganz so groß, wie es danach scheinen könnte. Denn längst ist der Einzelne in den Sog konkurrierender sozialer Mächte geraten, die an die Stelle der einheitsstiftenden Institutionen früherer Epochen getreten sind. Was man gemeinhin Pluralismus nennt, ist daher vor allem ein Pluralismus konkurrierender Gruppen, die innerhalb ihres jeweiligen Einflußbereichs eine hohe Konformität der Ansichten erzeugen und nur im Verhältnis untereinander auf Eigenständigkeit bedacht sind. Insgesamt jedoch gibt es in der freiheitlichen Gesellschaft nicht nur eine einzige Moral, sondern mehrere, die noch dazu die Möglichkeit in sich tragen, sich weiter aufzuspalten.[8]

2. *Notwendigkeit eines politischen Grundkonsenses*

Aus dieser Lage ergeben sich Probleme, die von den Befürwortern eines unbegrenzten Pluralismus zu Unrecht bagatellisiert werden. Von Interesse ist in diesem Zusammenhang zweierlei.

Wenn man mit Dworkin davon ausgeht, daß die Rechtstheorie auf vielfältige Weise mit der Moralphilosophie verschränkt ist (oben I), so können sich moralische Konflikte in das Recht hinein fortsetzen. Unter dieser Voraussetzung ist daher nicht auszuschließen, daß sie bei einer gerichtlichen Entscheidung mit involviert sind. Der moralische Konflikt würde dann nicht außen vorgehalten, sondern mit Hilfe des Rechts, das nach moderner Auffassung für alle gleich sein muß, von Fall zu Fall eingeebnet. Es bedarf keiner Ausführungen, daß dies im Widerspruch zu einem rigorosen Pluralismus steht, der buchstäblich jede Moral von jedem Rechtszwang generell glaubt freistellen zu können. Aber auch abgesehen hiervon kann die partielle „Verrechtlichung" von Moral, die

---

[8] Näher dazu auch Dworkin in: Dworkin in der Diskussion (hrsg. von Steffen Wesche/Véronique Zanetti), Paderborn 1999, S. 15 (33ff.).

Transformation moralischer Vorstellungen in förmliches Recht, in einer freiheitlichen Gesellschaft nur im Wege einer sehr subtilen Argumentation erfolgen, die dem Einzelnen hinreichend Raum läßt, sich nach eigenen Vorstellungen zu entfalten. Im geltenden deutschen Recht geschieht dies in der Weise, daß auf der Grundlage der Grundrechte und der sonstigen Verfassung eine „objektive Wertordnung" postuliert wird, die man nicht in Zweifel ziehen darf, wenn man sich aus der rechtlichen Diskussion nicht selbst ausschließen will. Auf diese Weise ist hier eine materiale „Rechtsethik" entstanden, die jederzeit zur Entscheidungsfindung herangezogen werden kann, auf die man sich in bestimmten Zusammenhängen aber auch berufen muß, um demonstrativ zu zeigen, daß man den rechtlich fundierten Basiskonsens der deutschen Gesellschaft akzeptiert.

Die fundamentalpluralistisch begründete Kritik hieran verkennt, daß eine unbegrenzt pluralistische Gesellschaft schwerlich als eine *sich selbst organisierende* Rechtsgemeinschaft gedacht werden kann. Wo es an einer gemeinsamen politischen Moral fehlt, wird zunächst einmal nicht mehr dasjenige Maß an Loyalität erzeugt, das erforderlich ist, um die subjektiven Rechte der Einzelnen auf informelle Weise mit den Erfordernissen des Ganzen abzustimmen. Wo alle nur ihre besonderen und einander entgegengesetzten Zwecke verfolgen, wo politische Ämter allein in der Absicht erstrebt werden, partikulare Sonderinteressen ohne Rücksicht auf die anderen Bürger besser bedienen zu können, muß die Gesellschaft notwendig Schaden nehmen[9]. Auf dem Markt des Rechts gibt es keine unsichtbare Hand, die das Handeln egoistischer Einzelner auf geheimnisvolle Weise zum Wohl des Ganzen wendet, und wenn, dann nur auf dem Weg über historische Ausleseprozesse, die zu verhindern von vielen gerade als die eigentliche Aufgabe des Rechts angesehen wird.

Eine freiheitliche und demokratische Rechtsordnung ist daher nicht nur im institutionellen Bereich, sondern auch auf der Lebensebene der Bürger auf lange Sicht darauf angewiesen, daß in grundlegenden Fragen der Gemeinschaft ein Basiskonsens vorhanden ist und erhalten bleibt. Nach einem geflügelten Wort lebt die moderne Gesellschaft von Voraussetzungen, die sie selbst nicht erzeugen kann. Der freiheitlichen Gesellschaft droht aus diesem Grund Gefahr gerade von der Seite her, die an sich ihre eigentliche Stärke ist: von der subjektiven Freiheit nämlich, die sie durch Einräumung subjektiver Rechte im starken Sinn unentziehbar gewährleistet. Darin liegt auch eine Herausforderung an den Juristen. Denn seine Aufgabe ist es, eine Vorstellung von den Rechten und Pflichten der Bürger zu entwickeln, die den Ansprüchen des Einzelnen und den Erfordernissen des Ganzen gleichermaßen Rechnung trägt.

---

[9] Näher dazu *Braun,* JuS 1994, S. 727.

3. Rechtsfindung durch Optimierung innerer Stimmigkeit

Wie Dworkin immer wieder deutlich macht, besteht das Ziel der juristischen Arbeit nicht darin, von einem archimedischen Punkt aus ohne Ansehung der Realität eine gerechte Gesellschaft zu entwerfen[10], sondern das jeweils vorhandene rechtliche Material einer bestimmten Gesellschaft im Rahmen der Rechtsanwendung als ein *in sich stimmiges Ganzes* zu interpretieren. Das ist keine primär logische Tätigkeit; vielmehr geht es darum, das Recht, soweit dies für die konkrete Entscheidungsfindung erforderlich ist, in eine Gestalt zu bringen, als ob es *aus einem einzigen Kopf* hervorgegangen wäre. Das ist nicht ohne Implikationen; denn eine solche Aufgabe wäre nicht zu bewältigen, wenn der Interpret ein unbeschriebenes Blatt und das Recht eine Summe zufälliger Regeln wäre, wie der Positivismus lehrt. Die Aufgabe, das Recht unter wechselnden Bedingungen als ein in sich stimmiges Ganzes darzustellen, legt daher eine andere Vorstellung nahe.

Unausgesprochene Voraussetzung dieser Aufgabe ist es, daß der Rechtsanwender ebenso wie das Recht, das zu interpretieren ihm aufgegeben ist, in eine soziale Gemeinschaft eingelassen ist, die in letzter Instanz nicht auf Regeln oder Verträgen, sondern auf *gemeinsamen Prinzipien* gründet, welche die Menschen miteinander verbinden[11]. Das elementare Grundprinzip jeder so beschaffenen Gemeinschaft ist der Gedanke der Brüderlichkeit *(fraternity)*[12], also jenes dritte Element in der Formel „Freiheit, Gleichheit, Brüderlichkeit", das in der modernen Gesellschaftstheorie häufig unter den Tisch fällt. Unter „Brüderlichkeit" hat man sich nicht eine emotionale Beziehung vorzustellen. Gemeint ist vielmehr, daß sich die Mitglieder einer prinzipienbasierten sozialen Gemeinschaft nicht als Fremde gegenüberstehen, die nur durch punktuelle Regeln miteinander verknüpft sind, die letztlich nur gegenseitige Rechtsverletzungen verhindern sollen, sondern daß sie darüber hinaus durch eine Art Vertrauensverhältnis verbunden sind: jeder weiß, daß der andere im großen und ganzen in derselben Weise für ihn da ist wie er für ihn[13].

Aus solchen sozialen Gemeinschaften, aus ihren leitenden Überzeugungen und Prinzipien erwachsen nicht nur moralische und institutionelle Rechte – auch die Idee universaler Menschenrechte konnte nur in einer Gemeinschaft entstehen, die dem Individuum aufgrund ihrer kulturellen Prägung einen überragenden Stellenwert einräumt –; die konkrete

---

[10] Vgl. *Dworkin,* LE, S. 62.

[11] *Dworkin,* LE, S. 211.

[12] *Dworkin,* LE, S. 206.

[13] Näher *Stephen Guest,* Ronald Dworkin, Stanford University Press 1991, S. 79ff.

soziale Gemeinschaft ist auch die Grundlage ungeschriebener sozialer Pflichten, die immer dann aktuell werden, wenn subjektive Rechte der Bürger im Einzelfall miteinander kollidieren. Ein solcher Konflikt, in dem förmliches Recht gegen förmliches Recht steht, ist auf nachvollziehbare Weise allein so entscheidbar, daß die Lösung auf der Grundlage der Prinzipien entwickelt wird, welche die konkrete Gemeinschaft tragen.

In gewisser Weise rangiert der Geist der konkreten sozialen Gemeinschaft bzw. der darin verkörperten Kultur für den Rechtsanwender daher *vor* dem Gedanken einer abstrakten Gerechtigkeit oder Fairness. Die Idee der Gerechtigkeit als solche ist zu universalistisch, als daß daraus angesichts der Vielgestaltigkeit der Verhältnisse viel folgen würde. Nach Gerechtigkeit kann der Rechtsanwender nur im Kontext eines bestimmten politischen Gemeinwesen fragen[14]. Diesen vorgegebenen Rahmen kann er durch seine Entscheidung nur schrittweise und nur insoweit transzendieren, als er dartun kann, daß der betreffende Schritt erforderlich ist, um das Recht insgesamt stimmiger zu machen.

Der Umstand, daß das Recht von jedem Rechtsanwender, der seine Aufgabe ernstnimmt, auf der Basis leitender Prinzipien immer von neuem als eine aus einem Guß geschaffene, in sich stimmige Ordnung interpretiert werden muß, nötigt zur Modellierung konkreter Gerechtigkeitsvorstellungen, auf die sich jeder einlassen muß, der mit seinem Anliegen Gehör finden will. Eine Rechtsanwendung, die an dem Ziel orientiert ist, die hier und jetzt allein richtige Lösung zu finden, stellt daher den politischen Basiskonsens, von dem sich die Gesellschaft unter pluralistischen Vorzeichen zu entfernen droht, immer neu her.

---

[14] *Dworkin,* LE, S. 208.

5. Abschnitt.
Jürgen Habermas, Faktizität und Geltung

§ 22. Legitimitätslücke des positiven Rechts

I. Vorbemerkung

In dem Buch „Faktizität und Geltung“ von Habermas (geb. 1929), dem wir uns im folgenden zuwenden, begegnen wir abermals einer neuen Welt. In der Sache geht es auch hier um Fragen, die für das juristische Selbstverständnis in einem demokratischen Verfassungsstaat von grundlegender Bedeutung sind. Allerdings ist das für den Leser nicht immer leicht zu erkennen; denn Habermas steht nicht in der Reihe derjenigen Denker, für die sprachliche Präzision und ein Höchstmaß an Transparenz zu den unabdingbaren Voraussetzungen jeder wissenschaftlichen Darstellung gehören. Vor allem in seinem Spätwerk, dem auch „Faktizität und Geltung“ zuzurechnen ist, läuft sein Argumentationsstil nicht selten darauf hinaus, den Leser mit immer neuen Bergen von Lesefrüchten zu überhäufen, die insgesamt von einem immensen Fleiß künden, zugleich aber auch eine virtuose Disziplinlosigkeit erkennen lassen, die die Lektüre zu einem mühsamen Geschäft macht.

„Faktizität und Geltung“ ist verschiedentlich als großangelegte Theorie über die Grundlagen des Rechts bezeichnet worden. Wie der Untertitel ausweist, handelt es sich mehr um einige „Beiträge zur Diskurstheorie des Rechts und des demokratischen Rechtsstaats“, die wegen ihres thematischen Zusammenhangs zu einer geschlossenen Publikation verarbeitet wurden. Das gedankliche Skelett herauszusezieren, erweist sich aber auch noch aus anderen Gründen als schwierig; denn Habermas füllt die Seiten in einem solchen Maß mit Beiläufigem, Nebensächlichem oder aus anderen Gründen schwer einzuordnendem Material, daß die inneren Strukturen des Buches unter der Oberfläche einer hybriden und nicht enden wollenden Suada immer wieder verfließen. Hinzu kommt der eigentümliche, unnötig komplizierte Jargon, in dem sich Habermas auszudrücken pflegt und unter dessen Einfluß auch Banalitäten in einer Aufmachung erscheinen, daß man sie gelegentlich kaum wiedererkennt. Für jemand, der eine andere Sprachform pflegt, streift vieles davon die Grenze der Unverständlichkeit, und er mag sich bei der Lektüre gelegentlich fragen, ob die berüchtigten, gegen Hegels Sprachstil gerichteten Invektiven Schopenhauers[1] nicht ebenso gut auf Faktizität und Geltung passen würden. Aber auch wenn man dieses Urteil für unangemessen hält – denn anders als Hegel ist Habermas ein Meister des Wortes, dem die kompliziertesten Wendungen eigentlich viel zu leicht zufliegen –, bleibt doch ein Unbehagen darüber, daß ein Denker, der dem unverstellten Diskurs einen solchen Stellenwert einräumt, wie Habermas dies tut, sich bei seinen eigenen Darlegungen einer Sprache bedient, die sich als eine Kommunikationsbarriere ersten Ranges erweisen muß.

Der Leser mag aus diesen Vorbemerkungen ersehen, daß wir im folgenden mehr als bisher auf ein hohes Maß an „Übersetzungsarbeit" angewiesen sind. Aber um nicht schroffer zu erscheinen, als es beabsichtigt war: die Mühe lohnt sich; denn die Probleme, die sich hinter der wenig einladenden Fassade verbergen, sind interessanter als man zunächst meinen möchte.

II. Notwendigkeit einer doppelten Perspektive

1. Innere Spannung des Rechtsbegriffs

Im Verlauf unserer bisherigen Untersuchungen von Kelsen bis Dworkin ist immer wieder deutlich geworden, daß sich das Recht in letzter Instanz weder auf eine Idee (die Gerechtigkeit) noch auf eine bestimmte Wirklichkeit (die faktisch wirksame Ordnung) zurückführen läßt. Es lebt vielmehr aus der *Spannung zwischen Idee und Wirklichkeit,* weil es richtig und real zugleich sein will und daher auf keines dieser Momente verzichten kann. Damit ist zugleich der Punkt bezeichnet, an dem Habermas mit seinen Überlegungen ansetzt. Denn Habermas ist mit der rechtstheoretischen Problematik hinreichend vertraut, so daß er sich diese Erkenntnis nicht erst erarbeiten muß, sondern darauf aufbauen kann. Um nicht „metaphysischer" Spekulationen verdächtigt zu werden – was für einen Vertreter der „Kritischen Theorie" ein empfindlicher Vorwurf wäre –, bedient er sich freilich einer abweichenden Terminologie. Wo wir von Idee und Wirklichkeit gesprochen haben, benutzt er die Begriffe Faktizität und Geltung. Damit ist nicht genau dasselbe gemeint, vielmehr kommt darin eine (letztlich positivistisch motivierte) Akzentverschiebung zum Ausdruck, mit der wir uns an dieser Stelle aber nicht aufzuhalten brauchen. Auch die Gegenüberstellung von Faktizität und Geltung besagt nämlich nichts anderes, als daß das Recht aus einer inneren Spannung heraus lebt und nur von daher angemessen erfaßt werden kann. Es ist nicht bloß eine faktisch wirksame Sozialordnung, wie der Positivismus meint, und auch nicht bloß eine über die Fakten erhabene Sollensnorm, wie das Naturrecht vorgab, sondern eine in die Wirklich-

[1] *Schopenhauer,* Die beiden Grundprobleme der Ethik, Vorrede.

keit eingebettete Ordnung, die zugleich der gegenständliche Ausdruck eines Geltungsanspruchs ist. Gemessen daran, waren sowohl das einseitig am Gedanken einer idealen Ordnung orientierte Naturrecht als auch der auf das Erfordernis der Gerechtigkeit gänzlich verzichtende Positivismus Fehlentwicklungen, die am Kern des Rechts, wenn auch aus unterschiedlichen Gründen, vorbeigingen. Wer das Recht angemessen erfassen will, muß *beide Momente miteinander verbinden,* freilich nicht in der Weise eines Über-/Unterordnungsverhältnisses, bei dem das positive Recht unter eine metaphysisch begründete Moral subsumiert würde, sondern durch die gedankliche Aufarbeitung der immanenten Beziehung, in der beide Rechtsmomente zueinander stehen.

Näher besehen hat das Spannungsverhältnis, das durch die Formel „Faktizität und Geltung" bezeichnet wird, eine objektive und eine subjektive Seite.

a) Objektiver Aspekt. Unter einem *objektiven* Aspekt betrachtet, soll das Recht zunächst innerhalb der Gesellschaft eine doppelte Funktion erfüllen: Es soll Ordnungsfaktor und Orientierungsregel zugleich sein, ein Element sowohl der Fremd- als auch der Selbstbestimmung, das das Verhalten der Bürger sowohl auf der äußeren Handlungsebene als auch auf der subjektiven Sinnebene koordiniert. Nur dann, wenn es diesem Anspruch gerecht wird, ermöglicht es „Assoziationen von gleichen und freien Rechtsgenossen, deren Zusammenhalt *gleichzeitig* auf der Androhung äußerer Sanktionen wie auf der Unterstellung eines rational motivierten Einverständnisses beruht"[2]. Jeder Versuch, das Recht nach dem Vorbild des Positivismus auf seine Faktizität oder umgekehrt auf den damit einhergehenden Geltungsanspruch zu reduzieren, läuft darauf hinaus, Wesentliches zu unterschlagen. Bereits objektiv muß das Recht daher als eine funktionierende äußere Ordnung dargestellt werden, die mit einem Akzeptanzanspruch gleichursprünglich verbunden ist.

b) Subjektiver Aspekt. Die im Recht angelegte Spannung äußert sich aber auch in den *subjektiven* Einstellungen, die der Bürger gegenüber dem Recht einnehmen kann und erfahrungsgemäß immer wieder einnimmt. Als *Ordnung,* die äußere Gestalt gewonnen hat und beachtet sein will, wenn nicht Sanktionsmechanismen in Gang gesetzt werden sollen, bildet das Recht eine *Grenze der Handlungsfreiheit,* die man strategisch ins Kalkül ziehen muß, um seine Ziele optimal realisieren zu können. Als *Ausdruck von Selbstbestimmung,* d.h. als Produkt nicht einer fremden, sondern der eigenen Vernunft, ist das Recht dagegen gerade keine Grenze, sondern ein *Entfaltungsraum der Freiheit,* der verinnerlicht werden muß, wenn man die Chancen, die in ihm liegen, voll nutzen will.

---

[2] *Habermas,* FuG, S. 23.

Soweit es irgendwie möglich ist, wird sich jeder zum Recht in dieser zweiten Weise verhalten, also die Rechtsnormen als Regeln behandeln, die, obgleich zwangsbewehrt, doch bereits aus Achtung vor dem Gesetz selbst befolgt werden können. Nur diese Sicht eröffnet die Möglichkeit, sich als Akteur in die Auseinandersetzung um das richtige Verständnis des Rechts einschalten und am Prozeß der Rechtsentstehung und -feststellung sinnvoll beteiligen zu können. Wo eine solche Kommunikation scheitert, das heißt wo sich das Recht als eine fremde und fremdbestimmte Materie erweist, wird der Normadressat dagegen meist von der verständigungsorientierten auf die zielorientierte Ebene überwechseln und das Recht als bloßes Hindernis seiner Handlungspläne behandeln, das man, wenn es nicht anders geht, zwar äußerlich beachten muß, mit dem es aber sonst nicht viel auf sich hat. Auch aus der subjektiven Perspektive des Bürgers zeigt sich daher, daß die Spannung zwischen äußerem Faktum und innerem Geltungsanspruch, zwischen Legalität und Legitimität jederzeit kritisch werden kann.

2. *Beobachter- und Teilnehmerperspektive*

In der Sache könnten diese Überlegungen ohne weiteres gegen Kelsen gerichtet sein, der mit der strikten Trennung von Recht und Moral das Recht von den Geltungsansprüchen der Moral vollständig emanzipieren wollte. Die Stelle des Gegners vertritt bei Habermas insoweit jedoch nicht Kelsen, sondern Luhmann, der als Vertreter eines modernen, soziologisch rekonstruierten Positivismus erscheint.

a) Systemtheorie Luhmanns. Luhmann – wie hier in aller Kürze referiert werden darf – beschreibt das Recht im Rahmen seiner Systemtheorie nicht aus der Perspektive eines Teilnehmers, der an die innere Logik des Rechts und der darüber geführten Auseinandersetzung glaubt, sondern ausschließlich aus der Position eines externen *Beobachters.* Aus einer solchen Außenperspektive ist das Recht nichts anderes als eines der vielen Handlungssysteme, in deren Arenen das gesellschaftliche Handeln sich abspielt. Es steht also neben der Politik, der Wirtschaft, der Moral, der Religion usw. Alle diese Systeme funktionieren nach je eigenen Regeln, die sie unabhängig voneinander selbst erzeugen und verwalten. Auch das Rechtssystem empfängt die Regeln, mit denen es arbeitet, nicht von außen, entnimmt sie also beispielsweise nicht automatisch aus der Moral. Vielmehr regelt das Rechtssystem selbst, wie gültige Rechtsregeln zustande kommen; es ist also gleichsam sich selbst erzeugend (autopoietisch). Für jedes derart in sich geschlossene System sind andere Systeme lediglich „Umwelt", deren Einflüsse und Anstöße nach internen Mustern des beeinflußten Systems verarbeitet werden. Die Reaktionen, die ein System in einem anderen hervorruft, sind daher wesentlich durch die Beschaffenheit des affizierten Systems selbst bestimmt. Wie das Recht auf Veränderungen der Wirtschaft oder der Moral reagiert, richtet sich beispielsweise allein nach den Reaktionsmöglichkeiten des Rechts selbst. Spiegelbildlich dazu stellt auch das Rechtssystem für andere Systeme – z.B. die Wirtschaft – ein Stück „Umwelt" dar, deren externe Daten ebenfalls nach Maßgabe interner Gesetzmäßigkeiten – im Beispielsfall: der Wirtschaft – verarbeitet werden. Ob und wie die Wirtschaft auf Veränderungen im rechtlichen Normenbestand reagiert, richtet sich daher weniger nach den Vorstellungen und Zielen des Gesetzgebers als vielmehr nach den internen Regeln der Wirtschaft selbst.

Die systemtheoretische Vorstellung, daß das Recht eines von mehreren gesellschaftlichen Subsystemen darstellt, die sich gegenseitig voneinander abgrenzen und auf Veränderungen ihrer Umwelt nur nach Maßgabe je eigener Regeln reagieren, ist zweifellos hilfreich, um das komplizierte Verhältnis eigengesetzlicher Handlungssphären zueinander beobachten und beschreiben zu können. Für die Vorstellung, daß das Recht mehr ist als ein funktionierendes System unter anderen bzw. daß es für den im Rechtssystem selbst agierenden *Teilnehmer* zugleich eine Ordnung sinnvoller Handlungsmuster ist, die auf andere Fragen antworten, als sie bei einer funktionalen Betrachtung in den Blick treten, ist in der Systemtheorie dagegen kein Raum. Die Sinnerwartungen des Normadressaten können hier nicht thematisiert werden. Der handelnde Mensch stellt für Luhmann vielmehr ein eigenes System dar. Als solches ist er für das Rechtssystem ein Teil der „Umwelt", die das Recht unmittelbar nichts angeht. Im Grunde läuft die Systemtheorie also darauf hinaus, alle komplexeren Gebilde als Systeme und alle Systeme gleichsam als Monaden zu beschreiben, die sich gegenseitig von außen beobachten können, in der Sache jedoch grundsätzlich voneinander getrennt bleiben.

b) Legitime Legalität. Mit Recht wendet Habermas dagegen ein, daß bei dieser funktionalen Betrachtung wesentliche Aspekte gar nicht in den Blick treten können. Keine Rechtsordnung kann sich darauf beschränken, für die Normadressaten bloße „Umwelt" zu sein. Soll das Recht auf Dauer Bestand haben, so muß es von den Normadressaten auch akzeptiert und verinnerlicht, muß es Teil ihrer Richtigkeitsüberzeugungen und damit ihrer Innenwelt sein. Dies aber ist genau dann der Fall, wenn sie dem Recht eine Eigenschaft zuschreiben, die in der hochkomplexen Sprache der Systemtheorie offenbar nicht vorgesehen ist, nämlich die, *gerecht* zu sein.

Daß das Recht von den Normadressaten im großen und ganzen als gerecht angesehen werden muß, ist keine leere Forderung, die auf den Inhalt des Rechts keinen Einfluß hat. Auf lange Sicht ist vielmehr jedes Recht auf die Zustimmung der Bürger angewiesen, weil es andernfalls nicht in ausreichendem Maße befolgt wird. Sinnvollerweise muß es daher von vornherein auf eine solche Zustimmung hin angelegt sein, anders ausgedrückt: „auch das positive Recht muß legitim sein“[3]. Ob und in welchem Maße dies der Fall ist, läßt sich nicht von außen her beobachten. Es kann nur im inneren Nachvollzug durch die Normadressaten erfahren werden.

Gemessen an dem, was theoretisch zu leisten ist, weist die Systemtheorie demnach ein Defizit auf. Um das Recht angemessen begreifen zu können, müssen unterschiedliche Ebenen berücksichtigt werden, die miteinander verschränkt sind. Recht erschöpft sich nicht in äußerer Wirksamkeit oder in einem ideellen Geltungsanspruch; es ist seinem Wesen nach legitime Legalität.

III. Konzept des Positivismus: Legitimität durch Legalität

Mit der Feststellung, daß dem Recht die Forderung der Legitimität von Haus aus eingeschrieben ist, knüpft Habermas in gewisser Weise bei Kant an, dem die überpositive Grundlage jedes Positivismus noch klar bewußt war. In der Einleitung zu Kants Metaphysik der Sitten findet sich das berühmte Diktum, es könne „eine äußere Gesetzgebung gedacht werden, die lauter positive Gesetze enthielte“; alsdann aber müsse doch „ein natürliches Gesetz vorausgehen, welches die Autorität des Gesetzgebers (d.i. die Befugnis, durch seine bloße Willkür andere zu verbinden) begründete“.[4] In der Annahme eines „natürlichen Gesetzes“, durch das die Geltung des positiven Gesetzes allein begründet werden kann, kommt die Einsicht in die gegenseitige Verschränkung von Legalität und Legitimität zum Ausdruck, die sich in der positivistischen Rechtslehre zunehmend verflüchtigt hat. Die gängige Antwort auf die Frage nach der Geltungsgrundlage des positiven Rechts besteht in dem Hinweis auf seine Wirksamkeit, was unter modernen Bedingungen im wesentlichen nichts anderes ist als eine Anspielung auf die Durchsetzungsfähigkeit der dahinter stehenden Macht. Bei Max Weber stößt Habermas indessen auf eine feinsinnigere Begründungsstrategie. Diese läuft darauf hinaus, das positive Recht durch genau die Eigenschaft zu legitimieren, die seine Positivität begründet, nämlich durch seine Legalität. Nicht ohne Grund widmet Habermas diesem Konzept daher eine eigene Untersuchung.

1. Legalität als „Rationalität“

In den modernen Gesellschaften westlicher Prägung sah Weber den Typus *legaler Herrschaft* verkörpert. Was für vormoderne Gesellschaf-

---

[3] *Habermas,* FuG, S. 49.

[4] *Kant,* Metaphysik der Sitten, Akademieausgabe Bd. 6, S. 224.

ten das Charisma des Herrschers, sein tradiertes Gottesgnadentum oder seine Ausstattung mit höheren Einsichten oder sakralen Weihen war, das schien ihm für den modernen Staat das Prinzip der Legalität zu sein, also der Grundsatz, daß alle Herrschaft in nachvollziehbarer Weise nach Regeln, mithin gesetzmäßig ausgeübt wird. Nach Webers Auffassung war diese Legalität zugleich Ausdruck einer besonderen *Rationalität.* Diese sah er vor allem in den formalen Qualitäten des modernen Rechts begründet: in der Normenproduktion in geregelten Verfahren der Rechtsetzung, in der Konditionalstruktur der modernen Rechtssätze mit ihrer Unterscheidung von Tatbestand und Rechtsfolge, in der Anwendung dieses Rechts durch juristische Experten unter Beachtung bestimmter Methoden und schließlich in der prozessualen Erledigung vorkommender Rechtsstreitigkeiten in einem nach binärem Muster strukturierten Prozeß.

Dieser formalen Rationalität kommt nach Weber die Funktion eines Legitimitätsersatzes zu. Zugespitzt formuliert: Das positive Recht kann sich gewissermaßen selbst rechtfertigen durch die Eigenschaften, die ihm infolge seiner professionell ausgearbeiteten Legalität zukommen. Das ist ein Gedanke, der einen Positivisten faszinieren muß. Ginge das Kalkül der Legitimierung durch formale Rationalisierung auf, so könnte sich das positive Recht wie einst Münchhausen am eigenen Schopf aus dem Sumpf ziehen und sich seine Legitimität aus eigener Kraft selbst verschaffen.

2. Rationalität im Dienste unausgesprochener Moralität

Bei seiner Auseinandersetzung mit Weber verfolgt Habermas die Strategie, die formale Rationalität des Rechts auf der Suche nach der uneingestanden damit einhergehenden Herrschaftsform kritisch zu hinterfragen[5]. Dabei zeigt sich, daß diese Rationalität nur da als Legitimitätsersatz akzeptiert wird, wo man dem positiven Recht unter der Hand *noch aus anderen Gründen* zustimmt. Das liberale Bürgertum, das Max Weber bei seinen Untersuchungen leitbildhaft vor Augen hatte, konnte sich mit der bürokratischen Rationalität des bürgerlichen Formalrechts leicht begnügen: ging es doch um sein eigenes Recht, zugeschnitten auf seine spezifischen Interessen, also auf den Schutz von Eigentum und Vertragsfreiheit, ein Recht der Kaufleute und Unternehmer, überhaupt der Selbständigen. Für diejenigen, die damals auf der Verliererseite standen, denen keine andere Wahl blieb, als sich – wie es bezeichnenderweise hieß – zu „verdingen", sich selbst zum Ding für andere zu machen, indem sie ihre Arbeitskraft im Wege der „Dienstmiete" *(locatio*

---

[5] So im Anschluß an *Herbert Marcuse* bereits in: Technik und Wissenschaft als „Ideologie", Frankfurt a. M. 1968, S. 48ff.

conductio operarum) vermieteten, sah es anders aus. Für sie war die Rationalität des bürgerlichen Formalrechts gleichbedeutend mit der Besiegelung ihrer Ohnmacht: „Wie ein Blick auf die europäische Arbeiterbewegung und die Klassenkämpfe des 19. Jahrhunderts lehrt, sind ja die politischen Ordnungen, die den Modellrechnungen von einer formalrechtlich rationalisierten Herrschaft noch am nächsten kamen, keineswegs *per se* als legitim empfunden worden – sondern allenfalls von seiten der nutznießenden Sozialschichten und ihrer liberalen Ideologen."[6]

Legitim war das rationale Formalrecht demnach nur aus der Sicht des dadurch begünstigten Klasseninteresses. Die Form allein, die technische Perfektion und Effizienz der Herrschaftsorganisation, legitimiert nicht automatisch die damit ausgeübte Herrschaft selbst; sie legitimiert sie allenfalls nach dem Maßstab der damit durchgesetzten Inhalte bzw. durch die in diese Rationalität eingelassene Moralität. Die Auseinandersetzung mit Max Weber führt Habermas daher zu dem Schluß, „daß sich die Legitimität der Legalität nicht aus einer eigenständigen, der Rechtsform gleichsam moralfrei innewohnenden Rationalität erklären läßt; sie muß vielmehr auf eine interne Beziehung zwischen Recht und Moral zurückgeführt werden. Das gilt zunächst für das Modell des bürgerlichen Formalrechts, das sich um die semantische Form des abstrakten und allgemeinen Gesetzes herum kristallisiert. Die formalen Qualitäten dieses Rechtstyps bieten nämlich legitimierende Gründe nur im Lichte moralisch gehaltvoller Prinzipien."[7] Die moralische oder inhaltliche Legitimierung des Rechts muß das Erste sein. Der formalen Rationalisierung kann lediglich eine ergänzende Funktion zukommen.

IV. Moralische Legitimierung ohne Moral

1. Naturrecht als inhaltlicher Maßstab

Lange Zeit, bis der Positivismus seine alles überschattende Vorherrschaft antrat, wurde das Bedürfnis nach einer inhaltlichen Legitimation des Rechts im Rahmen der neuzeitlichen Natur- und Vernunftrechtslehren befriedigt. Dabei kam vor allem dem idealistischen Naturrecht unverkennbar ein sakraler Gehalt zu; denn seiner ursprünglichen Idee nach war es nichts anderes als eine der Welt von Gott eingefügte Ordnung und als solche dem positiven Recht vor- und übergeordnet. Zwar ging dem Naturrecht die organisatorische und institutionelle Ausgestaltung ab, die allein für eine prompte Umsetzung in positives Recht hätte sorgen können. Insofern lag seine Bedeutung mehr im theoretischen als im praktischen Bereich. Letztlich wurde jedoch auch der Herrscher als

---

[6] *Habermas,* FuG, S. 546.

[7] *Habermas,* FuG, S. 550f.

durch das Naturrecht gebunden gedacht. Wenigstens auf diesem Weg färbte die Legitimität des Sakralen auch auf das positive Recht ab. Positives Recht konnte unter diesen Voraussetzungen als mehr oder weniger geglückter Versuch verstanden werden, das Naturrecht auf dem Weg über einen höheren Mächten verantwortlichen Gesetzgeber in die Wirklichkeit umzusetzen. Diesem Zusammenhang fügte sich letztlich auch das Vernunftrecht ein, wenn es die tradierten Gehalte nach der berühmten Formel von Hugo Grotius so zu begründen versuchte, als ob „es keinen Gott gäbe oder er sich um die menschlichen Angelegenheiten nicht bekümmere“[8]. Positives Recht war hiernach dann legitimiert, wenn und weil es dem Anspruch der Vernunft, wenn auch vielleicht mit unvollkommenen Mitteln, zu genügen versuchte.

Unter den Bedingungen des modernen Pluralismus sieht sich eine solche Argumentation freilich einer Vielzahl von Schwierigkeiten gegenüber: die Moral, die man sich früher als auf einen für alle gleichen Kern bezogen vorstellen konnte, scheint sich heute in eine Vielzahl von Moralen aufzulösen, der Glaube an die angestammte Ordnung der Welt geht verloren, Autoritäten büßen ihre Akzeptanz ein, Traditionen werden im beschleunigten Wandel der Verhältnisse zerrieben. Verbindliche Inhalte, die der Legitimierung des Rechts dienen könnten, stehen daher immer weniger zur Verfügung. Noch dazu scheint die Mobilisierung der Lebensverhältnisse zu dem Gedanken eines inhaltlichen Maßstabes überhaupt in Widerspruch zu stehen. „Bald wurde klar“, faßt Habermas diese Entwicklung zusammen, „daß sich die Dynamik einer über Märkte integrierten Gesellschaft in den normativen Begriffen des Rechts nicht mehr einfangen und im Rahmen eines apriorisch entworfenen Rechtssystems erst recht nicht *stillstellen* ließ. Jeder Versuch, die Grundlagen des privaten und des öffentlichen Rechts theoretisch ein für allemal aus obersten Prinzipien abzuleiten, mußte an der Komplexität der Gesellschaft scheitern. Die Vertragstheorien ... hatten sich über die Mobilisierung der Lebensverhältnisse nicht hinreichend Rechenschaft abgelegt und den Anpassungsdruck unterschätzt, der vom kapitalistischen Wachstum, von gesellschaftlicher Modernisierung überhaupt ausging.“[9]

2. *Verfahren als Ersatzmoral*

Habermas spitzt das Problem daher zu: Die Metaphysik, aus der das Natur- und Vernunftrecht schöpfte, ist für ihn unwiederbringlich dahin. Eine inhaltlich verstandene Moral, die für Legitimierungszwecke herangezogen werden könnte, steht, wie er meint, nicht mehr zur Verfügung. Wer an eine gemeinsame Moral appelliert – das ist unter anderem die

---

[8] *Hugo Grotius,* De Jure Belli ac Pacis Libri tres, Vorrede Nr. 11.
[9] *Habermas,* FuG, S. 592.

Strategie Dworkins –, begibt sich daher nach Habermas auf einen verlorenen Posten. Aber der Legitimierungsbedarf ist dadurch nicht entfallen; er besteht nach wie vor und verlangt nach einer Antwort. Damit steht man vor folgendem Dilemma: „Einerseits lassen sich die moralischen Grundlagen des positiven Rechts nicht in Gestalt eines übergeordneten Vernunftrechts klären. Andererseits lassen sie sich auch nicht ersatzlos liquidieren, ohne dem Recht das ihm wesentlich innewohnende Moment von Unverfügbarkeit zu nehmen."[10]

Nach Habermas kann der Legitimationsbedarf des Rechts unter den heutigen Bedingungen nurmehr durch „nachmetaphysische" Argumente befriedigt werden. Dabei muß, wie Habermas dies ausdrückt, „gezeigt werden, wie im Inneren des positiven Rechts selbst der moralische Gesichtspunkt einer unparteiischen Urteils- und Willensbildung stabilisiert werden kann."[11] Freilich: „Dieser Forderung ist nicht schon dadurch Genüge getan, daß bestimmte moralische Prinzipien des Vernunftrechts als *Inhalte* des Verfassungsrechts positiviert werden. Denn um die Kontingenz der Inhalte eines beliebig änderbaren Rechts geht es gerade."[12] Gefragt ist vielmehr eine andere Form der Legitimation. Habermas schwebt der Gedanke vor, daß die in das moderne Recht eingebaute Moralität eine *verfahrensmäßige* Struktur aufweist. Wie er meint, „kennzeichnet die ins positive Recht schon eingewanderte Verfahrensrationalität die (nach dem Zusammenbruch des Vernunftrechts) einzig übriggebliebene Dimension, in der dem positiven Recht ein Moment Unverfügbarkeit und eine kontingenten Zugriffen entzogene Struktur gesichert werden kann."[13]

Verfahrensmoralität des Rechts oder genauer: Legitimation durch demokratische Diskurse – das ist der Kerngedanke, um den das Buch sich dreht und den Habermas in immer neuen Anläufen dem Leser zu vermitteln versucht.

---

[10] *Habermas,* FuG, S. 594.
[11] *Habermas,* FuG, S. 594.
[12] *Habermas,* FuG, S. 594f.
[13] *Habermas,* FuG, S. 598.

§ 23. Gedankliche Grundlagen des Verfassungsstaates

I. Kollektive Autonomie

1. Verrechtlichung der Macht

Nach positivistischer Auffassung beruht das Recht nicht auf einer materialen, sondern auf einer formalen Qualität, nämlich darauf, daß es positiv ist. Dadurch erscheint es im Ansatz als losgelöst von allen traditionalen, konventionalen und moralischen Bindungen, es verweist gewissermaßen allein auf sich selbst, wie es die Formel „Gesetz ist Gesetz" bündig zum Ausdruck bringt. Der Gesetzespositivismus erlaubt es, die Form des Gesetzes umstandslos für alle denkbaren Inhalte zu öffnen und das Gesetz ganz auf die Funktion eines Instrumentes für beliebige Zwecke zu reduzieren.

Daß diese Auffassung dem Änderungsbedarf der modernen Gesellschaft entgegenkommt, weil sie die Beharrungskräfte, die jedem material verstandenen Recht immanent sind, auszuschalten vermag, muß hier nicht weiter ausgeführt werden. Nicht weniger offenkundig ist freilich, daß der Gesetzespositivismus den Anforderungen, die unter dem Gesichtspunkt einer bewußten und vernünftigen Lebensführung an das Recht gestellt werden, nicht gerecht wird. Die posttraditionale Gesellschaft läßt sich so wenig auf das Modell von Befehl und Befehlsausführung reduzieren wie jede andere Gesellschaft vor ihr. Sie besteht vielmehr aus „Assoziationen von gleichen und freien Rechtsgenossen, deren Zusammenhalt gleichzeitig auf der Androhung äußerer Sanktionen wie auf der Unterstellung eines rational motivierten Einverständnisses beruht"[1]. Die Positivität des Rechts ändert daher nichts daran, „daß die Rechtsordnung eine Befolgung ihrer Regeln aus Achtung vor dem Gesetz jederzeit *möglich* machen" bzw. daß „auch das positive Recht ... legitim sein" muß[2].

In diesem Nebeneinander von Positivität einerseits und ungemindertem Legitimationsbedarf andererseits liegt aber die Crux des modernen Positivismus. Denn wie soll das positive Recht noch legitimiert werden können, wenn der Rückgriff auf das traditionale und moralische Begründungsrepertoire, das für die Legitimation des vormodernen Rechts zur Verfügung stand, als mit positivistischen Argumentationsmustern unvereinbar verworfen wird? Wenn die überkommenen Legitimationsstrategien ausscheiden, ist im Grunde nur noch eine *Legitimation durch*

---

[1] *Habermas,* FuG, S. 23.
[2] *Habermas,* FuG, S. 49.

Verfahren möglich, und dies ist in der Tat der Weg, den Habermas einschlägt. Das positive Recht ist seiner Ansicht nach dann und nur dann legitim, wenn die rechtsetzende Macht selbst nach rechtlichen Grundsätzen verfaßt ist bzw. wenn das politische Herrschaftssystem nicht außerhalb des Rechts steht, sondern in das rechtliche System eingebettet und damit verrechtlicht ist. Was Habermas vorschwebt, läuft daher auf eine Art prozedurale Selbstlegitimierung des positiven Rechts hinaus.

2. *Selbstgesetzgebung*

Legitimierungsbedürftig ist nach Habermas vor allem die Gesetzgebung, die, wie er meint, „im Rechtssystem den eigentlichen Ort der sozialen Integration“[3] darstelle. Unter „nachmetaphysischen“ Bedingungen kann er sich eine Legitimierung der positiven Gesetzesproduktion nur durch eine Einbindung der Normadressaten, mithin nur im Wege der Selbstgesetzgebung vorstellen: „Denn ohne religiöse oder metaphysische Rückendeckung kann das auf legales Verhalten zugeschnittene Zwangsrecht seine sozialintegrative Kraft nur noch dadurch bewahren, daß sich die einzelnen *Adressaten* der Rechtsnormen zugleich in ihrer Gesamtheit als vernünftige *Urheber* dieser Normen verstehen dürfen.“[4] Damit die Bürger ihre Richtigkeitsvorstellungen im positiven Recht wiederfinden können, muß daher die private Autonomie, die der Selbstbestimmung innerhalb des eigenen Lebenskreises dient, in der Sphäre der Gesetzgebung durch eine *kollektive Autonomie* ergänzt werden. Auf diese Weise scheint der demokratische Gedanke im Begriff des modernen „nachmetaphysischen“ Rechts selbst angelegt zu sein. Positives Recht, so scheint es, kann unter „nachmetaphysischen“ Bedingungen losgelöst von der *demokratischen Form* seines Zustandekommens als legitim gar nicht gedacht werden.

Läßt man die äußere Aufmachung einmal beiseite, so geht es bei diesen Überlegungen um einen altvertrauten Zusammenhang. Der Gedanke, das Gesetzgebungsverfahren durch eine Beteiligung „aller“ so zu organisieren, daß schon das Verfahren allein die Richtigkeit des Ergebnisses gewährleistet, findet sich in klassischer Form bereits bei Rousseau. Dessen *volonté générale* ist der Idee nach nichts anderes als das vernünftige Produkt des Zusammenwirkens aller, sofern dabei gleichzeitig ihre unvernünftigen Sonderinteressen herausdestilliert werden. Deutlicher als von Rousseau hebt sich Habermas jedoch von Kant ab, für den die Richtigkeit des Gesetzes letztlich nicht durch das *Verfahren der Rechtsetzung,* sondern durch die allgemeine *Form des Gesetzes* selbst verbürgt war. So, wie im kategorischen Imperativ die Verallgemeinerbar-

---

[3] *Habermas,* FuG, S. 50.
[4] *Habermas,* FuG, S. 51 f.

keit der Maxime das richtige Ergebnis zu verbürgen scheint, so sollte Kant zufolge im Rechtsgesetz die Verallgemeinerbarkeit der äußeren Freiheitsgewährleistung die richtige Ordnung der äußeren Welt gewährleisten. Eine in dieser Weise nur sprachlich vermittelte Allgemeinheit löst das Legitimationsproblem nach Habermas jedoch nicht: „Die grammatische Form universeller Gebote sagt nichts über deren Gültigkeit.“[5] Wie man aus leidvollen Erfahrungen heute weiß, kann ein Unrechtsregime auch in der Form allgemeiner Gesetze errichtet werden. Habermas insistiert daher darauf, daß allein das *Verfahren,* in dem die Gesetze in einer Demokratie idealerweise erlassen werden, nämlich die Form *diskursiver* Meinungs- und Willensbildung, die Voraussetzungen erfüllt, unter denen positive Gesetze ohne metaphysischen Rückgriff als legitim erscheinen.

II. Legitimation durch gegenseitige Zuerkennung von Rechten

1. System subjektiver Privatrechte

Wie Habermas in diesem Zusammenhang ausführt, war bereits in der „vordemokratischen“ Zivilrechtsdogmatik des frühen 19. Jahrhunderts der Versuch angelegt, ein wirksames und akzeptanzfähiges *Rechtssystem* zu errichten, das allein auf der Basis gegenseitiger Anerkennung als freie und gleiche Personen beruhen sollte. Nach der Vorstellung maßgeblicher Zivilrechtsdogmatiker jener Zeit war das Zivilrecht keine willkürliche Zweckschöpfung, sondern ein System subjektiver Privatrechte zum Schutz von Freiheit und Eigentum und damit zugleich der Person selbst, die Träger dieser Rechte war. Der Sinn dieses Systems wurde darin gesehen, eine legitime Regelung des sozialen Zusammenlebens durch gegenseitige Zuerkennung subjektiver Privatrechte zu schaffen, die jedermann einen Entfaltungsspielraum für privatautonome Entscheidungen gewährten. So, wie das subjektive Privatrecht ursprünglich verstanden wurde, nämlich als sittlich aufgeladenes Zwangsrecht, war dieses System in der Tat geeignet, Legitimität durch Legalität zu gewährleisten.

Für Savigny etwa war das subjektive Recht im Kern „Willensmacht“, und zwar in dem Sinn, daß dem Berechtigten damit eine Sphäre eingeräumt war, in der er nach seinen Vorstellungen sollte handeln können. Dahinter stand die Vorstellung einer Gesellschaft freier und gleicher Personen, die sich gegenseitig anerkennen, indem sie übereinkommen, sich unantastbare Freiräume zuzugestehen. Im Prinzip lief das auf jene Kombination von Zwang und Anerkennung hinaus, die herzustellen dem positiven Recht sonst schwerfällt: Die subjektiven Privatrechte beruhten

---

[5] *Habermas,* FuG, S. 133.

der Idee nach auf gegenseitiger Anerkennung, waren aber gleichzeitig abgesichert durch Einklagbarkeit und Erzwingbarkeit. Auf diese Weise waren sie einerseits akzeptanzfähig, weil sie letztlich die Entscheidungs- und Gestaltungsfreiheit aller Bürger gewährleisteten, waren andererseits jedoch auch gegen den Willen jedes Einzelnen durchsetzbar.

Die gedankliche Grundlage dieses Systems subjektiver Rechte war der *sittliche Wert der privaten Freiheit,* der für die damaligen Rechtsdogmatiker zunächst außer Frage stand. Nach Auffassung Savignys war das subjektive Recht dem Subjekt eingeräumt um seiner sittlichen Freiheit willen[6]. Sinn des subjektiven Rechts war es, sittliches Verhalten durch Freistellung von fremdbestimmter Botmäßigkeit zu ermöglichen. Die legitimierende Kraft des Systems subjektiver Privatrechte hing auf diese Weise wesentlich damit zusammen, daß es als institutionelle Voraussetzung sittlicher Freiheit angesehen wurde. In den Worten von Habermas „war der Beginn der Lehre vom subjektiven Recht gekennzeichnet durch die normative Verselbständigung von moralisch gehaltvollen subjektiven Rechten, die gegenüber dem politischen Gesetzgebungsprozeß eine höhere Legitimität beanspruchen. Der freiheitssichernde Sinn sollte den subjektiven Rechten eine von der demokratischen Rechtsetzung unabhängige moralische Autorität verleihen, die innerhalb der Rechtstheorie selber gar nicht zu begründen war.“[7] Der im Verlauf des 19. Jahrhunderts eingetretene Ansehensverlust der idealistischen Freiheitsphilosophie mußte daher zugleich dem System subjektiver Privatrechte die ihm bislang eigene Legitimation entziehen: „Als das Recht überhaupt seine idealistische Begründung, insbesondere die Rückendekkung durch Kants Moraltheorie verlor, wurde die Hülle der ‚individuellen Herrschaftsmacht‘ des normativen Kerns einer von Haus aus schutzwürdigen und legitimen Willensfreiheit beraubt.“[8] Ohne diese sittliche Substanz aber besagt die Denkform des subjektiven Rechts nichts weiter, als daß einer Person eine Position zusteht, die sie mit Zwangsmitteln geltend machen kann, was auch immer der Inhalt dieser Position sein mag. Mit der sittlichen Entleerung des Rechtsbegriffs stellt sich die Legitimationsproblematik daher in aller Schärfe.

2. *Voraussetzungen eines legitimen Rechtssystems*

Halten wir fest: soll das positive Recht legitim sein, so muß es über ein gewisses Maß an moralischer Substanz verfügen. Soweit eine allgemein akzeptierte Moral nicht zur Verfügung steht, kann das Verhältnis

[6] Vgl. *F. C. von Savigny,* System des heutigen römischen Rechts, Bd. 1, Berlin 1840, S. 332.

[7] *Habermas,* FuG, S. 117.

[8] *Habermas,* FuG, S. 113.

von Recht und legitimierender Moral aber nicht in der Form eines Über/Unterordnungsverhältnisses beschrieben werden. Der Moralbezug muß sich dann vielmehr auf andere Weise äußern. Bei Habermas klingt dies so: „eine Rechtsordnung kann nur legitim sein, wenn sie moralischen Grundsätzen nicht widerspricht. Dem positiven Recht bleibt, über die Legitimitätskomponente der Rechtsgeltung, ein Bezug zur Moral eingeschrieben. Aber dieser Moralbezug darf uns nicht dazu verleiten, die Moral dem Recht im Sinne einer Normenhierarchie überzuordnen. Die Vorstellung der Legeshierarchie gehört der Welt des vormodernen Rechts an. Die autonome Moral und das auf Begründung angewiesene positive Recht stehen vielmehr in einem *Ergänzungsverhältnis*“[9].

Das ist eine interessante, allerdings auch vieldeutige Auskunft. Denn wie sich Habermas dieses „Ergänzungsverhältnis“ genauer vorstellt, ist nicht ohne weiteres zu erkennen. Letztendlich wird die Verbindung jedoch dadurch hergestellt, daß die Rechtfertigung sowohl moralischer als auch rechtlicher Normen über das von ihm sogenannte *Diskursprinzip* erfolgen soll. Dieses formuliert er wie folgt: „Gültig sind genau die Handlungsnormen, denen alle möglicherweise Betroffenen als Teilnehmer an rationalen Diskursen zustimmen könnten.“[10] Auf den ersten Blick erinnert dies an den kategorischen Imperativ Kants. Während der kategorische Imperativ jedoch eine *monologische* Struktur aufweist („Frage dich, ob du wollen kannst ...“), zielt das Diskursprinzip auf eine *gemeinsam* geführte Auseinandersetzung, wenn auch zunächst nur in Form eines fiktiven Gedankenexperiments. Ein weiterer Unterschied ist der, daß das Diskursprinzip auf die privatautonome und kollektive Zustimmung gleichermaßen abstellt und daher der Unterscheidung von Recht und Moral vorgelagert ist.

Spielt man das Gedankenexperiment, zu dem das Diskursprinzip auffordert, durch, fragt man also, welchen Normen die Betroffenen in rationalen Diskursen zustimmen könnten, so gelangt man Habermas zufolge zunächst zu einigen materiellen oder *inhaltlichen Rechtskategorien,* die an das *Grundmuster des liberalen Rechtsstaates* erinnern. Das Diskursprinzip soll danach nämlich verlangen, „daß *jedermann* ein Recht auf das größtmögliche Maß *gleicher* subjektiver Handlungsfreiheiten zusteht“ – eine Einschränkung dieses Rechts erscheint Habermas, ebenso wie bereits Rawls, nicht als akzeptanzfähig. Da es um die Organisation einer konkreten Gesellschaft geht, soll das Diskursprinzip desweiteren Rechte verlangen, „die die Zugehörigkeit zu einer *bestimmten* Assoziation von Rechtsgenossen regeln und somit die Differenzierung zwischen Mitgliedern und Nicht-Mitgliedern, Bürgern und Fremden erlaub[en]“. Drittens schließlich soll daraus folgen „die Garantie der

---

[9] *Habermas,* FuG, S. 137.

[10] *Habermas,* FuG, S. 138.

Rechtswege, auf denen jede Person, die sich in ihren Rechten beeinträchtigt fühlt, ihre Ansprüche geltend machen kann". Habermas kommt daher aufgrund des Diskursprinzips zu dem Schluß, „daß das Recht auf gleiche subjektive Handlungsfreiheiten mit den Korrelaten der Mitgliedschaftsrechte und der Rechtsweggarantien den Rechtscode als solchen etablieren. Mit einem Satz: Es gibt kein legitimes Recht ohne diese Rechte."[11]

Der Rechtsbegriff wird bei diesen Überlegungen zunächst freilich in einem untechnischen Sinn gebraucht. Denn es geht dabei noch nicht um Rechte im eigentlichen Sinn, namentlich nicht um Grundrechte, die dem positiven Recht in der Art eines Naturrechts als vorgegeben gedacht werden könnten. Bei den genannten „Rechten" handelt es sich zunächst vielmehr um abstrakte Kategorien, die von einem politischen Gesetzgeber erst noch interpretiert und ausgestaltet werden müssen, also gewissermaßen „um ungesättigte Platzhalter für die Spezifizierung einzelner Grundrechte, also eher Rechtsprinzipien, an denen sich der Verfassungsgesetzgeber orientiert" oder vielmehr „orientieren [muß], sofern er sich überhaupt des Rechtsmediums bedient"[12]. Immerhin erfüllen die vom Gesetzgeber positiv erlassenen Einzelrechte nach Habermas „nur dann die Funktion der Einrichtung eines Rechtscodes, wenn sie sich als Explikation der genannten Rechtskategorien verstehen lassen" bzw. wenn sie sich als Konkretisierung der aus dem Diskursprinzip gewonnenen abstrakten Kategorien darstellen.

3. Reale Demokratie

Bei all dem darf man nicht aus dem Auge verlieren, daß diese Überlegungen vorerst nur einen theoretischen Status aufweisen. In einem realen Gemeinwesen muß der zunächst nur fiktive Diskurs von den Bürgern jedoch tatsächlich vollzogen werden, und zwar im Rahmen von rechtlichen Institutionen, die ihrerseits dem Diskursprinzip der allseitigen Akzeptabilität genügen. Das ist durch die bisher angesprochenen Rechte der größtmöglichen gleichen Handlungsfreiheit, der Mitgliedschaftsrechte und der Rechtsschutzgarantie noch nicht gewährleistet. Diese gleichsam „horizontalen" Rechte der Bürger untereinander bedürfen zu diesem Behuf vielmehr einer „vertikalen" Ergänzung durch „Grundrechte auf die chancengleiche Teilnahme an den Prozessen der Meinungs- und Willensbildung, worin Bürger ihre *politische Autonomie* ausüben und wodurch sie legitimes Recht setzen"[13]. Erst durch solche *Teilnahmerechte,* die dem Bürger innerhalb des Gemeinwesens einen

[11] *Habermas,* FuG, S. 157ff.
[12] *Habermas,* FuG, S. 160.
[13] *Habermas,* FuG, S. 156.

status activus verleihen, wird eine Selbstbestimmungspraxis gewährleistet, in der das Diskursprinzip reale Gestalt gewinnen kann. Im Ergebnis bedeutet dies, daß eine Demokratie gleichberechtigter Bürger den Anforderungen des Diskursprinzips von allen Regierungsformen am nächsten kommt.

III. Struktur der Öffentlichkeit

Daß die Staatsgewalt vom Volke ausgehen, daß der Demos der wahre Urheber der öffentlichen Gesetze sein muß, ist freilich zunächst ebenfalls nur ein Postulat. Praktisch werden kann dies allein in dem Maß, als es gelingt, es mit der Realität zu verzahnen. Als Medium einer organisierten demokratischen Partizipation kommen naturgemäß allein die Institute der öffentlichen Meinungs- und Willensbildung in Betracht. Soll die Diskurstheorie des Rechts Gestalt gewinnen, muß sie daher an die *Struktur der Öffentlichkeit* anknüpfen, die der Demokratie als Grundlage dient. Wir kommen damit zu Fragen, mit denen sich Habermas erstmals in seinem 1962 erschienenen Werk „Strukturwandel der Öffentlichkeit" befaßt hat, dem daher der folgende Exkurs gewidmet ist.

1. Strukturwandel der Öffentlichkeit

a) „Klassische" Öffentlichkeit. Wie man sich anhand der Entstehungsgeschichte der europäischen Öffentlichkeit vergewissern kann, ist der Begriff der öffentlichen Meinung ein moderner Terminus, der sich in Deutschland erst vom ausgehenden 18. Jahrhundert an Geltung verschafft hat. In der Zeit des Absolutismus dominierte die Arkanpolitik der Kabinette, die nicht nur eine Beteiligung weiterer Kreise an den öffentlichen Angelegenheiten ausschloß, sondern die getroffenen Entscheidungen darüber hinaus jeder Kritik entzog. „Opposition" war in Deutschland bis weit in das 19. Jahrhundert hinein ein Unwort, auf das die herrschenden Cliquen geradezu allergisch reagierten.

Das, was später als „öffentliche Meinung" bezeichnet wurde und bis heute die politische Diskussion beherrscht, entwickelte sich von der Wende vom 17. zum 18. Jahrhundert an erstmals in *England.* Durch die Aufhebung der Vorzensur, die Einführung öffentlicher Parlamentsdebatten und der vollen Publizierung der im Parlament gehaltenen Reden eröffnete sich dem räsonierenden Publikum hier erstmals die Möglichkeit, an den öffentlichen Angelegenheiten teilzunehmen. Außerhalb des Parlaments entstanden in den Zirkeln der *Gebildeten* damals neuartige Foren, die von einem Publikum getragen wurden, das sich auf Dauer zu einem kritischen Kommentator des Parlaments und zu einem informellen Dialogpartner der Abgeordneten entwickelte. Auf diese Weise bildeten sich allmählich zwei Diskussionsebenen heraus, die zwar organisatorisch voneinander unabhängig, in der Sache aber vielfach miteinander verschränkt waren: auf der einen Seite das Parlament mit seinen im Angesicht der bürgerlichen Öffentlichkeit gehaltenen Debatten, auf der anderen die Kommunikation der Bürger untereinander, die dem Parlament teils als Resonanzboden diente, teils aber auch aus sich selbst heraus neue Anstöße gab.

In *Deutschland* kristallisierte sich eine kritische Öffentlichkeit erst im ausgehenden 18. und beginnenden 19. Jahrhundert heraus; davon abgesehen waren die bildungsbürgerlichen Erscheinungsformen jedoch ähnlich. Auch hier entwickelte sich nämlich eine bürgerliche Presse auf der einen Seite und im Zusammenhang damit eine rege Lese- und Diskussionskultur auf der anderen. Diese fand ihren Ausdruck in einer Vielzahl von literarischen Kaffeehäusern und Lesezirkeln, wo man sich traf, um die ausliegenden Zeitungen zu studieren, in den Salons der Gebildeten, in denen man zusammenkam, um mit jedermann über Themen von allgemeinem Interesse zu sprechen, und im eigenen literarischen Engagement, zu dem man sich als Bürger eines Gemeinwesens für verpflichtet hielt.

b) Moderne Medienöffentlichkeit. All dies gehört heute indessen der Vergangenheit an. Mit dem tatsächlichen Einzug der Demokratie und der allmählichen Ausbreitung des Wahlrechts wurden erstmals die *ungebildeten Massen* in den Kreis derer einbezogen, die in politischen Angelegenheiten mitzureden hatten. Noch umstürzender fast wirkte der Siegeszug der *Massenmedien:* der Boulevard- und Unterhaltungspresse, des Rundfunks und schließlich des Fernsehens. Beide Entwicklungslinien haben die Struktur der Öffentlichkeit nachhaltig verändert. In der modernen Massendemokratie kommen die Bürger nicht mehr zusammen, um über die öffentlichen Angelegenheiten zu diskutieren. Sie bleiben vielmehr passiv und werden von denen, die an ihrer Stelle die Öffentlichkeit organisieren und verwalten, informiert. Das hat zwangsläufig Rückwirkungen auf das politische Verhalten der Bürger und die Beschaffenheit dessen, was zunächst als bürgerliche Öffentlichkeit entstanden war: „Das Verhalten des Publikums nimmt unter dem Zwang des ‚Don't talk back' eine andere Gestalt an. Die Sendungen, die die neuen Medien ausstrahlen, beschneiden, im Vergleich zu gedruckten Mitteilungen, eigentümlich die Reaktionen der Empfänger. Sie ziehen das Publikum als Hörende und Sehende in Bann, nehmen ihm aber zugleich die Distanz der ‚Mündigkeit', die Chance nämlich, sprechen und widersprechen zu können." Gemessen an der bürgerlichen Öffentlichkeit alten Stils gilt daher: „Die durch Massenmedien erzeugte Welt ist Öffentlichkeit nur noch dem Scheine nach ..."[14] Mit dem Zerfall der ehe-

---

[14] *Habermas,* SdÖ, S. 187f.

mals literarischen Öffentlichkeit ist zugleich der Resonanzboden einer zum öffentlichen Gebrauch des Verstandes erzogenen Bildungsschicht zersprungen; das Publikum ist „in Minderheiten von nicht-öffentlich räsonierenden Spezialisten und in die große Masse von öffentlich rezipierenden Konsumenten gespalten“ und hat damit zugleich „die spezifische Kommunikationsform eines Publikums eingebüßt“[15].

Was man weiterhin Öffentlichkeit nennt, ist seitdem keine naturwüchsige Größe mehr, sondern wird „gemacht“; ebenso stellt sich der Konsens der Bürger nicht mehr im Verlauf einer von ihnen betriebenen Kommunikation gleichsam von selbst ein, sondern wird im Wege der „Öffentlichkeitsarbeit“ hergestellt. Die Mittel, die dabei eingesetzt werden, befinden sich heute in der Hand einer Minderheit, die ihren Willen auch gegen die Mehrheit durchsetzen kann. Die großen Zeitungen gehören Verlegern, die Information und Meinungsbildung nach kommerziellen Gesichtspunkten betreiben. Die politischen Parteien, die ebenfalls Instrumente der Meinungsbildung darstellen, sind meist die gefügigen Instrumente derer, die über den Parteiapparat bestimmen können. Namentlich das letztere hat weitreichende Folgen für die Funktion des Parlaments: „Den Zwang zum stets erneuerten Kompromiß zwischen organisierten Interessen setzt die Partei über die Fraktion in einen Zwang um, der die Einheit ihres Auftretens nach außen gewährt; der Abgeordnete erhält faktisch von seiner Partei ein imperatives Mandat. Das Parlament wird dadurch tendenziell zu einer Stätte, an der sich weisungsgebundene Parteibeauftragte treffen, um bereits getroffene Entscheidungen registrieren zu lassen.“ Kurz: „Der neue Status des Abgeordneten ist nicht länger durch die Teilhabe an einem allgemein räsonierenden Publikum charakterisiert.“[16] Vielmehr ist die Öffentlichkeit „aus einem Prinzip der … Kritik … zu einem Prinzip der … gesteuerten Integration umfunktioniert worden.“[17]

2. *Öffentliche Meinung unter den Bedingungen der Desintegration*

Wenn es zutrifft, daß eine intakte öffentliche Meinung die einzig mögliche Basis bildet, um politische Herrschaft in einer Massendemokratie rechtfertigen zu können, dann stellt sich die Frage, wo eine solche Basis unter derartigen Bedingungen noch zu finden ist bzw. wie der Begriff der Öffentlichkeit realistisch betrachtet überhaupt noch verstanden werden kann. In seinem Werk „Strukturwandel der Öffentlichkeit“ hat Habermas zwei Wege in Betracht gezogen:

---

[15] *Habermas,* SdÖ, S. 192.
[16] *Habermas,* SdÖ, S. 224f.
[17] *Habermas,* SdÖ, S. 226.

a) Stellvertretender Diskurs einer Elite. Der eine schien ihm darin zu bestehen, allein auf den Diskurs einer Elite abzustellen und darauf hinzuwirken, daß deren Ansicht als der öffentlichen allgemein Gehör und Gehorsam verschafft würde. Damit wäre zwar darauf verzichtet, daß der Diskurs für jedermann zugänglich ist. Aber solange das Verfahren innerhalb der Elite selbst funktioniert, könnte immerhin von einem stellvertretend geführten Diskurs die Rede sein, gleichsam als Modell einer paternalistisch organisierten Demokratie oder einer elitär-demokratisch geführten Erziehungsdiktatur. In seiner Schrift „Legitimationsprobleme im Spätkapitalismus“ hat Habermas ersichtlich Sympathie für solche Vorstellungen erkennen lassen. Jedenfalls wollte er der „kritischen Gesellschaftstheorie“ damals die Aufgabe zuschreiben, „in einem stellvertretend simulierten Diskurs zwischen den Gruppen, die sich durch einen artikulierten oder zumindest virtuellen Gegensatz der Interessen voneinander abgrenzen ..., verallgemeinerungsfähige und gleichwohl unterdrückte Interessen festzustellen“[18]. Später, offenbar unter dem Einfluß der daran geübten Kritik, hat er solche Bestrebungen zurückgewiesen und die Klasse der gesellschaftskritischen Intellektuellen gegen den Vorwurf in den Schutz genommen, sie wollten mittels ihrer Herrschaft über die Sprache die Herrschaft überhaupt an sich reißen.

b) Öffentliche Meinung als Produkt der vorhandenen Institutionen. Der andere Weg, am Begriff der Öffentlichkeit festzuhalten, schien Habermas der zu sein, daß man das Publikum als das Subjekt der öffentlichen Meinung insgesamt „durch die Instanzen ersetzt, durch die es allein noch politisch aktionsfähig ist“[19], also den Begriff der öffentlichen Meinung ganz auf institutionelle Kriterien beschränkt. Auf diese Weise würden Parlament und politische Parteien vorbehaltlos zu Organen der öffentlichen Meinung erklärt werden, gleichgültig, ob es eine artikulationsfähige Basis gibt, an die sie rückgekoppelt sind, oder ob sie ausschließlich nach eigenen Gesetzlichkeiten funktionieren.

Beides steht in einem eigentümlichen Widerspruch zu den scheinbar radikaldemokratischen Vorstellungen, wie sie in „Faktizität und Geltung“ zu finden sind. Aber zwischenzeitlich hatte sich Habermas in der Diskurstheorie eingerichtet, die ihn auch politisch vieles in anderem Licht erscheinen ließ.

---

[18] *Habermas,* Legitimationsprobleme im Spätkapitalismus, 3. Aufl., Frankfurt a.M. 1975, S. 161.

[19] *Habermas,* SdÖ, S. 260.

§ 24. Diskursive Vernunft

I. Sprache als Ort der Vernunft

Die gedankliche Rekonstruktion des demokratischen Rechtsstaats, die Habermas unternimmt, läuft auf den Versuch hinaus, das moderne Recht als ein im aufgeklärten Sinn rationales System zu beschreiben, obwohl sich die Bedingungen dafür seit dem Ende der Aufklärung nachhaltig geändert haben. Der eingetretene Wandel läßt sich an dem Begriff der Rationalität selbst ablesen, der bei Habermas eine charakteristische Bedeutungsverschiebung erfährt: Die ursprünglich monologisch verfaßte Vernunft wird in kommunikative Vernunft umgemünzt oder bildhaft ausgedrückt: aus dem Kopf des vernünftigen Subjekts wandert die Vernunft ab in das Medium der *Sprache.* Mit dieser Umakzentuierung fügt sich Habermas in eine Entwicklung ein, die im 20. Jahrhundert in allen Wissenschaften ihre Spuren hinterlassen hat.

1. Apriori der Sprache

Für Descartes, der am Anfang der Aufklärung steht, war das im eigenen Bewußtsein sich vollziehende Denken, die *res cogitans,* ein letztes und unhintergehbares Moment: Wenn sich alles bezweifeln ließ – das Denken selbst war nicht zu bezweifeln. Man konnte es nämlich nicht hinwegdenken, ohne es gleichzeitig in Anspruch zu nehmen. Der Zweifel an der Tätigkeit des Denkens war selbstwidersprüchlich und damit im eigentlichen Sinn *undenkbar.* Folglich war das Denken der archimedische Punkt inmitten einer Welt, in der es sonst keinen Halt gab, und das Subjekt konnte scheinbar als der Ort interpretiert werden, an dem das Denken zum Bewußtsein seiner selbst kommt. Vernunft war auf diese Weise im Ansatz als *subjektive Vernunft* konzipiert. Gewiß war mit den Geltungsaussagen des Subjekts immer auch ein allgemeiner Anspruch verbunden. Der Maßstab, nach dem diese Allgemeingültigkeit beurteilt wurde, war jedoch ebenfalls der Verwaltung des Subjekts unterstellt; denn das maßgebliche Kriterium war die – notwendig subjektive – Evidenz einer Aussage.

Im 20. Jahrhundert wurde indessen die *Sprache* als neues Apriori entdeckt. Die Sprache ist das Medium, in dem sich alles Denken vollzieht. Wer denkt, setzt daher nicht nur, wie Descartes meinte, den Denkenden, sondern ebenso auch die Sprache voraus, mit deren Hilfe gedacht wird. Das läßt ein ganz neues Verständnis von Rationalität in den Blick treten. Wenn sich alles Denken sprachlicher Mittel bedienen muß, kann nämlich auch die Sprache und die mit ihrer Hilfe betriebene Verständigung als der eigentliche Ort der Vernunft beschrieben werden. Ein solcher Schritt ist vielleicht nicht zwingend. Zumindest in demselben Sinn jedoch und mit demselben Recht, mit dem man die Vernunft einem Subjekt zuschreibt, obwohl sie hier allenfalls in Erscheinung tritt, kann man sie auch der Sprache zuschreiben. Die Hinwendung zur Sprache hat daher vielfach dazu geführt, das Subjekt aus dem Zentrum der Vernunft zu verdrängen und es durch die Sprache zu ersetzen.

Sprache ist ihrer Natur nach etwas *Allgemeines,* ein Kommunikationsmittel, das in gemeinsamer Verständigungspraxis entstanden und auf Verständigung mit anderen angelegt ist und niemand ausschließlich gehört. Wer die Sprache als den Ort beschreibt, an dem die Vernunft ihren Sitz hat, betreibt daher zwangsläufig eine Akzentverlagerung von einer reflexiven zu einer *kommunikativen Vernunft.* Im Zuge dieses Revirements wird nicht nur das Primat des Bewußtseins durch dasjenige von Sprache und Verständigung abgelöst, vielmehr gewinnt auch der Gedanke der *Intersubjektivität* den Vorrang vor dem des Subjekts. Der Bedeutungsverlust des Subjekts geht bei Habermas zwar nicht so weit wie bei Kelsen, wo das Subjekt von objektiven Prozessen restlos absorbiert wird – die Intention von Habermas ist vielmehr gerade darauf gerichtet, das autonome Subjekt vor einer völligen Überwältigung zu bewahren und seinen Ort in einer veränderten Welt neu zu bestimmen. Aber das Subjekt wird dabei doch eingebettet in intersubjektive Verständigungsprozesse und erhält gleichsam eine kollektive Seele. Auf diese Weise ist es nicht mehr „unmittelbar zu Gott" oder „zur Wahrheit", sondern was es ist, ist es vermittelt durch das Verständigungskollektiv, dem es angehört. Damit ist es zwar vor seiner theoretischen Aufhebung gerettet, dies jedoch um einen Preis, der am Ende immer noch auf seine praktische Vereinnahmung hinauslaufen kann.

2. *Implizite Argumentationsvoraussetzungen*

So wie die Sprache nur auf der Basis einer Vielzahl von Regeln möglich ist, so ist auch die *Verständigung* mittels der Sprache an eigene Regeln gebunden. Auch diese stellen ein eigentümliches Apriori dar. Sie können nämlich ebenfalls nicht bestritten werden, weil sie selbst noch im Akt des Bestreitens in Anspruch genommen werden müssen.

Man kann sich diesen Zusammenhang durch einige Beispiele leicht klarmachen: Wer den Versuch unternimmt, sich mit anderen zu verständigen, muß seinen Partnern zunächst einmal *Kommunikationsfähigkeit* zuschreiben. Ohne die wechselseitige Unterstellung von Kommunikationsfähigkeit hätte Kommunikation keinen Sinn. Einem Gesprächspartner gegenüber *begründen* zu wollen, daß ihm die Kommunikationsfähigkeit fehle, wäre ein theoretisch widersprüchliches und praktisch aussichtsloses Unterfangen: Wenn er nicht kommunikationsfähig ist, kann er diese Begründung nicht verstehen; versteht er sie aber, beweist er seine Kommunikationsfähigkeit gerade dadurch. Des weiteren müssen sich die Teilnehmer eines praktischen Verständigungsprozesses gegenseitig *Zurechnungsfähigkeit* zuschreiben, das heißt „unterstellen, daß sie ihr Handeln an Geltungsansprüchen orientieren können"[1]. Ohne diese Voraussetzung wäre es sinnlos, sich mit einem anderen auf einen praktischen Diskurs einzulassen. Wer einen anderen als außerstande ansieht, nach seinen Einsichten *zu handeln,* wird ihn nicht als vernünftiges Subjekt, sondern als eine Art denkendes Objekt ansehen, dessen Eigenschaften man in das eigene Kalkül wohl oder übel miteinbeziehen muß, ohne sie im Wege vernünftiger Argumentation ändern zu können. Die performative, auf Überzeugung des anderen abzielende Einstellung setzt daher notwendig eine dieser Einstellung korrespondierende Reaktionsfähigkeit auf der Gegenseite voraus. Alle derartigen Kommunikationsvoraussetzungen zusammenfassend, glaubt Habermas daher feststellen zu können: „Niemand kann ernsthaft in eine Argumentation eintreten, wenn er nicht eine Gesprächssituation voraussetzt, die im Prinzip Öffentlichkeit des Zugangs, gleichberechtigte Teilnahme, Wahrhaftigkeit der Teilnehmer, Zwanglosigkeit der Stellungnahme u.s.w. garantiert. Die Beteiligten können einander nur überzeugen wollen, wenn sie pragmatisch unterstellen, daß sie ihr ‚Ja' und ‚Nein' einzig durch den Zwang des besseren Arguments bestimmen lassen."[2]

Das ist ein zentraler Punkt, aus dem weitreichende Konsequenzen abgeleitet werden. Habermas geht nämlich nicht nur davon aus, daß die Diskursregeln, die die Basis jeder Kommunikation bilden, sich notwendig allen kommunikativ reproduzierten Lebensformen mitteilen, sondern als Regeln über das Verhältnis zu andern unausgesprochen zugleich *eine eigentümliche Form der Ethik enthalten,* die auf den sprachlichen Bereich nicht beschränkt ist, sondern alles imprägniert, was durch sprachliche Kommunikation hervorgebracht wird. Die Diskursvoraussetzungen fungieren nach Habermas gewissermaßen als „sprachtheoretische Bestimmungen für das, was wir herkömmlicherweise mit den Ideen der Wahrheit, der Freiheit und der Gerechtigkeit zu fassen suchen"[3]. Im Rahmen der Verständigung erhalten, wie er meint, „auch die kontrafaktischen Unterstellungen der Aktoren, die ihr Handeln an Geltungsansprüchen orientieren, unmittelbare Relevanz für den Aufbau und die Erhaltung sozialer Ordnungen."[4] Das ist eine schwerwiegende These; denn

---

[1] *Habermas,* FuG, S. 36.

[2] *Habermas,* Erläuterungen zur Diskursethik, Frankfurt a.M. 1991, S. 132.

[3] *Habermas* in: *Habermas/Luhmann,* Theorie der Gesellschaft oder Sozialtechnologie, Frankfurt a.M. 1971, S. 139.

[4] *Habermas,* FuG, S. 33.

ein Produkt kommunikativen Handelns ist nicht zuletzt das gesamte Recht.

In anderem Zusammenhang hat Habermas den Anspruch, aus den konstituierenden Bedingungen jeder Kommunikation Verhaltensnormen gewinnen zu können, dahin erläutert, es handle sich dabei nur um eine Moral im weiteren Sinn, um *moralanaloge Strukturen.* Denn „jene allgemeinen Voraussetzungen, die die Beteiligten beim Eintritt in Argumentationen ... stets machen müssen, haben keineswegs den Charakter von Handlungsverpflichtungen; sie haben eher den Charakter einer transzendentalen Nötigung. Die Argumentationspraxis läßt ihren Teilnehmern bereits vor aller Institutionalisierung keine Wahl; sofern sie an einer solchen Praxis überhaupt teilnehmen wollen, kommen sie nicht umhin, in der Form von Kommunikationsvoraussetzungen bestimmte Idealisierungen vorzunehmen. Diese haben einen *im weiteren Sinne* ‚normativen' Gehalt, der freilich nicht mit dem obligatorischen Gehalt von Interaktionsnormen gleichgesetzt werden darf. ... Sie konstituieren vielmehr als *vorgreifende* Unterstellungen eine Praxis, die ohne sie nicht funktionieren, mindestens zu einer kaschierten Form strategischen Handelns degenerieren würde."[5]

So verschlüsselt Habermas seine Botschaft auch mitteilt, letztlich ist damit nichts anderes gemeint, als daß das Apriori der Kommunikation zugleich die Grundlage eines legitimen Rechts bildet oder anders ausgedrückt: die ungeschriebenen Voraussetzungen eines vernünftigen praktischen Diskurses sind nach Habermas zugleich die ungeschriebene Basis des demokratischen Verfassungsstaates.

II. Diskursive Begründung von Normen

Die Diskursvoraussetzungen können bei der Ausformulierung ethischer oder rechtlicher Normen freilich nur dann und insoweit praktisch werden, als diese Normen auch tatsächlich in einem diskursiven Prozeß zustande kommen. Wie ein Blick auf die Rechtswirklichkeit zeigt, versteht sich dies keineswegs von selbst.

1. Modernes Metaphysikverbot

Das – nach Habermas – „vormoderne" Prinzip der Begründung von Verhaltensnormen war im Ansatz nicht dialogisch, sondern monologisch konzipiert. Das Vorstellungsbild, an dem man sich dabei orientierte, lief in der Regel auf eine Normverdoppelung hinaus. Dabei wurde der real wirksamen, positiven Norm eine ideell geltende Norm vor- und überge-

---

[5] *Habermas,* Erläuterungen zur Diskursethik, S. 132f.

ordnet. Ob die positive Norm gerecht – oder wie es bei Habermas heißt: gültig – war, konnte daher durch einen Vergleich ermittelt werden: War sie mit der höheren Norm deckungsgleich oder jedenfalls vereinbar, so war sie im Prinzip gerecht und wohlbegründet, andernfalls ungerecht bzw. unbegründet. Wie man nicht weiter auszuführen braucht, bestand das entscheidende Problem dabei nicht in der Begründung der positiven Norm, sondern der korrespondierenden Maßstabsnorm, der ein ausschließlich ideeller Geltungsmodus zukam. Diese ideelle Norm konnte weder durch einen Rekurs auf eine positive Setzung noch auf gewohnheitliche Übung, vertragliche Einigung oder ähnliche Verfahren der Normerzeugung begründet werden. An deren Stelle traten vielmehr unterschiedliche *metaphysische* Begründungsmuster: die Berufung auf den Willen Gottes, auf die der Schöpfung immanente Ordnung der Welt, auf das Wesen der menschlichen Natur oder auf das in der Vernunft enthaltene Licht einer besseren Welt, das im realen Leben zu entfalten war.

Das moderne Bewußtsein ist demgegenüber dadurch gekennzeichnet, daß ihm all diese Ansätze brüchig geworden sind. Auch die Vernunft hat ihre Unschuld verloren, seit deutlich geworden ist, daß sie keineswegs über die Welt erhaben, sondern in soziohistorische Kontexte und individualpsychologische Selbstfindungsprozesse verwoben ist. Habermas geht noch einen Schritt weiter, indem er jede Art von Metaphysik überhaupt in Frage stellt und folgert, daß die Transzendenz für Zwecke der Normbegründung insgesamt nicht mehr zur Verfügung stehe. Möglich ist nach der Auffassung von Habermas allein eine immanente Begründung, die sich auf derselben Ebene bewegt, auf der die Norm wirksam ist. Die zweite und höhere Ebene muß danach gestrichen werden, der doppelte Boden des Naturrechts ersatzlos entfallen.

Überschlägt man, was danach noch bleibt, so bieten sich für die Begründung von Normen offenbar nur zwei Möglichkeiten an: die Dezision eines realen Machthabers und der Konsens der Betroffenen.

Der *Dezisionismus* führt zu einem Verlust an Autonomie auf seiten all jener, die an der Dezision nicht beteiligt sind. Im Verhältnis zu ihnen erscheint das normative Diktat nur dann als *legitim,* wenn dem Diktator zugleich überlegene Einsichten und Fähigkeiten zugeschrieben werden. Ohne metaphysische – und damit „vormoderne" – Anleihen ist dies kaum möglich. Demgegenüber bleibt die Autonomie der Betroffenen bei einer *konsensualen Normbegründung* ohne weiteres gewahrt; denn hier können sie sich mit ihren Argumenten in den Normerzeugungsprozeß selbst einschalten. Und *legitim* ist eine Norm nach dieser Ansicht bereits dann, wenn sie das Produkt eines Argumentationsprozesses darstellt, in den alle Betroffenen eingebunden waren. An die Stelle metaphysisch fundierter Unbedingtheiten tritt also die Kommunikationsgemeinschaft der Normadressaten, an die Stelle der autoritären Dezision der von Argumenten geprägte Diskurs. Eben dies ist daher der Weg, den Habermas einschlägt, um zu einer metaphysikfreien Begründung von Normen zu gelangen.

2. Diskussion statt Dezision

Die Alternative von Dezision und Diskussion ist nicht nur eine rein theoretische Möglichkeit, sondern eine Frage, die sich zur Zeit der Weimarer Republik ganz konkret gestellt hat. In den damaligen staatsrechtlichen Auseinandersetzungen war bei vielen Teilnehmern der Eindruck entstanden, daß die überkommene Grundlegung der Demokratie in der Realität keinen Rückhalt mehr finde. Die Vorstellung, daß die Demokratie eine Veranstaltung ist, um die das Gemeinwesen betreffenden Fragen nach einer öffentlich geführten Diskussion mit Wirkung für alle rational entscheiden zu können, schien mit dem Erscheinungsbild eines in Klassengegensätze gespaltenen Parteienstaates nicht länger vereinbar zu sein. Unter dem Einfluß einer zunehmend ins Brachiale abgleitenden Auseinandersetzung und einer unter den Druck mobilisierter Massen geratenden Interessenpolitik wurde der Glaube an den Sieg des besseren Arguments für viele zu Grabe getragen. Diese Stimmung kommt gut zum Ausdruck in einem knappen Diktum Richard Thomas, der 1925 nüchtern vermerkte: „Der Schritt vom Glauben an die Diskussion zum ‚Dezisionismus' ist geistesgeschichtlich längst vollzogen. Das Problem unserer Tage ist, ob die Dezision bei einer stabilen Minderheit liegen soll (Obrigkeitsstaat, extrem: Diktatur) oder bei einer labilen jeweiligen Mehrheit (Parteienstaat) …"[6] Die Vernunftgläubigkeit vergangener Epochen erscheint dabei als erledigt. Folgerichtig wird die Demokratie auf ihre äußere Erscheinungsform, auf die organisierte Dezision der vielen reduziert. Damit rücken Demokratie und Diktatur wertungsmäßig auf dieselbe Ebene, und die Wahl zwischen beiden wird zu einer Frage allein der Zweckmäßigkeit.

Im Gegensatz dazu räumt Habermas der Diskussion, also der ausschließlich mit Hilfe von Argumenten geführten Auseinandersetzung, nach wie vor eine Chance ein. Das verleiht seinen Ausführungen einen sympathischen und hoffnungsvollen Unterton. Die reale Struktur der Öffentlichkeit, wie sie derzeit beschaffen ist, ist nach Habermas für eine solche Auseinandersetzung allerdings nur wenig geeignet. Soll der Versuch, dem bereits eingetretenen Verlust an Selbstbestimmung entgegenzuwirken, nicht naiv erscheinen, muß daher zunächst einmal die in den vorhandenen Institutionen verborgene Herrschaft durchschaut und die dadurch verzerrte Kommunikation wiederhergestellt werden. Das ist nur hinter dem Rücken dieser Institutionen durch einen *fiktiven Vorgriff auf*

---

[6] *Richard Thoma,* Archiv für Sozialwissenschaft und Sozialpolitik 53 (1925), S. 212 (215).

eine unverstellte Kommunikation möglich, gleichsam durch eine außerparlamentarische Opposition, die die internen Verkrustungen des etablierten Systems unterläuft. Anders als Hegel, der ganz auf die in den Institutionen des modernen Staates eingelagerte Vernunft setzte, will Habermas also gerade umgekehrt die institutionell verfestigte Unvernunft erkennen, um die Gesellschaft davon befreien zu können. Die Rückgewinnung der verschütteten vernünftigen Praxis, die diskursive Einlösung gesellschaftlicher Geltungsansprüche orientiert sich dabei einstweilen an dem Gedanken eines *herrschaftsfreien Diskurses,* wie er jedem real geführten Diskurs als ideales Leitbild zugrunde liegt. Im Blick auf solche idealen Bedingungen müssen die überkommenen Normensysteme kritisch rekonstruiert werden und mehr noch muß zunächst einmal das Bewußtsein von seiner ideologischen Prägung durch nicht beherrschte Systeme befreit werden. Dies ist der Punkt, an dem die Diskurstheorie für die Begründung von Normen auch unter ungünstigen Bedingungen praktisch wird.

III. Wahrheit als Verständigung

1. Übereinstimmung mit anderen statt mit Dingen

Das Konzept einer diskursiven Begründung von Normen steht bei Habermas nicht isoliert für sich, sondern ist *eingebettet in eine Konsenstheorie der Wahrheit,* wie er dies bereits viele Jahre vor „Faktizität und Geltung" näher ausgeführt hat[7]. Wahrheit ist nach dieser Auffassung nicht die abbildhafte Übereinstimmung von Gedanke und Gegenstand, sondern die Übereinstimmung aller in Betracht kommenden Beurteiler unter der Bedingung einer unverzerrten Kommunikation.

Die konsensuale Begriffsbestimmung der Wahrheit, die jedem, der damit erstmals in Berührung kommt, überraschend erscheint, ist letztlich ein Versuch, einem grundlegenden Mangel der *ontologischen Wahrheitstheorie* abzuhelfen. Nach dieser soll es bekanntlich auf die Übereinstimmung von Objekt und Subjekt, von *res* und *intellectus* ankommen. Allerdings ist es bislang noch niemand gelungen, zu erklären, was mit einer solchen Übereinstimmung überhaupt gemeint ist, und schon aus diesem Grund können auch die Voraussetzungen nicht angegeben werden, unter denen sie jemals festgestellt werden kann. Wenn Gedanke und Gegenstand verschiedenen Welten angehören, könnte ihre Übereinstimmung oder Nichtübereinstimmung nur von einem Beobachterstandpunkt aus beurteilt werden, der außerhalb der Beziehung von Subjekt und Objekt liegt. Eine solche Position einzunehmen ist dem erkennen-

---

[7] *Habermas* in: *Habermas/Luhmann* (Fn. 3), S. 123 ff.

den Subjekt jedoch versagt. Es müßte dazu nämlich aus sich selbst heraustreten und den ganzen Erkenntnisvorgang samt der Gegenüberstellung von Subjekt und Objekt gleichsam *von außen her* beobachten. Könnte es dies, wäre es kein endliches Subjekt, sondern Herr der Welt.

Die *Konsenstheorie* der Wahrheit versucht diesen Schwierigkeiten dadurch zu entgehen, daß sie als einzige Bedingung der Wahrheit die zu erwartende Zustimmung aller anderen Beurteiler ansieht. Die *Dimension des Gegenstandes* wird dabei *durch die des Konsenses ersetzt:* Wahr ist, worüber potentiell alle übereinstimmen. Der Vorzug dieser Auffassung liegt auf den ersten Blick darin, daß man eine Übereinstimmung der verschiedenen Beurteiler ohne metaphysische Unterstellungen scheinbar auf rein empirischem Weg feststellen kann. Allerdings hat auch die Konsenstheorie ihre Schwierigkeiten: Denn wie soll man wissen, ob tatsächlich *alle* übereinstimmen? Praktisch ist das nicht zu überprüfen. Die Konsenstheorie sieht sich daher vor die Frage gestellt, wann aus der Zustimmung *einiger* auf die Zustimmung *weiterer* Beurteiler geschlossen werden kann. Nach Habermas ist ein solcher Schluß nur statthaft, wenn diese wenigen für die Beurteilung *kompetent* sind oder anders ausgedrückt: wenn sie als „vernünftig" gelten dürfen. Um nicht seinerseits metaphysische Annahmen über die „Vernunft" machen zu müssen, die er bei anderen verwirft, möchte Habermas diese Vernünftigkeit vor allem nach der „Wahrhaftigkeit" des Sprechers bemessen, also danach, daß dieser darauf aus ist, weder sich noch andere zu täuschen. Freilich kann auch dies nicht diskursiv ermittelt werden; es handelt sich ja gerade um die Voraussetzung für einen auf Wahrheit zielenden Diskurs.

Wenn wir „dennoch in jedem Gespräch selbstverständlich davon ausgehen, daß wir es führen, und das heißt: in ihm zu einer Verständigung gelangen können", dann hängt dies – so Habermas – mit einem *„Vorgriff auf die ideale Sprechsituation"* zusammen, also damit, „daß wir in jedem Diskurs wechselseitig eine ideale Sprechsituation *unterstellen*"[8]. Diese Situation ist durch eben die Bedingungen gekennzeichnet, die allein konsensuale Wahrheit verbürgen können, nämlich dadurch, daß „für alle möglichen Beteiligten eine symmetrische Verteilung der Chancen, Sprechakte zu wählen und auszuüben, gegeben ist"[9], und „daß die Sprecher weder sich noch andere über ihre Intentionen täuschen dürfen"[10]. Der „herrschaftsfreie Dialog", in dem sich alle Geltungsansprüche behaupten müssen, um nach der Konsenstheorie auf Wahrheit Anspruch machen zu können, ist also weniger eine Realität als vielmehr eine regulative Idee, ein „kritischer Maßstab, an dem jeder faktisch erzielte

---

[8] *Habermas* in: *Habermas/Luhmann,* S. 136.
[9] *Habermas* in: *Habermas/Luhmann,* S. 137.
[10] *Habermas* in: *Habermas/Luhmann,* S. 138.

Konsensus auch in Frage gestellt und daraufhin überprüft werden kann, ob er ein zureichender Indikator für wirkliche Verständigung ist"[11].

Ohne Idealisierungen, die alle Erfahrungen übersteigen, kommt also auch die Konsenstheorie nicht aus.

2. *Erkenntnisleitende Interessen*

Wichtig ist aber noch etwas anderes: Da die Wahrheitssuche aus dem Blickwinkel der Konsenstheorie im Dienste eines Interesses an gegenseitiger Verständigung steht, zielt sie nach Habermas unter der Hand zugleich auf eine bestimmte gesellschaftliche Praxis ab[12]. Je nachdem, welcher Art die gesuchten Erkenntnisse sind, äußert sich dies in verschiedener Weise.

Die *naturwissenschaftlich-empirische* Forschung versucht einen dauerhaften Konsens dadurch zu erreichen, daß sie auf die Stabilisierung von Meinungen ausgerichtet ist, die zu Verhaltensweisen führen, die an der Realität nicht scheitern. Wie Habermas formuliert, ist der naturwissenschaftliche Forschungsprozeß auf instrumentales, erfolgskontrolliertes Handeln bezogen und steht also unter dem erkenntnisleitenden *Interesse an möglicher technischer Verfügung*. Auf diese Weise scheint die Geltung empirischer Aussagen davon abhängig zu sein, daß sie uns über die gegenständliche Welt Verfügungsgewalt einräumen. Der moderne Forschungsprozeß aber ist mit der modernen Gesellschaft eng verschränkt. Soweit die naturwissenschaftliche Erkenntnis nämlich, wie es heute regelmäßig der Fall ist, einen erheblichen finanziellen Aufwand voraussetzt, ist sie notwendig in die Verfassung einer Gesellschaft eingebettet, die an der Erlangung solchen Verfügungswissens interessiert ist und die dafür erforderlichen Mittel zur Verfügung stellt. Unabhängig davon kann naturwissenschaftliche Forschung heute kaum noch betrieben werden.

Aber nicht jeder Erkenntnis ist ein technisches Interesse inhärent. Bereits die Kommunikation unter den Forschenden, die den Forschungsprozeß unter dem Gesichtspunkt möglicher technischer Verfügung betreiben, kann auf diese Weise nicht gedacht werden. Sie greift über den transzendentalen Rahmen instrumentellen Handelns hinaus und setzt daher eine andere Grundlage voraus.

Die Verständigungsbasis, welche die strikten Erfahrungswissenschaften implizit voraussetzen, ist der eigentliche Bereich der hermeneutischen oder *Geisteswissenschaften.* Deren Unterschied zu den Naturwissenschaften liegt weniger darin, daß sie einen anderen Objektbereich haben, als vielmehr in einer anderen Stellung des erkennenden Subjekts

[11] *Habermas* in: *Habermas/Luhmann,* S. 136.

[12] Dazu *Habermas,* Erkenntnis und Interesse, Frankfurt a.M. 1968.

zum Objekt der Erkenntnis. Das Erkenntnisziel ist hier die Nachkonstruktion einer geistigen Objektivation, die sich gegebenenfalls im „Verstehen" äußert. Das vorläufige Mißlingen einer Interpretation heißt daher nicht, daß ein real vorgegebenes Objekt verfehlt worden ist, sondern weist allein auf die Störung eines Konsenses hin. Anders als die naturwissenschaftlich-empirische Forschung ist die Hermeneutik unmittelbar auf die Herstellung eines ungestörten Kommunikationszusammenhangs gerichtet. Was objektive Erkenntnis im Bereich der Geisteswissenschaften bedeutet, läßt sich nicht unabhängig von diesem Interesse bestimmen. Die Bedingungen möglicher Objektivität werden vielmehr durch das erkenntnisleitende *Interesse an gegenseitiger Verständigung* erst festgelegt. Im Bereich der historisch-hermeneutischen Wissenschaften zeigt sich daher, wie Habermas meint, noch deutlicher, daß die Erkenntnistheorie in gewissem Umfang in die Gesellschaftstheorie eingebettet ist: Die Regeln, die die Gesellschaft konstituieren, gehören zugleich zur Basis, auf der das Wahrheitsverständnis dieser Gesellschaft aufbaut.

3. Wahrheitsfähigkeit praktischer Fragen

Der konsensuale Wahrheitsbegriff liefert dem von Habermas angestrebten Projekt einer rationalen, nichtmetaphysischen Normbegründung die erkenntnistheoretische Grundlage. Wenn Wahrheit im Konsens über Geltungsansprüche besteht, so folgt zunächst zwanglos, daß auch *praktische Fragen wahrheitsfähig* sind; ein rationaler Konsens ist nämlich auf theoretische Fragen nicht beschränkt. Des weiteren scheint es unter dieser Voraussetzung jedenfalls im Ansatz ein nachvollziehbares Verfahren zu geben, wie man zur Erkenntnis richtiger Normen gelangt.

Nach der Abbildtheorie der Wahrheit hat die Frage nach der Richtigkeit oder Gerechtigkeit einer positiven Norm mit der Schwierigkeit zu kämpfen, daß ein „ideales Urbild" postuliert werden muß, dem die positive Norm zu entsprechen hat. Das führt zu einer Verdoppelung der Betrachtungsebenen, wie sie für das idealistische Naturrecht typisch war und wie man sie unter „nachmetaphysischen" Bedingungen nicht mehr glaubt akzeptieren zu können. Indem die Konsenstheorie die Objektivität des Gegenstandes durch den unter idealen Bedingungen erzielten Konsens ersetzt, wird im Prinzip alles wahrheitsfähig, worüber ein rationaler Konsens erzielt werden kann, Normbehauptungen nicht anders als empirische Aussagen. Im Zusammenhang mit Normen spricht man zwar häufig nicht von Wahrheit, sondern etwas zurückhaltender von „wahrheitsanaloger Richtigkeit". Abstriche am konsensualen Wahrheitsanspruch sind damit jedoch nicht verbunden.

Der Weg, wie man zu praktischen Erkenntnissen – und damit zu richtigen bzw. gerechten Normen – gelangt, scheint nach der Konsenstheorie im Prinzip derselbe zu sein wie im Falle theoretischer Erkenntnis, nämlich rationale Argumentation in einem Verfahren, das den idealen Bedingungen konsensualer Wahrheitsfindung möglichst nahekommt. Voraussetzung für die Aufstellung gerechter Normen ist damit bereits aus erkenntnistheoretischen Gründen ein unverstellter, herrschaftsfreier Diskurs. Habermas kann den Kerngedanken seines Buches in aller Kürze somit dahin formulieren, „daß sich das Demokratieprinzip der Verschränkung von Diskursprinzip und Rechtsform verdankt“[13].

---

[13] *Habermas,* FuG, S. 154.

§ 25. Verfahren ernstgenommen

Versteht man Habermas' Erörterungen über Recht und Moral als Hinweis auf Gesichtspunkte, die in der neueren Diskussion unterbelichtet waren, kann man daraus wertvolle Einsichten gewinnen. Denn Habermas befaßt sich mit den vorpositiven Grundlagen des demokratischen Verfassungsstaates, die unter dem Einfluß des Positivismus vielfach aus dem Blick geraten sind. Aber Habermas begnügt sich nicht damit, in dieser Hinsicht einiges zurechtzurücken. Vielmehr glaubt er seine emanzipatorischen Ziele nur dann erreichen zu können, wenn er die von ihm herausgehobenen Aspekte mit Ausschließlichkeitsanspruch ausstattet. Damit indessen erweist er seiner Sache keinen guten Dienst. Der Versuch, die Legitimierung des Rechts *ausschließlich* zu einer Frage der Organisation und des Verfahrens zu machen, ist nämlich einer Reihe von Einwendungen ausgesetzt, die das prozedurale Denken überhaupt in Frage stellen.

I. Konsensuale Wahrheit und konsensualer Irrtum

Das betrifft zunächst den von Habermas zugrunde gelegten konsensualen Wahrheitsbegriff. Bereits hier räumt Habermas einer im Kern zutreffenden Beobachtung durch eine vorschnelle Verallgemeinerung einen Status ein, der ihr sinnvollerweise nicht zukommen kann. Auch wer, anders als Habermas, einer ontologischen Wahrheitstheorie den Vorzug gibt, wird kaum bestreiten, daß die Meinung anderer Beurteiler ein wichtiger Probierstein für die Richtigkeit der eigenen Auffassung ist. Wer auf der Autobahn den Eindruck hat, daß alle in die falsche Richtung fahren außer ihm selbst, tut gut daran, diese Auffassung noch einmal zu überprüfen. Verhalten sich dagegen alle anderen genauso wie wir und kommt nur ein einziger in umgekehrter Richtung entgegen, so dürfen wir grundsätzlich davon ausgehen, daß wir uns richtig verhalten. Aber das rechtfertigt es nicht, das richtige Verhalten generell durch das zu definieren, was die anderen tun. Wenn alle falsch fahren, mag es vielleicht wenig empfehlenswert sein, allein richtig zu fahren. Das beweist aber nur, daß in einer Gesellschaft, die in einem kollektiven Wahn befangen ist, Flexibilität erforderlich ist, um die Sache nicht noch schlimmer zu machen. Es beweist nicht, daß intersubjektive Übereinstimmung die Vorstellung einer objektiven Richtigkeit entbehrlich macht.

1. Recht haben und recht behalten

Desungeachtet glaubt Habermas die Konsenstheorie der Wahrheit durch zwei Gründe rechtfertigen zu können: negativ dadurch, daß sie, wie er meint, ohne metaphysische Anleihen auskomme, positiv dagegen durch die Annahme, daß sich unter den Bedingungen eines herrschaftsfreien Diskurses das „bessere Argument“ durchsetzt, so daß derjenige, der – ontologisch gesprochen – „recht hat“, auch recht behält. Den Sieg des besseren Arguments einmal unterstellt, spräche für den erzielten Konsens in der Tat eine starke Vermutung der Wahrheit. Denn ebenso wie man das bessere Argument dadurch bestimmen kann, daß es wahr ist, kann man auch umgekehrt eine wahre Aussage dadurch definieren, daß sie die besseren Argumente für sich hat.

Die von Habermas vorgeschlagene Sprachregelung legt jedoch einige Fragen nahe: Was ist mit dem „besseren Argument“, dessen Sieg den erzielten Konsens mit Wahrheitsgehalt ausstattet, eigentlich gemeint? Und nach welchem *Maßstab* bemißt sich die Qualität der in einem Diskurs ausgetauschten Argumente? Habermas selbst geht diesen Fragen, soweit ersichtlich, nicht nach. Tut man dies an seiner Stelle, werden die Defizite seiner Auffassung sichtbar. Denn entweder gibt es einen vorgegebenen Maßstab – dann kommt es ausschließlich auf ihn an und nicht auf den erzielten Konsens, der diesen Maßstab ja auch verfehlen könnte. Oder es gibt ihn nicht – dann kann sinnvollerweise nicht davon die Rede sein, daß das *bessere* Argument gesiegt habe. Gesiegt hat dann nur *eines* von mehreren Argumenten, und seine Auszeichnung als das bessere wäre dann nichts anderes als die Selbsterhöhung des Siegers, vergleichbar der moralischen Selbstbestätigung eines Feldherrn, der die siegreiche Sache bedenkenlos zur gerechten erklärt.

Geht man mit Habermas einmal davon aus, daß es unabhängig vom Diskurs keinen externen Maßstab für die Qualität eines Arguments gibt, dann bleibt allein ein immanenter Maßstab übrig: nämlich die *Überzeugungskraft* des Arguments im Rahmen des Diskurses selbst. Ein Argument, das Zustimmung findet, wäre dann bereits aus diesem Grund ein gutes, ein Argument, das keine Zustimmung findet, bereits aus diesem Grund ein schlechtes Argument. Die Konsequenzen einer solchen Betrachtungsweise wären überraschend: Um recht zu haben, würde es genügen, recht zu behalten. Solange man massenhaft daran glaubte, daß die Erde keine Kugel sein kann, weil sonst die Antipoden in den leeren Raum herunterfallen würden, oder daß die Sonne sich um die Erde dreht und nicht umgekehrt, weil sich die Erde unter unseren Füßen offenbar nicht bewegt, oder daß ein brennbarer Körper beim Verbrennen leichter wird, weil daraus „Phlogiston“ entweicht, müßten diese Argumente allesamt gute Argumente gewesen sein. Wie man jemals daran zweifeln konnte, erscheint vom Standpunkt der Konsenstheorie aus schwer nachvollziehbar.

Freilich sagt Habermas nicht, daß der allgemeine Konsens die Wahrheit *garantiere;* vielmehr drückt er sich vorsichtiger dahin aus, daß der diskursiv erzielte Konsens eine *Vermutung* für die Richtigkeit einer Aussage begründe. Aber wenn damit gemeint sein sollte, daß sich die Wahrheit einer These in letzter Instanz nach anderen Kriterien beurteilt als dem darüber erzielten Konsens, so wäre damit gleichzeitig die Konsenstheorie für falsch erklärt. Gemeint sein kann daher eigentlich nur, daß ein unter bestimmten *realen* Bedingungen erzielter Konsens eine Vermutung dafür begründet, daß ein solcher Konsens auch unter *idealen* Bedingungen zu erzielen wäre. Der fiktive Konsens in einem solchen Idealdiskurs ist aber so wenig ein feststellbares Faktum wie die von der ontologischen Wahrheitstheorie für maßgebend erklärte Übereinstimmung von Gedanke und Gegenstand. Er ist vielmehr ein Vorgriff auf etwas, das real nie eingeholt werden kann. Die Behauptung, daß die Konsenstheorie ohne metaphysische Anleihen auskomme, ist daher unzutreffend. Ohne metaphysische Anleihen kommt allein der *reale* Konsens aus. Aber ohne die gleichzeitige Bezugnahme auf einen *idealen* Konsens ist der Realkonsens erkenntnistheoretisch irrelevant.

2. *Konsens in praktischen Fragen*

Das Bestreben, die Menschen nur solchen Regeln zu unterwerfen, denen sie selbst zugestimmt haben oder wenigstens zustimmen könnten, ist zweifellos Ausdruck eines zutiefst humanen Anliegens. Nach den negativen Erfahrungen, die man mit autoritär organisierten Rechtssystemen in der Vergangenheit machen konnte, ist die Bevorzugung konsensueller Verfahren zugleich eine naheliegende praktische Konsequenz. Wer die Vernunftnatur des Menschen ernstnimmt und dabei aber auch in Rechnung stellt, wie groß die Versuchung ist, sich darüber hinwegzusetzen, wird schon aus diesem Grund darauf bedacht sein, den Begriff des Rechts für die Menschendressierungskunst selbstermächtigter Dompteure nicht zur Verfügung zu stellen. Die inhaltlichen Anforderungen, die damit an jedes Recht, das diesen Namen verdient, gestellt werden, kann man ohne weiteres in der Weise zum Ausdruck bringen, daß auch praktische Fragen wahrheitsfähig seien. Ein solcher Sprachgebrauch macht unmißverständlich den Anspruch deutlich, daß auch in praktischen Fragen mit Gründen gestritten werden kann und muß. Daraus kann jedoch weder der Schluß gezogen werden, daß allgemein konsentierte Regeln *stets* wahr seien, noch der, daß *nur* allgemein konsentierte Regeln wahr seien. Über die Gerechtigkeit einer Norm kann nämlich so wenig im Diskurs verfügt werden wie über die Wahrheit einer empirischen Behauptung.

Vittorio Hösle hat daher die Konsenstheorie von ihren Konsequenzen her einmal mit folgenden Überlegungen *ad absurdum* zu führen versucht: „Hätte Hitler den Zweiten Weltkrieg gewonnen, wären viele seiner Wahnlehren nicht nur geltendes Recht, sondern allgemein anerkannt. Sollen wir deshalb sagen, sie wären wahrer geworden? Natürlich nicht. Deshalb bin ich moralischer Realist. Ich denke, moralische Sätze können wahr sein, ganz ohne Bezug auf faktische historische Meinungen. Der Satz ‚Die Vergasung unschuldiger Menschen ist ein Verbrechen' ist tatsächlich so wahr wie der ‚Zwei mal zwei ist vier'."[1] Um die Probe aufs Exempel zu machen, braucht man einen Konsenstheoretiker nur mit der Frage zu konfrontieren, ob ein solcher Satz auch nach seiner Auffassung eine unaufgebbare Wahrheit enthält oder ob er ihn ebenfalls dem Diskurs anvertrauen will mit der Folge, daß er durch den Konsens der überwiegenden Mehrheit außer Kraft gesetzt werden kann. Die Antwort muß zugleich ein Licht auf die Konsenstheorie werfen. Denn räumt der Konsenstheoretiker solche unaufgebbaren Wahrheiten ein, dann entscheidet nicht der Diskurs über die Wahrheit, sondern die Wahrheit über die Grenzen des Diskurses. Die Konsenstheorie hätte dann nurmehr den Status einer Erfahrungsregel; als wissenschaftliche Theorie wäre sie erledigt.

Ein Indiz dafür, daß es sich in der Tat so verhält, findet sich in der Beobachtung, daß auch erklärte Konsenstheoretiker keinen Anstoß daran nehmen, einer für politisch bedenklich gehaltenen Mehrheit von Fall zu Fall den „notwendigen Konsens aller Demokraten" entgegenzusetzen. Auch Habermas hat sich im Rahmen seines politischen Engagements mehrfach dem Verdacht ausgesetzt, Gegner, die in grundlegenden Fragen anderer Meinung sind, moralisch auszudefinieren, damit Regeln und Prinzipien, die von ihm selbst für unverfügbar gehalten werden, deren Verfügung entzogen bleiben. All dies deutet dann aber darauf hin, daß die Konsenstheorie keineswegs an die Stelle der ontologischen Wahrheitstheorie tritt. Im Hinblick auf die praktisch gemachten Einschränkungen handelt es sich eher um ein Prinzip der Selbstvergewisserung und Selbstbestätigung für diejenigen, die sich über grundlegende Wahrheiten bereits im voraus einig wissen.

II. Prozedurale Gerechtigkeit

1. Rechtssubjekt im Rechtsprozeß

Ebenso wie die Konsenstheorie der Wahrheit verdankt sich auch das Konzept einer ausschließlich verfahrensmäßig fundierten *Gerechtigkeit*

---

[1] *Vittorio Hösle,* zitiert nach: *Detlef Horster,* Jürgen Habermas zur Einführung, Hamburg 1999, S. 130.

einer unzulässigen Verabsolutierung. Hier wie da ist es dieselbe Verwechslung von Form und Inhalt, die Habermas zum Prinzip erhebt. Aber hier wie da versteht er es zugleich, an eine Selbstverständlichkeit anzuknüpfen, für die er sich allgemeiner Zustimmung sicher sein darf: Daß sich die Bürger miteinander ins Benehmen setzen müssen, um ihre Autonomie innerhalb der Gesellschaft zu wahren, ist eine Einsicht, die sich vorab aller Theorie bereits der Lebenserfahrung verdankt. Die vielfältigen Konflikte, die im gesellschaftlichen Mit- und Gegeneinander ihre Ursache haben, können nur durch eine argumentative Auseinandersetzung angemessen abgearbeitet werden. Naturgemäß spielt dabei die Ausgestaltung des Verfahrens eine wichtige Rolle. Vom Rechtsetzungs- und Rechtsanwendungsprozeß her gesehen hat alles Recht eine verfahrensmäßige Seite, und ebenso hat auch die materielle Gerechtigkeit ihr prozedurales Pendent. Aber Habermas übersteigert dies dahin, daß er Recht und Gerechtigkeit *in Verfahren aufgehen* lassen will. Das bietet scheinbar den Vorteil, daß er das Recht auf einige empirische Operationen reduzieren kann. Tatsächlich jedoch droht ihm das empirische Subjekt, das eine empirische Gerechtigkeitstheorie auf Dauer allein tragen könnte, dadurch zu entgleiten.

In Kürze kann man den Zusammenhang, um den es hier geht, so skizzieren: Im praktischen Diskurs muß die eigene Meinung nicht selten korrigiert, häufig müssen Kompromisse geschlossen werden. Diese Beeinflussung des eigenen Meinungsbildungsprozesses wird gelegentlich als *Einbuße* erfahren: Wer am liebsten seine eigenen Vorstellungen ohne Abstriche verwirklichen möchte, wird sich eingeschränkt fühlen, wenn er sich mit anderen ins Benehmen setzen muß, noch dazu dann, wenn er dabei Gefahr läuft, mit seinen eigenen Interessen ausdefiniert zu werden, falls er sie nicht als allgemeine Interessen erweisen kann[2]. Aber das Arrangement verheißt auch *Gewinn*, weil es Gesellschaft ermöglicht und eben dadurch ganz neue Dimensionen eröffnet. Legt man, wie Habermas, die Betonung einseitig auf diese „soziale Verlängerung" des Handelns, so verschiebt sich der Begriff des Subjekts unter der Hand vom Individuum zur Gesellschaft: Das gesellschaftliche Wesen erscheint dann als das wahre Wesen des Menschen, die mit sich selbst kommunizierende Gesellschaft – gelegentlich spricht Habermas hier von „subjektlosen Kommunikationen"[3] – mutiert daher zum wahren und eigentlichen Subjekt; im Gegenzug dazu gerät das Individuum in den Sog sozialer Kräfte und droht absorbiert zu werden, und zwar gerade durch die Absolutsetzung derjenigen Mittel, die es vor einer Überwältigung durch nicht beherrschte Prozesse bewahren sollen. Anders formuliert:

---

[2] *Peter Gril,* Die Möglichkeit praktischer Erkenntnis aus der Sicht der Diskurstheorie, Berlin 1998, S. 111.

[3] *Habermas,* FuG, S. 362; vgl. auch S. 170, 414.

Im gleichen Maße, wie das Recht der ausschließlich verfahrensmäßig begrenzten Definitionsmacht der *realen Gesellschaft* überlassen wird, wird es dem Individuum entzogen. Dieses kann sich nach der Logik dieses Prozesses nur dadurch zur Wehr setzen, daß es sich auf ein anderes, nämlich *fiktives Kollektiv* beruft. Es kann also nur den fiktiven Konsens unter Idealbedingungen gegen den realen Konsens oder kurz: nur das ideale Kollektiv gegen das reale ausspielen. Aber eben damit setzt es sich als Individuum potentiell selbst auf die Verlustliste.

2. Konsens und Dissens als zweifelhafte Gerechtigkeitskriterien

Knüpft man an das eingangs (oben I 1) zur konsensualen Wahrheit Gesagte an, so läßt sich der Verabsolutierung der von Habermas herausgehobenen prozeduralen Gerechtigkeitsaspekte entgegenhalten, daß der im praktischen Diskurs erzielte Konsens so wenig eine Garantie für die Gerechtigkeit einer Norm darstellt, wie umgekehrt ein Dissens ein Beweis für deren Ungerechtigkeit wäre. Beides kann man sich wiederum durch einige einfache Überlegungen vor Augen führen.

a) Konsens beweist nicht Gerechtigkeit. Was zunächst die fehlende Stringenz des diskursiven *Konsenses* angeht, schlägt Hösle folgendes Gedankenexperiment vor: Angenommen, der Bundestag beschließt, gestützt auf die überwältigende Mehrheit des Volkes, einstimmig ein Gesetz, das die Vivisektion einer bestimmten Zahl durch das Los zu ermittelnder Deutscher einführt, weil der medizinische Nutzen für die Allgemeinheit größer ist als der Schmerz der wenigen. Von der Diskursethik her wäre gegen dieses Gesetz nichts einzuwenden, weil es allen prozeduralen Kriterien, die man in praktischer Hinsicht aufstellen kann, genügt. Hösle wendet daher das Ergebnis, das ihm eklatant falsch zu sein scheint, gegen die Diskursethik selbst: „Entweder gilt (in einem normativen Sinn) etwas, weil es allgemein anerkannt worden ist – dann aber ist man kollektivem Wahnsinn gegenüber per definitionem stets im Unrecht. Oder etwas soll anerkannt werden, weil es gilt, weil es rational ist, es anzuerkennen – dann brauchen wir aber materiale Kriterien, die uns gestatten, einen vernünftigen Konsens von einem unvernünftigen zu unterscheiden."[4] Man mag die Beweiskraft des von Hösle angeführten Beispiels bezweifeln können; im Kern aber zeigt es, daß die Diskurstheorie das Recht rückhaltlos dem Kollektiv ausliefern würde, bei dem sie die Definitionsmacht über Recht und Unrecht angesiedelt hat. So wie für einen Kommunisten alter Prägung die Partei „immer recht" hatte, selbst dann, wenn sie seine Liquidierung verfügte, so ist für den Diskurstheoretiker die frei diskutierende Gesellschaft immer im Recht, weil

---

[4] *Vittorio Hösle,* Die Krise der Gegenwart und die Verantwortung der Philosophie, 3. Aufl. München 1997, S. 248f.

ein Irrtum auch hier definitionsgemäß ausgeschlossen wird. Wo das Individuum sich einen Rest jener Fähigkeit bewahrt hat, um deren Erhalt es auch Habermas letztlich geht, nämlich Autonomie, wird es eine Theorie, die auf eine bedingungslose Kollektivierung dieser Autonomie hinausläuft, nicht akzeptieren.

b) Dissens beweist nicht Ungerechtigkeit. Daß umgekehrt der *fehlgeschlagene Konsens* eine Regelung nicht als ungerecht ausweist, versucht Steinhoff durch folgende Überlegung darzutun: „Wenn es der Fall *wäre* (und man kann ja nie wissen), daß auch nur *ein* Betroffener (z.B. ein Kinderschänder, Vergewaltiger, Diktator) als Teilnehmer an rationalen Diskursen den Normen ‚Du sollst keine Kinder schänden', ‚Du sollst nicht vergewaltigen', ‚Du sollst die Menschenrechte achten' nicht zustimmen könnte, *dann könnten diese Normen, das ist wahr, keine Gültigkeit beanspruchen.* An Kinderschändungen, Vergewaltigungen, Menschenrechtsverletzungen überhaupt wäre dann, jedenfalls vom moralischen Standpunkt aus, nichts auszusetzen." Auch dieses Beispiel setzt die Diskurstheorie einem *experimentum crucis* aus, wie es Habermas in seinen eigenen Ausführungen stets vermeidet. Denn: „Wenn Habermas dieser Aussage nicht zustimmt, bestreitet er die Richtigkeit seiner Theorie. Stimmt er der Aussage aber zu, so setzt er diese ebenso wie ihren Schöpfer in ein ungünstiges Licht."[5]

Das Beispiel macht übrigens deutlich, daß es nicht angeht, die Richtigkeit einer These von der Zustimmung buchstäblich *aller* Beurteiler abhängig zu machen. Denn damit hätte es *jeder* Einzelne in der Hand, jede beliebige These an seinem Widerspruch scheitern zu lassen. Muß man sich jedoch aus Gründen der Praktikabilität mit dem Konsens der meisten begnügen, so kann der Konsens bestenfalls eine Vermutung der Richtigkeit begründen, für die es dann aber noch ganz andere Gründe geben muß.

3. Menschenrechte in der Diskurstheorie

Von praktischem Interesse ist nicht zuletzt die Frage, wie sich die Diskurstheorie zu der Vorstellung unverbrüchlich geltender Menschenrechte verhält. Zusammen mit dem Demokratieprinzip bilden die Menschenrechte das Fundament des demokratischen Rechtsstaats. Ihrer rechtstechnischen Funktion nach handelt es sich vor allem um Gesetzgebungsverbote: Dem Gesetzgeber wird dadurch untersagt, in bestimmte Individualbereiche einzugreifen, weil diese gegenüber (einfach-)gesetzlichen Änderungen substantiell geschützt werden sollen. In einer Demokratie wirkt sich dies zwangsläufig als eine Beschränkung der demokratischen Selbstbestimmung aus: dem demokratischen Diskurs wird eine

[5] *U. Steinhoff,* Rechtstheorie 27 (1996), S. 449 (454).

Grenze gezogen, um Individualrechte zu ermöglichen, die auch gegenüber dem Demos Bestand haben.

Um die Vorstellung einer radikalen Diskursdemokratie mit der Idee unverbrüchlicher Menschenrechte vereinbaren zu können, muß Habermas eine solche Spannung zwischen Demokratieprinzip und Menschenrechtsidee leugnen. Dazu aber müßte er an sich nachweisen, daß die Demokratie mit der Idee der Menschenrechte notwendig verknüpft ist. Wahrscheinlich ist dies gemeint, wenn er ausführt, die Menschenrechte seien keine Begrenzungen, sondern „ermöglichende Bedingungen" der Demokratie[6]. Da Habermas eine genauere Erläuterung schuldig bleibt, ist man auf die Vermutung angewiesen, daß ebenso, wie nach seiner Vorstellung der Diskurs politisch in die Demokratie einmündet, wohl auch die Diskursvoraussetzungen ihre reale Verlängerung in den Menschenrechten finden sollen. Für einzelne dieser Rechte wie den Gleichheitssatz, den Schutz des Lebens und der körperlichen Unversehrtheit und die Meinungsfreiheit ist dies gewiß plausibel. Aber warum sollte der Schutz der Minderheit vor der Mehrheit auch in anderen Fällen für die Demokratie konstitutiv sein? Warum sollte eine Demokratie beispielsweise nicht möglich sein ohne Vereinigungsfreiheit oder ohne absoluten Schutz der Familie oder des erworbenen Eigentums? Von einem Denker, der sich wie Habermas vielfach zustimmend auf Rousseau bezieht, sollte man eine Auseinandersetzung damit erwarten dürfen, daß Rousseau in der Existenz politischer Vereinigungen eine ernste Gefahr für die Demokratie erblickte. Und wer Sympathie für einen demokratischen Sozialismus erkennen läßt, sollte das Menschenrecht auf Eigentum nicht mit Stillschweigen übergehen. Aber Habermas liebt solche begriffliche Klarheit nicht. Seine Stärke liegt darin, daß er im Dunstkreis einer vieldeutigen Sprache faszinierende Verbindungen herzustellen weiß, die sich nicht immer argumentativ einholen lassen.

Hält man Entstehungs- und Begründungszusammenhang scharf auseinander, so ist leicht zu erkennen, daß die Menschenrechte *historisch* in einem Prozeß diskursiver Auseinandersetzung über das Verhältnis des Einzelnen zum Staat *gefunden* wurden. Aber daraus folgt keineswegs, daß sie auch in der Sache nur *aufgrund* des Diskurses *gelten* würden. Ihre eigentliche Geltungsgrundlage haben sie eher in christlich geprägten spezifisch europäischen Weltdeutungen, die einen herrschaftsfreien Diskurs nach Habermas'schem Muster kaum unbeschadet überstehen würden. Die Menschenrechte einem voraussetzungslosen Diskurs aller auszusetzen, hieße daher womöglich nichts anderes, als das, was dem Einzelnen Schutz bieten soll vor den realen Mächten der Sozietät und was seine Anerkennung und Ausformung einer Reihe von eher unwahrscheinlichen Konstellationen verdankt, als Teil dieser Realität selbst

---

[6] Vgl. *Habermas,* FuG, S. 134.

konstruieren zu wollen. In der Sache liefe dies auf ein Ignorieren aller politischen Erfahrung hinaus. Auch hier zeigt sich daher, daß das Recht nicht gänzlich in Verfahren auflösbar ist. Ein Recht, das dem Verfahren der Rechtsetzung keinen Widerstand entgegensetzt, ist in Wahrheit mit Politik *identisch.* Habermas erkennt nicht oder berücksichtigt jedenfalls zuwenig, daß es gerade die *Differenz* von der Politik ist, die das Recht als eigenes Medium der Verhaltenskoordinierung begründet.

4. Demokratie der Form und der Wirkung nach

Aber das Diskursprinzip stößt noch auf ein anderes Dilemma. Gemeint ist folgendes: Wenn nur dasjenige Recht legitim wäre, dem alle oder fast alle zugestimmt haben, so wäre legitimes Recht schlechterdings unmöglich, und zwar nicht nur deshalb, weil bei einer Weltbevölkerung von mehreren Milliarden eine allgemeine Zustimmung weder zu erwarten noch zu organisieren ist, sondern bereits aus dem einfachen und an sich viel näherliegenden Grund, daß jedes Recht immer auch unrevidierbare Daten für die nächstfolgende Generation setzt, diese aber nun einmal nicht im voraus befragt werden kann, ob sie damit einverstanden ist. Bei Habermas tritt diese Schwierigkeit nur deshalb nicht in den Blick, weil er nicht auf die tatsächliche, sondern nur auf eine hypothetische Zustimmung abstellt. Das Diskursprinzip, der eigentliche Prüfstein der Legitimität, lautet, wie hier noch einmal in Erinnerung gebracht werden muß: „Gültig sind genau die Handlungsnormen, denen alle möglicherweise Betroffenen als Teilnehmer an rationalen Diskursen zustimmen könnten.“[7] Wohlgemerkt: zustimmen *könnten.*

Zustimmen *können* ist etwas anderes als wirkliche Zustimmung. Zustimmen *können* ist nicht einmal gleichbedeutend mit vermuteter Zustimmung; sonst hätte Habermas nämlich formulieren müssen: zustimmen *würden* – unter der Voraussetzung nämlich, daß es möglich wäre, die Betreffenden nach ihrer Zustimmung zu befragen. Gemeint ist jedoch etwas anderes, nämlich daß alle unter idealen, tatsächlich nie erreichbaren Bedingungen zustimmen würden, anders ausgedrückt: daß sie *vernünftigerweise zustimmen müßten.* Eine von der Vernunft geforderte Zustimmung ist ohne weiteres mit einer realen Ablehnung vereinbar. Der Verbrecher müßte nach einem berühmten Beispiel Kants mit seiner Bestrafung vernünftigerweise auch dann einverstanden sein, wenn er aus mangelnder Einsicht dagegen ist. Für den von Habermas behaupteten Zusammenhang von Diskursprinzip und Demokratie hat das eine fatale Konsequenz. Eine Zustimmung der zeitlosen Vernunftnatur setzt nämlich keineswegs notwendig voraus, daß der Staat in Form einer Demokratie organisiert ist. Entscheidend kann allein sein, daß das positive

[7] *Habermas,* FuG, S. 138.

Recht *im Ergebnis* zustimmungsfähig ist. Das aber kann es unter Umständen auch dann sein, wenn es sich einer autoritären Rechtssetzung verdankt.

Man kann es nach all dem drehen und wenden, wie man will: was das Diskursprinzip verlangt, läßt sich nicht vollständig in ein bestimmtes Procedere umsetzen. Aus eben diesem Grund kann es unter Umständen auch unabhängig von einem Diskurs realisiert werden. Letztlich ist das eine Erkenntnis, über die bereits Kant verfügte, wenn er die einzige wirkliche Verpflichtung der konstituierenden Gewalt darin erblickte, die Regierungsart so zu verändern, „daß sie mit der einzig rechtmäßigen Verfassung, nämlich der einer reinen Republik, *ihrer Wirkung nach* zusammenstimme“[8]. Unterm Strich genommen ist auch die Diskurstheorie des Rechts darüber nicht sonderlich weit hinausgelangt. Aber nach all den Demütigungen, welche die Rechtsphilosophie unter der Ägide des Positivismus ertragen mußte, ist es vielleicht schon viel, solche Einsichten auf mancherlei Umwegen erneut ins Bewußtsein gerufen zu haben.

III. Gegenwart und Zukunft

Auch wenn die Diskurstheorie des Rechts die Entscheidung für die Demokratie nach dem Gesagten nicht zwingend macht, findet sie im demokratischen Diskurs aber doch ihre anschauliche Darstellung. Die assoziative Nähe zu einer realen Staatsform ist zweifellos ein Vorteil, weil dadurch leicht eine Verbindung zu Fragen und Problemen hergestellt werden kann, wie sie in Recht und Politik tatsächlich eine Rolle spielen. Andererseits ist die Diskurstheorie dadurch in Gefahr, unversehens die Mängel zu übernehmen, mit denen die Demokratie auch im bestmöglichen Fall behaftet ist. Das aber ist die *Ausrichtung an den Interessen der hier und jetzt Lebenden,* denen allein im demokratischen Diskurs die letzte Entscheidung zusteht.

Die Demokratie ist auf Generalisierung nur dem *Ort,* nicht der *Zeit* nach angelegt. Sie tendiert zu Regeln, durch die die vorhandenen Güter unter die vorhandenen Menschen angemessen verteilt werden, und verhindert zuverlässig, daß das Wohl der jetzt lebenden Generation dem Wohl künftiger Generationen geopfert wird. Da aber die Nachgeborenen heute noch keine Stimme haben, kann die Demokratie nicht verhindern, daß das Wohl der Zukunft in der Gegenwart verspielt wird. Nur wo die jetzt entscheidenden Bürger Grund haben, in ihrem eigenen Interesse zugleich an die Zukunft zu denken, ist auch für die künftige Generation

---

[8] *Kant,* Metaphysik der Sitten, Rechtslehre, § 52 (Akademieausgabe Bd. 6, S. 340).

gesorgt. Das war der Grund, weshalb sich Rawls die Teilnehmer des Urzustandes zugleich als Repräsentanten von Nachkommenlinien dachte: Wenigstens durch die Herstellung quasifamiliärer Banden sollten Gegenwart und Zukunft miteinander verknüpft werden[9]. Bei dem „Radikaldemokraten" Habermas fehlt diese Perspektive indessen gänzlich. Gerade wegen ihrer Anlehnung an die Demokratie ist seine Diskurstheorie des Rechts einseitig an der Aufhebung politischer Repression im Hier und Jetzt und an der diskursiv vermittelten Verteilung des Vorhandenen orientiert. Sie ist eine Rechtstheorie für Bürger, die sich damit begnügen, sich allein in der Gegenwart einzurichten. Für eine Gesellschaft, die daran interessiert ist, eine Zukunft zu haben, reicht dies nicht aus.

---

[9] Vgl. oben § 13 II 3.

6. Abschnitt.
Hans Jonas, Das Prinzip Verantwortung

§ 26. Notwendigkeit einer Fernbereichsethik

Was man bei Habermas vermißt, nämlich eine *Zukunftsperspektive,* die den Rahmen einer nur auf die Gegenwart bezogenen Ausgleichs- und Verteilungsgerechtigkeit übersteigt, zeichnet das Werk von Hans Jonas (1903–1993) aus. Das ist kein Zufall; denn Jonas ist ein Denker, der sich niemals den Horizont hat verengen lassen durch das, was er respektlos die „Selbstkastration der Philosophie" nannte. Mit der älteren wie mit der modernen Philosophie gleichermaßen vertraut, bekannte er vielmehr ungescheut, daß er „einfach nicht glauben k[önne], daß alle jene Großen, von Platon bis Spinoza, Leibniz, Hegel usw., blind und töricht waren und erst wir heute dank der Wiener Schule klug und weise geworden sind"[1]. Anders als die bisher behandelten Autoren war Jonas von Haus aus überwiegend mit philosophiegeschichtlichen und naturphilosophischen Studien befaßt. Der Grund, warum er sich schließlich der praktischen Philosophie zuwandte, war die Erkenntnis, daß die *stillschweigenden Voraussetzungen* aller bisherigen Ethik unter dem Einfluß der modernen Technik heute ins Gleiten geraten sind. Gleich am Anfang seines 1979 erschienenen Buches über „Das Prinzip Verantwortung", das er in Anlehnung an Wittgensteins Tractatus logico-philosophicus auch als „Tractatus technologico-ethicus" bezeichnet[2], konfrontiert er den Leser mit der These, „daß mit gewissen Entwicklungen unserer Macht sich das Wesen menschlichen Handelns geändert hat" und „daß die veränderte Natur menschlichen Handelns auch eine Änderung in der Ethik erforderlich macht"[3]. Wohl wissend, daß hierüber (noch) kein allgemeines Einverständnis vorausgesetzt werden kann, zielt Jonas primär auf eine Bewußtseinsveränderung, nämlich auf eine Korrektur unserer subjektiven Vorverständnisse und Richtigkeitsüberzeugungen. Gleichzeitig ist er jedoch Realist genug, um zu wissen, daß die Verwirklichung veränderter Einsichten in einer durchorganisierten Welt auch veränderte Institutionen verlangt, womöglich sogar eine Veränderung der Organisation des Rechtswesens als Ganzes und dabei vielleicht auch seiner

---

[1] *Hans Jonas,* Philosophische Untersuchungen und metaphysische Vermutungen, Frankfurt a. M. 1992, S. 251.

[2] *Hans Jonas,* PV, S. 9.

[3] *Jonas,* PV, S. 15.

demokratischen Struktur, deren theoretische Basis herauszuarbeiten das Anliegen von Habermas war.

Im folgenden richten wir den Blick zunächst auf die Gründe, weshalb Jonas die überkommene Ethik unter den heutigen Bedingungen als unzulänglich kritisiert. Diese Kritik bildet den Ausgangspunkt für alle weiteren Überlegungen.

I. Traditionelle Ethik als Nahbereichsethik

Die bisherige Ethik im Einflußbereich der modernen Zivilisation war dadurch gekennzeichnet, daß sie in hohem Maße *anthropozentrisch* und dabei zugleich betont *gegenwartsbezogen* war. Sie schloß auf der einen Seite die Natur als Gegenstand menschlicher Verantwortung aus und kannte auf der anderen nur eine Verantwortung für die *jetzt* lebenden Menschen, verfügte also über keine Zukunftsperspektive für spätere Generationen. Bei allen Überlegungen ging man nämlich von der stillschweigenden Voraussetzung aus, daß immer Menschen da sein würden, so daß es nur darauf ankomme, deren gegenwärtige Beziehungen zueinander zu regeln, und man ließ sich außerdem von der Annahme leiten, daß die Natur ein unwandelbares und unverletzliches Ganzes sei, das den bleibenden Hintergrund zu allen menschlichen Unternehmungen bilde: „Aller Umgang mit der außermenschlichen Welt, das heißt der ganze Bereich der *techne* (Kunstfertigkeit) war – mit Ausnahme der Medizin – ethisch neutral ... Wirkung auf nichtmenschliche Objekte bildete keinen Bereich ethischer Bedeutsamkeit. Ethische Bedeutung gehörte zum direkten Umgang von Mensch mit Mensch, einschließlich des Umgangs mit sich selbst ..." Die überkommene Ethik war daher, prägnant formuliert, eine *Nahbereichsethik:* „Das Wohl oder Übel, worum das Handeln sich zu kümmern hatte, lag nahe bei der Handlung, entweder in der *Praxis* selbst oder in ihrer unmittelbaren Reichweite, und war keine Sache entfernter Planung. Diese Nähe der Ziele galt für Zeit sowohl als Raum. Die wirksame Reichweite der Aktion war klein, die Zeitspanne für Voraussicht, Zielsetzung und Zurechenbarkeit kurz, die Kontrolle über Umstände begrenzt. Rechtes Verhalten hatte seine unmittelbaren Kriterien und seine fast unmittelbare Vollendung. Der lange Lauf der Folgen war dem Zufall, dem Schicksal oder der Vorsehung anheimgestellt. Ethik hatte es demgemäß mit dem Hier und Jetzt zu tun, mit Gelegenheiten, wie sie zwischen Menschen sich einstellen, mit den wiederkehrenden typischen Situationen des privaten und öffentlichen Lebens. Der gute Mensch war ein solcher, der diesen Gelegenheiten mit Tugend und Weisheit begegnete, der die Fähigkeit dazu in sich selbst kultivierte und im übrigen sich mit dem Unbekannten abfand."[4]

---

[4] *Jonas,* PV, S. 22.

1. Das Paradigma des kategorischen Imperativs

Diesem Befund entspricht, daß alle Gebote und Maximen der überlieferten Ethik dieselbe Struktur aufweisen: sie sind der Reichweite nach beschränkt auf den Umkreis der Handlung. Das trifft zu auf Sätze wie „Liebe deinen Nächsten wie dich selbst“, „Behandle andere so, wie du willst, daß sie dich behandeln“, „Ordne dein persönliches Wohl dem Gemeinwohl unter“ u. ä. m. Für alle derartigen Maximen gilt, daß „der Handelnde und der ‚Andere‘ seines Handelns Teilhaber einer gemeinsamen Gegenwart sind. Es sind die jetzt Lebenden und in irgendwelchem Verkehr mit mir Stehenden, die einen Anspruch auf mein Verhalten haben, insofern es sie durch Tun oder Unterlassen affiziert. Das sittliche Universum besteht aus Zeitgenossen und sein Zukunftshorizont ist beschränkt auf deren voraussichtliche Lebensspanne.“[5]

Das philosophische Paradigma einer solchen Nahbereichsnorm ist für Jonas der *kategorische Imperativ* Kants: „Handle nur nach derjenigen Maxime, durch die du zugleich wollen kannst, daß sie ein allgemeines Gesetz werde“ oder auch: „Handle so, als ob die Maxime deiner Handlung durch deinen Willen zum allgemeinen Naturgesetze werden sollte.“[6] In der von Kant postulierten Tauglichkeit der subjektiven Maxime des Handelnden für die Grundlegung eines allgemeinen Gesetzes, d. h. in der Vereinbarkeit des subjektiven Willens mit dem allgemeinen, fühlt sich Jonas freilich mehr an ein Gebot der Logik als der Moral erinnert. Den moralischen Gehalt des kategorischen Imperativs findet er in dem, was dem logischen Schluß vorgelagert ist, nämlich in der Annahme, daß *allen Vernunftwesen,* mit denen man die Welt teilt, der *gleiche Selbstwert* zukommt und daß dies bei allen Handlungen zu beachten ist. Das im kategorischen Imperativ angerufene „Können“ („Kannst du auch wollen, daß deine Maxime ein allgemeines Gesetz werde?“[7]) erscheint ihm daher folgerichtig als „das der Vernunft und ihrer Einstimmung mit sich selbst: Die Existenz einer Gesellschaft handelnder Vernunftwesen *vorausgesetzt,* muß die Handlung so beschaffen sein, daß sie sich ohne Selbstwiderspruch als allgemeine Übung dieser Gemeinschaft vorstellen läßt.“ Kurz: „das ‚wollen *können*‘ oder ‚nicht können‘ drückt logische Selbstverträglichkeit oder -unverträglichkeit, nicht sittliche Approbation oder Revulsion aus“. Die Forderung, daß das menschliche Leben auch in Zukunft weitergehen soll, fällt *nicht* unter dieses logische Gebot. Die „Vorstellung, daß das Glück gegenwärtiger und nächstfolgender Generationen mit dem Unglück oder gar der Nichtexistenz späterer Genera-

---

[5] *Jonas,* PV, S. 23.

[6] *Kant,* Grundlegung zur Metaphysik der Sitten, Akademieausgabe Bd. 4, S. 421.

[7] *Kant,* Grundlegung, S. 403.

tionen erkauft wird“, enthält nämlich, bezieht man sich nur auf die jetzt Lebenden, keinen Selbstwiderspruch[8].

Mit dem so verstandenen kategorischen Imperativ wäre es ohne weiteres vereinbar, die Zukunft späterer Generationen in einem kurzen Feuerwerk menschlicher Kultur zu verspielen, wenn dabei nur die Besitzstände der hier und jetzt Beteiligten nicht angetastet werden. Zwar dürfte dies kaum der Auffassung von Kant selbst entsprochen haben. Dieser dürfte eher der Meinung gewesen sein, daß der kategorische Imperativ auch den Lebens- und Überlebensinteressen späterer Generationen niemals abträglich sein könne. Richtig ist aber doch auch, daß sich Kant ebenso wie andere von der stillschweigend gemachten Voraussetzung leiten ließ, daß immer Menschen dasein würden und daß ihr „natürlicher Lebensraum“ durch sie selbst nie ernsthaft gefährdet werden könne. Zumindest aus diesem Grund enthält der kategorische Imperativ explizit keinerlei Hinweise darauf, was unter den besonderen Bedingungen, wie sie heute gegeben sind, mit Blick auf die Zukunft richtigerweise zu tun ist. Die Forderung nach einer Ergänzung erscheint von daher unabweisbar.

2. *Verhaltensbiologische Grundlagen der bisherigen Überlebensethik*

Bezieht man in diesem Zusammenhang einmal die Erkenntnisse der Verhaltensbiologie mit ein, so könnte sich über das von Jonas Gesagte hinaus geradezu die These aufdrängen, daß die Menschen auf eine Nahbereichsethik genetisch programmiert sind. Unsere Vorfahren lebten die längste Zeit in Kleingesellschaften als Jäger und Sammler. Die Strategien, die sie entwickeln mußten, um unter diesen Bedingungen zu überleben, gehören auch noch zum Verhaltensprogramm des modernen Menschen. Das betrifft vor allem die Ausrichtung auf den *Wettlauf im Jetzt.* Im Überlebenskampf unserer Vorfahren kam es darauf an, etwaigen Konkurrenten hier und jetzt überlegen zu sein. Das hatte zwei Seiten.

Einmal war es geboten, im Konfliktfall der *eigenen Bezugsgruppe* zu nützen, konkurrierende Gruppen jedoch zu bekämpfen. Wo das eigene Überleben unmittelbar an den Bestand der Bezugsgruppe gebunden war, war Nächstenliebe, nicht Fernstenliebe gefragt. Die Unterscheidung zwischen Freunden und Feinden war daher rational und moralisch zugleich. Trotz der übergreifenden Menschheitsideologien, über die wir heute verfügen, ist die überkommene Ethik in gewissem Umfang noch immer eine „Berührungsethik“, wobei „der Handelnde und der Andere sich treffen als Nachbar, Freund oder Feind, als Vorgesetzter und Unter-

---

[8] *Jonas,* PV, S. 35.

gebener, als Stärkerer und Schwächerer und in all den anderen Rollen, in denen Menschen miteinander zu tun haben"[9].

Der andere Punkt ist der, daß in diesem Wettlauf allein zählte, wer *hier und jetzt schneller* war. Wer hier und jetzt verlor, hatte genetisch gesehen häufig für immer verloren. Dadurch hat sich eine Verhaltensdisposition herausgebildet, die darauf hinausläuft, jetzt sich bietende Chancen ohne Rücksicht auf Spätfolgen maximal zu nutzen. Unter der Voraussetzung, daß dies auf den Bestand der Menschheit insgesamt keinen Einfluß hatte und die gemeinsamen Lebensbedingungen nicht berührt wurden, war auch dies rational. Spät erst wurden die negativen Folgen sichtbar, wie sie in dem bekannten Allmendebeispiel zum Ausdruck kommen: Wer die Allmende, das für alle in gleicher Weise bestimmte Weideland der Gemeinde, rücksichtslos für sich ausbeutet, verschafft sich zwar hier und jetzt einen Vorteil, schadet aber langfristig allen. Beispiele dieser Art dürfte es viele geben, wenngleich sie nicht immer so einfach zu erkennen sind. Abgesehen davon sind die Menschen nicht eben darauf programmiert, sich um solche Erkenntnisse zu bemühen. Und selbst dann noch, wenn sie darüber verfügen, ist die Versuchung groß, sich darüber hinwegzusetzen, weil man sich der optimistischen Hoffnung hingibt, das Unheil werde sich irgendwie doch vermeiden lassen. In der Vergangenheit war dies im großen und ganzen tatsächlich der Fall.

II. Veränderter Handlungshorizont des modernen Menschen

Wie Jonas nicht müde wird zu betonen, haben sich die tatsächlichen Voraussetzungen dieser Nahbereichsethik jedoch nachhaltig verändert, weil die moderne Technik die *Reichweite* des menschlichen Handelns *enorm erhöht* hat.

1. Ubiquität der Handlungsfolgen

Das gilt zunächst insofern, als die technische Intervention die für die Folgen menschlichen Verhaltens bislang bestehenden *räumlichen* Grenzen immer weiter hinausschiebt und letztlich überhaupt aufhebt. In der Vergangenheit konnte in die Natur nur *punktuell* eingegriffen werden; die Folgen eines solchen Eingriffs waren an anderer Stelle nicht spürbar. Das Aufkommen industrieller Massengesellschaften zusammen mit einer immer weiter entwickelten Technik hat uns dagegen mit den Problemen globaler Umweltverschmutzung, mit beginnender Klimaveränderung durch Treibhauseffekt und Ozonloch, mit steigender Rohstoffverknappung, grenzüberschreitender radioaktiver Verstrahlung u.ä.m.

---

[9] *Jonas,* PV, S. 23.

konfrontiert. Zwar gibt es nach wie vor Handlungen, deren Folgen auf den unmittelbaren Aktionsradius beschränkt sind, und das wird auch in Zukunft so bleiben. Aber unter den veränderten Bedingungen ist deutlich geworden, daß es zunehmend neue Handlungsformen gibt, die sich durch eine *Ubiquität der Folgen* auszeichnen. Mit Recht weist Jonas daher darauf hin, „daß ein Gegenstand von gänzlich neuer Ordnung, nicht weniger als die gesamte Biosphäre des Planeten, dem hinzugefügt worden ist, wofür wir verantwortlich sein müssen, weil wir Macht darüber haben“[10].

Am Beispiel des Einflußbereichs der besiedelten Stadt, der sich zunehmend erweitert hat, führt Jonas die Qualität dieser Änderung anschaulich vor Augen: Bis weit in die Neuzeit hinein war die Stadt, die frühere Polis, eine Enklave intensiven menschlichen Lebens innerhalb einer weitgehend unberührten Natur. Innerhalb der Stadt hing alles mit allem zusammen; aus diesem Grund mußten hier schon früh Verhaltensordnungen geschaffen werden, wie sie jenseits der Stadtmauern nicht benötigt wurden, weil sich außerhalb des lebensweltlichen Zusammenhangs der Stadt die Folgen vieler Handlungen scheinbar spurlos in der Natur verloren. Im Laufe der Zeit jedoch wurde die Grenze zwischen der bewohnten Stadt und der vom Menschen unberührten Natur aufgehoben: „Die Stadt der Menschen, einstmals eine Enklave in der nichtmenschlichen Welt, breitet sich über das Ganze der irdischen Natur aus und usurpiert ihren Platz. Der Unterschied zwischen dem Künstlichen und dem Natürlichen ist verschwunden, das Natürliche ist von der Sphäre des Künstlichen verschlungen worden ...“[11] Auch wenn nicht an allen Orten Menschen leben – die Folgen ihres gemeinsamen Lebens sind heute überall spürbar. Und jedenfalls insofern ist die Welt als solche eine globale „Stadt“ geworden.

2. Langzeitwirkung umweltbezogenen Handelns

In engem Zusammenhang damit steht folgendes: Die Natur als Ganzes, als kosmische Ordnung, ist weder unverletzlich noch unerschöpflich. Im Zeichen der modernen Technik ist daher das bisher Undenkbare Wirklichkeit geworden, daß der Mensch der Natur selbst gefährlich wird. Die Folgen menschlichen Handelns sind auch in *zeitlicher* Hinsicht nicht mehr punktuell begrenzt, sondern wirken zum Teil weit über die Gegenwart hinaus in die Zukunft. Die Anreicherung der Umwelt mit Schadstoffen, das Aussterben von Tier- und Pflanzenarten, die Versteppung weiter Landstriche, die Veränderungen des Klimas u. ä. m. sind nach heutigem Stand nur schwer oder gar nicht revidierbar. Der Mensch,

[10] *Jonas,* PV, S. 27.
[11] *Jonas,* PV, S. 33.

der diese Folgen auslöst, verändert daher nicht nur die Lebensbedingungen für sich selbst, sondern zugleich *für spätere Generationen.* Menschen, die früher einmal sehr weit von uns entfernt zu sein schienen, weil sie nicht einmal geboren waren, sind dadurch in den Einflußbereich unseres Handelns gerückt und werden davon mitbetroffen, wie wenn sie Zeitgenossen wären.

Aus der Nähe betrachtet, ist manches davon vielleicht nicht ganz so neu, wie es bei dieser holzschnittartigen Gegenüberstellung den Anschein hat. Auch wenn man einmal davon absieht, daß durch Kriege das menschliche Schicksal schon immer auf Generationen hinaus geprägt worden ist, so ist das Aussterben einzelner Arten oder die Verkarstung von Böden unter dem Einfluß des Menschen schon in der Vergangenheit nachzuweisen. Aber bei diesen historischen Parallelen handelt es sich letztlich doch um seltene Ausnahmen von einer noch dazu weitaus geringeren Intensität. Mit den heutigen Eingriffen in die Natur sind die früheren Vorläufer solchen Verhaltens quantitativ nicht zu vergleichen. Auch die subjektive Sicht ist heute eine andere: Der moderne Mensch hat nicht nur eine immer größere Macht über die Natur erlangt, er ist sich dessen auch *bewußt* geworden. Und dies bedeutet, daß er diese Macht durch gezielten Einsatz von Technik immer mehr ausdehnen kann.

3. Der Mensch als Objekt der Technik

Die jüngste Veränderung im Verlauf dieses Prozesses ist die, daß der Mensch selbst unter die Objekte der von ihm geschaffenen Technik geraten ist: „Homo faber kehrt seine Kunst auf sich selbst und macht sich dazu fertig, den Erfinder und Verfertiger alles Übrigen neu zu verfertigen. Diese Vollendung seiner Gewalt, die sehr wohl die Überwältigung des Menschen bedeuten kann, diese letzte Einsetzung der Kunst über die Natur, fordert die letzte Anstrengung ethischen Denkens heraus, das nie zuvor wählbare Alternativen zu dem, was für die definitiven Gegebenheiten der Menschenverfassung galt, ins Auge zu fassen hat.“[12]

Die *Zellbiologie* scheint nach Auffassung mancher Beobachter die Aussicht zu eröffnen, das menschliche Leben über jedes bisher gekannte Maß hinaus zu verlängern. Der Tod figuriert vor diesem Hintergrund „nicht mehr als eine zur Natur des Lebendigen gehörige Notwendigkeit, sondern als eine vermeidbare, jedenfalls im Prinzip traktable und lange aufschiebbare, organische Fehlleistung.“[13] Ihn hinauszuschieben, mag für die bereits Lebenden ein wünschenswertes Ziel bedeuten: „Aber dafür müßte am entgegengesetzten Ende, an der Quelle, bezahlt werden.

---

[12] *Jonas,* PV, S. 47. (Das letzte Wort lautet im Original fälschlich: „hatte“.)
[13] *Jonas,* PV, S. 48.

Denn es ist klar, im bevölkerungsweiten Maßstab ist der Preis für ausgedehntes Alter eine proportionale Verlangsamung des Ersatzes, das heißt ein verminderter Zugang neuen Lebens ... Um das Extrem zu nehmen: wenn wir den Tod abschaffen, müssen wir auch die Fortpflanzung abschaffen, denn die letztere ist des Lebens Antwort auf den ersteren, und so hätten wir eine Welt von Alter ohne Jugend und von schon bekannten Individuen ohne die Überraschung solcher, die nie zuvor waren."[14]

Durch die Fortschritte der *Biomedizin* scheint es möglich zu werden, auch das menschliche Verhalten immer stärker zu beeinflussen, nicht nur zu medizinischen Zwecken. Wie Jonas beispielhaft anführt, könnte man etwa die Motivation von Schulkindern durch Massenverabfolgung von Drogen verbessern, man könnte den Aggressionstrieb durch elektronische Pazifizierung von Gehirnregionen überwinden, durch gezielte Stimulierung der Genußzentren ließen sich Glücks- oder Lustgefühle erzeugen, teils nur zur Erhöhung des persönlichen Wohlbefindens, teils aber auch zur Leistungssteigerung am Arbeitsplatz. Durch solche und ähnliche Manipulationen könnte der Appell an die autonome Selbstbestimmung, auf den die überkommene Ethik hinausläuft, umgangen werden. Das aber wäre von unabsehbaren Folgen begleitet, denn „jedesmal, wenn wir in solcher Weise den menschlichen Weg der Behandlung menschlicher Probleme umgehen und durch den Kurzschluß eines unpersönlichen Mechanismus ersetzen, haben wir etwas von der Würde persönlicher Selbstheit hinweggenommen und einen weiteren Schritt voran auf dem Wege von verantwortlichen Subjekten zu programmierten Verhaltenssystemen getan."[15]

Durch die Entwicklung der *Gentechnik* zeichnet sich schließlich die Möglichkeit ab, daß der Mensch der Natur vollends ins Handwerk greift und seine weitere Evolution selbst in die Hand nimmt, mit dem Ziel nicht bloß der Erhaltung der Gattung in ihrer Integrität, sondern auch dem ihrer Verbesserung und Veränderung nach eigenem Entwurf. Eine stärkere Beeinflussung späterer Generationen ist schwer vorstellbar. Denn die genetische Modellierung betrifft nicht nur die Umwelt des Menschen, sondern sie gilt ihm selbst, womöglich gar seinem Wesen. Je nachdem, wie weit man dabei geht, könnten bei solchen Veränderungen nämlich Lebewesen entstehen, die wir im herkömmlichen Sinn nicht mehr als unsere Nachfahren, geschweige denn als Unseresgleichen ansehen würden.

Die Aussicht, daß das Leben einmal in der Hand des Biophysikers liegen würde, der die lebende Substanz nach Belieben verändert, ist interessanterweise fast zeitgleich mit Jonas auch von Heidegger, einem

[14] *Jonas,* PV, S. 49.
[15] *Jonas,* PV, S. 52.

der Lehrer von Jonas, als umstürzend erkannt worden. In einem 1969 geführten Gespräch rechnete Heidegger mit der Möglichkeit, „daß wir in absehbarer Zeit imstande sind, den Menschen so zu *machen,* d.h. rein in seinem organischen Wesen so zu konstruieren, wie man ihn braucht: Geschickte und Ungeschickte, Gescheite und – Dumme."[16] Eine Absage an die in der überkommenen westlichen Kultur verankerte Unantastbarkeit des Menschen müßte weitreichende Folgen haben. Denn was, so muß man fragen, heißt Menschenwürde, was Subjektivität und was Demokratie, wenn Menschen für jeden Bedarf hergestellt werden können? Es bedarf einer produktiven Phantasie, wie sie bei den bisher behandelten Denkern nicht festzustellen ist, um solche und ähnliche Fragen auch nur ins Auge zu fassen. Jonas ist einer der ersten, der sich den neuen Herausforderungen gestellt hat.

III. Kategorischer Imperativ der Verantwortung

Wenn das, was in der bisherigen Geschichte fraglos vorhanden war und die selbstverständliche Grundlage aller Ethik bildete, künftig von dem Menschen selbst hervorgebracht wird, vielleicht sogar hervorgebracht werden muß, so ist eine neue Ethik vonnöten. Der kategorische Imperativ Kants, verstanden als Paradigma der überkommenen Nahbereichsethik, greift vor dem veränderten Hintergrund zu kurz. Gefragt ist eine ethische Grundnorm mit anderer Zielrichtung.

1. Vereinbarkeit der Handlungsfolgen

Ein Imperativ, der auf den neuen Typ menschlichen Handelns paßt, müßte nach Jonas so lauten: „‚Handle so, daß die Wirkungen deiner Handlung verträglich sind mit der Permanenz echten menschlichen Lebens auf Erden'; oder negativ ausgedrückt: ‚Handle so, daß die Wirkungen deiner Handlung nicht zerstörerisch sind für die künftige Möglichkeit solchen Lebens'; oder einfach: ‚Gefährde nicht die Bedingungen für den indefiniten Fortbestand der Menschheit auf Erden'; oder, wieder positiv gewendet: ‚Schließe in deine gegenwärtige Wahl die zukünftige Integrität des Menschen als Mit-Gegenstand deines Wollens ein'."[17]

Die alten Vorschriften der „Nächsten"-Ethik, die Normen der Gerechtigkeit, Barmherzigkeit, Ehrlichkeit usw. würden dadurch nicht außer Kraft gesetzt; im Bereich des unmittelbaren Miteinanders, in der täglichen Sphäre menschlicher Wechselwirkung wären sie nach wie vor unverzichtbar. Aber der kategorische Imperativ Kants, der vor allem auf

---

[16] *Martin Heidegger,* Gesamtausgabe Bd. 16, Frankfurt a.M. 2000, S. 702 (706).

[17] *Jonas,* PV, S. 36.

logische Widerspruchsfreiheit hin angelegt war, würde durch den neuen Imperativ der Verantwortung gleichsam auf der zeitlichen Achse in die Zukunft hinein verlängert werden. Auf diese Weise würde sich der Akzent von der Vereinbarkeit der Handlungen im Jetzt und Heute auf die Akzeptierbarkeit der Handlungsfolgen im Später und Morgen verlagern: „Der neue Imperativ ruft eine andere Einstimmigkeit an: nicht die des Aktes mit sich selbst, sondern die seiner schließlichen *Wirkungen* mit dem Fortbestand menschlicher Aktivität in der Zukunft ... Dies nun fügt dem moralischen Kalkül den *Zeit*horizont hinzu, der in der logischen Augenblicksoperation des kantischen Imperativs gänzlich fehlt: extrapoliert der letztere in eine immer-gegenwärtige Ordnung abstrakter Kompatibilität, so extrapoliert unser Imperativ in eine berechenbare wirkliche *Zukunft* als die unabgeschlossene Dimension unserer Verantwortlichkeit.“[18]

2. *Pflicht zur Wissenserweiterung*

Mit dem Imperativ der Verantwortung ist zugleich eine ganz neue *Pflicht des Wissens* verbunden. Wenn man nämlich, um richtig zu handeln, die künftigen Folgen seines Tuns abschätzen muß, so ist es unabdingbar, daß man zunächst einmal *weiß,* wie die Welt, in der gehandelt wird, überhaupt beschaffen ist. Zu handeln, ohne sich um die Kenntnis der weitreichenden Folgen seines Tuns zu bemühen, erscheint unverantwortlich. Zwar ging das menschliche Können schon immer über das vorhandene Wissen hinaus. Aber nie war die Kluft dabei so groß wie heute, wo die Handlungsfolgen immer neue Dimensionen erreichen. Aus diesem Grund muß der von Jonas formulierte Imperativ zugleich die *Sekundärpflicht* umfassen, sich das *bestmögliche Wissen über den Zusammenhang von Handlung und Handlungsfolgen zu verschaffen.*

In dieser Sekundärpflicht kommt ein weiterer signifikanter Unterschied zu Kant zum Ausdruck. Ungeachtet dessen, daß eine Nahbereichsethik schon an sich mit einem geringen Mindestbestand objektiven Wissens auskommt, glaubte Kant die kognitive Seite menschlichen Handelns weitgehend vernachlässigen zu können. Nach Kant war es eine ausgemachte Tatsache, daß es „keiner Wissenschaft und Philosophie bedürfe, um zu wissen, was man zu tun habe, um ehrlich und gut, ja sogar um weise und tugendhaft zu sein“. Der gemeine Verstand könne sich daher „ebenso gut Hoffnung machen, es recht zu treffen, als es sich immer ein Philosoph versprechen mag“. Kurz: „Was ich ... zu tun habe, damit mein Wollen sittlich gut sei, dazu brauche ich gar keine weit ausholende Scharfsinnigkeit. Unerfahren in Ansehung des Weltlaufs, unfähig, auf alle sich ereignenden Vorfälle desselben gefaßt zu sein,“ könne

[18] *Jonas,* PV, S. 37f.

ich doch wissen, wie ich in Übereinstimmung mit dem Sittengesetz zu handeln habe.[19] Der kategorische Imperativ gilt demgemäß als das Paradigma einer extremen Gesinnungsethik: nur der gute Wille als solcher soll danach ins Gewicht fallen, auch wenn er aus Unverstand vielleicht das Falsche bewirkt.

Im Hinblick darauf, daß die Folgen menschlichen Handelns unter dem Einfluß der Technik über jedes bisher gekannte Maß hinausreichen, erteilt Jonas einer bloßen Gesinnungsethik eine entschiedene Absage: „Unter solchen Umständen wird *Wissen* zu einer vordringlichen Pflicht über alles hinaus, was je vorher für seine Rolle in Anspruch genommen wurde, und das Wissen muß dem kausalen Ausmaß unseres Handelns größengleich sein. Die Tatsache, daß es ihm nicht wirklich größengleich sein *kann*, das heißt, daß das vorhersagende Wissen hinter dem technischen Wissen, das unserem Handeln die Macht gibt, zurückbleibt, nimmt selbst ethische Bedeutung an. Die Kluft zwischen Kraft des Vorherwissens und Macht des Tuns erzeugt ein neues ethisches Problem. Anerkennung der Unwissenheit wird dann die Kehrseite der Pflicht des Wissens und damit ein Teil der Ethik, welche die immer nötiger werdende Selbstbeaufsichtigung unserer übermäßigen Macht unterrichten muß."[20]

Unvermerkt wird dabei freilich ein Teufelskreis sichtbar, der auch Jonas nicht entgeht[21]. Denn das Wissen von den Folgen technischen Handelns läßt sich schwerlich erweitern, ohne zugleich das Verfügungswissen, das Ursache dieser Folgen ist, ebenfalls auszudehnen. Begünstigt die Folgenkontrolle aber das Entstehen neuer Ursachen, dann treibt der neue Imperativ den technischen Prozeß selbst noch dadurch voran, daß er ihn zu kontrollieren versucht.

---

[19] *Kant*, Grundlegung zur Metaphysik der Sitten, Akademieausgabe Bd. 4, S. 403f.

[20] *Jonas*, PV, S. 28.

[21] Vgl. *Hans Jonas*, Philosophische Untersuchungen und metaphysische Vermutungen, Frankfurt a.M. 1992, S. 142.

§ 27. Objektive Pflichten gegenüber der Zukunft

I. Defizit des Kontraktualismus

Wer das Recht nicht vorbehaltlos der Dezision einer herrschenden Macht überantworten will, sieht sich zwangsläufig vor die Frage gestellt, aus welcher Quelle es sonst gewonnen werden kann. Nachdem sich die moderne Philosophie von der Metaphysik verabschiedet hat, scheint sich für eine rationale Grundlegung des Rechts allein der Vertragsgedanke anzubieten: Wenn sonst nichts trägt, bleibt nur der Rekurs auf den gemeinsamen Willen, sei es auch nur in Form der Zustimmung zu einem allgemein akzeptierten Verfahren der Rechtsetzung. Der bloße Verfahrenskonsens ist zwar von dezisionistischen Momenten ebenfalls nicht frei; aber wenigstens mittelbar kann man sich dabei auf das Prinzip „volenti non fit iniuria" stützen, dem der Vertragsgedanke seine Überzeugungskraft verdankt. Indem die kontraktualistische Rechtsbegründung sowohl den harten Rechtspositivismus wie auch die in Verruf gekommene Rechtsmetaphysik vermeidet, scheint sie gleichsam zwei Fliegen mit einer Klappe zu schlagen.

Allerdings setzt ein Vertrag typischerweise Nähebeziehungen voraus, wie sie bei einer Zukunfts- oder Fernstenethik naturgemäß fehlen: Ein reales Gegenüber, mit dem man sich über die gegenseitigen Rechtsbeziehungen verständigen könnte, gibt es auf dieser Ebene nicht. Infolgedessen stößt das Vertragsprinzip hier an immanente Grenzen. Das ist bereits in früherem Zusammenhang mitangeklungen[1], soll aber hier zum besseren Verständnis des Folgenden noch einmal rekapituliert werden.

1. Wollen und Wollenkönnen

Macht man mit dem Erfordernis des gegenseitigen Kontaktes ernst, wäre ein Vertrag zwischen den jetzt und den später Lebenden schlechthin undenkbar. Allerdings – so könnte man einwenden – ist die kontraktualistische Rechtsbegründung kaum je so verstanden worden, daß dafür ein wirklicher Vertrag erforderlich ist. Tatsächlich hat kaum jemand ernsthaft daran gedacht, daß der den Rechtszustand konstituierende Gesellschaftsvertrag im unmittelbaren Sinn des Wortes von allen mit allen geschlossen werden müsse. Anstelle des wirklichen Willens begnügte man sich vielmehr mit dem bloßen *Wollenkönnen:* Das Recht sollte so beschaffen sein, daß dazu alle ihre Zustimmung hätten geben

[1] Vgl. oben §§ 13 II 3, 25 II 4.

können. Die Kunstfigur des Wollenkönnens erlaubt es, auch diejenigen miteinzubeziehen, die real *nicht* gewollt haben – im Prinzip also auch künftige Generationen.

Wenn es nach Kant etwa maßgeblich auf die Zustimmung der „Vernunftnatur" des Menschen ankommt, so könnte man sich, da die Vernunft an Raum und Zeit nicht gebunden ist, damit theoretisch auch der Zustimmung Ungeborener versichern, obwohl dies für Kant selbst kein Thema war. Der Form nach anders verläuft die Abstraktion vom realen Willen bei Rawls. Um zu gewährleisten, daß die Parteien des im fiktiven Urzustand geschlossenen Gesellschaftsvertrages nicht nur ihre ephemeren eigenen Interessen wahrnehmen, werden sie von Rawls zugleich als „Vertreter von Nachkommenlinien" konzipiert[2]. Auf diese Weise wird ihnen künstlich ein Interesse eingegeben, auch zugunsten späterer Generationen tätig zu werden.

Letztlich gelingt die Einbeziehung der gesamten künftigen Menschheit in eine kontraktualistische Grundlegung des Rechts jedoch nur um den Preis einer Inkonsequenz. Wo definitiv feststeht, daß der in Rede stehende „Vertrag" niemals *real* abgeschlossen werden kann, geht es nämlich nicht mehr um das, worauf die Beteiligten sich *gemeinsam einigen*, sondern was jeder *einzelne* von ihnen richtigerweise *zu wollen hat.* Mit Hilfe vertragstheoretischer Argumente läßt sich dies schwerlich ermitteln.

2. *Fehlen der Reziprozität*

Nach Jonas gibt es aber noch einen anderen, wenngleich ähnlichen Grund, warum das Vertragsmodell als Basis für eine Zukunftsethik nicht in Betracht kommt: nämlich deshalb, weil auf der einen Seite der „Beteiligten" *keine Rechte existieren,* über deren Anerkennung man sich verständigen könnte. Das Vertragsmodell setzt Verhältnisse voraus, in denen sich Rechtsträger einander gegenüberstehen und um die gegenseitige Anerkennung und die Grenzen ihrer Rechte streiten. Das Recht des einen begründet dabei die Pflicht der anderen, dieses Recht zu achten, ebenso wie auch umgekehrt jeder Pflicht – jedenfalls in moralischer Hinsicht – auf der Gegenseite ein Recht korrespondiert. Eine solche Reziprozität läßt sich im Anwendungsbereich einer Zukunftsethik nicht herstellen: „Denn Anspruch hat nur das, was Ansprüche macht – was erst einmal *ist.* ... Das Nichtexistierende stellt keine Ansprüche, kann daher auch nicht in seinen Rechten verletzt werden. Es mag sie haben, wenn es ist, aber hat sie nicht schon auf die Möglichkeit hin, daß es einmal sein werde. Vor allem hat es kein Recht darauf, überhaupt zu sein, bevor es in der Tat ist. Der Anspruch auf das Sein beginnt erst mit

---

[2] *Rawls,* TdG, 44. Abschnitt, S. 323.

dem Sein. Aber gerade mit dem noch-nicht-Seienden hat es die gesuchte Ethik zu tun, und *ihr* Prinzip der Verantwortung muß unabhängig sein, wie von aller Idee eines Rechtes, so auch von der einer Reziprozität ..."[3]

Weit davon entfernt, sich mit zukünftigen Generationen in einem nachvollziehbaren Sinn verständigen zu können, geht es bei einer Zukunftsethik vielmehr darum, ohne eine solche Rückversicherung zu erkennen, was man im Hinblick auf künftige Epochen zu tun und zu lassen hat.

II. Heuristik der Furcht

Praktisches Wissen ist nicht zuletzt die Frucht von Erfahrung. Wo man solche Erfahrungen nicht sammeln kann, muß statt dessen die Imagination, das hypothetische Durchdenken in Betracht kommender Möglichkeiten, deren Funktion übernehmen. Um die Grundlage für eine Zukunftsethik erarbeiten zu können, muß daher, wie Jonas fordert, „eine Wissenschaft hypothetischer Vorhersagen, eine ‚vergleichende Futurologie', ausgebildet werden"[4]. Nur Gedankenexperimente, verbunden mit einer imaginativen Kasuistik, können uns darüber belehren, was eine zukunftsbezogene Ethik von uns verlangt.

1. Vermeidung der Apokalypse

Spekulationen über die Zukunft sind in der Philosophie nichts Neues. Anders als den meisten seiner Vorgänger ist es Jonas jedoch nicht um das Ausmalen künftiger Menschheitsparadiese zu tun. Angesichts der Ungewißheit des Kommenden und der Größe der drohenden Gefahr geht es ihm vielmehr darum, die in den modernen Lebensrisiken eingeschlossene Apokalypse ins Bewußtsein zu rufen. Der vorausgedachten Gefahr wird dabei gleichsam die Funktion zuteil, als Kompaß einer neuen Ethik zu dienen: „In ihrem Wetterleuchten aus der Zukunft, im Vorschein ihres planetarischen Unterfangens und ihres humanen Tiefganges, werden allererst die ethischen Prinzipien entdeckbar, aus denen sich die neuen Pflichten neuer Macht herleiten lassen. Dies nenne ich die ‚Heuristik der Furcht': Erst die vorausgesehene Verzerrung des Menschen verhilft uns zu dem davor zu bewahrenden Begriff des Menschen. Wir wissen erst, *was* auf dem Spiele steht, wenn wir wissen, *daß* es auf dem Spiele steht."[5]

---

[3] *Jonas,* PV, S. 84.
[4] *Jonas,* PV, S. 62f.
[5] *Jonas,* PV, S. 7f.

Eine solche Einstellung kommt dem Massenoptimismus unserer Zeit wenig entgegen. Nach Jonas gibt es jedoch gute Gründe, sich auf das systematische Durchspielen negativer Szenarien zu beschränken.

a) Das malum ist leichter zu erkennen. Einmal schon sind wir uns meist nur darüber im klaren, was wir *nicht wollen.* Was uns als gut erscheint, ist daher oft nichts anderes als die Abwesenheit eines Übels: so die Gesundheit die Abwesenheit von Krankheit oder der Frieden die Abwesenheit von Krieg: „Denn so ist es nun einmal mit uns bestellt: die Erkennung des *malum* ist uns unendlich leichter als die des *bonum;* sie ist unmittelbarer, zwingender, viel weniger Meinungsverschiedenheiten ausgesetzt und vor allem ungesucht: die bloße Gegenwart des Schlimmen drängt sich auf, während das Gute unauffällig da sein und ohne Reflexion … unerkannt bleiben kann. Über das Schlimme sind wir nicht unsicher, wenn wir es erfahren; über das Gute gewinnen wir Sicherheit meist erst auf dem Umweg über jenes. … Was wir *nicht* wollen, wissen wir meist viel eher als was wir wollen. Darum muß die Moralphilosophie unser Fürchten vor unseren Wünschen konsultieren, um zu ermitteln, was wir wirklich schätzen …“[6]

b) Kein trial-and-error-Verfahren. Hinzu kommt, daß sich der Mensch mit Hilfe der Technik zwar an die Stelle der Natur setzt, dabei aber nicht über deren Möglichkeiten verfügt. Die Natur experimentiert im Kleinen und kann sich daher zahlreiche Fehlschüsse leisten, bevor sie einen Treffer landet. Die Technik als Großunternehmen geht dagegen zunehmend aufs Ganze. Sie dringt in Dimensionen vor, in denen es keine Korrekturmöglichkeiten mehr gibt, in denen daher auch keine Irrtümer mehr vorkommen dürfen. Dieser Unterschied läßt jeden Optimismus in diesem Bereich als leichtfertiges Spiel mit der Zukunft erscheinen: „Das Großunternehmen der modernen Technologie … drängt … die vielen winzigen Schritte natürlicher Entwicklung in wenige kolossale zusammen und begibt sich damit des lebenssichernden Vorteils der tastenden Natur. … Nimmt man hinzu[7] das … an sich bestehende Mißverhältnis der Wahrscheinlichkeiten, so ergibt sich das Gebot, in Dingen dieser kapitalen Eventualitäten der Drohung größeres Gewicht als der Verheißung zu geben und apokalyptische Aussichten selbst um den Preis zu meiden, daß man eschatologische Erfüllungen etwa darüber verpaßt. Es ist das Gebot der Bedächtigkeit im Angesicht des revolutionären Stils, den die evolutionäre Entweder-Oder-Mechanik im Zeichen der Technologie, mit dem ihr immanenten und der Evolution fremden ,aufs

---

[6] *Jonas,* PV, S. 63f.
[7] Original: hierzu.

Ganze Gehen', annimmt."[8] Kurz: die neu entstandene Situation verlangt, daß wir uns *in dubio pro malo* entscheiden.

c) Grenzen einer erlaubten Wette. Schließlich begründet Jonas seine Heuristik der Furcht noch mit einer Art Umkehrung der Pascal'schen Wette. Für den Fall, daß auf der einen Seite nur die kurzen Genüsse des diesseitigen Lebens zu gewinnen sind, während es auf der anderen um die ewige Seligkeit geht, gebietet es nach Pascal bereits die pure Berechnung, auf den Gewinn der Seligkeit zu setzen; denn dieser Gewinn steht in gar keinem Verhältnis zu dem andernfalls drohenden Verlust. Bei dem groß-technologischen Eingriff in die Natur verhält es sich Jonas zufolge genau umgekehrt: der Verlust im Falle eines Fehlschlags steht in keinem Verhältnis zu den Nachteilen, die eintreten, wenn solche Eingriffe unterbleiben. Daraus folgert er, daß solche Wetten nicht abgeschlossen werden dürfen bzw. daß bei unsicherer Prognose der groß-technologische Eingriff in die Natur unterbleiben muß.

Jonas gibt sich keinen Illusionen darüber hin, daß es sich häufig gar nicht vermeiden läßt, andere einem Risiko auszusetzen. Aber wenigstens eine Grenze hält er schlechterdings für unübersteigbar: die *Existenz der Menschheit* als solcher darf niemals aufs Spiel gesetzt werden. Selbst wenn der politische Führer in einer Schicksalsstunde die ganze Existenz seiner Nation wagt, „so weiß er doch, daß auch nach deren etwaigem Untergang es weiterhin eine Menschheit und eine Welt des Lebens hier auf Erden geben wird. Nur im Rahmen dieser übergreifenden Voraussetzung ist das große Einzelwagnis in gewissen äußersten Fällen sittlich vertretbar. Aber selbst zur Rettung seiner Nation darf der Staatsmann kein Mittel verwenden, das die Menschheit vernichten kann." Der Grundsatz beim Umgang mit der modernen Technik muß vielmehr lauten: „Niemals darf Existenz oder Wesen des Menschen im Ganzen zum Einsatz in den Wetten des Handelns gemacht werden."[9]

2. *Prinzip Verantwortung gegen Prinzip Hoffnung*

Mit seinem skeptischen Prinzip Verantwortung tritt Jonas ganz bewußt dem messianischen Prinzip Hoffnung entgegen, wie es schwärmerische Utopisten immer wieder beflügelt hat. Sein Buch mündet daher folgerichtig in eine *Kritik der marxistischen Heilslehren* und der marxistisch motivierten „Hofferei" Ernst Blochs – Jahre vor dem Zusammenbruch des Ostblocks übrigens, wie man heute erinnern muß.

Wie alle Endzeitutopien geht auch der Marxismus davon aus, daß der wahre Mensch erst noch zu verwirklichen sei und zusammen mit ihm

---

[8] *Jonas,* PV, S. 70f.
[9] *Jonas,* PV, S. 80f.

eine neue Gesellschaft der Freiheit, in der alle bekannten Unterdrükkungsverhältnisse aufgehoben sein sollen. Dieses Ziel erschien vielen Marxisten nicht weniger verlockend als die ewige Seligkeit in der Wette Pascals, so daß sie das Opfer der Gegenwart nicht scheuten, um ihm näherzukommen. Zusammen mit der blinden Technikgläubigkeit des Marxismus, welche die immer intensivere Ausbeutung der Natur als deren „Humanisierung" und zugleich als Befreiung des Menschen *von* der Natur interpretierte, war das keine günstige Basis, um zu einem behutsamen Umgang mit den überkommenen Natur- und Kulturgütern anzuleiten.

Um den überschwenglichen marxistischen Optimismus zu kritisieren, bedient sich Jonas des einfachen Mittels, daß er die realisierte Utopie genauer ausmalt, als es die Marxisten selbst getan haben. Dabei zeigt sich, „daß die innere *Wünschbarkeit* der Utopie, beurteilt nach der *Qualität* des Lebens, sich vernichtet durch das vollständige Gelingen ihrer Prämissen"[10]. Um einen Vorgeschmack von der „umgebauten" oder „humanisierten" Natur zu bekommen, genügt nach Jonas bereits ein Blick auf die amerikanischen Verhältnisse, auf „die Monotonie der Getreideozeane etwa im amerikanischen Mittelwesten, durchzogen von einsamen Erntemaschinen, bestäubt gegen Schädlinge von Flugzeugen", die als „Natur" sowenig Heimat bieten wie die Großfabrik es als „Kultur" tut, oder ein Blick auf die „Brut- und Eierfabriken, die heute die Großmärkte versorgen" mit ihren „umweltberaubten, lebenslang eingesperrten, künstlich beleuchteten, automatisch gefütterten Lege- und Fleischmaschinen" oder die „Mastgefängnisse für Rindfleischerzeugung": „Für die Naturliebe des Menschen ist da nichts zu holen, über Reichtum und Finesse des Lebens nichts zu lernen." Vielmehr wird offenbar, „daß gerade die vom Menschen *nicht* veränderte und nicht genutzte, die ‚wilde' Natur die ‚humane', nämlich zum Menschen sprechende ist, und die ganz ihm dienstbar gemachte die schlechthin ‚inhumane'"[11]. Ebenso erweist sich auch die von utopistischen Marxisten verheißene Befreiung von der Last der Arbeit bei näherem Zusehen als trügerisch. Wenn tatsächlich einmal alle Arbeit von Maschinen verrichtet würde, wäre das menschliche Leben nutzlos und leer. Die verheißene Muße hätte ihren Widerpart, der ihr allein Sinn gibt, verloren, und würde unweigerlich zum Gegenstand einer behördlich betriebenen Beschäftigungstherapie werden.

Wenn der utopische Traum im Augenblick seiner Realisierung zu einem Alptraum wird, ist es besser, diesem Traum gar nicht erst nachzuhängen. Nur wer weiß, was auf dem Spiel steht, wird sich der Einsicht öffnen, daß der *wahre Mensch* nicht erst zu schaffen, sondern *bereits da*

---

[10] *Jonas,* PV, S. 373.
[11] *Jonas,* PV, S. 372f.

ist, und daß daher alle Anstrengungen darauf gerichtet sein müssen, daß er nicht wieder verschwindet.

III. Metaphysische Grundlagen der Verantwortung

Unserer Sorge um den Fortbestand des Menschen und der Welt, an die die Heuristik der Furcht anknüpft, liegt ein elementares Faktum zugrunde, nämlich daß uns der Mensch und die Welt *erhaltenswert* erscheinen. Aber Jonas bleibt bei diesem Faktum nicht stehen, sondern fragt weiter: Warum ist uns die Zukunft, die wir selbst gar nicht mehr erleben, nicht gleichgültig? Warum soll überhaupt Leben sein? Damit begibt er sich auf das Gebiet der Metaphysik, die „überwunden" zu haben die moderne Philosophie stolz ist und deren Nähe die meisten Rechtstheoretiker heute so sorgfältig meiden wie der Teufel das Weihwasser. Jonas weiß, daß er „einem höchst zeitgemäßen Gegenstand mit einer durchaus nicht zeitgemäßen, fast schon archaischen Philosophie zu Leibe geh[t]"[12]; aber geprägt durch eine langjährige Beschäftigung mit antiker Philosophie, zeigt er keine Berührungsängste. Ja, er scheut nicht einmal vor dem *sacrificium intellectus* zurück, *das Gute,* das uns zur Richtschnur dienen soll, *aus dem Sein selbst abzuleiten* und auf diese Weise „die angebliche Kluft von Sein und Sollen [zu] überbrücken"[13]. Das ist ein gewagtes Unternehmen, auf das sich nur einlassen kann, wer der modernen Auffassung einiges entgegenzusetzen hat.

1. Normative Entleerung des modernen Naturbegriffs

Das Dogma der modernen Philosophie, „daß es metaphysische Wahrheit nicht gibt und daß sich aus dem Sein kein Sollen ableiten läßt", ist nach Jonas „nie ernsthaft geprüft worden und trifft nur auf einen Begriff von Sein zu, für den, da er schon in entsprechender Neutralisierung (als ‚wertfrei') konzipiert ist, die Unableitbarkeit eines Sollens eine tautologische Folge ist"[14]. Näher besehen beruht die Kluft zwischen Sein und Sollen darauf, daß der Mensch *als denkendes Wesen nicht als Teil der Natur begriffen,* sondern ihr gegenübergestellt wird und daß gleichzeitig Sinn und Zweck, Wert und Bedeutung ausschließlich dem Bereich des Denkens zugeordnet werden. Auf diese Weise stellt sich die Natur zwangsläufig als ein Geschehen dar, das blinden Kausalgesetzen gehorcht, während alles Werthafte kategorial davon getrennt erscheint.

Im Vergleich dazu war das antike Weltbild anders beschaffen. Die *Griechen* stellten sich den Kosmos als harmonischen Ordnungszusam-

[12] *Jonas,* PV, S. 11.
[13] *Jonas,* PV, S. 153.
[14] *Jonas,* PV, S. 92.

menhang vor, dem auch der Mensch unentziehbar angehörte. Der menschliche Geist galt dem Weltgeist, der den Kosmos beseelte, als verwandt. Kosmische und weltliche Ordnung waren auf diese Weise nicht wesensmäßig verschieden, sondern ihrer inneren Struktur nach gleich. Dem Menschen war es deshalb aufgegeben, sich in die kosmische Ordnung einzufügen, über deren Beschaffenheit er nicht zuletzt durch die Erforschung und Deutung seiner unmittelbaren Lebenswelt Aufschluß erlangen konnte. Auch in der *christlichen* Ordo-Vorstellung, die insoweit das antike Erbe übernahm, hat sich etwas von diesem Denken erhalten. Denn wenn für den Christen auch das Jenseits die eigentliche Wirklichkeit war, so war die Welt doch Gottes Schöpfung und ließ daher für den, der sehen wollte, zugleich seinen Willen erkennen.

Erst die moderne, auf Descartes zurückgehende radikale *Trennung von Körper und Geist* führte dazu, daß der Kosmos- und Ordogedanke seine Überzeugungskraft verlor. Die moderne Naturwissenschaft ist weniger daran interessiert, der Verknüpfung von „subjektiver Innerlichkeit“ und „objektiver Gegenständlichkeit“ nachzuspüren, als vielmehr daran, das erforderliche Verfügungswissen zu liefern, um die Welt nach wechselnden Zwecksetzungen beherrschen zu können. Auf die Dauer beförderte dies die Vorstellung eines gottverlassenen Weltalls und einer Natur ohne Sinn und Zweck. Der Mensch als seiner selbst bewußtes Vernunftwesen ließ sich in eine so verstandene Natur nicht mehr eingliedern. Er erschien nicht länger als die höchste Stufe der Natur, sondern war von ihr durch eine Kluft getrennt: Subjekt hier und Objekt dort. Zwecke und Ziele zu setzen oder über Werte zu befinden, war nach dieser Auffassung eine ausschließlich menschliche Tätigkeit, ohne Parallele in der Natur. Die Natur mit Sinn zu erfüllen, schien nur noch dadurch möglich zu sein, daß man sie unter menschliche Herrschaft brachte und zum Material menschlicher Zwecksetzung degradierte.

Die von Darwin begründete Evolutionslehre stellte den Menschen zwar in die Natur zurück. Aber die alte Einheit von Sein und Sinn wurde dadurch nicht wiedergewonnen; denn der Mensch wurde lediglich als *Naturwesen* in die mittlerweile sinnentleerte Natur wieder aufgenommen. Die gedankliche Voraussetzung der Wiedereingliederung war die, daß er aus dem gleichen Stoff war und nach den gleichen Gesetzen funktionierte wie alle anderen Objekte der naturwissenschaftlichen Betrachtung auch. Die Natur wird daher auch nach Darwin ausschließlich mit Hilfe anderer Kategorien gedeutet, als sie uns aus unserer Innenwelt bekannt und vertraut sind; zugleich jedoch wird der Mensch in eine Reihe gestellt mit dem, was ihm seinem eigenen Bewußtsein nach fremd ist. Die Trennung von Körper und Geist bleibt also erhalten, und der Unterschied ist allein der, daß die bewußte Innerlichkeit samt ihrem praktischen Leitbegriff der Freiheit vollends zu einer freischwebenden Konstruktion geworden ist.

Aus all dem resultiert ein ethisches Vakuum, das auf der Basis einer szientistischen Philosophie kaum überwunden werden kann: „... ebendieselbe Bewegung, die uns in den Besitz jener Kräfte gesetzt hat, deren Gebrauch jetzt durch Normen geregelt werden muß – die Bewegung des modernen Wissens in Gestalt der Naturwissenschaft –, hat durch eine zwangsläufige Komplementarität die Grundlagen fortgespült, von denen Normen abgeleitet werden konnten ... Erst wurde durch dieses Wissen die *Natur* in Hinsicht auf Wert ‚neutralisiert', dann auch der Mensch. Nun zittern wir in der Nacktheit eines Nihilismus, in der größte Macht sich mit größter Leere paart, größtes Können mit geringstem Wissen davon, wozu."[15]

2. Objektive Zwecke im Sein

Daß es ein Widerspruch ist, Zwecke nicht der Natur, sondern allein dem Menschen zuzuschreiben, wenn dieser gleichzeitig ein integraler Bestandteil der Natur sein soll, liegt auf der Hand. Wäre der Mensch, wie man unter dem Einfluß naturwissenschaftlichen Denkens meist annimmt, nicht frei, sondern wesentlich unfrei, könnten auch die von ihm gesetzten Zwecke im eigentlichen Sinn nicht „aus ihm selbst" kommen. Damit bliebe nur die Alternative, den Begriff des Zwecks entweder überhaupt zu streichen – womit weite Bereiche der sozialen Wirklichkeit nicht mehr abbildbar wären –, oder aber einzuräumen, daß es sich bei der menschlichen „Zwecksetzung" nur um das subjektive Erleben eines objektiven Vorgangs, also gewissermaßen um die „Innenansicht" einer bereits im Kausalverhältnis liegenden „Zweckbeziehung" handelt – was jedoch der Voraussetzung einer zweckfreien Natur widerspricht.

Nach Jonas ist die *Freiheit,* die sich als Unabhängigkeit eines organischen Wesens gegenüber dem Stoff, aus dem es besteht, darstellt, *bereits in der Natur selbst angelegt.* Formen der „Innerlichkeit", die sich beim Menschen zur Subjektivität des Wahrnehmens und Wollens steigern, sind nach Jonas bereits im primitivsten Organismus vorhanden. Der Organismus produziert und erhält sich im Stoffwechsel mit seiner Umwelt; seine bei allem materiellen Wandel bleibende *Form* ist daher sein eigenes Werk. Im Organismus sagt das Leben „Ja" zu sich selbst und setzt zugleich das Sein einen Ur-Wert, an dem niemand vorbeikommt. Wie Jonas meint, ist in der naturgeschichtlichen Selbstorganisation des Lebens auch schon die menschliche Freiheit vorbereitet, die sich freilich erst auf einer höheren Seinsstufe entfaltet. Wenn das menschliche Denken nämlich mit der materiellen Existenz des Menschen vereinbar sein soll, dann muß die Materie, metaphorisch ausgedrückt, von Anbeginn „schlafender Geist" sein und können auch Zwecke und Werte dem Sein

[15] *Jonas,* PV, S. 57.

nicht so fremd sein, wie die moderne Philosophie uns glauben machen will.

Jonas hat seine These von der Herkunft sogenannter Zwecke und Werte aus dem Sein im Laufe der Zeit auf unterschiedliche Weise erklärt[16]. In seinem Werk „Das Prinzip Verantwortung" geht er aus von einem Vergleich menschlichen und tierischen Handelns. Um die Bedeutung dieser Überlegungen zu verstehen, muß man sich vergegenwärtigen, daß *Tiere* unter dem Einfluß von Descartes früher gelegentlich als bloße *Automaten ohne Innenleben* angesehen wurden. Die „Innerlichkeit" des Fühlens, Denkens und Zwecksetzens war also auf den Menschen beschränkt. Gemessen an dieser Vorstellung laufen *teleologische* Erklärungen *tierischen* Verhaltens darauf hinaus, daß auch die nichtmenschliche, angeblich rein kausal determinierte Natur von Zwecken geleitet wird, wenn auch nicht von bewußten Zwecken.

Wenn der Mensch mit Absicht etwas tut, z.B. in ein Restaurant geht und dort etwas ißt, unterstellen wir aufgrund unserer eigenen Erfahrung, daß er dabei einen *Gesamtplan* verfolgt: Die einzelnen Schritte – das Betreten des Lokals, das Aussuchen des Tisches, das Lesen der Speisekarte usw. – stehen alle im Dienste des Zweckes, auf möglichst angenehme Weise seinen Hunger zu stillen. Wenn ein Tier seinen Hunger stillt, sieht äußerlich vieles ähnlich aus. Eine Katze etwa belauert die Maus, sie springt im günstigen Moment, ergreift die Beute, zerbeißt sie usw. Obgleich die *einzelnen Schritte* sicher zielgerichtet sind – die Katze lauert, um den günstigen Moment zum Sprung zu finden, sie springt, um die Beute zu ergreifen usw. –, gehen wir in diesem Fall jedoch *nicht* davon aus, daß die Katze *bewußt* einen *Gesamtzweck* verfolgt. „Vielmehr sagt man, daß hier die ganze Reihe in jedem ihrer einzelnen Schritte ‚instinktiv', aus dunklem Drang erfolgt, das heißt nach einem zu bestimmter Zeit, Gelegenheit etc. auftretenden unwiderstehlichen Zwang, der jeweils eigentlich *nur sich selbst* befriedigt und insofern blind ist ..."[17] Mit dem Zauberwort „Instinkt" sprechen wir den subjektiven Vorgängen im Hirn der Katze die lenkende und zielsetzende Kraft ab und ordnen sie als bloße Glieder in der Notwendigkeitskette von Reiz und Handlung ein, die in all ihren Schritten „rein objektiv" determiniert sein soll.

Im Vergleich zum menschlichen Handeln beschränken wir also das „Gewußte" und „Gewollte", d.h. die subjektive Vorwegnahme des Tuns, auf das jeweils *nächste* Ziel. Wenn jedoch der Gesamtzweck – das Stillen des Hungers – beim Tier nicht durch Wissen und Wollen „gesetzt" ist – wodurch ist er dann sonst gesetzt? Die „natürliche Antwort"

---

[16] Vgl. *Hans Jonas,* Philosophische Untersuchungen und metaphysische Vermutungen, Frankfurt a.M. 1992, S. 11ff., 81ff., 209ff.

[17] *Jonas,* PV, S. 119f.

lautet nach Jonas: „eben durch den Hunger, der – für jetzt als Gefühl genommen – die ganze Reihe in Bewegung setzt und durchherrscht."[18] Also nicht *final zur* Sättigung handelt das Tier, sondern *kausal aus* Hunger, wobei das Hungergefühl nur das psychische Äquivalent eines physischen Mangelzustandes im Stoffwechselsystem darstellt, der also dem gefühlsgetränkten Verhalten „wirklich" zugrunde liegt. Das aber heißt, daß „der ‚Zweck', wenn er überhaupt noch eine wirksame und nicht bloß dekorative Rolle spielen soll, seinen Sitz schon in eben *dieser* Kausalität und nicht erst in der Spiegelung des Gefühls haben" muß[19]. In der Tat geht Jonas davon aus, daß es „‚Handeln' in der Natur gibt", daß also „die Wirksamkeit von Zwecken nicht an Rationalität, Überlegung und freie Wahl, also an den Menschen gebunden ist"[20].

Was wir bei Tieren Instinkt nennen, ist nach Jonas nur eine Vorform der Zwecksetzung, die also schon aus diesem Grund nicht völlig auf den Menschen beschränkt ist. Was beim Menschen als zwecksetzendes Bewußtsein hervortritt, erscheint ihm lediglich als die oberste Spitze einer bei allen Lebewesen zu beobachtenden kontinuierlichen Reihenfolge, wie jeweils dem Vorangehenden Potentialität für das Folgende zugeschrieben werden kann. Innerhalb dieser Reihenfolge, die von sehr einfachen Organismen bis zum Menschen reicht, *wird der Naturzweck zunehmend subjektiv,* was nichts anderes heißt, als daß er „dem jeweiligen Vollzieher als der seine zu eigen wird"[21], daß also die der Zwecksetzung fähigen Lebewesen den objektiven Zweck der Natur in ihren subjektiven Zwecken verwirklichen.

3. Werte in der Natur

a) Axiologie als Teil der Ontologie. Mit dem Nachweis „der Immanenz von Zwecken im Sein" oder jedenfalls in der belebten Natur ist nach Jonas „für die Theorie der Ethik schon die entscheidende Schlacht gewonnen"[22]. Freilich kann man immer noch fragen, warum ich mir in der Natur vorkommende Zwecke zu eigen machen soll, warum sie mit anderen Worten einen Wert *für mich* darstellen sollen. Denn als ein mit einem Höchstmaß an Freiheit ausgestattetes Wesen könnte ich diesen Zwecken auch zuwiderhandeln. Nach Jonas lautet die Antwort indessen: weil sie einen Wert *an sich* darstellen und weil ich selbst kraft meines Lebens in dieses „an sich" unauflöslich verwoben bin. Der Sache nach ist das ein Schlag ins Kontor der modernen Philosophie; denn es bedeutet nichts anderes, als daß der eigentliche Grund der ethischen Ver-

[18] *Jonas,* PV, S. 121.
[19] *Jonas,* PV, S. 122.
[20] *Jonas,* PV, S. 128.
[21] *Jonas,* PV, S. 157.
[22] *Jonas,* PV, S. 150.

pflichtung auf die Objektseite verlegt wird, daß *dem Sein ein eigener Wert zugesprochen* wird, an dem sich das Subjekt zu orientieren hat, kurz: daß die „Axiologie ein Teil der Ontologie wird“[23].

Auf den ersten Blick mag das befremdlich erscheinen. Man tut daher gut daran, sich in Erinnerung zu rufen, daß wir in einem zentralen Punkt des modernen Rechts, nämlich bei der Begründung der Menschenwürde, genau demselben Denken verpflichtet sind. Die Menschenwürde ist nach geläufiger Vorstellung keine willkürliche Erfindung des Menschen, sondern ist ihm unverfügbar vorgegeben. Menschenwürde und ebenso Menschenrechte kommen dem Menschen zu, weil er Mensch *ist,* also kraft seines *Seins.* Wenn aber in diesem Fall das Sein selbst bereits werthaltig ist, so daß vom Sein auf ein Sollen geschlossen werden kann, warum dann nicht auch in anderen Fällen? Ist es sinnvoll anzunehmen, daß die angebliche Kluft zwischen Sein und Sollen in einem bestimmten Fall überwunden werden kann, in allen anderen Fällen dagegen nicht?

b) Leben als Zweck an sich. Als Wert betrachtet, sind die meisten der in der Natur auftretenden Zwecke *relativer* Art: ihre Erreichung oder Vereitelung ist ein Gut oder Übel nur innerhalb einer vorgegebenen Zielrichtung; ein Urteil über die Güte des Zieles liegt darin nicht. Anders verhält es sich nach Jonas jedoch mit der Zweckhaftigkeit selbst, d.h. mit der Fähigkeit, überhaupt Zwecke zu haben, letztlich also mit dem *Leben als solchem.* Im organischen Leben sieht Jonas „ein Gut-an-sich [...], von dem intuitiv gewiß ist, daß es aller Zwecklosigkeit des Seins unendlich überlegen ist“. Die Zielstrebigkeit des Lebens stellt sich ihm als eine „grundsätzliche Selbstbejahung des Seins“ dar, das für die Ethik von axiologischer Bedeutung ist: „In jedem Zweck erklärt sich das Sein für sich selbst und gegen das Nichts ... die bloße Tatsache, daß das Sein nicht indifferent gegen sich selbst ist, macht seine Differenz vom Nichtsein zum Grundwert aller Werte, zum ersten Ja überhaupt.“[24]

Aber nicht nur das Leben als solches ist ein Gut, sondern auch jedes einzelne „fühlende und strebende Wesen“ ist „ein Zweck an sich selbst, nämlich sein eigener Zweck“[25]. Und noch einmal: „Jedes Lebendige ist sein eigener, keiner weiteren Rechtfertigung bedürftiger Zweck, und hierin hat der Mensch nichts vor anderen Lebewesen voraus“[26]. Das Leben ist wertvoll, weil die Natur es will. Daran muß alle Ethik anknüpfen, wenn sie nicht bodenlos sein soll.

Freilich folgt daraus nicht umgehend eine konkrete Pflichtenlehre. Denn das Gesetz der Natur ist nicht einfach das eines idyllischen Lebens

---

[23] *Jonas,* PV, S. 153.
[24] *Jonas,* PV, S. 154f.
[25] *Jonas,* PV, S. 157.
[26] *Jonas,* PV, S. 184.

ohne Widerstreit und Mißklang, sondern auch das des Fressens und Gefressenwerdens. Was Jonas meint, ist aber doch, daß keine Ethik ohne die Bereitschaft auskommt, in die Stufenordnung des Seins „hineinzuhorchen“ und sich an den bereits hier angelegten Dispositionen für Werte und Wertdifferenzen zu orientieren. Alle Argumente in „vernünftigen“ Diskursen sind leer, wenn es nicht eine ontologische Basis gibt, auf die sie sich interpretierend beziehen. Denn woher sollte der „vernünftige Inhalt“ sonst kommen? Diese Basis aber kann nur die immanente Ordnung des Seins selbst sein, auch wenn sie sich uns nur unzulänglich erschließt.

§ 28. Medizin und Biotechnik

In seinem Werk „Das Prinzip Verantwortung“ hatte Jonas einen „angewandten Teil“ in Aussicht gestellt, in dem er eine Brücke vom Allgemeinen zum Besonderen und von der Theorie zur Praxis schlagen wollte. Dieses Versprechen hat er nur noch teilweise mit einer unter dem Titel „Technik, Medizin und Ethik“ veröffentlichten Aufsatzsammlung eingelöst. Anders als man hätte vermuten können, geht es hier weder um den drohenden atomaren Holocaust noch um die schleichende Umweltzerstörung; vielmehr wendet sich Jonas dem Bereich der Medizin und Humanbiologie zu, mit dem er aufgrund einer langjährigen Vorbeschäftigung[1] eng vertraut war. Wegen ihres Zieles der Heilung und Linderung wurde die Medizin in der Vergangenheit als ethisch unanfechtbar angesehen. Im Gefolge der neuen technischen Möglichkeiten haben sich jedoch auch hier Handlungsfelder aufgetan, die ungewohnte Fragen aufwerfen.

I. Theorie und Praxis der Forschung

Doch versuchen wir zunächst den Rahmen abzustecken, in dem Jonas seine Überlegungen entfaltet. Wer sich mit ethischen Fragen aus dem Bereich der Wissenschaft befaßt, muß sich darauf einstellen, daß die moderne Naturwissenschaft dem überlieferten Bild einer reinen, nur an der Erkenntnis selbst interessierten Wissenschaft nicht mehr voll entspricht. Das traditionelle Bild der Wissenschaft ist geprägt durch die Unterscheidung von Theorie und Praxis, von Erkennen und Handeln. Als Theorie war die wissenschaftliche Forschung – sieht man von der Medizin einmal ab – nur an der Erkenntnis dessen, was ist, nicht an seiner Veränderung interessiert. Sie stand daher uneingeschränkt unter dem Schutz der Denkfreiheit, die in der modernen Gesellschaft einen hohen Rang genießt: Wer nur *denkt* und seine Gedanken ausspricht bzw. wer nur *forscht* und die Ergebnisse publiziert, „handelt“ nicht im politischen Sinn dieses Wortes und bedarf daher nach freiheitlicher Auffassung keiner Reglementierung. Die *Anwendung* der von der Forschung gefundenen Erkenntnisse war ausschließlich Sache „der anderen“. Die theoretische Erkenntnis war wertneutral; allein ihre Anwendung geschah für einen guten oder bösen Zweck. Aber dafür war der Forscher nicht verantwortlich.

---

[1] Vgl. die Aufsatzsammlung *Hans Jonas,* Das Prinzip Leben, Frankfurt a. M. 1994.

Nach Auffassung vieler Kritiker ist dieses Bild heute überholt, weil sich die Vorstellung einer strikten Trennung von Theorie und Praxis unter den veränderten Bedingungen nicht aufrechterhalten läßt. Auch Jonas reiht sich in den Chor der wissenschaftskritischen Mahner ein.

1. Technologiebedarf und Finanzierung

Wie ein Blick auf die Entwicklung der wissenschaftlichen Forschungsmethoden zeigt, unterscheidet sich die heutige Naturwissenschaft von ihren Vorläufern wesentlich dadurch, daß es für den theoretischen Zweck des Erkenntnisgewinns mittlerweile einer eminent aufwendigen Technologie bedarf. Diese steht der Forschung nicht mehr gewissermaßen selbstverständlich zur Verfügung; sie wird ihr vielmehr mit einem immer größeren Aufwand an Kapital *von außen* zur Verfügung gestellt. Dabei werden Arrangements getroffen, die den Wissenschaftler, ob er will oder nicht, zum Glied einer vertraglichen Arbeitsteilung machen. Auch wenn der Wissenschaftler selbst nur an reiner Erkenntnis interessiert wäre – im Ergebnis steht fest, daß er ein praktisches Interesse bedient.

Jonas beschreibt diesen Zusammenhang so: „Die pure Ökonomie der Sache verlangt die Mitwirkung der öffentlichen Kasse oder sonstige finanzielle Patenschaft, und solche Finanzierung des gutgeheißenen Forschungsprojekts, selbst wenn formell an keine Gegenleistung gebunden, erfolgt natürlich in der Erwartung irgendeines späteren Gewinns im praktischen Bereich. Hier herrscht gegenseitiges Einverständnis: Ganz unverhohlen wird der erhoffte Nutzwert im Antrag[2] für den Zuschuß als empfehlende Begründung aufgeführt oder geradewegs als Zweck in seiner Anbietung spezifiziert. Kurz, es ist dahin gekommen, daß die Aufgaben der Wissenschaft zunehmend von äußeren Interessen anstatt von der Logik der Wissenschaft selbst oder der freien Neugier des Forschers bestimmt werden."[3] Gemessen daran nimmt sich die Vorstellung einer „reinen" Wissenschaft antiquiert aus; die moderne Naturwissenschaft ist mitten hineinversetzt in das Reich der sozialen Aktion, wo jeder für seine Tat einzustehen hat und wo daher die Freiheit der Forschung, die der Idee nach die Trennung beider voraussetzt, sich nicht mehr von selbst versteht.

2. Erkenntnis durch Herstellen

Soweit im Experiment versucht wurde, herauszufinden, was „geht" und was „nicht geht", z.B. wie sich Objekte bei Erwärmung verändern, was geschieht, wenn man bestimmte Stoffe miteinander vermischt usw.,

---

[2] Im Original heißt es irrig: Auftrag.

[3] *Jonas,* TMuE, S. 97.

war naturwissenschaftliche Erkenntnis auch schon früher mit „Praxis" verknüpft. Aber dabei wurde in der Regel noch keine ethische Schwelle überschritten. Dies war erst dann der Fall, wenn man die gewonnene Erkenntnis in den Dienst unmittelbar praktischer Zwecke stellte. Im Bereich der Kernbiologie verhält sich dies anders. Das Ziel der Forschung geht hier vornherein auf die *Herstellung* von etwas, das für bestimmte Zwecke praktisch nützlich sein kann. Der theoretische Gewinn ist nur noch eine Nebenwirkung des praktischen Erfolges; die Methode der Forschung aber ist das tatsächliche Herstellen derjenigen Entitäten, über die Wissen gesucht wird und deren Nützlichkeit ausprobiert werden soll.

Wer die Synthese neuer Organismen mit Hilfe rekombinierender DNA-Technik noch unter den Begriff Theorie fassen will, muß diesen Begriff gewaltsam erweitern: vom Erkennen, was *ist*, zum Ausprobieren dessen, was sein *könnte*. „Um zu entdecken, was solche Wesen vermögen, muß man sie erst erschaffen, ja ihre bloße Möglichkeit überhaupt durch die vollendete Tatsache beweisen. Damit verwandelt sich der theoretische Forscher zum praktischen Schöpfer im Akt des Forschens selbst ... Der Erkenntnisvorgang wird zum originativen Machen."[4] Wer unter Verwendung menschlichen und tierischen Keimmaterials eine Chimäre herstellt, kann sich auch bei noch so großem Erkenntnisinteresse nicht darauf berufen, daß er nur geforscht, aber nicht gehandelt habe. Wo der Forscher als Schöpfer neuer Wesen tätig wird, *ist* er Praktiker.

3. Zwanghaftigkeit der technologiegestützten Forschung

Hinzu kommt, daß sich die moderne Forschung aus ihrer Verbindung mit der Technik nicht mehr lösen kann; denn aus dieser Verbindung entsteht ein Zwang, auf dem einmal eingeschlagenen Weg ständig voranzuschreiten. Jeder „Fortschritt" der Großtechnik nötigt zum nächsten Schritt und macht uns auf diese Weise zu Sklaven unserer eigenen Werke. Dieser Zwang zum wissenschaftlich-technologischen Fortschritt ist schon deshalb zu einem unentrinnbaren Handlungszusammenhang geworden, weil die Wunden, die die Technik schlägt, nur durch weitere, noch bessere Technik geheilt werden können: „Fortschritt in der Technik ist schon zur Korrektur ihrer eigenen Wirkungen nötig."[5]

Aber nicht alles in diesem Prozeß ist unausweichliches Schicksal, wir sind ihm nicht völlig ausgeliefert. Ebenso wie er durch menschliches Handeln geschaffen worden ist, kann er Jonas zufolge in bestimmtem Umfang auch gesteuert werden. Aus ethischen Gründen ist das sogar

---

[4] *Jonas,* TMuE, S. 104f.
[5] *Jonas,* TMuE, S. 71.

unabdingbar: „Um der menschlichen Autonomie willen, der Würde, die verlangt, daß wir uns selbst besitzen und uns nicht von unserer Maschine besitzen lassen, müssen wir den technologischen Galopp unter außertechnologische Kontrolle bringen.“[6] Das aber setzt voraus, daß der modernen, das Gebiet reiner Theorie überschreitenden Wissenschaft ihre ethischen Grenzen aufgezeigt werden können.

II. Versuche am menschlichen Subjekt

Im Unterschied zu anderen Naturwissenschaften, die mit unbelebten Objekten experimentieren, wird im biologischen Bereich mit Lebewesen gearbeitet. Die medizinische Forschung ist sogar auf Versuche am Menschen selbst angewiesen. Wo dem Individuum eine exponierte Stellung eingeräumt ist, wo es als Höchstwert gilt, entsteht daraus ein schwieriges Problem. Systeme, die uneingeschränkt vom Primat der Gesellschaft ausgehen, könnten den Einsatz asozialer oder sonstwie lästiger Elemente für Forschungszwecke leicht rechtfertigen, in Ermangelung anderer Probanden womöglich sogar durch Los entscheiden lassen, wer gerade für Humanexperimente an der Reihe ist. Jonas setzt jedoch Konsens darüber voraus, daß unsere Gesellschaft weder so ist noch so werden soll. Das bedeutet, daß der im Namen des Gemeinwohls an das Individuum zu stellende Anspruch begrenzt ist. Normalerweise akzeptieren wir allein, daß der Staat auf das Geld seiner Bürger zugreift. Die Auferlegung von Dienstleistungen kommt, sieht man vom Wehrdienst ab, heute kaum noch vor. Erst recht nicht gestatten wir dem Staat den Zugriff auf den menschlichen Körper. Wo dies ausnahmsweise doch zulässig sein soll – und solche Fälle sind nach Jonas immerhin denkbar –, bedarf es einer triftigen Begründung.

1. Notstand der Gesellschaft als ganzer

Das gilt namentlich dann, wenn jemand *ohne* oder *gegen seinen Willen* für medizinische Zwecke herangezogen werden soll. Wo dem Individuum eine exponierte Stellung eingeräumt ist, kann eine unfreiwillige Verwendung nur in besonderen Lagen gerechtfertigt sein, in denen das Individuum hinter der Gesellschaft ausnahmsweise zurückzustehen hat. Solche Situationen waren den westlichen Gesellschaften bereits in der Vergangenheit nicht ganz fremd. Jonas erinnert daran, daß in Kriegszeiten, wenn das Schicksal der Gesellschaft insgesamt auf dem Spiel steht, die feine Balance des Gesellschaftsvertrages suspendiert und die Unverletzlichkeit des Individuums weitgehend aufgehoben wird. Es wird der Gemeinschaft dann „das Recht zugebilligt, Anforderungen an

[6] *Jonas,* TMuE, S. 52.

ihre[7] Mitglieder zu stellen, die nach Art und Ausmaß gänzlich über die normalerweise erlaubten hinausgehen. Dann gilt es für Recht, daß ein Teil der Bevölkerung unverhältnismäßige Risiken trägt und der größere Rest dies Opfer annimmt und später seine Früchte genießt – so schwierig wir es finden, dies nach normalen ethischen Maßstäben zu rechtfertigen."[8]

Treten Situationen, in denen der gegenwärtige und künftige Bestand der *gesamten Gesellschaft* bedroht ist, außerhalb von Kriegszeiten auf, kann es sich Jonas zufolge nicht anders verhalten: „Außerordentliche Gefahr entschuldigt außerordentliche Mittel."[9] Das gilt nach Jonas ausdrücklich „auch für physische Versuche an Menschen"[10]. Wenn es zur Abwendung von *Gefahren für die Gesellschaft als ganze* geboten ist, erscheinen ihm medizinische Versuche an einzelnen Menschen zur Rettung des Ganzen gerechtfertigt. Jonas ist sogar bereit, noch einen Schritt weiterzugehen: „da Voraussicht und Zukunftsverantwortung zum Wesen institutioneller Gesellschaft gehören, erstreckt sich Katastrophenabwehr auch auf langfristige Vorbeugung, obwohl die geringere Dringlichkeit weniger radikale Zumutungen erlaubt"[11]. Jonas führt nicht näher aus, an welche Eingriffe und Maßnahmen im einzelnen er dabei denkt. Seine prinzipielle Aussage jedoch ist klar: Als „Höchstwert" kann das Individuum nur so lange behandelt werden, als die Gesellschaft, der es angehört, nicht selbst auf dem Spiel steht. Wo die Gesellschaft *als ganze* bedroht ist, wo es also um den Fortbestand der Voraussetzungen sozialer Freiheit geht, muß der Einzelne auch in freiheitlichen Systemen zurückstehen.

Dieser Erlaubnistatbestand markiert aber zugleich eine scharfe Grenze: Medizinische Versuche am Menschen ohne dessen Zustimmung sind danach *nicht* bereits zur Bekämpfung von Krankheiten *im allgemeinen* zulässig; denn hier ist keine allgemeine Katastrophe abzuwenden. Vielmehr gilt, daß „die Gesellschaft wohl bestehen kann, wenn Krebs und Herzleiden noch etwas länger unbezwungen bleiben"[12]. Nicht erlaubt ist es also, nicht-krebskranken Menschen – was vorgekommen ist – Krebszellen zu injizieren oder einer „Kontrollgruppe" von Syphilispatienten die Behandlung vorzuenthalten, mag auch der medizinische Nutzen solcher Experimente noch so groß sein: „Unsere Nachkommen haben ein Recht darauf, daß wir ihnen einen ungeplünderten Planeten hinterlassen; sie haben kein Recht auf neue Wunderkuren. Wir haben gegen sie ge-

---

[7] Im Original fälschlich: seine.
[8] *Jonas,* TMuE, S. 120.
[9] *Jonas,* TMuE, S. 124.
[10] *Jonas,* TMuE, S. 124.
[11] *Jonas,* TMuE, S. 124.
[12] *Jonas,* TMuE, S. 126f.

sündigt, wenn wir ihr Erbteil zerstört haben – was wir aus Kräften dabei sind zu tun; wir haben nicht gegen sie gesündigt, wenn zur Zeit ihrer Ankunft die Arteriosklerose noch nicht ausgerottet ist (außer durch sträfliche Nachlässigkeit).“[13]

2. *Freiwillige Zustimmung*

Von solchen Notstandsfällen abgesehen, in denen es um die Fortexistenz der Gesellschaft überhaupt geht, sind Versuche am menschlichen Subjekt nach Jonas nur dann unbedenklich, wenn der Betreffende nach hinreichender Aufklärung und frei von äußerem Druck darin *eingewilligt* hat.

Daran knüpfen sich naturgemäß viele Zweifelsfragen: Wie verhält es sich bei Bedürftigen, wenn geldliche Entlohnung in Aussicht steht? Und wie bei Abhängigen, die mit einem Nein die Gunst ihrer Oberen zu verscherzen fürchten bzw. mit einem Ja zu gewinnen hoffen? Wie schließlich bei Strafgefangenen, denen für ihre Einwilligung Straferlaß oder andere Vergünstigungen gewährt werden? Nach Jonas ist hier eine differenzierte Beurteilung geboten. Am unbedenklichsten erscheint die Heranziehung solcher Personen, die zu den gebildetsten und ökonomisch unabhängigsten Teilen der Bevölkerung gehören. Bei ihnen ist am ehesten anzunehmen, daß sie sich mit dem Forschungszweck in ähnlicher Weise identifizieren wie der Forscher selbst. „Von dieser naturgemäß knappen Reserve führt eine absteigende Skala idealer Zulässigkeit zu ansteigender idealer Reichlichkeit des Angebots, dessen Nutzung um so zurückhaltender sein sollte, je mehr die exkulpierenden Kriterien gelockert werden.“[14] Mehr läßt sich dazu in allgemeiner Form nicht sagen. Jonas ist sich bewußt, daß er mit diesen Überlegungen „im ganzen eher Gesichtspunkte als definitive Vorschriften“ liefert[15]. In einer Welt, die nach Orientierung sucht, können jedoch bereits solche Gesichtspunkte hilfreich sein.

III. Spiel mit dem Tod

1. *Das Recht zu sterben*

Unter den menschlichen Wunschträumen steht seit jeher der Wunsch an der Spitze, ein möglichst langes, im Extremfall sogar ewiges Leben zu führen. Dementsprechend hatte die ärztliche Kunst schon immer die Aufgabe, den Tod möglichst lange hinauszuschieben. Ein besonderes

---

[13] *Jonas,* TMuE, S. 127.
[14] *Jonas,* TMuE, S. 133f.
[15] *Jonas,* TMuE, S. 142.

ethisches Problem ergab sich daraus nicht; denn die ärztlichen Möglichkeiten waren gering und das Sterben ein mehr oder weniger durch die Natur geregelter Vorgang. Erst durch die modernen medizinischen Techniken ist das Sterben in ungeahnter Weise unter menschliche Kontrolle geraten. Das gilt namentlich für hospitalisierte Patienten im Endzustand einer letalen Krankheit, deren Organismus durch todesverzögernde Techniken in Gang gehalten werden kann, ohne den Zustand in irgendeinem Sinn zu verbessern. Für die Ethik stellt sich hier die Frage, ob bzw. wann der Patient ein *Recht* hat *zu sterben*. Das ist nicht zu verwechseln mit der bis in die Antike zurückreichenden Diskussion über die Zulässigkeit des Selbstmords. Denn wenn der todkranke Patient erst einmal im Krankenhaus „gefangen" ist, wie es sich heute regelmäßig verhält, ist er gar nicht mehr in der Lage, sich selbst den Tod zu geben. Vielmehr ist sein Recht zu sterben dann nur noch durch den Abbruch der ärztlichen Behandlung zu realisieren und daher an die freie Entscheidung des behandelnden Arztes geknüpft.

Da es hier nicht um die Gesellschaft als ganze, sondern nur um den Einzelnen selbst geht, gebührt der *Autonomie* des Patienten nach Jonas der Vorrang vor anderen Erwägungen. So wie es dem Patienten zu Beginn einer Krankheit freisteht, sich überhaupt einer Behandlung zu unterziehen, muß er auch frei sein, sie abzubrechen. Wäre er frei beweglich, könnte er ungehindert weggehen. Das Recht, den Behandlungsabbruch zu wählen, kann er nicht dadurch verloren haben, daß er im Krankenhaus gefangen ist. Damit die Entscheidung des Patienten für den Arzt bindend ist, muß der Patient über die Krankheit freilich hinreichend *aufgeklärt* worden sein. Auch hieran knüpfen sich zahlreiche Fragen. Nicht jeder Patient will die ungeschminkte Wahrheit hören, mancher wünscht sich vielleicht insgeheim eine gnädige Täuschung. Jonas versucht daher auch in diesem Fall nicht, eine einheitliche Antwort für alle Situationen zu geben. Den im Einzelfall richtigen Weg zu finden und die Person des Patienten richtig einzuschätzen, ist vielmehr, wie er meint, Teil der wahren ärztlichen Kunst, auch wenn dies nicht in der medizinischen Ausbildung erlernt wird.

Anders stellt sich die Problematik dar, wenn sich der Patient bereits in einem irreversiblen *Koma* befindet und seinen Willen nicht mehr äußern kann. In diesem Fall müssen *andere* die Entscheidung an seiner Stelle treffen. Wie die Erfahrung lehrt, gibt es viele innere und äußere Widerstände, die den Arzt in dieser Situation von einem Abbruch der Behandlung abhalten können. Um aus dieser Schwierigkeit herauszukommen, wird daher zum Teil versucht, den Tod definitorisch „vorzuverlegen", womit freilich andere Mißstände verbunden sind, von denen gleich die Rede sein wird. Im Gegensatz dazu hält es Jonas nicht nur für vertretbar, sondern auch für geboten, das Sterben in dieser Lage schlicht freizugeben. Semantische Sprachregelungen, welche die Entscheidung für das Sterben lediglich kaschieren sollen, werden damit überflüssig.

2. *Pragmatische Umdefinition des Todes*

Wie schwer es die Ethik hat, sich gegenüber diversen Verwertungsinteressen zu behaupten, zeigt unter anderem der von Jonas unternommene Versuch, sich der von führenden Medizinern – und nicht nur von ihnen – betriebenen Umdefinition des Todes entgegenzustemmen. Dabei geht es um folgendes: Abweichend von der „klassischen" Definition des Todes, die auf den Stillstand des Herz-Kreislaufsystems abstellte, schlug 1968 eine Harvard-Kommission vor, den Tod mit der Abwesenheit jeder feststellbaren Gehirntätigkeit und jeder gehirnabhängigen Körpertätigkeit gleichzusetzen. Dieser mit dem Tod des Menschen als ganzen identifizierte Gehirntod sollte zweierlei ermöglichen, einmal den Abbruch aller künstlichen Erhaltungsmaßnahmen, die nur das Koma verlängern würden, sodann aber, und zwar unabhängig davon, die Entnahme von Organen für Transplantationszwecke.

a) Gewalt gegen den Körper unter dem Schutz einer neuen Todesdefinition. Jonas gab sich von Anbeginn an keinen Illusionen darüber hin, daß die neue Definition nicht so sehr darauf abzielte, funktionserhaltende Maßnahmen beenden zu können – dazu hätte man den Patienten nicht unbedingt als tot definieren müssen –, sondern anderen Absichten diente: „... ein beunruhigend entgegengesetzter Zweck verbindet sich mit diesem in der Suche nach einer neuen Definition des Todes – d.h. in dem Ziel, den Zeitpunkt der Toterklärung *vor*zuverlegen: die Erlaubnis nicht nur, die Lungenmaschine abzustellen, sondern nach Wahl auch umgekehrt sie (und andere ‚Lebenshilfen') weiter anzuwenden und so den Körper in einem Zustand zu erhalten, der nach älterer Definition ‚Leben' gewesen wäre (nach der neuen aber nur dessen Vortäuschung ist) – *damit* man an seine Organe und Gewebe unter den Idealbedingungen herankann, die früher den Tatbestand der ‚Vivisektion' gebildet hätten."[16] Unter dem Schutz der neuen Definition sollte es also möglich werden, den Sterbeprozeß zu verlangsamen bzw. das Leben unter Ausschluß aller Funktionen außer derjenigen des Gehirns zu „simulieren", damit der Körper als Organbank dienen kann.

Demgegenüber setzte sich Jonas entschieden dafür ein, daß der Hirntod, wenn er je allgemein anerkannt werden sollte, nur die eine der zwei gegensätzlichen Folgerungen rechtfertigen könne: „nur, eine erhaltende Intervention abzubrechen und den Dingen ihren Lauf zu lassen: nicht, die erhaltende Funktion fortzusetzen zum Zweck einer anderen, endgültigen Intervention zerstörendster Art." Eine andere Entscheidung schien

[16] *Jonas,* TMuE, S. 221.

ihm das Vertrauensverhältnis zwischen Arzt und Patient zutiefst zu gefährden: „Der Patient muß unbedingt sicher sein, daß sein Arzt nicht sein Henker wird und keine Definition ihn ermächtigt, es je zu werden.“ Und nicht nur dies: „Das Verscheiden eines Menschen sollte von Pietät umhegt und vor Ausbeutung geschützt sein.“[17]

Das klingt schroff. Aber entsprechend seiner Heuristik der Furcht malte Jonas sich aus, daß die Umdefinition des Todes das Tor zu einem Bündel weiterer Maßnahmen öffnete, auch wenn davon im Augenblick nicht die Rede war. Wenn der komatöse Patient kraft Definition tot ist, kann er nicht nur als Bank für lebensfrische Organe benutzt werden, sondern, sofern dies ökonomisch rentabel ist, auch als sich selbst regenerierende Blutbank, als Fabrik für Hormone und andere biochemische Substanzen oder als Versuchsobjekt für Transplantationsexperimente, für die Infektion mit Krankheiten, für toxikologische Untersuchungen u.a.m. Der hirntote Patient weist ja alle Vorteile eines lebenden Organismus auf, als „Leichnam“ jedoch ist er frei von den Nachteilen, welche die Rechte und Interessen des lebenden Menschen dem Experimentator auferlegen. Den Versicherungen, daß so etwas nicht beabsichtigt sei, schenkte Jonas keinen Glauben: „es wäre naiv zu glauben, daß *irgendwo* eine Linie zwischen erlaubtem und unerlaubtem Gebrauch gezogen werden kann, wenn genügend starke Interessen sprechen ...“[18]

b) Der Mensch als Einheit von Körper und Hirn. Aber das Problem hat noch eine andere Seite. Jonas sieht nämlich, daß sich hinter der Umdefinition des Herz-Kreislauftodes zu einem Hirntod eine Art Wiederkehr des alten Leib-Seele-Dualismus verbirgt, wenn auch nur in Gestalt eines Dualismus von Körper und Gehirn. Für die Befürworter des Hirntodes ist das Gehirn der eigentliche Mensch, der Organismus ohne Gehirn dagegen eine bloße Sache. Nach Jonas ist das eine Übertreibung des zerebralen Aspekts. Zur Person gehört nach seiner Auffassung der Leib nicht weniger als das kontrollierende Gehirn: „Wie sonst könnte ein Mann eine Frau lieben und nicht nur ihr Gehirn? Wie sonst könnten wir uns im Anblick eines Gesichtes verlieren? Angerührt werden vom Zauber einer Gestalt? Es ist das Gesicht, es ist die Gestalt dieser Person und keiner anderen auf der Welt. Darum: Solange der komatöse Körper – selbst nur mit Hilfe der ‚Kunst‘ – noch atmet, pulsiert oder sonstwie organisch am Werk ist, muß er immer noch als restliche Fortdauer des Subjektes angesehen werden, das geliebt hat und geliebt wurde, und hat als solches immer noch Anspruch auf jene Sakrosanktheit, die einem solchen Subjekt nach menschlichem und göttlichem Recht gebührt.“[19]

---

[17] *Jonas,* TMuE, S. 223.
[18] *Jonas,* TMuE, S. 233.
[19] *Jonas,* TMuE, S. 235.

c) Exerzitium in Vergeblichkeit. Jonas hat indessen bald einsehen müssen, daß er auf verlorenem Posten stand. Wohl wissend, daß es andere und wichtigere Seiten des technischen Fortschritts gibt als diese, hat er sich damit abgefunden. Was ihm mehr Sorge bereitete, war die Befürchtung, daß dieselben Faktoren, wie sie hier wirksam sind, uns auch in anderen Fällen willig machen würden, „neuen Errungenschaften der Technik der handgreiflichen Gewinne wegen ihren Lauf zu lassen, dem technologischen Diktat der[20] Verdinglichung auch unserer selbst uns zu beugen, ja sogar unser irrationales Empfinden, tiefsitzende Sensibilitäten dem einmal machbar Gewordenen anzupassen“[21]. Daß die unter den Einfluß des Profitdenkens geratene Naturwissenschaft vor nichts haltmacht, während auf der anderen Seite der Mensch sich an jede Grenzüberschreitung sofort gewöhnt und sie als neue Normalität zugrundelegt, ist in der Tat eine der Hauptschwierigkeiten, mit denen die Ethik heute konfrontiert ist.

IV. Spiel mit dem Leben

1. Zugriff auf die Natur des Menschen

Nach traditioneller Vorstellung ist der Mensch das *Subjekt,* die ihm gegenüberstehende Natur dagegen das *Objekt* der technischen Beeinflussung. Mit der Entwicklung biologischer Techniken, die in die Planung des Lebens selbst eingreifen, ist dieses Verhältnis zweifelhaft geworden; denn damit ist der Mensch selbst zum Objekt seines manipulativen Zugriffs geworden, und dies nicht bloß in seiner hier und jetzt gegebenen physischen und geistigen Existenz, sondern in seiner erblichen Konstitution. Eine solche biologische Kontrolle des Menschen wirft Fragen auf, für die uns kein früheres Denken vorbereitet hat.

Anders als beim Umgang mit stabilen Objekten ist bei gentechnischen Eingriffen die Zahl der Unbekannten riesig. Infolgedessen ist eine zuverlässige Vorhersage der dadurch ausgelösten Handlungsfolgen kaum möglich. Gentechnische Interventionen haben in hohem Maße den Charakter eines Experiments, freilich mit so langer Laufzeit, daß der Experimentator das Endergebnis selbst nicht mehr erlebt. Unverbindliche Versuche, mit denen ein bestimmtes Verfahren erst einmal getestet wird, bevor wirklich zur Aktion geschritten wird, scheiden ebenfalls aus: „... was hier zwischen Beginn und schlüssigem Ende des Versuchs liegt, ist das tatsächliche Leben von Individuen und vielleicht ganzen Bevölkerungen. Dies macht die ganze Unterscheidung von bloßem Versuch

[20] Im Original fälschlich: die.
[21] *Jonas,* TMuE, S. 239.

und definitiver Tat zunichte. ... Das Experiment ist die wirkliche Tat – und die wirkliche Tat ein Experiment." Das zeigt sich auch darin, daß gentechnische Interventionen unumkehrbar sind. Ein fehlerhaftes Auto kann zur Behebung von Mängeln in die Fabrik zurückbeordert werden. Für die Fehlgriffe biologischer Technik dagegen gilt: „Was getan ist, ist getan. Man kann nicht Personen zurück ins Werk liefern oder Bevölkerungen verschrotten."[22] Wer lebt, muß gegebenenfalls mit derjenigen genetischen Ausstattung leben, die andere ihm verordnet haben. Mit Hilfe biologischer Techniken wird es für die jetzt Lebenden daher möglich, Macht über die Kommenden auszuüben, „welche die wehrlosen Objekte vorausliegender Entscheidungen der Planer von heute sind"[23]. Wer aber hat das Recht, künftige Menschen in dieser Weise vorherzubestimmen? Und für welchen Zweck sollte dies gut sein? In der konventionellen Technik ist der Zweck stets durch irgendeinen Nutzen des *Menschen* definiert. Aber welchen Zwecken *einzelner Menschen* könnte es dienen, wenn die künftige *Menschheit* als solche nach heutigen Vorstellungen modelliert würde?

Entsprechend seiner Überzeugung, daß das Schicksal der Menschheit um keinen Preis der Welt aufs Spiel gesetzt werden darf, steht Jonas allen Eingriffen in die Integrität des Menschenbildes skeptisch gegenüber.

2. *Künstliche Selektion durch Klonen*

Bedenklich erscheint ihm zunächst das Klonen, bei dem der Zellkern einer geeigneten Körperzelle in eine zuvor entkernte Eizelle eingeführt wird, die sich dann so verhält, als ob sie befruchtet wäre. Auf diese Weise läßt sich das Individuum, von dem die Körperzelle stammt, in beliebiger Zahl replizieren. Man muß also nicht warten, bis im Wege natürlicher Reproduktion ein ähnliches Wesen entsteht, sondern kann den herkömmlichen Selektionsprozeß unterlaufen und ein vorhandenes Lebewesen auf künstliche Weise vervielfältigen.

In der Viehzucht ist das offenbar verlockend. Da jeder Tierzüchter weiß, was er vom Tier will, nämlich die Perpetuierung und Vervielfältigung bestimmter Spitzenleistungen, halten sich die Probleme in Grenzen. Was wir vom Menschen erwarten, wissen wir indessen nicht annähernd in dieser Weise. Und selbst wenn, wäre es nach Jonas nicht vertretbar, jemand das Schicksal aufzuerlegen, sein Leben als Klon eines anderen verbringen zu müssen.

Den Einwand, daß es seit jeher Zwillinge, Drillinge usw. gegeben hat, die genetisch ebenfalls identisch sind, läßt Jonas nicht gelten. Er ge-

---

[22] *Jonas,* TMuE, S. 166f.
[23] *Jonas,* TMuE, S. 168.

winnt daraus vielmehr ein gewichtiges Gegenargument: Natürliche Zwillinge sind strikt *gleichzeitig,* keiner ist dem anderen voraus, keiner hat ein vorgelebtes Leben nachzuleben, keiner ist daran gehindert, sich selbst zu entdecken und in eigenständiger Bemühung das Potential seines Seins zu entfalten. Ganz anders ein Klon, der seine Existenz irgendwelchen hervorragenden Eigenschaften eines genetisch identischen Vorgängers verdankt: Der Klon tritt nicht zeitgleich mit seinem Ebenbild auf, sondern erscheint *danach.* Er weiß daher immer schon, wer er ist und sein muß: der große Musiker, Mathematiker oder Sportler. „So ist das Wagnis des Lebens um seine lockende und auch ängstigende *Offenheit* betrogen. Der Vergangenheit wurde erlaubt, der Zukunft vorzugreifen durch ein unechtes Wissen um sie, und das in der intimsten aller Sphären: in der Sphäre der Frage: ‚Wer bin ich?' … Kurz, das Klonierungsprodukt ist im voraus der *Freiheit* beraubt, die nur unter dem Schutz des Nichtwissens gedeihen kann. Ein kommendes Menschenwesen dieser Freiheit vorsätzlich berauben ist aber ein unsühnbares Verbrechen, das auch nicht ein einziges Mal begangen werden darf."[24]

3. *Künstliche Mutation durch Genchirurgie*

Während beim Klonen die Mikrostruktur eines vorhandenen Lebewesens übernommen wird, geht es bei der Genchirurgie darum, diese Struktur in gezielter Weise zu verändern. Unterwirft das Klonen gleichsam die Selektion des von der Natur Dargebotenen dem künstlichen Zugriff, so die Genchirurgie auch die Mutation der Gene selbst. Das ermöglicht im Prinzip die Erzeugung ganz *neuer Typen* von Lebewesen.

Die für die Zukunft zu erwartende Übertragung dieser Technik auf den Menschen ist für Jonas eine Horrorvorstellung. Die Aussicht, daß die Menschen durch solche biologischen Veränderungen an neuartige Spezialaufgaben, z.B. der Raumfahrt angepaßt werden können, ist für ihn keine Rechtfertigung. Denn er sieht, daß ein Wesen, das für einen bestimmten Zweck geschaffen wurde, nur schwer geltend machen kann, Selbstzweck zu sein: „Definitionsgemäß wird keines der Erzeugnisse erfinderischer biologischer Technik um seiner selbst willen erzeugt worden sein: Nützlichkeit war die einzige Regel seiner Erdenkung. Unwiderstehlich wird sich von da die Ansicht ausbreiten, daß Menschen überhaupt für den Nutzen von Menschen da sind, und niemand bleibt ein Zweck an sich selbst. Wenn aber kein Mitglied der Gattung, warum dann die Gattung? Das Dasein der Menschheit um ihrer selbst willen verliert seinen ontologischen Grund."[25]

---

[24] *Jonas,* TMuE, S. 191f.
[25] *Jonas,* TMuE, S. 199.

Bleibt der wissenschaftlich-technische Prozeß seiner eigenen Dynamik überlassen, so führt er zwangsläufig zu einem Verlust dessen, was herkömmlich als Autonomie des Subjekts angesehen worden ist. Nur durch freiwillige Aufrichtung neuer Tabus kann das überkommene Menschenbild demnach vor seiner Zerstörung bewahrt werden.

§ 29. Rechtliche Organisation der Zukunftsverantwortung

Verantwortung für die Zukunft trägt nur, wer die Macht hat, sie zu beeinflussen. Das aber ist weniger der Einzelne als vielmehr das politische Gemeinwesen als solches. Jonas betont daher zu Recht, „daß der neue Imperativ sich viel mehr an öffentliche Politik als an privates Verhalten richtet, welches letztere nicht die kausale Dimension ist, auf die er anwendbar ist“[1]. Das Prinzip Verantwortung zielt nicht so sehr auf eine Änderung der überkommenen Nahbereichsethik; sein eigentliches Ziel ist eine veränderte Politik.

I. Die Verantwortung des Politikers

Auf diese Weise rückt zunächst die Verantwortung des Politikers und Staatsmanns in den Blick. Nach Jonas kommt dem professionellen Politiker eine eigene, gleichsam originäre Verantwortung zu, deren er sich im demokratischen Prozeß lediglich rückversichert. Das entspricht zwar nicht der heute vorherrschenden Auffassung, deckt sich aber mit Erfahrungen, wie sie jedermann geläufig sind. Denn auch in der Demokratie gelangen die meisten Bürger über den Status des Bourgeois, dessen Sorge sich auf seine privaten Verhältnisse beschränkt, kaum hinaus. Sieht man von den Medien einmal ab, fungiert allein der Politiker auf Dauer als Citoyen. Und zwar spielt er diese Rolle deshalb, weil er als einer der wenigen sich der Aufgabe stellt, Verantwortung zu übernehmen für Staat und Gesellschaft überhaupt.

1. Totalität politischer Verantwortung

Um die besondere Verantwortung des Politikers verständlich zu machen, bedient sich Jonas eines Vergleichs. Er vergleicht sie nämlich mit dem Urbild menschlicher Verantwortung für andere: mit der Verantwortung der Eltern für ihr Kind[2]. Das erscheint im ersten Moment überraschend, ja befremdlich. Denn die Zeiten, als der amtierende Herrscher ohne Ironie als „Landesvater“ angesehen wurde, scheinen vorbei zu sein. Aber nicht die Intensität der Verantwortung ist es, die Jonas den Vergleich nahelegt, sondern ihre *Totalität.* Sowohl für die elterliche als auch die staatsmännische Verantwortung gilt nämlich, daß sie „das to-

---

[1] *Jonas,* PV, S. 37.
[2] Dazu eindrucksvoll *Jonas,* TMuE, S. 294f.

tale Sein ihrer Objekte umspannen, das heißt alle Aspekte desselben, von der nackten Existenz zu den höchsten Interessen."[3]

Für die elterliche Verantwortung liegt dies ohne weiteres auf der Hand. Ähnliches gilt nach Jonas jedoch auch für den Staatsmann für die Dauer seines Amtes, soweit er politische Führungsfunktionen wahrnimmt und nicht bloß den Mehrheitswillen ausführt. Freilich bezieht sich die politische Verantwortung nicht auf einzelne Personen, sondern auf „das Lebensganze des Gemeinwesens, das sogenannte öffentliche Wohl". Vom Umfang her jedoch rückt sie durchaus in die Nähe der elterlichen: „wieder reicht sie von der physischen Existenz zu den höchsten Interessen, von Sicherheit zu Fülle des Daseins, von Wohlverhalten zu Glück."[4] Am Beispiel des Schulsystems, mit dessen Hilfe der Staat zunehmend Verantwortung für die Erziehung übernimmt, wird deutlich, daß sogar eine Kompetenzverlagerung von der Familie zum Staat stattfindet. In gewisser Weise wird der Staat immer „paternalistischer", weil die Verantwortung der Eltern für die Erziehung ihrer Kinder allmählich von der Verantwortung des Politikers für die Ausgestaltung des Erziehungssystems abgelöst wird.

Totalität der Verantwortung heißt unter anderem, daß die Verantwortung nie aussetzen darf. Während die Verantwortung des Schiffskapitäns für seine Passagiere mit der Ankunft am Bestimmungsort und die Verantwortung des Arztes für seine Patienten mit dem Abschluß der Behandlung endet, muß totale Verantwortung immer fragen: „‚Was kommt danach? Wohin wird es führen?' und zugleich auch ‚Was ging vorher? Wie vereinigt sich das jetzt Geschehende mit dem ganzen Gewordensein dieser Existenz?' Mit einem Wort: totale Verantwortung muß ‚geschichtlich' verfahren, ihren Gegenstand in seiner Geschichtlichkeit umgreifen ..."[5] Der Blickwinkel eines Staatsmannes muß daher weiter sein als der eines auf seinen Privatbereich beschränkten Bürgers.

2. *Emotionale Beziehung zum Objekt der Verantwortung*

Den Vergleich mit der elterlichen Totalverantwortung benutzt Jonas zugleich zu einem Seitenblick auf die staatsmännische Psychologie. Den Ausgangspunkt bildet dabei die Auffassung, daß niemand eine Totalverantwortung übernehmen kann, ohne sich mit dem Gegenstand in gewissem Umfang zu identifizieren. Zwar kann man ein Allgemeines, anders als ein Individuum, im eigentlichen Sinn nicht lieben. Aber Jonas zufolge gibt es sehr wohl „ein der Liebe vergleichbares Gefühlsverhältnis des politischen Individuums zur Gemeinschaft, deren Geschicke er zum Be-

---

[3] *Jonas,* PV, S. 189.
[4] *Jonas,* PV, S. 190.
[5] *Jonas,* PV, S. 196.

sten zu lenken wünscht, denn es ist ‚seine' in einem viel ursprünglicheren Sinn als dem der Interessengemeinschaft: er ist (im Normalfall) aus ihr hervorgegangen und durch sie er selbst geworden, ist also zwar nicht Vater, aber ‚Sohn' seines Volkes und Landes (auch Standes und so fort) und hierin all den Anderen, die dazugehören – lebenden, kommenden, selbst gewesenen – ‚verschwistert'. Dies begründet, wie bei der Familie, der die Symbolik entlehnt ist, mehr als nur ein Pflichtverhältnis, nämlich jene emotionale Identifizierung mit dem Ganzen, die gefühlte ‚Solidarität', die der Liebe zum Einzelnen analog ist. Ja, selbst Solidarität des Schicksals kann für das Gefühl die Stelle der gemeinsamen Herkunft einnehmen. Trifft beides zusammen ..., so ist die Kombination übermächtig. Das Faktum des Gefühls macht dann das Herz für die Pflicht empfänglich, die von sich aus danach nicht fragt, und beseelt die übernommene Verantwortung mit ihrem Impuls. Es ist schwer, ... Verantwortung zu tragen für etwas, das man nicht liebt, so daß man sich eher die Liebe dazu erzeugt als die Pflicht ‚frei' von Neigung zu tun."[6]

Das sind ungewöhnliche Worte in einer Zeit, die von Vaterlandsliebe, Patriotismus, Volks- und Schicksalsgemeinschaft scheinbar nichts wissen will und offiziell nur ein Credo kennt, nämlich daß unterschiedslos alle mit allen in jeder Hinsicht gleichzubehandeln seien. Man darf jedoch vermuten, daß Jonas damit ein tieferer Einblick in die inneren Antriebskräfte eines Staatsmannes gelungen ist, als er in den die öffentliche Meinung bestimmenden Darstellungen zu finden ist, aus denen alles entfernt ist, was der derzeitigen „political correctness" nicht entspricht.

3. Wissen und Macht

Verantwortung setzt Wissen und Macht voraus. Erst wo sich das Wissen mit einem entsprechenden Können verbindet, entsteht diejenige Beziehung, die wir mit dem Begriff der Verantwortung bezeichnen. Die demokratische Vorstellung einer vom Volk ausgehenden „Übertragung" politischer Verantwortung erfaßt jedoch, wie Jonas spürt, nur das äußere Erscheinungsbild des politischen Geschehens. Wer zu wissen glaubt, was für das Gemeinwesen, was für alle gut ist, wählt nämlich zunächst einmal *selbst* die Verantwortung und drängt sich häufig mit allen zur Verfügung stehenden Mitteln hinein, um sein Wissen in politische Praxis umsetzen zu können: „Ungefragt ... bewirbt sich der Anwärter um die Macht, um sich Verantwortung aufbürden zu können ... Niemand ist formell verpflichtet, sich um die öffentlichen Ämter zu bewerben, meist nicht einmal, die ungesuchte Berufung dazu anzunehmen. Aber der, der sich dazu berufen fühlt, sucht eben die Berufung und fordert sie als sein Recht. Besonders die Gefahr des Gemeinwesens, zusammentreffend mit

[6] *Jonas,* PV, S. 193f.

der Überzeugung, den Weg zur Rettung zu *wissen* und ihn *führen* zu können, wird zum mächtigen Antrieb für den Mutigen, sich anzubieten und zur Verantwortung zu drängen.“[7]

Der Politiker aus Berufung sucht die Macht nicht um ihrer selbst willen, sondern weil ihn sein wirkliches oder vermeintliches Wissen in die Verantwortung drängt. Macht ist für ihn nur Mittel zum Zweck. Aber da er diesen Zweck ohne das Mittel nicht erreichen kann, ist er genötigt zunächst einmal um die Macht zu kämpfen. Erst wenn er die Macht hat, kann er an die Verwirklichung seiner Ziele denken. Das setzt einen langen Atem voraus, über den nur Menschen mit starken Überzeugungen verfügen.

II. Die Frage der Staatsform

1. Staatsform als Frage der Zweckmäßigkeit

Das Prinzip Verantwortung rückt aber nicht nur den Staatsmann, sondern auch die Staatsform in den Blick. Der moderne Staat ist kein Naturprodukt, sondern ein Versuch, auf bestimmte Problemlagen eine organisatorische Antwort zu finden. Wenn die Probleme sich ändern, muß auch die Staatsform neu überdacht werden. Die Hinwendung zu den sich abzeichnenden Zukunftsaufgaben führt Jonas daher automatisch auch zu einer Betrachtung der Staatsverfassung.

Wo es nur darum geht, die *Gegenwart zu bewältigen,* lauten die maßgeblichen Fragen notwendig so: Wie ist der Staat zu organisieren, damit er für seine derzeitigen Bürger eine akzeptable Ordnung darstellt? Nach welchen Prinzipien sind die verfügbaren Güter zu verteilen? Wie kann jedermann das größtmögliche Maß an Freiheit gewährleistet werden? Die Geltung des Gleichheitssatzes einmal vorausgesetzt, führt dies folgerichtig zur Demokratie. Denn wo elitäre Privilegien ausgeschlossen sind, bleibt als akzeptables Organisations- und Verteilungsprinzip nur die Zustimmung aller, die an der staatlichen Ordnung teilhaben sollen.

Wo es schwerpunktmäßig um die *Sicherung der Zukunft* geht, müssen die Fragen anders beschaffen sein, nämlich: Wie muß der Staat organisiert werden, um zu gewährleisten, daß es auch *morgen* noch Menschen unter menschenwürdigen Bedingungen gibt? Wie sind die Interessen *künftiger* Generationen, die heute nicht nach ihrer Zustimmung gefragt werden können, am besten zu sichern? Auf welche Weise wird am besten für Natur und Umwelt gesorgt? Mit solchen Fragen wird zwangsläufig zugleich die Demokratie zur Disposition gestellt. Denn welche Staatsform vorzuziehen ist, ist dann nichts anderes als die Frage nach dem geeignetsten technischen Mittel zur Bewältigung der neu anstehen-

---

[7] *Jonas,* PV, S. 181.

den Aufgaben: Daß wir „*ohne gewußtes Ziel* den vorwärtstreibenden Prozeß auf ganz neue Weise in die Hand nehmen müssen", dies „antiquiert alle früheren Einsichten und stellt der Verantwortung Aufgaben, nach deren Maß selbst die große, die Gemüter bewegende Frage, ob eine sozialistische oder individualistische, eine autoritäre oder freie Gesellschaft für ‚den Menschen' besser wäre, sich in die zweitrangige Frage verwandelt, welche besser geeignet ist, mit den kommenden Situationen fertig zu werden: eine Frage der Zweckmäßigkeit, vielleicht des Überlebensdiktates, aber nicht mehr der Weltanschauung."[8]

Im Hinblick auf die beiden Gesellschaftsordnungen, die zur Zeit, als Jonas sein Buch schrieb, einander konkurrierend gegenüberstanden, spitzt sich die Untersuchung daher zu auf die Frage, welches System zur Bewältigung der sich abzeichnenden Zukunftsaufgaben besser geeignet ist: das kapitalistische oder das sozialistische. Die „innere[n] Vorzüge der Lebenssysteme selbst", ihre Tauglichkeit zur Gewährleistung menschlicher Freiheit, sind für Jonas unter dem Aspekt der Zukunftsvorsorge sekundär. Was vorrangig interessiert, ist ihre „Tauglichkeit ... zur Verhütung einer Menschheitskatastrophe durch Zügelung des technologischen Triebes"[9].

2. Markt- und Planwirtschaft

Die Frage hat zunächst eine *ökonomische* Seite: Welches System ist weniger auf Ausbeutung der Natur angelegt? Welches ist weniger dazu disponiert, die Zukunft auf Kosten der Gegenwart zu verspielen? Das Bacon'sche Prinzip, die Wissenschaft auf die technische Beherrschung der Natur auszurichten, ist im Kapitalismus mit dem Prinzip privater Gewinnmaximierung verbunden und unterliegt daher nur einer begrenzten öffentlichen Kontrolle. So gesehen drängt sich daher der Eindruck auf, daß „die ‚freie' Wirtschaft der westlichen Industriegesellschaften gerade der Herd der Dynamik ist, die der Todesgefahr zutreibt"[10]. Allerdings ist auch der Marxismus „dem Ursprung nach Erbe der Baconischen Revolution und der Selbstauffassung nach ihr berufener Vollstrecker"[11], so daß beide Systeme einander nicht viel nachstehen. Wenn der Kapitalismus auf grenzenlose Bereicherung des Individuums ausgerichtet ist und die Natur als Reservoir behandelt, das zur restlosen Ausbeutung freigegeben ist, so setzt der Marxismus darauf, die gesellschaftlichen Verteilungskämpfe durch Überproduktion entbehrlich machen zu können, und beutet die Natur zu diesem Zweck aus. Wie die

---

[8] *Jonas,* PV, S. 229f.
[9] *Jonas,* PV, S. 259.
[10] *Jonas,* PV, S. 254.
[11] *Jonas,* PV, S. 259.

Geschichte lehrt, ist die blinde Technikgläubigkeit im Marxismus sogar noch größer, als sie in den freiheitlichen Systemen westlicher Prägung je war. Nach der Oktoberrevolution von 1917 breitete sich in der Sowjetunion eine Begeisterung über die fortschreitende Elektrifizierung und Technisierung aus, die im Rückblick schwer verständlich erscheint. Traktoren, Maschinen, Staudämme, Kraftwerke wurden mit einer Inbrunst bejubelt, die unschwer erkennen läßt, daß es dabei zugleich um eine Art Religionsersatz ging: So wie nach christlicher Auffassung Gott der Herr der Schöpfung ist, so verhalf sich nach sozialistischer Auffassung der Mensch mit Hilfe der Technik zur Herrschaft über die Welt. Sich hierbei Grenzen aufzuerlegen, wäre nach marxistischer Auffassung einem Rückfall in überholte Vorstellungen gleichgekommen.

Vor die Wahl gestellt, gibt Jonas wie viele Gesellschaftstheoretiker vor ihm der Planwirtschaft gleichwohl den Vorzug. Der „Irrationalität einer vom Profitstreben beherrschten Wirtschaft" könne der Sozialismus „das Versprechen einer größeren *Rationalität* in der Verwaltung des Baconischen Erbes entgegenstellen". Mangels privater Gewinnmotivation sollte, wie Jonas meint, „zentrale Planung gemäß den kollektiven *Bedürfnissen* ... vielen Verschleiß der Wettbewerbsmechanik und den meisten Unfug der auf Verbraucherkitzel zielenden Marktproduktion vermeiden können, also dem materiellen Wohlstand mit größerer Sparsamkeit bezüglich der Naturreserven dienen"[12]. Dem stehen zwar die Defekte einer zentralistischen Bürokratie gegenüber, die Fehlleitungen von oben, die Servilität und das Sykophantentum von unten, der Fortfall des persönlichen Risikos, das für sich bereits zu einer permanenten Kontrolle zwingt. „Dennoch", so scheint es Jonas, „ist an und für sich der Bedürfnismaßstab eine bessere (weil in sich rationalere) *Voraussetzung* für Rationalität als der Profitmaßstab"[13].

Diese Präferenz für staatliche Planung dürfte zwei Gründe haben. Einmal den, daß sich das Prinzip des Marktes mit dem Anspruch der regelnden Vernunft, aus eigener Kraft bestimmen zu können, was zu tun ist, schwer vereinbaren läßt. Sodann aber setzt der Markt das Vertrauen auf eine „unsichtbare Hand" voraus, die anstelle des Menschen die Dinge zum Besten führt. Dieses Vertrauen, daß auch hinter dem Rücken der agierenden Subjekte eine Vernunft waltet – ein Vertrauen, das Hegel auf die Geschichte insgesamt übertragen wollte[14] –, ist Jonas angesichts der

---

[12] *Jonas,* PV, S. 260.

[13] *Jonas,* PV, S. 261.

[14] *G. W. F. Hegel,* Vorlesungen über die Philosophie der Weltgeschichte, Bd. 1 (hrsg. von Johannes Hoffmeister), 5. Aufl. Hamburg 1955, S. 29: „Den Glauben und Gedanken muß man zur Geschichte bringen, daß die Welt des Wollens nicht dem Zufall anheimgegeben ist. Daß in den Begebenheiten der Völker ein letzter Zweck das Herrschende, daß Vernunft in der Weltgeschichte

in den Blick geratenen Apokalypse abhanden gekommen: „Sicher ist, daß wir keiner immanenten ‚Vernunft in der Geschichte‘ mehr trauen können, daß von einem selbstwirksamen ‚Sinn‘ des Geschehens zu reden schierer Leichtsinn wäre ...“[15] Das Mißtrauen in den Lauf der Welt vorausgesetzt, können Entscheidungen von historischer Dimension nicht dem Markt überlassen bleiben. Sie müssen rational getroffen – und das heißt nach einem auch von Jonas geteilten Verständnis: zentral geplant – werden.

Dieser Schluß ist in seiner Bedeutung kaum zu unterschätzen. Mit der Bevorzugung der Planwirtschaft ist nämlich zugleich eine wichtige Vorentscheidung für die politische Organisation des Gemeinwesens getroffen worden; denn die Planwirtschaft weist nur geringe Affinität zur Demokratie auf.

3. Demokratie und Diktatur

Demokratie ist an dem Ziel orientiert, sich gemeinsam mit anderen auf der Basis gegenseitiger Anerkennung auf konsensuale Weise im Hier und Jetzt einzurichten. Sie ist daher wenig für solche Epochen geeignet, in denen das Gemeinwesen Herausforderungen ausgesetzt ist, die an die Grundlagen seiner Existenz rühren. Je dramatischer eine bevorstehende Gefahr sich darstellt – nach Jonas geht es immerhin um die „Verhütung einer Menschheitskatastrophe“[16] –, desto eher ist demnach damit zu rechnen, daß die in Betracht kommenden Gegenmaßnahmen die Grenzen der Demokratie sprengen. Als Exekutoren ihrer Vorstellungen denken sich demokratiekritische Gesellschaftsplaner gewöhnlich Ihresgleichen; wie die Welt beschaffen ist, fällt diese Aufgabe jedoch meist Politikern zu, die auf eigene Weise von ihrer Aufgabe erfüllt und zugleich entschlossen sind, alle Mittel dafür zu mobilisieren.

a) Unzulänglichkeit der Demokratie. Im Hinblick auf die technologischen Gefahren, denen die Menschheit entgegengeht, ist kaum überraschend, daß Jonas die Demokratie für wenig geeignet hält, mit den sich abzeichnenden Problemen fertig zu werden. In der Demokratie wird nur gehört, wer sich mit dem erforderlichen Nachdruck Gehör zu verschaffen vermag: „Die ‚Zukunft‘ aber ist in keinem Gremium vertreten; sie ist keine Kraft, die ihr Gewicht in die Waagschale werfen kann. Das Nichtexistente hat keine Lobby und die Ungeborenen sind machtlos. Somit hat die ihnen geschuldete Rechenschaft vorerst noch keine politische Realität im gegenwärtigen Entscheidungsprozeß hinter sich, und wenn

---

ist, – nicht die Vernunft eines besonderen Subjekts, sondern die göttliche, absolute Vernunft ...“.

[15] *Jonas,* PV, S. 229f.

[16] *Jonas,* PV, S. 259.

sie sie einfordern können, sind wir, die Schuldigen, nicht mehr da."[17] Wie alle Maßnahmen, die mit dem Eigeninteresse der jeweiligen Mehrheit kollidieren, können in der Demokratie auch Zukunftsinteressen nur am Rande oder außerhalb des demokratischen Entscheidungsprozesses wahrgenommen werden. Eine Durchsetzungschance besteht dafür in der Demokratie nur soweit, als es der Politik gelingt, solche Maßnahmen von der öffentlichen Zustimmung abzukoppeln.

Jonas zieht daraus den Schluß, „daß in der kommenden Härte einer Politik verantwortlicher Entsagung die Demokratie (bei der notwendig die Gegenwartsinteressen das Wort führen) mindestens zeitweise untauglich ist"[18]. „Zeitweise" – das soll heißen: solange die Situation andauert, die den demokratischen Entscheidungsprozeß als zur Bewältigung der anstehenden Probleme ungeeignet erscheinen läßt. Aber anders als im Falle des römischen Diktators, der in Kriegszeiten für ein halbes Jahr an die Stelle der Konsuln trat, läßt sich keineswegs abschätzen, ob und wann die durch die Technik geschaffene Herausforderung einmal enden wird. Am wahrscheinlichsten dürfte sein, daß wir auf Dauer damit leben müssen. Dies vorausgesetzt, bedeutet die „zeitweise Untauglichkeit" der Demokratie womöglich nichts anderes, als daß die Demokratie in der Vergangenheit eine brauchbare Staatsform gewesen sein mag, daß die Zukunft jedoch andere Entscheidungsstrukturen verlangt. Die demokratische Herrschaftsform, die zusammen mit der Menschenrechtsidee das beeindruckendste Produkt der politischen Aufklärung darstellt und seit Jahrzehnten überall in der Welt fast als Allheilmittel für alle politischen Gebrechen propagiert wird, wird damit praktisch zum Auslaufmodell erklärt. Ihre Tage, so scheint es, sind gezählt; sobald sich die Erkenntnis durchgesetzt hat, daß sie der Lösung der großen Menschheitsaufgaben im Wege steht, wird sie einer anderen Staatsform weichen.

b) Bessere Chancen der Diktatur. Vor dem Hintergrund, „daß nur ein Höchstmaß politisch auferlegter gesellschaftlicher Disziplin die Unterordnung des Gegenwartsvorteils unter das langfristige Gebot der Zukunft zuwege bringen kann", gibt Jonas dem damals noch real existierenden Kommunismus die besseren Chancen, allerdings nicht wegen seines ideologischen Kerns, sondern deshalb, „weil ... er der Gegenwart jedes Opfer zuzumuten wagt und, wo er herrscht, es auch erzwingen kann"[19]. In den utopischen Glücksverheißungen des Marxismus, die zu einer Heuristik der Furcht diametral in Widerspruch stehen und die sich daher auch mit der langfristig gebotenen Askese nur für eine Übergangszeit zur Deckung bringen lassen, sieht Jonas gerade die Schwäche

[17] *Jonas,* PV, S. 55.
[18] *Jonas,* PV, S. 269.
[19] *Jonas,* PV, S. 254f.

des kommunistischen Modells. Nach seiner Auffassung kann der Marxismus die globalen Technikfolgen nur dann bewältigen, „wenn er seine Rolle vom Bringer des Heils zum Abwender des Unheils umdeutet, also mit Verzicht auf seinen Lebenshauch, die Utopie. Dies wäre ein sehr anderer, bis auf das äußere Organisationsprinzip fast unkenntlich gewordener ‚Marxismus'."[20]

Als entscheidender Vorteil der marxistischen Gesellschaftsordnung bleibt daher im Grunde nur ihre Form, mit anderen Worten der Umstand, daß es sich um eine Diktatur handelt. In der Tat schätzt Jonas die sozialistische Gesellschaft nur, weil sie „die größere *Macht*" hat, den „Geist der Rationalität ... praktisch auch durchzusetzen und zu seinen Gunsten auch das Unpopuläre aufzuerlegen." Es sind allein die „Vorteile der Autokratie an sich", von denen er sich eine Bewältigung der großen Zukunftsaufgaben erhofft. Zur Zeit scheinen ihm diese Vorteile vor allem in den kommunistischen Staaten vorhanden zu sein; sie sind aber ebenso auch mit jeder anderen autokratischen Staatsform verbunden: „Die Entscheidungen an der Spitze, die ohne vorherige Zustimmung von unten getroffen werden können, stoßen auf keinen Widerstand im Sozialkörper (außer vielleicht passiven) und können bei einiger Zuverlässigkeit des Apparats der Ausführung sicher sein. Das schließt Maßnahmen ein, die das Eigeninteresse der Betroffenen sich spontan nicht auferlegt hätte, die demnach, wenn sie gar die Majorität treffen, im demokratischen Prozeß schwer zum Beschluß gebracht werden könnten. Solche Maßnahmen sind aber eben das, was die drohende Zukunft verlangt und immer mehr verlangen wird. Soweit also handelt es sich um die Regierungsvorteile einer jeden Tyrannis, die in unserem Zusammenhang eben eine wohlwollende, wohlinformierte und von der richtigen Einsicht beseelte Tyrannis sein muß."[21]

Diese Ausführungen sollte man nicht vorschnell als politische Naivität abtun. Jonas, der Deutschland im Jahr 1933 auf der Flucht vor einer Diktatur verlassen hat, wußte sehr wohl, wovon er sprach. Der Umstand, daß er gut dreißig Jahre nach dem Ende dieser Diktatur die Bewältigung der künftig anstehenden Aufgaben nur von einer abermaligen Diktatur erhoffte, ist daher ein Zeichen dafür, wie dünn allen Beschwörungen zum Trotz der Boden ist, auf dem der demokratische Rechtsstaat errichtet ist, und wie leicht es offenbar fällt, die demokratischen Errungenschaften zu opfern, wenn der Geist einer neuen Zeit dies zu fordern scheint.[22]

---

[20] *Jonas,* PV, S. 259.

[21] *Jonas,* PV, S. 262.

[22] Einschränkend *Jonas,* Wissenschaft als persönliches Erlebnis, Göttingen 1987, S. 42: „Was ich ... einmal vom drohenden ‚Gespenst der Tyrannei' gesagt habe, ist mir statt als Warnung als Empfehlung ausgelegt worden: als ob

c) Quis custodiet custodes? Wer einer aufgeklärten Diktatur das Wort redet, handelt sich zwangsläufig die Frage ein, wer den aufgeklärten Diktator auswählen und wie man gewährleisten soll, daß er seine Macht nicht für unvorhergesehene Zwecke mißbraucht. Diesem Dilemma entgeht auch Jonas nicht. Er formuliert es so: „Das wirkliche Problem ist dies: Wenn, wie wir glauben, nur eine Elite ethisch und intellektuell die von uns angezeigte Zukunftsverantwortung übernehmen kann – wie wird eine solche Elite erzeugt und wie mit der Macht ausgestattet, sie auszuüben?“[23] Aber Jonas weiß darauf so wenig eine Antwort wie andere vor ihm. Er kann daher letztlich nur *hoffen,* daß die einmal zur Herrschaft gelangende Elite ihre Macht im Sinne seines Prinzips Verantwortung ausübt. Denn würde sie unverantwortlich handeln, würde sie z.B. die gentechnischen Möglichkeiten benutzen, um die Masse der Menschheit für neuartige Zwecke zu modellieren, so wäre unter den Bedingungen einer modernen Diktatur kein Widerstand dagegen möglich.

Indem Jonas die Probleme so zuspitzt, daß nur die Wahl zwischen zwei Übeln bleibt – dem Verlust der Zukunft oder dem der Freiheit –, führt er die Rechtsphilosophie an Abgründe heran, an denen die überlegene Macht des Schicksals über das menschliche Wollen spürbar wird. In den entscheidenden Fragen, so scheint es, bleibt uns letztlich nichts anderes übrig, als entweder der Mehrheit oder einer Minderheit zu vertrauen. Im einen wie im andern Fall aber ruht das Vertrauen auf einer unterschwelligen Hoffnung in eine sich in der Geschichte offenbarende „Weltvernunft“, die uns trägt.

III. Rückkehr des Gesetzespositivismus

Aber noch etwas anderes wird deutlich: Der von Jonas unternommene Versuch, die Organisation des Rechtswesens den Erfordernissen einer

---

ich der Diktatur für die Bewältigung unserer Probleme das Wort redete. Was ich meinte, war, daß in Extremsituationen kein Raum bleibt für die umständlichen Entscheidungsprozesse der Demokratie und wir es dazu nicht erst kommen lassen dürfen.“ Vgl. auch *Jonas,* Philosophische Untersuchungen und metaphysische Vermutungen, Frankfurt a.M. 1992, S. 145f.: „Doch habe ich in der Tat gesagt, daß eine solche Tyrannei immer noch besser sei als der Untergang, sie also im Falle dieser Alternative ethisch gebilligt ... Doch wir können das schreckliche Zugeständnis an den Primat des physischen Überlebens machen in der Überzeugung, daß die *ontologische Befähigung* zur Freiheit ... sich nicht wirklich auslöschen, nur zeitweilig sich aus dem öffentlichen Raum verbannen läßt ... Mit dieser Hoffnung – die hier einmal vor der Furcht den Vorrang hat – dürfen wir um der physischen Rettung willen, wenn es denn sein muß, selbst eine Pause der Freiheit in den äußeren Affären der Menschheit hinnehmen.“

[23] *Jonas,* PV, S. 263.

neuen Ethik der Verantwortung anzupassen, fordert keineswegs eine weitere Abkehr von rechtspositivistischen Grundsätzen; vielmehr scheint diese Ethik überhaupt nur mithilfe positivistischer Mittel verwirklicht werden zu können. Bei Jonas selbst ist das zwar nicht näher ausgeführt. Einem juristisch geschulten Auge fällt es jedoch nicht schwer, diese Zusammenhänge zu erkennen und überschlägig zu Ende zu denken.

1. Konsequenzen für die Rechtsetzung

Daß die von Jonas ins Auge gefaßten Veränderungen auf einen neuen Positivismus hinauslaufen, zeigt sich zunächst im Bereich der *Gesetzgebung*. Eine den unmittelbaren Interessen der Mehrheit widerstrebende Zukunftssicherung kann unter den gegebenen Verhältnissen nicht ohne den Einsatz positiver Gesetze betrieben werden. Um das aus übergeordneten Gründen gebotene Verhalten der Bürger erzwingen zu können, bedarf es rechtlicher Zwangsnormen, die kraft autoritärer Setzung gelten und von den Normadressaten grundsätzlich nicht in Frage gestellt werden können. Eben dies ist der Sinn des Gesetzespositivismus. Der Gesetzespositivismus macht das positive Gesetz zu einem obrigkeitlichen Lenkungsinstrument, indem er es – jedenfalls für die Normadressaten – mit dem Recht selbst gleichsetzt. In einem ersten Schritt werden zu diesem Zweck die Rechtsvorstellungen der Bürger für rechtlich bedeutungslos erklärt. Im zweiten Schritt kann ihnen infolgedessen das Recht von seiten derjenigen diktiert werden, die die politische Verantwortung tragen, weil sie über die Macht verfügen.

2. Konsequenzen für die Rechtsanwendung

In einem solchen System steht aber auch die *Rechtsanwendung* unter positivistischen Vorzeichen. Wo das Recht allein durch die von einer autoritären Elite geschaffenen Gesetze definiert wird, kann bei der Rechtsanwendung auf die Rechtsüberzeugungen der Normadressaten keine Rücksicht genommen werden. Die eigentliche Funktion des positiven Zwangsgesetzes besteht vielmehr darin, jeden dem Gesetzgeber entgegenstehenden Willen brechen zu können. Auslegungsziel kann es daher nur sein, die Anwendung des Gesetzes mit dem Willen des Gesetzgebers in Einklang zu bringen. Wo sich dies als schwierig erweist, empfiehlt sich aus positivistischer Sicht eine streng formalistische Rechtsanwendung. Eine nach den Vorstellungen des Exegeten „vernünftige“ Auslegung wäre nämlich mit dem Risiko behaftet, daß das Recht mit Prinzipien angereichert wird, die den Intentionen des Gesetzgebers zuwiderlaufen. Ein obrigkeitliches Rechtsregime verbindet sich daher leicht mit einer wenig flexiblen Subsumtionstechnik, wie sie für den Gesetzespositivismus kennzeichnend ist.

Liest man Jonas von diesen juristischen Konsequenzen her, so wird deutlich, daß wir im Verlauf unserer Überlegungen von Kelsen bis Jonas fast einen Kreis beschritten haben: angefangen vom strikten Positivismus, der alle Fragen nach der Richtigkeit des Rechts rigoros abschneidet, bis hin zu einer ethisch aufgeladenen Rechtslehre, die jedoch, um ihrem Anspruch praktisch gerecht zu werden, wiederum in einen autoritären Positivismus einmünden muß. Die Rückkehr der Gerechtigkeit, so scheint es, endet langfristig gesehen mit ihrem erneuten Verschwinden. Die Gründe für beides, für das Auftauchen wie für das Verdrängen der Gerechtigkeitsfrage, jedoch bleiben. Denn wie die nähere Betrachtung zeigt, geht es dabei in unterster Schicht um die Frage, was der Mensch seinem Wesen nach ist und was er nicht ist, was er in der Vergangenheit war und was er künftig sein wird.

§ 30. Schluß

I. Gerechtigkeit als Fluchtpunkt in einer veränderlichen Welt

Leitmotiv unserer Betrachtungen war die „Rückkehr der Gerechtigkeit", wie sie in einigen grundlegenden neueren Werken zum Ausdruck kommt. Auf dem Höhepunkt des Gesetzespositivismus schien eine solche Wendung kaum mehr möglich zu sein. Gerechtigkeit war nach gesetzespositivistischer Auffassung ein leeres Wort, ein irrationales Ideal, wenn nicht gar eine ideologische Verbrämung politischer Wunschvorstellungen. Und doch ist die von der positivistischen Theorie bereits abgeschriebene Gerechtigkeit in die aktuelle Diskussion zurückgekehrt und hat ihre Gesellschaftsfähigkeit wiedererlangt. Dieser Prozeß, den wir hier selektiv dargestellt haben, reicht in seiner Bedeutung über die untersuchte Epoche hinaus und wirft sein Licht auch auf den Zusammenhang von Recht und Gerechtigkeit überhaupt. Wir wollen uns daher zum Schluß auch diesen übergreifenden Aspekten noch zuwenden und dabei zu unseren einleitenden Überlegungen zurückkehren.

1. Bedingung der Möglichkeit von Recht

Wie sich im Verlauf dieses Buches gezeigt hat, ist Gerechtigkeit ein Begriff, der sich nicht leicht verdrängen läßt. Wo immer von der Legitimation des Rechts die Rede ist, ist der Gedanke der Gerechtigkeit mit im Spiel. Und was auch immer dagegen eingewandt werden mag: zur Tür hinausgeworfen, spaziert die Gerechtigkeit zum Fenster wieder herein. Wie ist das zu erklären?

Anders, als es vielfach den Anschein hat, nicht damit, daß die Gerechtigkeit bestimmte, für alle Zeiten vorgegebene Inhalte liefern würde; denn auch die Gerechtigkeitsvorstellungen sind wandelbar. Man kann daher nie ausschließen, daß der Kern der Gerechtigkeit eines Tages auch in dem gesehen werden könnte, was heute als ungerecht gilt. Am ehesten kann man die Gerechtigkeit vielleicht mit einem *Fluchtpunkt* vergleichen. Ein Fluchtpunkt ist ein fiktiver Punkt, der sich mit dem Standort des Betrachters zwar ändert, aber immer nach demselben Prinzip Richtung und Ordnung in unsere Wahrnehmungen bringt. Er flieht mit dem Betrachter, wohin immer es diesen verschlägt; und doch wird die Flucht der Erscheinungen dadurch immer aufs neue entschlüsselt. Die Gerechtigkeit ist gewissermaßen ein Fluchtpunkt in Sachen des Rechts, auf den hin alles Recht ausgerichtet und interpretiert werden muß, um überhaupt *als Recht* verstanden werden zu können. So wie es ohne den optischen Fluchtpunkt keine optischen Wahrnehmungen gibt, so ohne den Fluchtpunkt der Gerechtigkeit keine rechtlichen.

Dieses Bild erscheint geeignet, manchen Fehlvorstellungen entgegenzuwirken. Unter anderem zeigt es, daß sich aus dem Gedanken der Gerechtigkeit allein keineswegs eine ideale Rechtsordnung hervorzaubern läßt. Die Reflexion über Recht beginnt nicht im rechtsleeren Raum. Sie knüpft vielmehr an zwei *Voraussetzungen* an, die sich gegenseitig ergänzen. Die erste ist die, daß es eine soziale Realität gibt, die sich in raum-zeitlichen Abläufen nicht erschöpft, sondern zugleich eine normative Qualität aufweist. Diese Voraussetzung beruht ihrerseits auf einer anderen, nämlich daß es überhaupt möglich ist, Institutionen und Handlungen unter einem Aspekt zu betrachten, unter dem ihnen frei von sonstigen Zwecken der Sinn beigemessen wird, Gerechtigkeit zu verwirklichen oder zu verfehlen. Etwas *als Recht* beschreiben heißt daher nichts anderes, als es in irgendeinem, sei es auch noch so entfernten Sinn *als gerecht* zu beschreiben. Und über geltendes Recht zu streiten heißt in aller Regel zugleich, sich über den latenten Gerechtigkeitsgehalt dieses Rechts auseinanderzusetzen.

Recht und Gerechtigkeit sind daher, wenngleich kategorial verschieden, intentional aufeinander bezogen. Wer der Frage nach der Gerechtigkeit den Sinn abspricht, leugnet damit zugleich die Möglichkeit von Recht. Um es mit Radbruch zu sagen: „... man kann Recht, auch positives Recht, gar nicht anders definieren denn als eine Ordnung und Satzung, die ihrem Sinn nach bestimmt ist, der Gerechtigkeit zu dienen."[1]

Die Gerechtigkeit weist insoweit Ähnlichkeit mit der *Wahrheit* auf, mit der zusammen sie in der Trias des „Schönen, Wahren und Guten" seit langem auf eine Ebene gestellt wird. Konfrontiert mit Wahrheitstheorien, die alle auf eigene Weise auf fiktive Bedingungen abstellen, dabei aber gleichwohl auf reale Verhältnisse bezogen sind, mögen den Betrachter gelegentlich Zweifel ankommen, ob Wahrheit ein sinnvoller Begriff ist. Gleichwohl wäre er nicht gut beraten, auf den Wahrheitsanspruch tatsächlich zu verzichten. Ohne den Bezug zur Wahrheit würden Begriffe wie Irrtum, Täuschung, Glauben und Wahn ihren Sinn verlieren. Anstelle der Dichotomie Wahrheit/Unwahrheit müßte ein anderer Maßstab für Unterscheidungen sorgen, wahrscheinlich der der Nützlichkeit oder eines sonstwie bemessenen Vorteils oder Gewinns. Aus Gründen der Praktikabilität geschieht dies in gewissem Umfang vielleicht auch. Zum Prinzip erhoben aber würde die zwischenmenschliche Kommunikation damit auf eine wenig wünschenswerte Basis gestellt. Überträgt man dies auf die Gerechtigkeit, so gilt: Wer die Vorstellung eines ideellen „Fluchtpunktes" in Sachen des Rechts streicht, weil dieser Punkt realistisch betrachtet kein „archimedischer Punkt" ist, muß die

---

[1] *Gustav Radbruch*, Rechtsphilosophie, 6. Aufl. Stuttgart 1963, S. 353.

Normen und Institutionen des Rechts notwendig auf einen anderen Punkt hin zentrieren. Wie bei den möglichen Substituten der Wahrheit kann dies auch hier nur ein *Faktum* sein, sei es die Macht oder die Mehrheit oder eine andere Erscheinungsform der Wirklichkeit. Behält man dies im Auge, so kommt dem Postulat der Gerechtigkeit nicht zuletzt eine kritische Funktion zu, nämlich die, Widerspruch anmelden zu können gegen eine vorbehaltlose Auslieferung des Rechts an die Positivität.

2. Einbettung in kulturelle Kontexte

Wie man aus vielfältiger Erfahrung weiß, läßt sich die Frage nach der Gerechtigkeit leichter stellen als beantworten. Sie stellt sich gleichsam von selbst und beantwortet sich definitiv nie. Wie der optische Fluchtpunkt läßt sich auch der der Gerechtigkeit nur dann erahnen, wenn der Beurteiler in einer bestimmten Lage verharrt.

Die Vorstellung eines für alle Zeiten und Territorien gleichermaßen gültigen Rechtsmaßstabs verdankte sich der mangelnden Vertrautheit früherer Epochen mit der Veränderlichkeit der Welt. Wo die Erfahrung über den eigenen Lebenskreis nicht hinausreicht, stellt sich häufig die Neigung ein, die in diesem Kreis anerkannten Vorstellungen für allgemeingültig zu halten. Wie wir seit Montesquieu jedoch wissen, ist die Frage nach der Gerechtigkeit eingelassen in eine Welt, in der unter wechselnden Bedingungen immer neue Antworten gefunden werden müssen. Wer nach dem Absoluten greift, muß seinen Standpunkt notgedrungen im Endlichen nehmen, in Überlieferungen und Überzeugungen, die tief in wandelbaren kulturellen Kontexten verankert sind. Das relativiert die Einsichten, die wir dabei erlangen. Aber es nimmt ihnen nicht den Charakter, Erkenntnisse zu sein; denn wenngleich der geschichtliche Kontext, in den wir eingebunden sind, der Veränderung unterliegt, so ist er doch in geringerem Maße ein Produkt des menschlichen Veränderungswillens, als wir uns dies gelegentlich wünschen. Wenn sonst nichts tragen sollte, wäre es daher immer noch die Schwerkraft unseres kulturellen Umfeldes, die unserem Urteil einen gewissen Rückhalt verleiht.

Nur innerhalb eines solchen Rahmens kann die Gerechtigkeitsfrage sinnvoll beantwortet werden. Unabhängig davon käme eine Antwort dem Versuch gleich, ausgehend von isolierten Fragen des Rechts die Strukturen der dazugehörigen geistigen und sozialen Welt neu zu entwerfen.

3. Ratio und Konsens

Die Verwurzelung des moralischen Urteils in kulturellen Kontexten zeigt sich meist nur einem Beobachter, der an den internen Auseinandersetzungen selbst nicht teilnimmt. Der Teilnehmer erfährt sein begrenztes Wissen vor der Hand als Offenheit oder Freiheit. Wenn er das, was er vorfindet, nach dem Maßstab innerer Stimmigkeit zu Ende denkt, so erscheint ihm das Ergebnis nicht zuletzt als seine freie Tat. Die Einbettung in kulturelle Kontexte verringert zwar von außen gesehen den Spielraum unseres Urteils; sie hebt ihn nach unserem eigenen Urteil jedoch nicht auf.

Wenn die richtungsweisende Kraft institutioneller und kultureller Vorgaben endet, verweist uns die Frage nach der Gerechtigkeit daher immer wieder auf die eigene *Ratio*. Das *sapere aude*, das Wagnis, die Gestaltung der Welt auf nichts als den praktischen Verstand zu gründen, läßt sich nur hinausschieben, aber nicht gänzlich vermeiden.

Wer das darin liegende Risiko einer „freien", nur durch weiträumige Deutungsmodelle geleiteten eigenen Deutung der Welt empfindet, wird sich in der Regel bei anderen, die sich in gleicher Lage befinden, rückversichern. Die „Einstimmung aller Urteile ungeachtet der Verschiedenheit der Subjekte untereinander" ist nach Kant immerhin ein „Probierstein des Fürwahrhaltens"[2], der *Konsens* der Beteiligten also ein Akt gegenseitiger Selbstbestätigung, der unserem Urteil scheinbar auf zeitlose Weise Rückhalt verleiht. Gesellschaftliche Vertragstheorien, die die Meinung des Einzelnen potentiell bis zum *consensus omnium* verstärken, sind daher ein probates Mittel der moralischen Entlastung; die „herrschende Meinung", die eine vielfach geprüfte und für gut befundene Ansicht zum Gegenstand hat, übt nicht selten eine magische Anziehungskraft aus.

Der Versuch, sich des Fluchtpunktes der Gerechtigkeit auf kollektive Weise rückzuversichern, ist freilich mit der Möglichkeit verbunden, daß er gerade aus diesem Grund verfehlt wird. Wenn alle die Gewißheit ihres Urteils nur durch die Bestätigung anderer erlangen, kann es geschehen, daß sich eine Zustimmungsspirale entwickelt, an deren Anfang keine wirkliche Überzeugung mehr steht. Dann ist es möglich, daß Akteure, die diesen Prozeß durchschauen und zu nutzen wissen, die Definitionsmacht über Recht auf informelle Weise an sich bringen. Wer nach der Gerechtigkeit fragt, muß daher vor Selbstüberheblichkeit und Kollektivermächtigungen gleichermaßen auf der Hut sein.

II. Die Schärfe des Rechts

Die Reflexion über Recht, so sagten wir oben (I 1), entzündet sich an der sozialen Wirklichkeit. Erst die Auseinandersetzung mit einer als unbefriedigend empfundenen Realität läßt die Vorstellung einer besseren,

---

[2] *Kant*, Kritik der reinen Vernunft, Akademie-Ausgabe Bd. 3, S. 532; ähnlich *ders.*, Logik, Akademie-Ausgabe Bd. 9, S. 57.

um das Prädikat der Gerechtigkeit überlegenen Welt entstehen. Diese Vorstellung bleibt auf die Imagination nicht beschränkt. Sie drängt ihrerseits zur Wirklichkeit; denn sie ist darauf angelegt, sich im Wege der Rechtsänderung oder der Interpretation dem positiven Recht einzuprägen. Von außen her betrachtet geht es dabei um einen Prozeß der „Selbstreproduktion" des positiven Rechts, bei dem allein das zur Geltung kommt, was hier ohnehin bereits angelegt ist. Wie aber stellt sich dieser Prozeß für den am „richtigen Recht" interessierten Teilnehmer dar? Wo liegt der Bezug der Rechtsveränderung und ihrer Ergebnisse zur Gerechtigkeit?

1. Zwang im Dienste einer prekären Gerechtigkeit

Mit jedem Rechtsgedanken ereignet sich im Moment seiner Realisierung eine Metamorphose; denn von da an steht er zugleich unter den Bedingungen der Realität. Was dies heißt, kann man sich durch den oben gebildeten Vergleich mit einem Fluchtpunkt leicht verdeutlichen: Solange ein Künstler sein Bild von der Wirklichkeit nur als Vision vor seinem inneren Auge hat, untersteht es allein den Gesetzen seiner Wahrnehmung und Empfindung. Hat er es jedoch zur Darstellung gebracht und damit selbst zu einem äußeren Gegenstand gemacht, so folgt es anderen Gesetzen. Der in einem realen Bild „festgehaltene" Fluchtpunkt ändert seine Lage nicht mehr, was auch der Betrachter unternehmen mag. Ähnlich folgt auch der realisierte, zum positiven Recht gewordene Rechtsgedanke nicht mehr der Logik der Gerechtigkeit, sondern derjenigen von Strafe und Belohnung, von Zwang und Gehorsam, von Bedingung und Folge.

Mehr noch: Wenn ein Rechtsgedanke die Realität erreichen soll, muß man sich auf die Logik des positiven Rechts in gewissem Umfang bereits *im voraus* einstellen. Denn die Gerechtigkeit verwirklicht sich nicht von selbst; sie bedarf eines Handelns, das selbst bereits unter den Bedingungen der Realität, nämlich des *realen* praktischen Diskurses steht. Eine Rechtsidee kann nur insoweit verwirklicht werden, als es gelingt, sie auf der Ebene menschlicher Interaktion gegen solche Kontrahenten durchzusetzen, die ihr vorerst widerstreben. Jeder wirkliche praktische Diskurs hat daher zugleich eine politische Seite: unterhalb der Ebene, auf der nur um Argumente gerungen wird, suchen die Beteiligten so gut wie immer auch eine Verständigung darüber, wer wen aus welchen Gründen auf instrumentale Weise marginalisieren darf und womöglich sogar soll.

Aus der Sicht der Akteure ist das kein Widerspruch zur Gerechtigkeit, sondern eine Bedingung für deren Verwirklichung. Um Wirklichkeit zu erlangen, muß der Gedanke des Rechts ein Bündnis mit solchen Mächten eingehen, die er an sich zu verändern sucht. Und ebenso, wie er nur mit Hilfe kausaler Prozeduren und Techniken Gestalt gewinnt, muß er sich solcher Mittel auch in der Folge bedienen, um sich behaupten zu können. Für den, der die Vorstellung, die hinter einer positiven Regelung steht, teilt, ist es völlig in Ordnung, daß das Recht mit Techniken der Disziplinierung verbunden ist. Denn ohne Zwang könnte es nicht auf Befolgung von seiten derer rechnen, die anderen Vorstellungen verpflichtet sind. Als eine auf Gerechtigkeit hin angelegte Ordnung will das positive Recht zwar allemal mehr sein als Zwang; es ist womöglich sogar darauf angelegt, allen Zwang entbehrlich zu machen und durch die Überzeugung der Normadressaten zu ersetzen. Einstweilen jedoch – so glauben jedenfalls alle, die jetzt bereits von seiner Richtigkeit überzeugt ist – kann es den Zwang nicht entbehren. *Abweichende* Gerechtigkeitsvorstellungen sind aus der Sicht des positiven Rechts, das sich formalistisch gegen seine Umwelt abkapselt, scheinbar „außerrechtlicher Natur". In einer freiheitlichen Rechtsordnung darf man versuchen, in rechtspolitischer Absicht dafür zu werben. Wer jedoch unmittelbar danach handelt, bekommt die Schärfe des geltenden Rechts zu spüren.

Das Defizit einer positivistischen Rechtstheorie liegt vor diesem Hintergrund darin, daß sie meint, alles Recht *allein* unter diesem Aspekt erfassen zu können. Aus dem Umstand, daß kein Recht auf eine gewisse Formalisierung des Handelns und Argumentierens verzichten kann, zieht der Positivismus den Schluß, daß formalisierter Zwang *das Wesen* des Rechts ausmache. Er deutet das Recht infolgedessen nicht als Ausdruck der Gerechtigkeitsvorstellungen, die ihm zugrundeliegen, sondern als technisches Mittel zur Realisierung *beliebiger* Zwecke. Das ist im Grunde nicht anders, als würde man eine Erziehung, die gelegentlich den Rohrstock zum Einsatz bringt, als Dressur für *beliebige Zwecke* mit Hilfe von Schlägen kennzeichnen. Was für die Beteiligten von zentraler Bedeutung ist, nämlich der mit dem Zwang verfolgte *Zweck* und was von diesem zu halten ist, fällt bei einer ausschließlich instrumentalen Sicht unter den Tisch. Aus dem Umstand, daß jeder Rechtsgedanke sich positiver Hilfsmittel versichern muß, wenn er nicht scheitern will, schließt der Rechtspositivismus, daß das Mittel alles, der Gedanke nichts sei.

2. Gerechtigkeitsgehalt des positiven Rechts

Eine Rechtsordnung, die ausschließlich auf formalisiertem Zwang beruht, ist aber bereits technisch kaum vorstellbar. Zwangsandrohungen sind nur wirksam, wenn sie mit einer Kontrolle des Handelns verbunden sind. Durchgehender Zwang würde eine durchgehende Kontrolle voraussetzen, ein System von Kontrolleuren, in dem jeder Kontrolleur zugleich von einem anderen kontrolliert wird. Solange es daran fehlt, ruht jedes Rechtssystem in mehr oder weniger großem Umfang auf der Überzeugung der Normadressaten, daß das, was unter Zwangsandrohung gestellt ist, auch unabhängig davon *richtig* bzw. gerecht ist. Das gilt, wie uns Hart eingehend belehrt hat, vor allem für das rechtsanwendende Personal. Niemand richtet fremde Existenzen durch Strafen oder Vollstreckungsmaßnahmen zugrunde, bloß weil er dafür bezahlt wird. Richter und Beamte müssen das Recht, das sie anwenden, auf irgendeine Weise auch selbst akzeptieren; andernfalls könnten sie kaum sinnvoll damit arbeiten, geschweige denn im Wege der Interpretation es fortentwickeln. Das ist der zutreffende – nicht positivistische, sondern gerechtigkeitstheoretische – Kern der Kelsenschen Grundnorm: Geltendes Recht kann letztlich nur sein, was von realen Menschen als geltend akzeptiert wird. Dementsprechend hat auch das Faktum der Macht nur insofern Rechtsqualität, als es sich in den Augen der Normadressaten als Verwirklichung eines auf Gerechtigkeit gerichteten Strebens darzustellen vermag.

Das positive Recht und die Richtigkeitsüberzeugungen der Mehrheit fallen auf lange Sicht gesehen übrigens nicht so leicht auseinander, wie es nach der Theorie des Positivismus den Anschein hat. Die psychologische Bereitschaft, eine Ordnung der Dinge, der man ohne Nachteil nicht auszuweichen vermag, als gerecht zu akzeptieren, ist bei den meisten Menschen eher über- als unterentwickelt. Noch keinem Staat hat es bisher an Zustimmung gefehlt, solange er nur entschlossen genug war, den Dissens zu der von ihm errichteten Ordnung etwas kosten zu lassen. Aber es gibt auch noch andere Gründe, warum wir uns im großen und ganzen in die vorgefundenen Verhältnisse fügen und daran Maß nehmen: Keine Generation und keine Gesellschaft kann nämlich im strengen Sinn des Wortes von vorn beginnen. Immer schon befinden wir uns in einer Welt, die von den Ergebnissen früheren Bemühens um eine angemessene Gestaltung der menschlichen Beziehungen geprägt ist. Mehr als uns bewußt ist, geht dieses Erbteil in unsere Überlegungen mit ein und bildet die Grundlage unseres eigenen Meinens. Selbst noch in unserer Kritik des Vorhandenen können wir uns von den darin eingewobenen Gerechtigkeitsvorstellungen nicht ganz lösen.

Daß normalerweise auch der Positivist sich auf Gesichtspunkte der Gerechtigkeit bezieht und das positive Recht als realisierte Gerechtigkeit darzustellen sucht, ist daher keine Inkonsequenz, wie Kelsen meinte, sondern die Voraussetzung dafür, den rechtlichen Zwang auch aus der Sicht des Rechtsanwenders oder des Normadressaten *als Recht* begreifen zu können. Wo die institutionalisierten Sprach- und Handlungszwänge des positiven Rechts nicht wenigstens mittelbar mit dem menschlichen Traum von einer besseren Welt in Verbindung gesetzt werden, kann der Schritt vom bloßen Faktum zur Rechtsnorm nicht vollzogen werden.

3. Effizienz des positiven Rechts.

Der Reiz, der von der Verabsolutierung des Positiven ausgehen kann, liegt in etwas anderem: nämlich in der Verheißung einer mit nichts vergleichbaren *Effizienz*. Der Gedanke, daß es die Erreichung gesellschaftlicher Ziele erleichtern muß, wenn die dafür vorhandenen Instrumente wirksamer und schärfer werden, ja daß es vielleicht sogar der Gerechtigkeit selbst, falls es sie geben sollte, zugute kommt, wenn die Mittel ihrer Realisierung verbessert werden, kann eine eigene Faszination ausüben.

Eine Analyse, die auch die Gerechtigkeit mit in den Blick nimmt, zeigt indessen, daß das positive Recht einer anderen Logik folgt als die gedankliche Auseinandersetzung um die gerechte Gestaltung der menschlichen Verhältnisse. Unter dem Gesichtspunkt der Gerechtigkeit betrachtet, bedeutet eine Verbesserung der „Effektivität" zugleich eine Veränderung der Auseinandersetzung über den Inhalt des Rechts. Das positivistische Ideal einer Wissenschaft davon, wie freie Menschen am effektivsten gesteuert werden können, wäre nichts anderes als eine Wissenschaft davon, wie eine Mehrheit auf Dauer in die Gewalt einer Minderheit gebracht werden kann. Auch darin kann man eine interessante Aufgabe erblicken. Sie ist aber eigentlich nicht rechtlicher Natur.

III. Ernstfall der Gerechtigkeit

1. Rechtsanwendung im Unrechtsstaat

Manchem Leser mögen diese Überlegungen allzu abstrakt erscheinen. In der Tat ist der Ernstfall der Gerechtigkeit nicht der, daß man darüber zu reden, sondern sie in einem Umfeld, das sich nach eigenem Urteil als ungerecht darstellt, verantwortlich zu praktizieren hat. Als Schulbeispiel für eine solche Situation wird heute meist der Richter unter der Geltung des nationalsozialistischen Rechts angeführt; denn das NS-System ist für die Nachgeborenen zum Synonym des schlechthin Bösen, zur modernen Version des von Augustinus beschworenen Räuberstaates geworden.

Der Positivismus hat hier eine ausgesprochen „saubere" Lösung parat. Als Recht gilt danach allein das – ungeachtet seines Inhalts aber auch all das –, was die Tatbestandsvoraussetzungen der positivrechtlichen Erkenntnisregeln erfüllt; nichtpositive Verhaltensmaßstäbe fallen dagegen in den Bereich der Moral, der Politik, der Religion usw. Daß jemand das positive Recht für ungerecht hält, hat daher auf dessen Gültigkeit unmittelbar keinen Einfluß. Ob man sich solchem Recht fügt oder ihm Widerstand leistet, erscheint allein als moralisches Problem. Wer sich entgegen seiner Überzeugung fügt, handelt zwar moralisch verwerflich, aber rechtlich korrekt. Eine rechtliche Verantwortung des Richters für eine ungerechte Entscheidung ist damit definitionsgemäß ausgeschlossen.

Der Kritiker des Positivismus ist meist umgekehrt versucht, die von dem positiven Recht ausgehenden Bindungen herunterzuspielen. Das reicht von der – an der Perspektive eines Teilnehmers gemessen – naiven Vorstellung, ungerechtem Recht von einem gewissen Maß der Ungerechtigkeit an die Geltung absprechen zu können, über den Vorschlag, die „Freiräume" des Rechts zu nutzen, um der Gerechtigkeit wenigstens hier Geltung zu verschaffen, bis hin zu dem im Grunde anarchischen Gedanken, überall da, wo man fremder Kontrolle entzogen ist, contra legem im Sinne der Gerechtigkeit zu entscheiden.

Letztlich vermögen all diese Antworten nicht zu befriedigen. Was interessiert, ist nämlich nicht, was unter der Hand für die gute Sache getan werden kann, sondern was mit dem Anspruch, daß es Recht sei, offen verfochten werden kann. Und was interessiert, ist weiter auch nicht, was dabei offenkundig zum Scheitern verurteilt ist, sondern was sich unter den gegebenen Bedingungen tatsächlich zu behaupten vermag. Wenn es richtig ist, daß alles Recht nur im geschichtlichen Kontext einer bestimmten Gesellschaft als Recht gedacht werden kann, muß auch eine Gerechtigkeitsvorstellung, um überzeugen zu können, in diesem Rahmen verbleiben. Nach einem bedeutungsschweren Wort Hegels geht die Philosophie über ihre gegenwärtige Welt nicht hinaus; sie kann sie nur in Gedanken erfassen[3]. Damit ist jedoch nur die eine Seite erfaßt. Wenn es desweiteren nämlich zutrifft, daß auch das positive Recht nie ganz fertig ist, sondern in bestimmtem Umfang immer erst zu Ende gedacht werden muß, so ist die konkrete Entscheidung, allen Vorgaben zum Trotz, immer auch eigene Tat, also immer auch eine Verwirklichung dessen, was dem Entscheidenden selbst als gerecht erscheint und was nach seiner Auffassung dazu beiträgt, das rechtliche Ausgangsmaterial in Richtung auf eine Verbesserung der vorhandenen Zustände zu strukturieren.

2. *Ein konkretes Beispiel*

Was aber soll ein Richter tatsächlich tun? Wie soll er in schwieriger Lage zu einer Entscheidung finden, die sowohl dem eigenen Urteil als auch dem der anderen standhält? Beispiele sind rar. Auch in Zeiten höchster Herausforderung war es offenbar leichter, in die innere Emigration zu gehen, als dem erkannten Unrecht mit rechtlich unanfechtbaren Mitteln zu begegnen. Ein Beispiel, das es wert ist, berichtet zu werden, findet sich in einer Entscheidung aus dem Jahr 1936. Dabei ging es um folgendes:

---

[3] *Hegel*, Grundlinien der Philosophie des Rechts, Vorrede.

1908 hatte die Nichte des Malers Adolph Menzel im Zustand unerkannter Geisteskrankheit dem bayerischen Staat eine Sammlung wertvoller Bilder geschenkt. Jahre danach verlangte ihr mittlerweile bestellter Vormund diese zurück. Inzwischen hatte der bayerische Staat im Wege der Ersitzung das Eigentum an den Bildern erworben. Ein Eigentumsherausgabeanspruch bestand daher nicht mehr. Die Frage konnte also nur sein, ob der Schenkerin ein Anspruch aus ungerechtfertigter Bereicherung zustand oder ob die Ersitzung einen Rechtsgrund bildete, der auch einen solchen Kondiktionsanspruch ausschloß. Diese – sehr technische – Frage war vom Reichsgericht im Jahr 1930 im Prinzip im ersteren Sinn entschieden worden[4]; zugleich jedoch war die Sache zur weiteren Aufklärung an das Oberlandesgericht zurückverwiesen worden.

Nach dem 1933 vollzogenen Machtwechsel ging der bayerische Staat dazu über, seinen Gewinn mit ganz neuen Argumenten zu verteidigen. Unter anderem machte er geltend, daß zwei der Sachverständigen Juden seien, deren Gutachten jetzt nicht mehr als beweiskräftig angesehen werden könnten. Außerdem berief er sich zur Begründung seiner Weigerung, die Bilder herauszugeben, auf den Grundsatz „Gemeinnutz geht vor Eigennutz", wie er im Programm der NSDAP niedergelegt war. Das Parteiprogramm war damals auch als Richtlinie für die Rechtsprechung anerkannt.[5]

Dem 2. Zivilsenat des Oberlandesgerichts München, der am 20. Juli 1936 über den Fall zu entscheiden hatte[6], sagte offenbar weder die politische Richtung als solche noch die in Übereinstimmung mit der Parteilinie stehende Argumentation des bayerischen Staates zu. In dieser rechtsphilosophisch hochinteressanten Lage versuchte der Senat, eine nach seiner Auffassung gerechte Entscheidung zu fällen und dabei zugleich dem geltenden Recht die gebotene Reverenz zu erweisen.

Den Gutachten der jüdischen Sachverständigen hätte in Anbetracht der damaligen Verhältnisse ohne weiteres die Glaubwürdigkeit abgesprochen werden können. Wer sich nicht durch vorauseilenden Gehorsam auszeichnen wollte, konnte ihnen aber immer noch Glauben schenken. Eben dazu war das Oberlandesgericht bereit. Zur Anzweiflung der getroffenen Feststellungen, so führte es aus, sei der bloße Hinweis auf die jüdische Herkunft zweier der Gutachter „noch keineswegs geeignet. Der Beklagte hat dabei nämlich völlig übersehen, daß die Angaben und Ausführungen dieser beiden Herren sich in der Hauptsache mit den Bekundungen der übrigen vernommenen Zeugen decken ... Das Berufungsgericht hatte keinen Anlaß, jedenfalls aber keinen vernünftigen

---

[4] RGZ 130, 69.

[5] Vgl. *C. Schmitt*, DR 1936, 181.

[6] OLG München, U.v. 20. 7. 1936 – L 1688/30 II (Akten der Bayerischen Staatsgemäldesammlungen, Reg.-Nr. 24/1, Krigar-Menzel.)

Grund, die Gutachten der Sachverständigen oder auch nur eines von ihnen hier ganz oder teilweise abzulehnen."

Auf die Aufforderung, die Wertung des Parteiprogramms mit zu berücksichtigen, reagierte das Gericht in doppelter Weise. Es ordnete den in Bezug genommenen Programmsatz zunächst schulmäßig in das juristische Regelsystem ein, was bereits eine Relativierung zur Folge hatte, und stellte ihm außerdem einen anderen Grundsatz entgegen, der nicht weniger anerkannt war, im konkretem Fall aber eine gegenläufige Wirkung entfaltete: „Bei *richtiger* Auslegung des Grundsatzes ‚Gemeinnutz geht vor Eigennutz' (Ziffer 18, 24 II des Programms der NSDAP vom 24. 2. 1920) hätte sich der Beklagte selbst von seiner Berufung hierauf nichts versprechen können. Denn gegenüber sonst noch bestehenden und vom Gesetzgeber deshalb anerkannten Reichsgesetzen wird jener Satz ganz allgemein nur in *Zweifels*fällen als Auslegungsbehelf verwendet werden können; hier aber handelt es sich gar nicht um einen solchen Zweifelsfall, sondern die Rechtslage spricht ganz klar für die Klägerin und gegen den Beklagten. Außerdem verbietet sich die Anwendung jenes Grundsatzes im gegebenen Falle auch noch deswegen, weil ein geistig Kranker gegenüber einem Stärkeren Schutz fordert und die Verweigerung dieses gesetzlich nicht nur möglichen, sondern sogar gebotenen Schutzes ein grober Verstoß gegen eine andere Forderung des Nationalsozialismus – Schutz des Schwachen – sein würde."

Diese Entscheidung gibt keine zeitlosen Maßstäbe an die Hand. Wenn man die Akzente ein wenig anders setzt, könnte man sie vielleicht sogar für ungerecht halten, weil dem Staat damit ein Erwerb abgesprochen wurde, den er bereits für ausgemacht hielt und im Interesse der Öffentlichkeit zu nutzen gedachte. Das Urteil läßt jedoch in beeindruckender Weise den Balanceakt zwischen Recht und Gerechtigkeit erkennen, der in allen verantwortlichen Äußerungen über Recht spürbar ist. Und es zeigt zugleich, wie auch der Rechtsanwender, allen positiven Bindungen zum Trotz, sein Bild des geltenden Rechts nicht ohne die Vision einer gerechten Welt entwerfen kann. Wer zur Rechtsanwendung berufen ist, kennt diese Tiefendimension aus eigener Erfahrung. Eine Theorie des Rechts, die ihr Thema nicht verfehlen will, wird der damit verbundenen Gratwanderung ebenfalls nicht ausweichen können.

Sach- und Personenverzeichnis